吉野裕子全集

第2巻

人文書院

五行相生相剋図

相生図

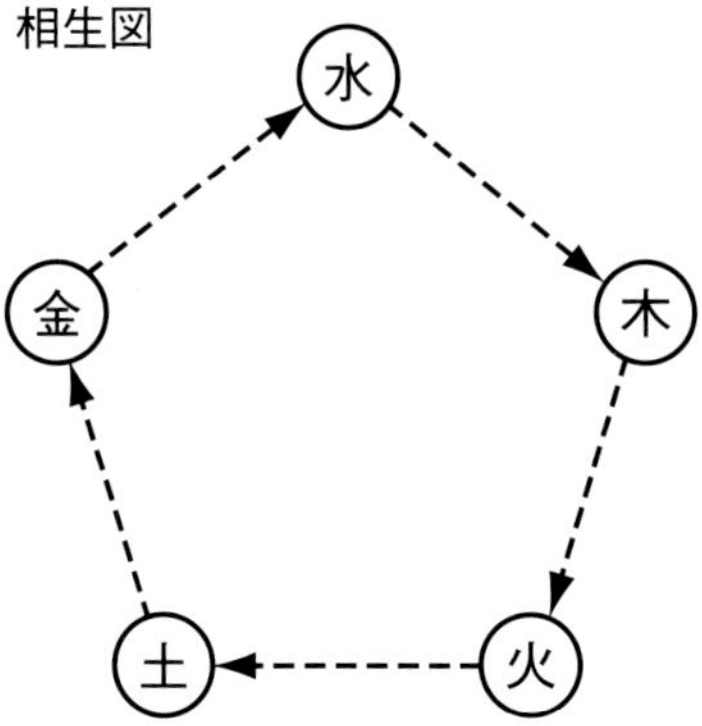

Aの1

木《もく》　生《しょう》　火《か》　　木は火を生じ
火《か》　生《しょう》　土《ど》　　火は土を生じ
土《ど》　生《しょう》　金《きん》　　土は金を生じ
金《きん》　生《しょう》　水《すい》　　金は木を生じ
水《すい》　生《しょう》　木《もく》　　水は木を生ず

相剋図

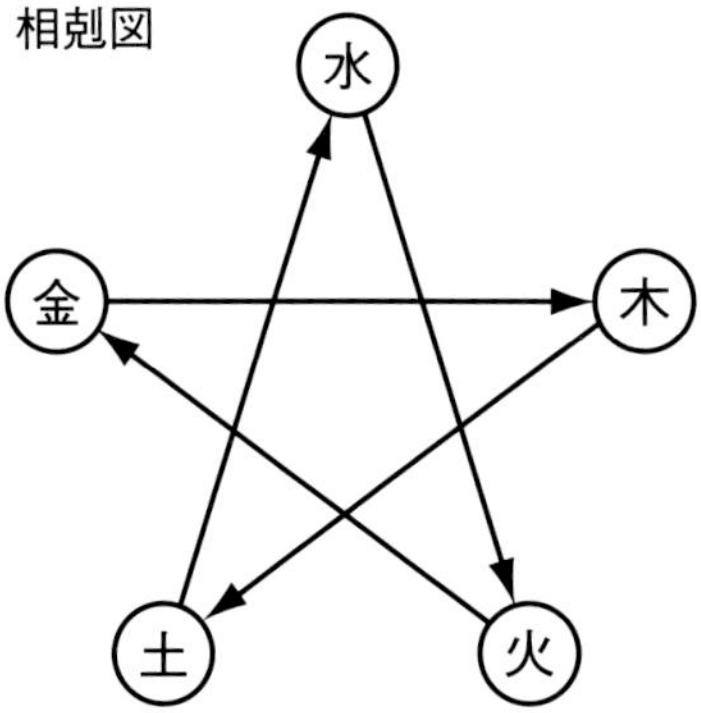

Aの2

木《もく》　剋《こく》　土《ど》　　木は土を剋し
土《ど》　剋《こく》　水《すい》　　土は水を剋し
水《すい》　剋《こく》　火《か》　　水は火を剋し
火《か》　剋《こく》　金《きん》　　火は金を剋し
金《きん》　剋《こく》　木《もく》　　金は木を剋す

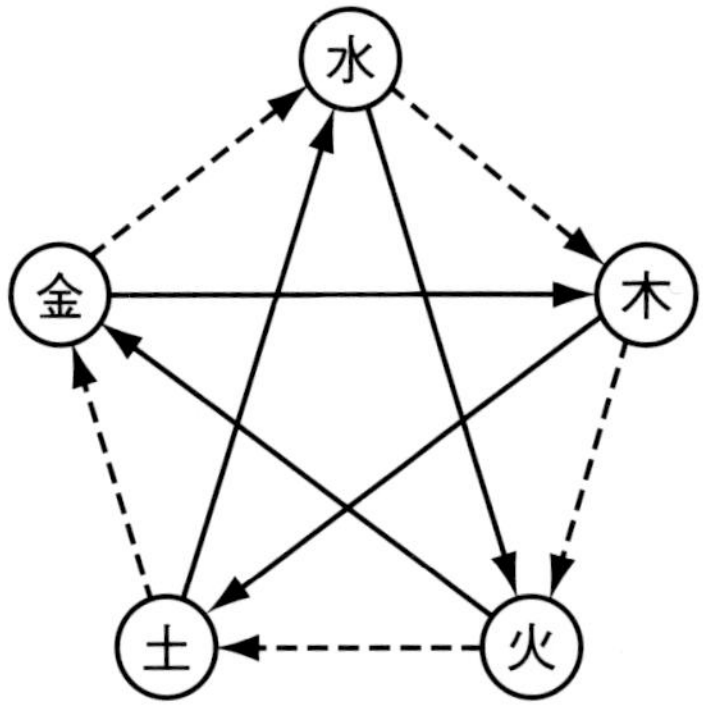

Aの3

この図は先の１．２を一つに
まとめたものである
相生が外格を形成するに対し
相剋は内格形成をする。

五行相生（順理）

Bの1

木　生　火

火　生　土

土　生　金

金　生　水

水　生　木

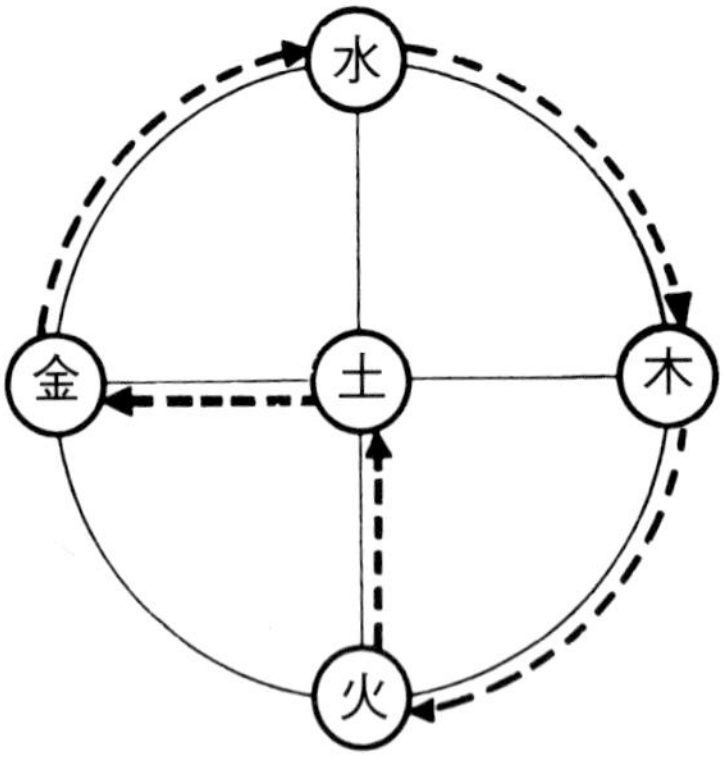

五行相剋（逆理）

Bの2

木　剋　土

土　剋　水

水　剋　火

火　剋　金

金　剋　木

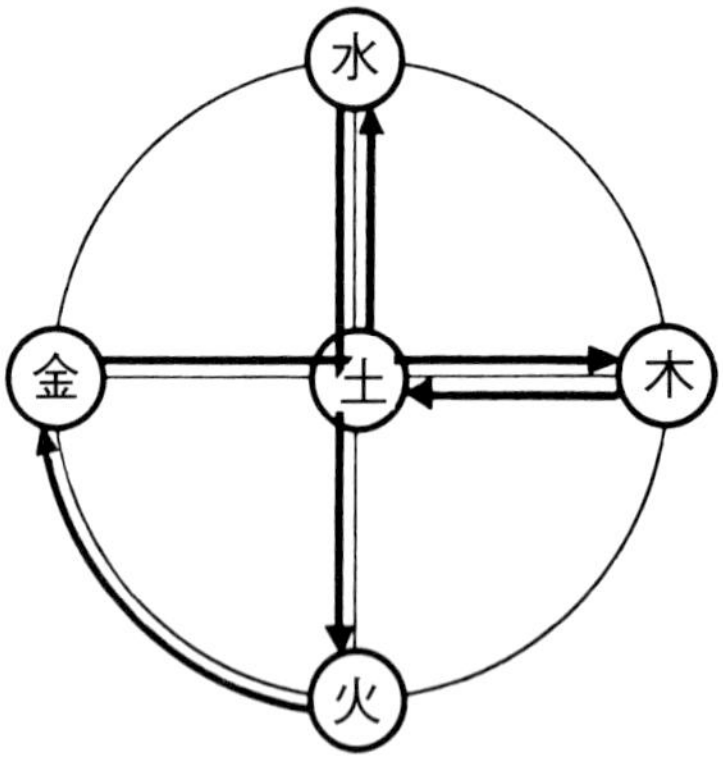

五行相生及び相剋図

Bの3

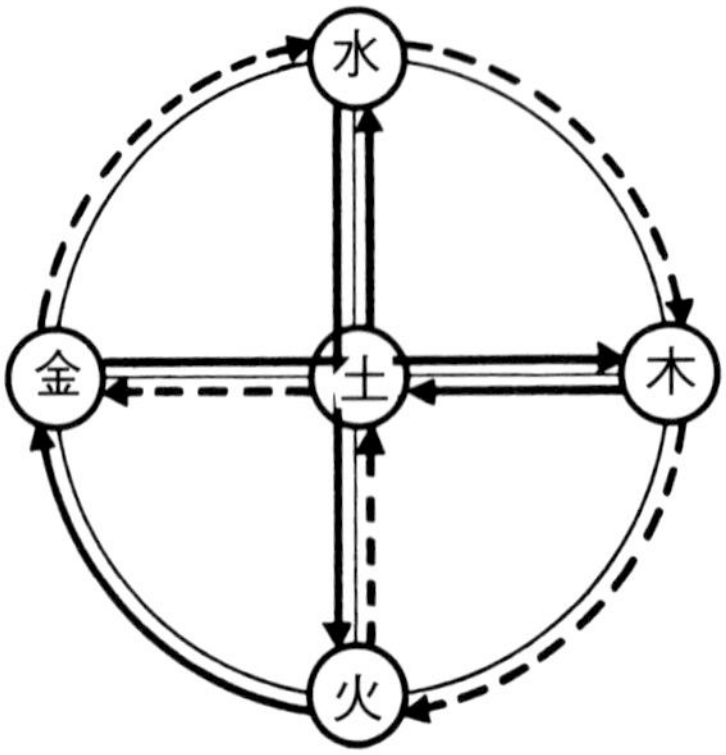

全集第二巻刊行に寄せて

私が女子学習院を卒業したのは、昭和十一年（一九三六年）、二・二六事件のあった年の三月だった。それは正に激動の時代の始まりで、従来のように安穏のくらしが先々、保証されるとは到底思われず、せめて中等学校の先生の資格は取っておきたいと切望された。それには文部省の検定試験、つまり文検に合格しなくてはならず、更に学力が必要なので、先ず東京教育大学（当時は文理大学）の聴講生になった。しかしそれも足掛け二年で退学したのは、当時は当り前のコース、嫁入りしたからである。

それから三十数年後、再び同大学の研究室に通うことになったが、それは第一巻の冒頭に記したように、たまたま出遭った扇の研究の為で、それを機に民俗学に関わることになった。

往年の知り合いの学生の中には既に教授になっている方もいく人かおられたので、研究資料を得、且つご指導を仰ぐことも容易だった。

こうした過程の中で知ったことは柳田国男先生の日本民俗学が「性」をタブーとしている点だった。その理由は先生創始のこの学問が「いかがわしいもの」と受取られることを先生が嫌い、ご自身にも弟子達にも、それに関わることを拒否されたことにあった。ほかにも種々理由はあろうが……。

素人の私はそれを知らず、最初から「性」を基盤にして推理を重ねて来ていた。従って「性のタブー視」には絶対に納得が行かず、終始、自身の考えを押し進め、最初の『扇』から一作毎に読者の方々に念を押しつづけ、「尻取り法」を以て、一作の終りを次作の冒頭に据え、執拗に自説の基盤の説明をくり返して来た。

三十数年前の世の中は今とは全然違う。性は明らさまに筆にも口にもされるものではなく、同時にその重要性も認められてはいなかった。柳田先生の性の拒否も一理はあったのである。このような状況の中で、私の著作毎の重複は日本民俗学における性の認識欠如に対する反抗であり、戦いであった。

なお柳田民俗学、ひいては日本民俗学に欠けている視点は、古代中国哲学、即ち、易・五行、或いは陰陽五行思想である。

日本民俗における「性」は、究極的には蛇を祖神とする日本原始信仰に負うものなので、この日本原始信仰と、陰陽五行思想を二本の柱として推理と著作をつづけて来た。

二つながら日本民俗学に欠けている視点なので、著作毎にその説明の重複は避けられなかった。重複は重大な欠点であるが、取分け、全集となれば重複が同じ巻の中にみられる場合もあり、これは更に大きなマイナスとなって増幅され読者の方々にも多大なご迷惑をかけることになる。まことに恐縮の至りで心から御寛恕を乞う次第である。

終りに一言申し添えたいことは、柳田先生の学恩である。柳田先生が民俗の重要性を夙く悟り、その蒐集につくして大きなアミをかけてこれをすくいとり、多大の資料を温存して下さったお蔭様で、後の私どもは仕事が出来るのである。恩恵と批判は別であって、先生の無限の恩恵に対しては、只々「感謝」の一言につきるのみである。

二〇〇七年二月

吉野裕子

吉野裕子全集　2　目次

日本古代呪術

まえがき

序　章　古代日本人における世界像と現世生活像……13

一　古代日本人の特質　13

二　日本の祭りの特質＝蛇型と巫女型　16

三　古代日本人における世界像　18

四　古代日本人における世界像と現世生活像　22

五　世界像の考察　24

六　現世生活像の考察　34

七　再び家について　40

第一章　日本原始信仰と陰陽五行説……42

一　陰陽五行説　42

二　日本原始信仰と陰陽五行説の関係　51

三　日本原始信仰と陰陽五行説の習合——信仰軸の多極多様化——　57

第二章　女陰考――呪術における女陰――……67
一　神話・伝承における女陰　67
二　信仰の対象としての女陰　70
三　呪術と女陰――呪物としての女陰――　72
四　倭建命伝承と女の力　78
五　クラ考　85
六　菱型考　95
七　おわりに　103
第三章　白鳳期における呪術……105
一　天智天皇近江遷都の呪術　105
二　天武天皇崩御における呪術　115
三　私見高松塚壁画　140
第四章　私見大嘗祭……146
一　柳田国男『祭日考』について　146
二　私見大嘗祭　153

第五章　陰陽五行の諸祭祀・行事……178
一　正月子日《ねのひ》の行事　178
二　能登気多大社の鵜祭り　181
三　奈良東大寺のお水取　185
四　補陀洛渡海と五行――紀州熊野の意味するもの――　187
第六章　沖縄の祭り・伝承の中に潜む陰陽五行思想……192
一　沖縄石垣島の豊年祭　192
二　沖縄宮古島砂川《うるか》の津波よけ神事　203
三　池間島の伝承　212
四　井戸と竜宮　214
日本古代呪術　要旨――「陰陽五行と日本原始信仰」――……217
一　私見日本原始信仰　217
二　陰陽五行説の概略　218
三　日本原始信仰と五行説の習合　218
四　習合の実際――子卯《ねう》の結合――　219

隠された神々

はじめに

第一章　日本古代の神々……225
一　神々をとらえる日本的発想　225
二　古代日本人が描く世界像　235
三　陰陽五行を受け入れたとき　243

第二章　大君は神にしませば――白鳳期の呪術――……252
一　近江遷都の謎　252
二　改葬された天武天皇陵　252
三　高松塚の被葬者はだれか　252

第三章　伊勢に隠された神々――伊勢神宮の謎――……262
一　天照大神のかげにひそむ「太一」神　262
二　伊勢神宮をつらぬく陰陽五行　271

三　北斗七星と伊勢の祭り　292
四　太玉串行事の背後にあるもの　298
五　「西北」という聖なる方位　309
第四章　大嘗祭でまつられる神……321
一　「御禊《みそぎ》」は何を象徴するか　321
二　陰陽五行を隠した天皇の即位式　330
おわりに　338
索引

日本古代呪術

——陰陽五行と日本原始信仰

初刊　一九七四年（昭和四十九年）五月　大和書房
増補版初版　一九七五年（昭和五十年）十二月　大和書房
（本書は右増補版を底本とした）

まえがき

日本の祭りの解明には従来諸家によっていろいろの方法がとられて来たが、私は「性」、「陰陽五行」、「仮屋群」の三つを大体においてその鍵としている。拙著『祭りの原理』は性をテーマとしたが本書は陰陽五行に焦点をあてている。

しかし陰陽五行と日本原始信仰との習合をみている中に、祭りだけを取出して問題にすべきではないと考えるに至った。というのは遷都・葬礼などをふくむ古代日本の重要諸行事も祭りと同じく結局は古代日本人の世界観に根ざしていて、その結果、祭り及び諸行事は一貫した法則によって貫かれていることに気がついたからである。もちろんこの法則は不変ではなく時代に従って流動し、今日に至っては殆どその片鱗もみられないが、かつてはその原理によって日本社会は動かされてきたのである。そうしてその最盛期は白鳳期と、それにつづくある短い期間と思われる。私のいう法則とは祭り及び諸行事における子卯《ねう》、又は子午《ねうま》の結合である。

序章及び第一章は日本原始信仰とそこに習合された陰陽五行を追っているが陰陽五行そのものが難解である上に、又それが日本原始信仰に習合される様相も複雑で、文意のつくせない処も多い。そこで本文との重複は避け難いが、この法則がどういうものなのか、読者諸兄姉のご理解に少しでも役立てばと思い、巻末にその要約をかき記した。この前書きと併せてお読み頂ければ幸いである。

尚本書は昨秋脱稿したが、そこに至るまで一章を終る毎に、酷暑の中を東京教育大学の直江広治教授は時間を割いて懇切に原稿に目を通して下さった。又伊勢神宮禰宜、桜井勝之進先生にはご遷宮前のご多忙中を特に祭りに関する処をご覧頂いた。両先生のご好誼をここにいくへにも御礼申上げる。

又、出版事情の極度に悪化した中を出版に踏切って下さった大和書房の大和岩雄社長、何彼と終始お世話になった小林伸一氏、原稿の整理をはじめとして連絡其他の雑事に当られた担当の佐野和恵氏、以上の方々、及び本文中に種々引用させて頂いた著者の諸先生方にここに厚く御礼申上げる。

昭和四十九年二月二十八日

吉野裕子

序　章　古代日本人における世界像と現世生活像

一　古代日本人の特質

古代日本人は、ものごとを考えるとき、それを日常身の廻りにいつも見ることの出来る現象とか事物にあてはめて考えようとした人々であった。それはつまり「連想豊富な、擬《もど》き好き」な人々ということになろうか。彼らにとってもっとも身近なものは、彼ら自身、つまり人間そのものであり、人間以外では太陽、及び地上の動植物であった。そこでこの天象・地象・人象の類推から物事を考えていったのである。したがってその信仰も、その信仰から生み出された神話も、祭りも、太陽の運行と人の生死、植物の実りと枯死などからの連想類推にはじまり、その「擬き・なぞらえ」に終っていると私は思う。

古代日本人における人間

それではまずその人間とは彼らにとってどういうものだったのだろう。

生命の始まりについては今日においても判らないことが余りにも多いが、古代の人にとっては更に大きな謎であった。

しかし人間が生まれてくるまでのおおよそのことと、生まれて来た新しい生命体にしてやらなければならないことは少なくとも判っていた。

人が生まれるまでの大体のこととは、男女両性の交合したある時点から生命は母の胎内に芽生え、定着し、二七五日間、狭く暗く、音も光も届かない締めつけられるような暗処のこもりに耐えて、時が至れば嬰児の形をとり、水にのって誕生する、ということであった。

そうして裸形で生まれ、しかも休みなく鼓動をつづけるこの生命体に対して、この世で迎え取ったものたちが、まずしてやらなければならないことは、食べさせること、着せることであった。こうして育まれ、生育して成人するが、成人したその時はまた親と同じように働き、親と同様に子供を残して、いつかは死んでゆく。

この世にやって来たものはその来た元の所に必ず帰る。来た所に去ってゆく。それが人間というものであり、この世の習《なら》いなのだ。彼らによってとらえられた人間像はこのように単純明解なものであったと思う。

古代日本人における太陽

次に古代日本人によって太陽はどのようなものとして、捉えられたか。

日本人の祖先の主要な部分はどこから来たかはわからないが日本のなかに、ひろく深く認められるのは大体南の海から来た人々の痕跡である。そこで私どもの祖先の主要な部分を占めるものはそうした人々であったと仮定して話を進めよう。

南島でうける太陽の印象は朝日夕日ともに強烈である。朝日は古く沖縄の詩人によって「アケモドロの花」と讃えられ、その華麗さは暁に咲く大輪の花に譬《たと》えられた。一方、水平線の彼方に沈む巨大な夕陽は、瞬間に島をつつむ夜闇をもたらす。その暁の光と、夕闇の対比は太陽のもつ力の大きさを、否応なく、くりかえし日毎に人々の心に納得《なっとく》させたのである。

その沈んだ日は、「太陽の洞窟」(テダガガマ)とよばれる洞穴を通って東方に新生すると信じられた。沖縄では東をアガリ、西をイリという。ともに太陽の動きに応じた名称である。その東方のはるか彼方、海と空が一つになった所に、常世国・根の国・ニライカナイが多くの場合想定されている。そこは太陽の昇る所、祖先神をはじめ、火の神・水の神など神々の居所であり、また一切の生命の種の根源となる所でもある。

あえて定義すれば、実在の海の彼方と、想像の理想郷とがダブっている所、それがニライカナイである。自然の中でも最重要な存在、太陽について古代日本人が考えたことは、その運行と不断の新生、つまり輪廻である。その新生、或いは輪廻には洞窟が必要不可欠と思われた。また一方、神々や一切の生命の種のある所、ニライカナイ、つまり常世から人の生命の種も渡って来ると信じられた。

そこで彼らによって把握された人間と太陽との特性は要約すれば次のようになる。

①太陽は東から上る。人の種も東方、常世国から渡来する。

②太陽は日毎に新生・消滅をくり返し、転生輪廻する。人も同じく輪廻転生し、この二者、つまり太陽も人も結局はこの世に常在しないものである。

③太陽と人の輪廻転生の中央に据《す》えられているものは「穴」である。太陽の場合は「太陽の洞窟」、人の場合それが生誕の場合は「母の胎」、死去の場合は擬似母胎「墓」である。

こうして太陽と人間は「東から来るもの」「常在しないもの」「穴にこもるもの」の三つを本質とするものとして認識された。これらの性質は太陽と人間に共通する根元的な本質として捉えられたが、同時にまた、太陽と人間だけに限らず、神の本質を表わすものとしても同様に意識されたのである。

古代日本人における神—蛇

太陽と人間はいずれも目に見える存在であったが、目にみえぬ神はより重大な存在であった。より重大な存在ではあったが、古代日本人はこの神を抽象的なものとして観念的に把握しようとはしなかった。彼らは目に見えぬはずの常世の神さえも、目に見えるものとして捉えようとする。

その神が祖神《おやがみ》であり、同時にまた穀神、宇賀《うか》としての蛇であったと思われる。

しかし蛇を祖神とするのは原始日本に限らない。蛇は原始の人とふかい関わり合いがあって世界各国・各宗教の創世記・神話に登場する。それは恐らく蛇の形が男根を連想させるからであろう。

しかも同じ蛇から出発しながら各民族の宗教・信仰は異なる発展をする。

日本原始信仰は蛇の形からは男根を、脱皮するその生態からは出産が連想され、蛇を男女の祖先神に分ったと思われる。

二　日本の祭りの特質＝蛇型と巫女型

日本の原始信仰における祭りは、神を目に見える形にして顕現させるのがその特徴であったが、それには二つの型があった。

第一型は男女の祖先神としての蛇を、何らかの方法でそのまま顕現させる型。

第二型は男祖先神としての蛇と、巫女との交合により、巫女が神を妊《みごも》り、最終的には巫女が自《みず》ら神としてみ生れして人の世に臨む型、である。

第一型を蛇型とすれば、第二型は巫女型といえよう。

沖縄先島地方の豊年祭に出現するアカマタ・クロマタは常世からくる男女の神であるが、これは蛇と思われる。これは生身《なまみ》の人間が扮しているが、蛇型は生身の人間より、縄による造型が圧倒的に多い。同じく豊年祭に綱引の形でのこる雌綱・雄綱はその好い例と思われる。

本土の各地における祭りに藁《わら》や縄でつくられた蛇が登場する例は枚挙にいとまがない。

生身にしても、造りものにしても以上の例は蛇が直接に祭りに現われる第一の蛇型である。

それに対して第二の巫女型は、直接的な第一型に較べ、はるかに屈折の多い形である。

三輪山の神は美しい女と交わる蛇であるが、この蛇と交わる女性が日本原始信仰における巫女ではなかったろうか。奇稲田姫を襲《おそ》うヤマタノオロチの話の原型も同じくそれであって、蛇と交わる巫女の相《すがた》を伝えるものがこの神話の本質であろう。

そうして何事も美化し洗練する日本人の好尚にあったものは、直接に蛇を出す第一型より、第二の巫女型であったと思われる。

巫女型とは巫女が常世の神、蛇と交わり、神を生むのであるから、蛇は当然姿をみせるはずであるが、その蛇は第一型ほどはっきりしたものではない。巫女型における蛇とは聖域における神木である。

沖縄における聖域は御嶽《うたき》、その御嶽の神木は蒲葵であるが、恐らくこの蒲葵が蛇＝男根の象徴であろう。本土においては聖域は神社、そこにおける蛇は杉などの神木であるが、これは蒲葵の代用かと思われる。

男根と蛇を象徴する神木と、その木の下、——それは当然女陰を意味するが——それが聖域における両性の相《すがた》であって、その交りを媒介するのが巫女であると私は推測する。

巫女は神木によって象徴される常世の神、蛇、男根と交わり、神霊を受胎し、最終段階においては自ら神として生れ、人の世に臨む。巫女型は従って祖神の蛇をそのまま出現させる蛇型の祭りより、はるかに曲折の多い祭りの形態といえよう。

巫女型においては神は人間と同じ筋道、性交・受胎・出産の三過程をへてこの世に顕現《みあれ》する。

みあれの神には新生児同様、衣と食が供せられる。そうして迎えられた神は、暫くこの世に止って、やがて人の死ぬのと同様に常世の国に帰られる。迎えられた神は同時に送られるべき神であって、この世に長居は無用、滞在が満期となれば、即座に、しかも確実にその本貫に送り出されなければならない。神迎えと神送りは祭りの中において同じ比重を占める、これが日本の祭りの大きな特色であろう。

日本の祭りについてなお言及しておきたいことがある。祭りとは巫女型の場合、巫女によるこの一連の人間の生死に似た筋道の擬き、つまり真似ごとであるが、その過程の中でも最重要なものはこもりである。

このこもりは神祭の前に、神の降臨を畏れつつしんで待つために引き籠り、潔斎して身心を清浄に保つことだと解釈されてきた。

私の解釈するこもりは、胎児が母の胎内で飲食もせず、その狭さ暗さに耐えて、その時の満ちるのをまつ、その様相の擬きである。

こもりとそれにひきつづく顕現《みあれ》、これが日本の巫女型の祭りの原型である。その原型の中でも原点となるのがこもりである。

こもりの行われる場処は日本原始信仰においては東西軸の中央の穴であるが、陰陽五行導入後は、その穴は北の子《ね》の方、坎宮《かんきゅう》に移動し、「子《ね》」が祭りの原点となる。こもりの「子《ね》」と、顕現を象徴する東の「卯《う》」、これを結ぶ子・卯軸が、祭りの時と方位において執拗にまでくり返し撰用されることになるが、その状況の追求が本書の終局の目的である。

しかしこの序章においてはまず私の考える原始信仰における中央の穴、及びそれによって示される古代日本人の世界像を考察することにする。

三　古代日本人における世界像

先に「太陽」と「神」と「人間」に共通する特質として古代日本人が考えたものは、

①東から来るもの
②常在せぬもの
③穴にこもるもの
の三つであるとした。

それでは彼らが三者に共通するものとして考えたこの三つの特質から、彼らのいだいた世界像がはっきりと探り出せるのではなかろうか。

そこで「東から来るもの」「常在せぬもの」「穴にこもるもの」の三者を一応一括して、それを分析し、そこから出発して考察すると、次のようなことが導き出される。

①東といえば西が必ず対置して想定される。これは空間的場所である。

②既に東と西という場所があれば、そこに距離というものがあり、この二者間を動く「動き」と、動く「時間」が想定される。神も太陽も人間も、不動ではなく、東から西へ、西から東へと動くものであってこの世に常在しない。

③東と西、西と東の間には「穴」があって、神も太陽も人も、この「穴」にひとときこもることなしには西方へ、あるいは東方に出ることは出来ない。「穴」は、東と西の間に空間的に存在するものであると同時に、神、太陽、人の時間的な動きの中間にあって、「静」の時を提供するものでもある。これを図示すれば上図のようになる。

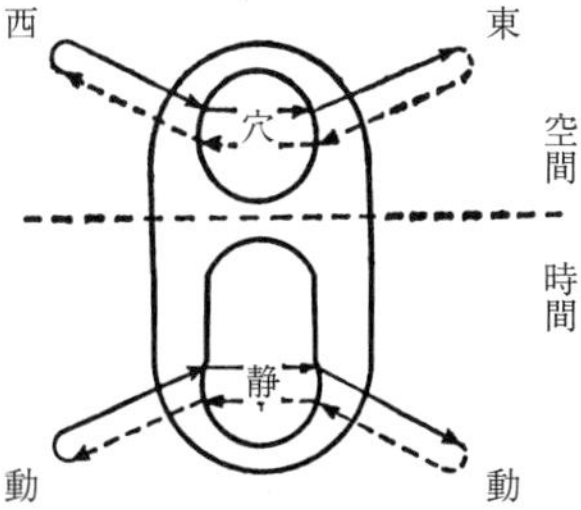

古代日本人にとって東方、東は太陽の上る所、神のいます所、一切の生命のある所、つまり常世国・ニライカナイである。

それに対する西方はこの世、人間界である。人間界から更に西方は太陽の沈む所であり、同時にそこは人の死につながる所である。

人間の場合、この東から西への動きは、誕生を意味するが、その動きの中心にあるものは母の胎である。

西から東への動きは、死去を意味するが、その西から東への動きの中間にあるものは母の胎になぞらえられた墓である。

「母の胎」も「墓」も共に「穴」であって、この穴にこもるということがあってはじめて、完全な「生」と「死」が達成されるのである。

神の場合も同様であって、人の生死の類推から想定された神迎え、神送りは、母の胎になぞらえてつくられた山中の御嶽《うたき》や、巨岩のつくり出す洞窟などで行われた。（次頁図上参照）また陰石や窪地が擬似母胎、擬似女陰として神のみあれの場所とされたこともあろう。

太陽の場合は前述のように「太陽の洞窟」が想定されている。

神界と人間界は断絶したものではなく、東と西の関係において併存する。それは全く東方の海の彼方というニライカナイの在り方から帰結された思考であって、先にもいったようにニライカナイ・常世の把握なしに古代信仰は解明出来ないのである。東方の神界、ニライカナイと、西方の人間界は距離によって距てられているだけのことである。そして神であれ、人であれ、東西間を動く、あるいは輪廻するその中間には穴があり、東西間を動くものすべては、この穴を通ることなしには東へも西へも抜け出られないのである。

これが古代日本人によって空間的・時間的にとらえられた世界像と考えられる。

「穴」は空間的にとらえられた世界像と、時間的にとらえられた世界像の中枢に位するもの、東方と西方という場所の中央でもあり、東から西、西から東への動きの中心点にあるものでもあった。

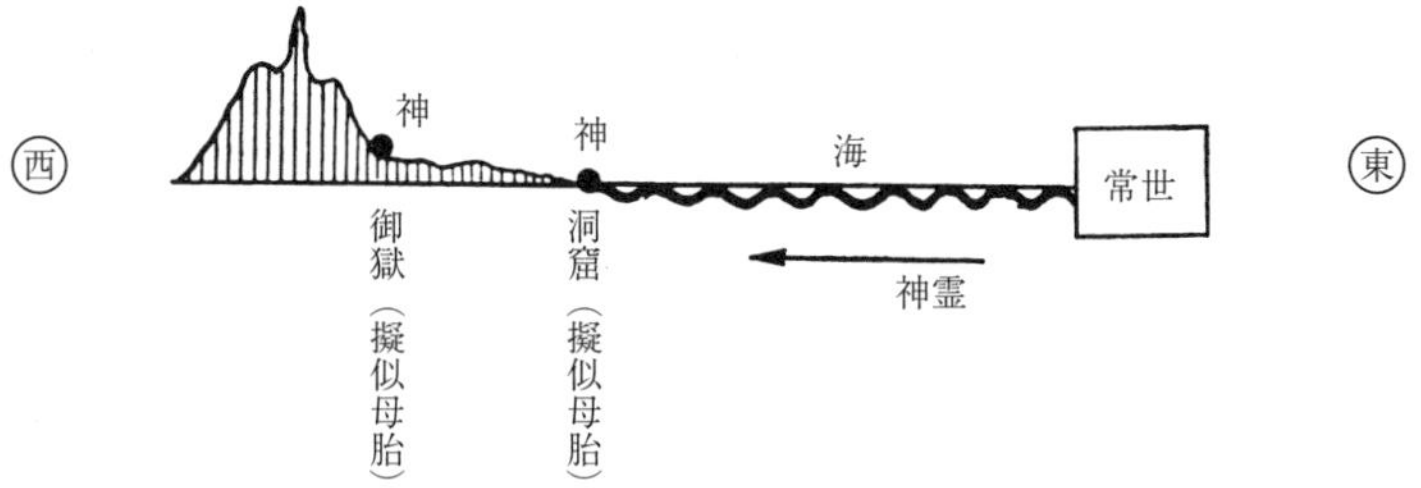

古代人による神の顕現

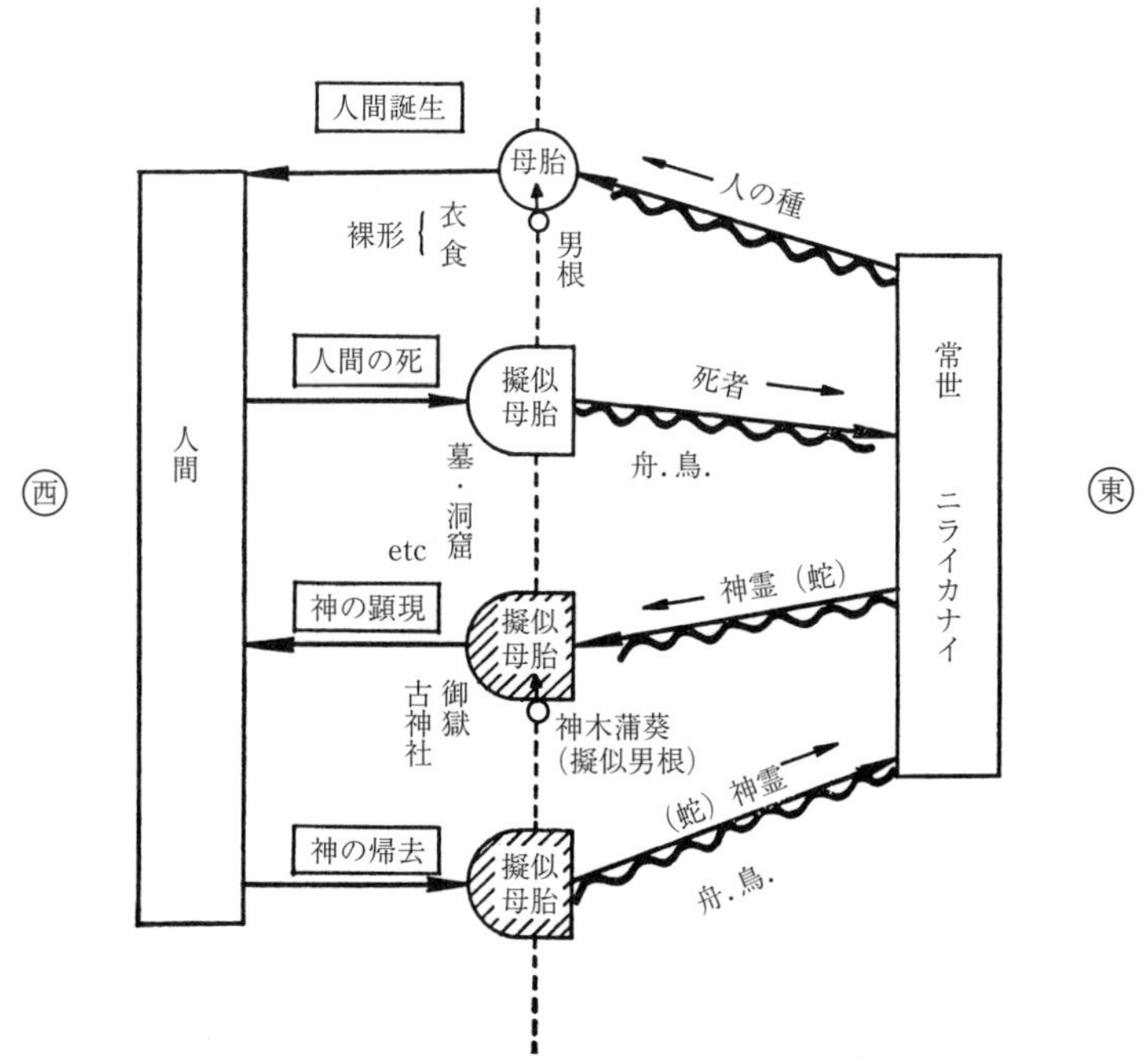

人の生死と神の去来相関図

四　古代日本人における世界像と現世生活像

日本人の祖先達は言語においても対句、畳語、繰返しなどの修辞をこのんだ人々である。東といえば西、上といえば下、男といえば女、鰭《はた》の広物《ひろもの》狭物《さもの》とか、明《あか》る妙照《たえて》る妙というふうに、性質の異なるものは相対させ、性質を同じくするものは繰返す、または重ねてゆくことを好んだ。相対化も繰返しも、そのよって来たる所の心情・傾向は一つである。それは用具の面では「入れこ」になった器物を好んでつくることになる。「入れこ」の容器とは同心円の器物を大きさの順に重ねていったものである。この傾向は思想信仰の面では、その世界像にもそっくりもちこまれる。「入れこ」をこのむ心情は、世界像の中央を占める穴にも応用され、「母の胎」は「家」「村」「都」「国」という風にだんだんそのスケールを大きくして、水の波紋のように同心円をなしてひろがってゆく。或いは求心的に大きな基本世界像からより小さな世界像に類推されてゆく。

- 異質のものは相対化し、
- 同質のものはくり返される、或いは積重ねてゆく。

これが古代日本人の感覚にもっとも快く訴えたことなのであって、それは目に見えるものにも、見えないものにも区別なくあてはめられた。後に大陸から陰陽五行思想が入って来て、日本民族はこの思想を全面的に受けいれることになる。宇宙の森羅万象を対立する陰陽にわけ、この陰陽の調和を生気発動の基本においたこの思想の全面的受け入れの素地は、対照・繰返しを好むこの民族性、心情の傾向の上にもとめられるのであろう。

「同質のものは繰返し、或いは積重ねてゆく」とはどういうことか。世界像の把握において古代日本人はかなり平面的であって、そこには水の波紋のように同心円を画く小から大へ、または大から小への世界像のくり返しがみられるのである。中央に母の胎という穴がすえられた同質の世界像が、入れこ式に繰返されている。それが私のいう同質のものの繰返しである。

一方、同質のものの積重ねとは、中央の真正の母の胎に人為の擬似母胎が積重ねられてゆく現象をさす。これは世界像とはいえない。いわば生命更新のために生み出された現世生活像である。前者は平面的にとらえられた「入れこ式世界像」、後者は立体的に考え出された「積重ね式現世生活像」であって、この二つの像の組合せの中に、古代日本人は精神と現実生活の支えを見出していたのである。そこで考察は当然、古代人によって把握されていたと思われる「世界像」と「現世生活像」の二つにわけてなされなければならない。

その世界像の其一は基本世界像、其二は人間界（日本の国土）、其三は都、其四は村、其五は家であって、最大の基本世界像から、それと同質のより小さい世界像が同心円をなして繰返されており、最小の世界像―家に及ぶのである。家の中心、大黒柱の下は擬似母胎と想定されているが、実は小世界像である家も村も都も国も母の胎内と考えられているのである。したがって、家・村・都・国の外は他界と考えられていたわけである。

一方、現世生活像とは、真正の母の胎に積重ねられる産屋または家屋を基点として、人生途上の折目節目に設けられる仮屋群と、一年の折目節目に設けられる仮屋群とを指す。

前者、つまり人生途上に設けられる仮屋に附随する儀礼が人生通過儀礼であり、後者、つまり年間の折目節目に設けられる仮屋に附随する儀礼が年中行事であるといえよう。それらの仮屋、つまり人生通過儀礼にみられる仮屋も、年中行事にみられる仮屋も、ことごとく擬似母胎であり、そこにこもり、そこから出ることによって生命は中央に向かって新生することになる。それはまた蛇蟹などの脱皮から類推されていたとも考えられ、仮屋は誕生（新生）または脱皮の擬《もど》きの料《しろ》として重要な呪物であった。もちろん一々仮屋をつくる煩《わずら》わしさに堪えず、単に現に住んでいる家を出て水の辺りに行き、または山に登ることなどで脱皮新生の呪術とすることもあり、また斎棚《いみだな》を吊ることなどで仮屋の象徴としたとも考えられる。さらには髪をそぐこと、衣を更《か》えることによって脱皮をもどくこともあったと思われる。しかし基本になっていることはどこまでも仮屋をたてること、その中にこもること、そうしてその時が満ちればこの仮屋をとりこわすこと、という仮屋に関わるその建設・こもり・取こわしの三原則であって、これによって各個人ならびに共同体の新生・脱皮の擬きが果され、永生の願いがかなえられると信じていたのではなかろうか。

五　世界像の考察

基本世界像――世界像（其一）

古代日本人によって想定された基本世界像は、東のニライカナイ（常世国）に対する西の人間界と、その両者の中間にある島、この三者によって構成されていると思われる。その島がもっとも問題なので、これが世界の中央擬似母胎である。神話の中で重視されているオノコロ島が恐らくこの島に該当し、ここに伊邪那岐・伊邪那美の二神が天降りし、天の御柱と八尋殿を見立て、交合の結果、国土や多くの神々がみあれされることになる。このめでたい島は恐らく女陰を象る円錐形で、その形はその後模倣されて呪物となり、大嘗祭に曳かれる標の山、座敷内に飾られる蓬莱や島台にもなったのではなかろうか。島を中心とする基本世界像は日本人から忘れ去られたとみえながら、実は深層心理のどこかに今も生きているイメージと考えられるのである。

人間界（日本の国土）――世界像（其二）

次頁の図上の基本世界像における人間像を取出して拡大してみると、その人間界の中にまた基本世界像にみられたと同様の、東・中央・西が想定されていることがわかる。つまり、

東は人間界の中に想定された神国、同時に男の境域

西は人間界の中に想定された人間界、同時に女の境域なのである（次頁の図上の小世界像としての人間界像―1）。

そうしてこの場合の東と西は、観念的にとらえられた二元の対照ではなく、地理的に驚くほどの精確さを以て測定

された現実の地点—東と西の対比なのである。その事実は左図下の小世界像としての人間界像—２で実証されるだろう。この図について説明を加えると次のようなことがいえる。

①日本国土の中にもとめられる東西の最長線を彼らはすでに発見していた。それはつまり東の鹿島神宮と、西の出雲を結ぶ線である。

②そうしてそのほぼ中央に熱田神宮がある。

この状況をもう少し詳しくいうと左の図下の通り、経度は鹿島神宮が東経約一四一度、熱田神宮一三七度、出雲大

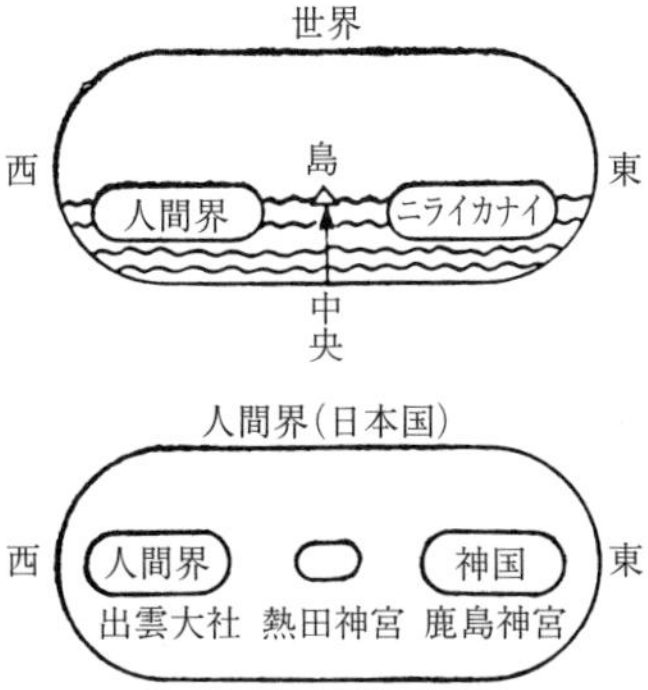

基本世界像（上）と小世界像としての人間界像—１（下）

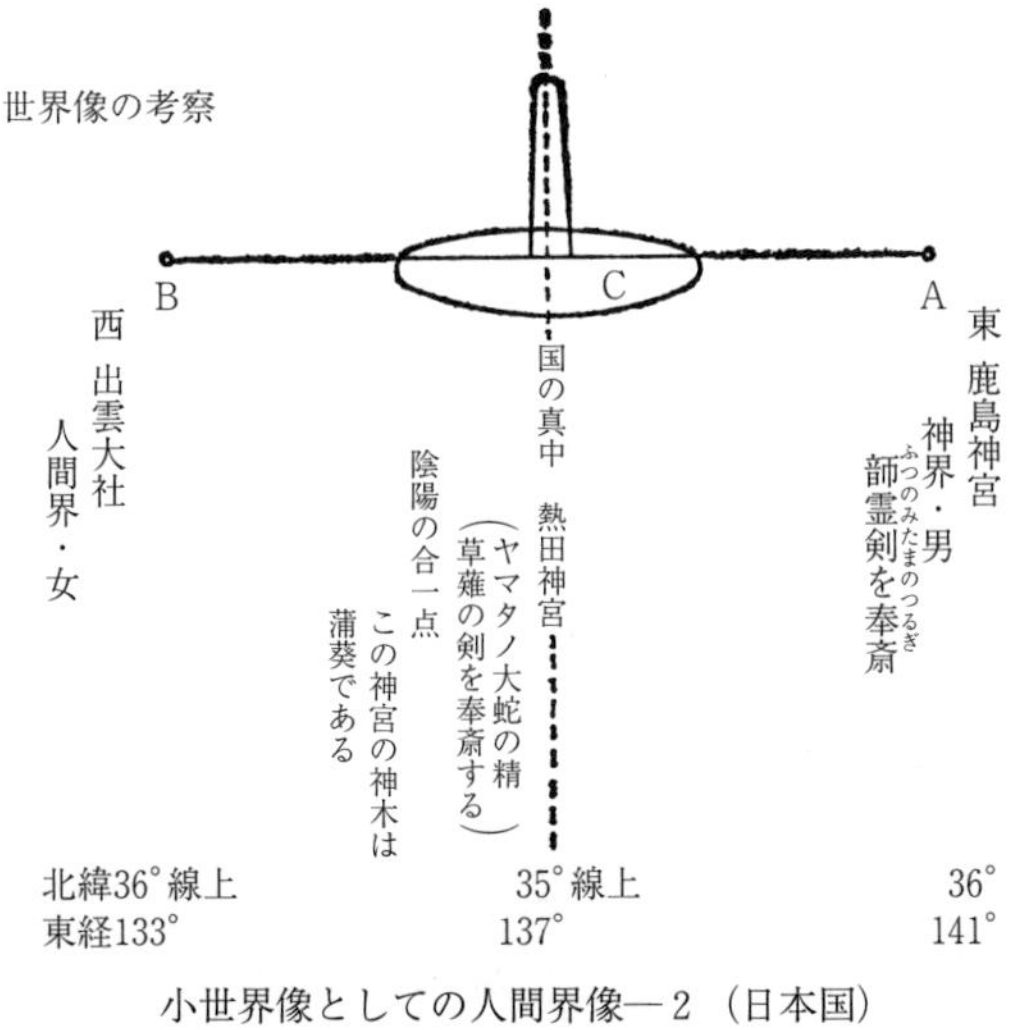

小世界像としての人間界像—２（日本国）

社約一三三度で四度ずつの等間隔をたもっている。緯度は鹿島・出雲がそれぞれ北緯三六度線上、熱田は約三五度線上で大体同じである。

国土の東西を結ぶ最長の線上に、日本最古の由緒を誇る神宮・大社がほぼ同一緯度の上に等間隔をおいて鎮座されているることはただごとではない。その精密な測量技術に驚くと同時に、そうした技術の源をなすかと思われる信仰、或いは呪術への熱情に再度驚嘆させられるのである。

国土の中央——基本世界像における中央の島、または穴を人間界の中にもとめれば、それは国のほぼ中央を占める熱田神宮である。前述の通りこの社は国土にもとめられる東西をむすぶ最長線上の正に真中にある。この国土の中央の社に、至高至上の呪物、草薙の剣が奉斎されている。この社の中でも草薙の剣が納められていた土用殿の前の神木が前にものべたように蒲葵と推測されるのである。草薙の剣、神木蒲葵共に蛇・男根の象徴物と考えられ、それはオノコロ島に立てられた天のみ柱に相当するものであろう。

国土の東——鹿島神宮の主祭神は武甕槌命《たけみかづちのみこと》であるが、この神は高天原を代表して出雲に赴き、国譲りの交渉に当っている。鹿島のあるこの常陸地方は「葦原中国」でありながら、それと同時に「天」でもあった。(1)ということは同時に、この高天原の使者を受ける出雲は同じく「葦原中国」でありながら、地上であり人間界であったことを示す。出雲即人間界という意識——それは呪術的につくり出されたものとしても——は神話の至る所に顔を出している。こうして鹿島と出雲は天上界と地上の関係にあるが、相対するもの故に、それだけ関連しあう度合も高いのである。たとえば社殿の構造においても、この両者はその特異な内陣の配置に共通性をもっている。(2)

国土の西——さて考察はいよいよ最後の出雲である。出雲はこの国に求められる西の果の地域ということから、そこは人間界におけるそのまた人間界であるという意識があった。同時に東の男に対して西は女を象徴するという意識から、出雲には古代日本人によって西・人間・女という属性が附与されていたのである。神話や伝承上の出雲にみる不可解な事象は、古代人が出雲に対していだいたこの三つの意識に多く負っているので、そこに問題の鍵をもとめれ

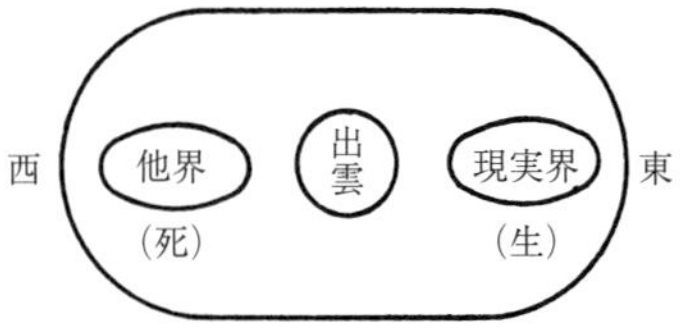

輪廻の中央としての出雲

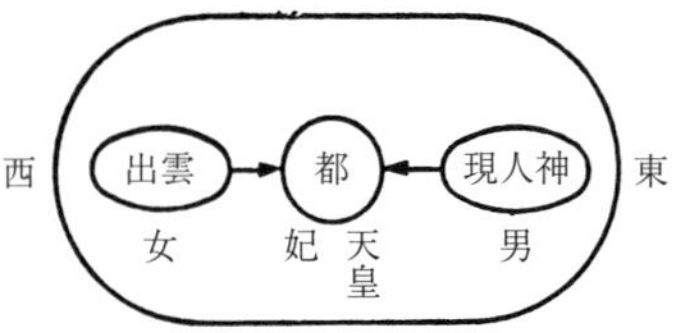

妣の国としての出雲

ば謎はとけるのではなかろうか。

それでは出雲は西の涯《はて》という意識から導き出されるものは何か。それは結局出雲から西は他界という観念であろう。出雲は他界の入口、つまり生と死の中間、中央の穴として意識される（上図右）。生死を主とした世界像において、出雲は死者や送り出される神を胎児として一時的にこもらせる母の胎――中央の穴である。神話にみる出雲がつねに妣《はは》の国（女の国）・死の国として取扱われ、また古代から現代に至るまで神送りの総元締となっているのは、古代日本人のいだいた出雲を西の涯とする世界像によっているのであろう。

次に出雲にみられる顕著な現象は皇妃の冊立である。神武天皇は事代主の女、綏靖天皇も同じ事代主の女、安寧天皇は事代主の孫をそれぞれ配偶者とされ、皇妃は代々出雲系の女性から選定されている。それはつまり次のような理由によるのではなかろうか。天皇は現人神で男性、正に東の代表者である。この東・神・男の属性を有する天皇は、西・人間・女の属性を有する皇妃と合一してはじめて国の鎮めとなり得る。その資格を有する皇妃は出雲出自でなければならなかったのではなかろうか。なお、この場合の中央、つまり天皇と妃の合一点は地理的な国の中央―熱田ではなく、政治的な中央―都である（上図左）。

東と西の方位が人間関係にもち込まれた場合、つねに東が陽、西が陰の性格を負うことになっていて、それは天皇と皇妃ばかりでなく、天照大神にまでさかのぼり得るのである。

高天原（東）　出雲・根の国（西）

天照大神（姉）――須佐之男命（弟）

天忍穂耳命（兄）――天穂日命（弟）

須佐之男命は男性であるが、姉の太陽神天照大神に対してその本質は陰であり、事実妣の国に行きたいといって哭く神である。天穂日命は出雲国造の祖であり、祭祀者である。祭祀者というのは本来女性的のものである。先にあげた皇妃はもちろん女性、出雲の象徴するものはすべて女性である。人間界における神界・東の代表者であって、現実世界を支配する天皇を国の中央に据えると、そこに配する皇妃は当然西から求められる。陽の方位からの陽性のものと、陰の方位からの陰性のもの、この二元が中央の都で合一して国の鎮めとなり得るのである。したがって、西の出雲から都に来るものは皇妃ばかりではない。都および都の附近に出雲系の神々が多く奉祀されているのは、人間関係のみでなく、神々の間にも東西のバランスがはかられていたためではなかろうか。大和朝廷と出雲の関係は呪術的にみる必要があり、異民族間における支配・被支配の関係などというより、むしろ一種の契約関係とみられるべきものである。

都――世界像（其三）

大和は国のまほろば　たたなづく　青垣山こもれる　大和しうるはし

これは倭建命の国偲び歌として記紀に伝えられている名高い歌であるが、作者の真偽はとにかくとして、大切なのはこの歌の意味である。それは日本の国土、この現世の中心の穴、母の胎としての主都、大和を、その内容からも景観からもほめたたえているものと思われる（次頁の図右）。

その意味は、「なだらかな垣をなす青い山脈にかこまれて、ひっそりとこもっている大和、大和は国の中心、国の中心の美しい洞だ」と解釈される。

「まほろば」の「ほろ」は『書紀』には「ほら」となっている。『万葉』にも、

天雲の向伏《むかふ》すきはみ、谷蟆《たにぐく》のさ渡る極み聞し食す国のまほらぞ……（『万葉集』巻五）

高御座《たかみくら》、天の日嗣と天皇の神の命の聞し食す国のまほらに……（『万葉集』巻十八）

とある。『和名抄』には「洞」を「保良《ほら》」とよませているが、「国のまほろば」の「ほろ」は恐らく「ほら」で「洞」

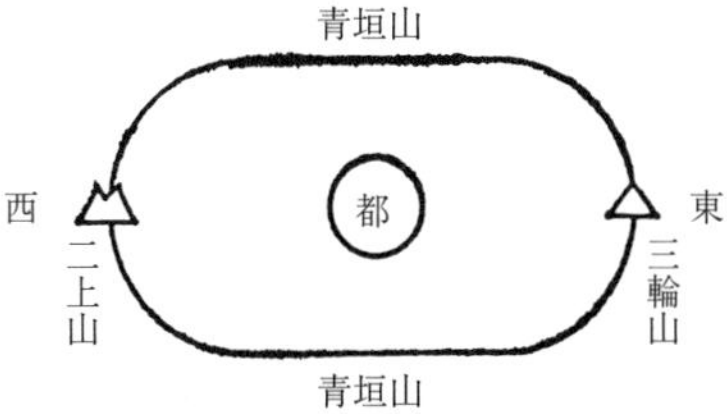

小世界像における都

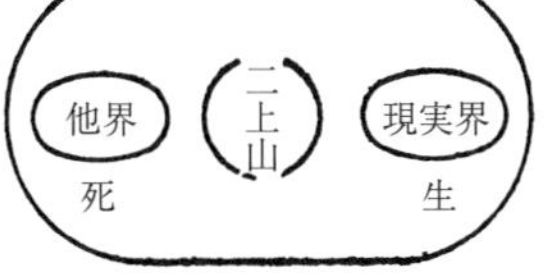

生死の中央の穴としての二上山

の意味であろう。「ま」は「真正の」とか「見事な」とかの意味。「ば」は所を表わす。ほりくぼんだ処を表現する言葉には「ほら」のほかに「かま」がある。先述の沖縄で使われる「太陽の洞《テダガカマ》」もこの「かま」であり、「竈《かまど》」も「釜《かま》」もすべて同じこの「かま」に基づいている。

釜もカマドも、母の胎に形が似るために、神聖なものとされ、信仰の対象となり、家そのものを代表するものにまでなっている。「かま」「ほら」「あな」はそれぞれ相似た様相に対してつけられた名称で、それらの名称に示されるような、ほり凹《くぼ》んだ所にすっぽりとつつまれている時に感じる一種の安心感は、生命をつつみはぐくむ母の胎の連想へとつながった。

そこでこの歌の「国のまほろば」の「ほら」は自然の大いなる母の胎、国の中心をなす美しい胎を意味した。

「やまと」を青垣山につつまれた母の胎―小世界像とすればその西の果、二上山から先は他界なのであった。この場合二上山は国土における出雲と全く同じ性質をもつ。出雲が生死を分つ中央であったと同様、二上山も現世と他界を分つ中央の母胎なのである（上図左）。

その山は円錐形でしかも雄岳・雌岳があって、性交が擬かれ得る山、つまり葬所として母の胎を象る絶好の山であった。この山の西側の台地には孝徳・推古・用明・敏達の諸帝陵、聖徳太子陵、伝馬子墓など天皇・皇族・豪族の陵墓が櫛比する。その様相の中に古代の呪術がひしひしと感じられるのである。

村——世界像（其四）

村は都よりも小さな母の胎であった。そこで村の入口は女陰に見立てられる。祭りの時期の村の入口に注連縄がはり渡され、そこに男根状のものが時に女陰を表わすものと共に吊下げられる例は多いのである。村の入口に道祖神—サエノ神（塞の神）が祀られるのもこのためである。サエノ神は性神とされているが、それはこの神の形状が男根状であったり、また男女両神が互いにむつみあう姿が刻まれた石だからである。村は母の胎としてそれ自身一つの完結した小世界の中心で、その外円に東西が意識されていた。村の外は他界であって、疫病・害虫などすべて禍いの元になるものは村の外に送り出されるし、使用ずみの祭具、祓いの料なども村外れに捨てられたり埋められたりするのである。

家——世界像（其五）

家は最小世界像であると同時に、家というその限られた空間は母の胎を象徴するものとして意識されていた。家には中央に柱がある。その柱は男根に見立てられ、その柱をうける床、または床下は女陰をあらわす所であった。何事も目にみえるすがたにして認識することをその特質とした日本人にとって、男女の交合は棒と円、または三角との結合とみなされたらしい。その棒と円の結合のもっとも身近な造型として意識されたのが家であった。(3) つまり棒は柱、女陰はその柱の下、そうして家屋という限られた空間は母の胎としてとらえられた。家は男女交合の造型であり、同時に母の胎の造型でもあった。

したがって、家は単に雨風をしのぐ便《よすが》であるばかりでなく、一つの重要な呪物であった。それだから「屋造り」ということが結婚の前提条件となり、また家は祭りの場とさえなったのである。

屋造り——伊邪那岐・伊邪那美二神がオノコロ島に天降りして第一にしたことは天のみ柱を見立て、八尋殿《やひろどの》を見立てることであった。そうして交合がそれにつづくのである。

須佐之男命は大蛇退治の後、奇稲田姫を婚《ま》ぐことになるが、その前に有名な「八雲立つ出雲八重垣妻籠《つまご》みに、八重垣つくるその八重垣を」とよんでやはり須賀宮《すがのみや》をつくっている。このように結婚にはいつも屋造りのことがつきまとっている。宣長はこのことに不審をいだき、執拗なまでにこの点にこだわっている。

結婚に際し家をつくることなど当り前の話なのに、何故ことさら取上げてかかれ、意識に上せられているのか、それには必ず何か深いわけがあるに違いないと鋭く勘を働かせている。宣長がいぶかった点について私は次のように考える。家はその柱が男根に、柱の下は女陰に、家そのものは母の胎に見立てられていた呪物だから、結婚に際し常に言及されなければならないものだった。それでは古代日本人にとって結婚とは何だったのか。

「奄美大島では婚礼を世のはじまりと称し、一族の重大な儀式として厳かにこれを行なう。婚礼を根引祝ともいう」（茂野幽考『奄美大島民族誌』）。

婚礼は世の始まり、根引きであるという奄美にのこる意識はおそらく日本古代人の意識でもあったろう。前述したように、男女の交合を形であらわすもの、つまりその造型が家であった。それだから婚礼が世のはじまりを示すことであるなら、家は世のはじまりを示すものなのである。また家は母の胎の造型でもあるから、そこに真正の母胎の持主を据えることによって、呪物は一層その呪力を増すと考えられた。母の胎・女陰が生命を生み出す大元であり根であるから、真正の母の胎の持主である女を、家という呪物の胎の上に重ね据えることが「根引き」なのである。結婚とは棒と円の結合であるが、同じく柱と限られた空間の結合である家をつくることによって、現実的にも呪術的にも世のはじまりが示現されることになる。婚礼に際してまず屋造りがなされ、そのことが述べ立てられ、「妻籠み」ということが唱われるのはこうした理由によるものであろう。

以上、家が母胎の造型であると同時に男女交合の相の造型であることについての考察であるが、同様のことが「戸《へ》」という言葉からも察せられる。

戸——日本では古来、家をかぞえるのに「戸《へ》」という言葉がつかわれている。「戸」とはカマドである。『古事記』

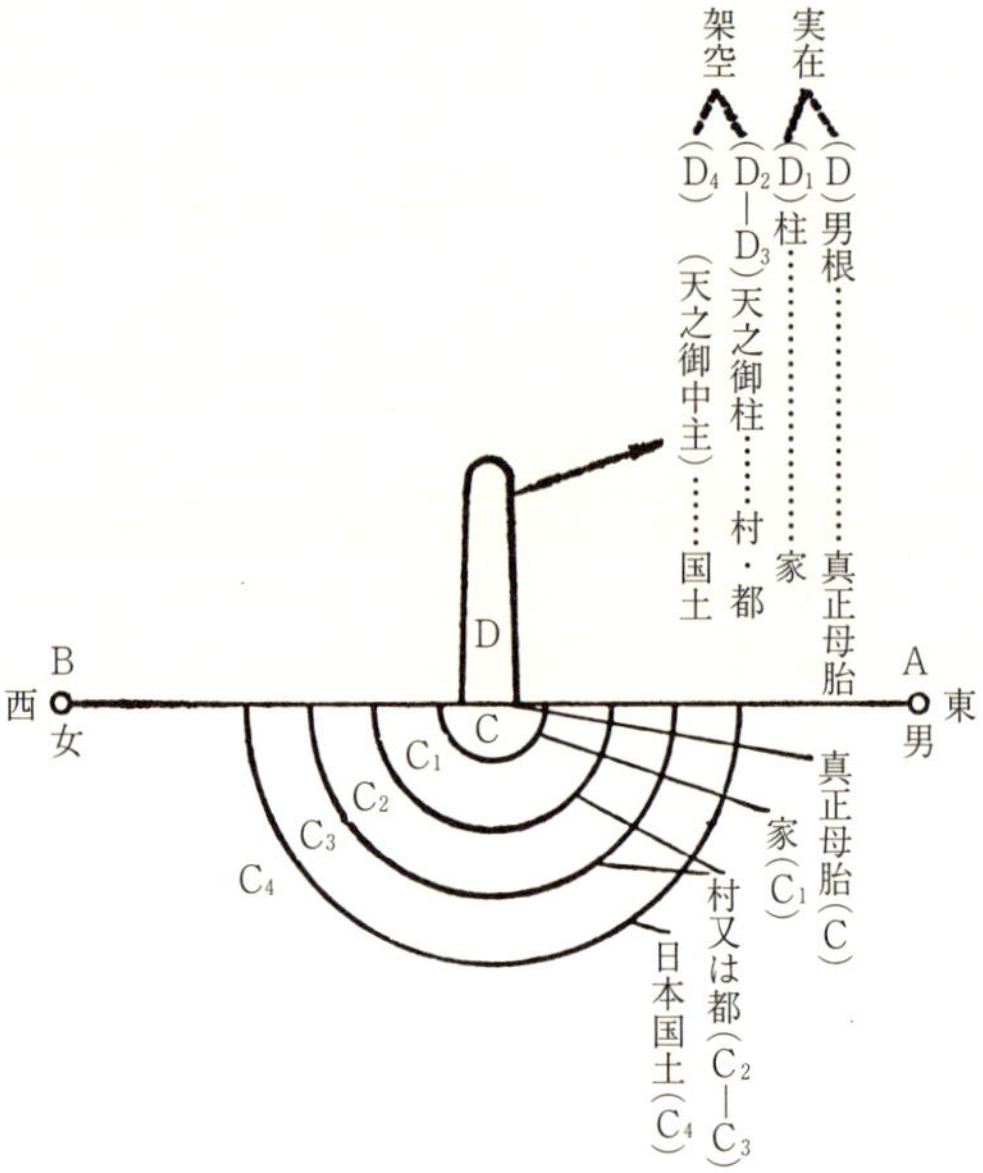

日本古代人における世界像

上巻にも大年神と天知迦流美豆比売《あまちかるみずひめ》の間に出来た大戸比売《おおべひめ》神が、諸人の斎《いつ》き祀るカマドの神である、と記されている。

カマドのカマはホラと同じく凹《くぼ》みを意味する。カマドはカマになった処、凹《くぼ》んだ所の意味であったが、現実には火を焚く所、火処《ほと》であって、それは女陰を象徴するものでもあった。家を数えるのに「戸」が用いられたことはカマドが家を代表することを示す。それはつまり家とはカマドという女陰の象徴物をもった母の胎である、ということであろう。

家は小世界であり、同時に母の胎と考えられていた。家屋における東は神座であると共に男の座であり、同様に西は人間―女の座である。女陰の象徴としてのカマドが築かれるのも西である。

家の聖所は東の神座、西のカマド、中央の大黒柱の下の三ケ所である。つまり家の中央の柱は世界の中央の天のみ柱になぞらえられ、伊邪那岐・伊邪那美の二神と同様に、東の男と西の女は家の中央に合して陰陽交合する。恐らくこの時、本来西にあるはずのカマドも呪物・斎瓮《いわひべ》として柱の中央に据えられたのではなかろうか。それが古代の婚礼ではなかったろうか。

まつりと家

誰そ　この屋の戸おそぶる　新嘗にわが夫を遣りて　斎《いは》ふこの戸を（『万葉集』巻十四）

草枕　旅ゆく君を幸くあれと　斎瓮《いはひべ》すゑつわが床の辺に（『万葉集』巻十七）

家は小世界であり、母の胎を象徴する呪物であるから、ここに神のみあれも期待できる。つまり祭りの場にもなり得るのである。その際は夫は外に出されて家は閉《とざ》され女だけがこもるのではなかろうか。一首目の歌はそうしたこもりをして神のみあれをまつ女の歌と思われる。二首目は呪物の瓮をすえて旅にある夫をこの家の胎児として斎い込め、時満ちてそれが生まれ出るように夫の無事の帰りを待つ、そういった呪術がうたわれているのではなかろうか。共に家が母の胎と仮定してはじめて成り立つ呪術と思われる。

招婿婚と家

古代日本人は母の胎・女陰を男女を一つに統合する所、つまり男女間の中央にあるものとして意識していた。その母の胎の所属は女性である。女性が真正の母の胎の所有主であるから、人工の擬似母胎である家の中央に女を据えることは、家の呪力をいよいよ明瞭に発揮させることになるのである。家屋という呪物の胎は、真正の胎によって生気を与えられる。家屋に活気をつけるのは女である。それだから呪術的に女は家を離れることができなかった。

須佐之男命は屋造りに際して、「妻籠《つまご》み」といい、家は妻をこもらせる所だとしている。それは家における女が男よりはるかに重要であったことを示す。

関西地方では家妻の呼称が「お家はん」であり、古くは「家刀自」ともいった。家と女の結びつきの深さは男とは比較にならない。古代から中世に至るまで我国の結婚が招婿婚であって、女が家を離れなかったのは、前述の理由によって呪術的に女が家を離れることが出来なかったからではなかろうか。従来その理由は、労働力の確保などという社会的の解釈が多くなされて来た。しかしそれは家という呪物の胎に、真正の胎を重ね合すといった、繰返しの好きな民族性に基く単純な原理によっていることなのではないか。大方の批判を仰ぎたいと思う。

六　現世生活像の考察

同質のものが一つの平面上に同心円をなして繰返されている世界に対し、同様に同質のものが立体的に積上げられてゆく結果が一つの「像」をなしている——それを仮に現世生活像とよんでおくが——それについて考えてみよう。世界像において同心円をなして繰返されているものも、現世生活像において積重ねられてゆく仮屋も、本質的には同じく擬似母胎であるが、前者の安定に対し、後者は著しく流動的である。それは前者における同心円群、つまり擬似母胎群が、国・都或いは村というように固定したものであるのに対し、後者の擬似母胎群は人生または年間の折目・節目にたてられる仮屋であって、その仮屋はそこにこもる生命体に対し蛇の脱皮における殻のような役割を持ち、こもりの時が過ぎれば次々に取壊されるべき運命、性格をもっているからである。仮屋は個体の生命更新のための呪物であるが、この呪物をつくり出した源は、「中今《なかいま》」という言葉によって象徴されている古代日本人の哲学なのである。

中今　日本には古くから、「中今《なかいま》」という言葉があった。

和銅元年正月、詔「高天原ヨリ天降リマシシ天皇（邇々芸命）が御世ヲ始メテ、中今ニ至ルマデ、天皇ガ御世、天ツ日嗣ト高御座ニマシテ、云々」（『続日本紀』巻四）

辞書でみると、「中今」とは過去と未来の真中の今であって、「今」と同じ意味であるとか、今の世を盛りに真中の世とほめる意味をもつと解釈されている。たしかに用例をみれば「今」という意味に解して一向差支えない使われ方である。しかし古代人がことさらに「今」の上に「中」を冠せたのにはそれ相当の理由があろう。「今」では表現し切れない何かが古の人の心の中にあった。その「今」だけでは表現し切れないものが、「中」であらわされているのではあるまいか。

「中」は真中の世として今をさかりとほめる意味だともいう。何故まん中がほめる意味となるのだろう。問題はむしろここにある。まん中の意味を考えなくてはならない。

古代日本人は東といえば西、過去といえば未来というように、異質の二元を対立させることを好んだ。ところでその異質の二元を対立させ、その対立をはっきりさせるにはその二元をわかつものが必要である。過去と未来をわかつものは現在である。しかも現在は過去と未来をはっきり分つと同時に、過去と未来をその中に内包するものでもある。分つと同時にその分ったものを統一・内包するという相反する性質をもつ。これを図式にしてみると上のようになる。

過去をAとし、未来をBとし、現在をCとする。

古代人は人の種は東方から来るものと考えた。西方は人間界である。古代人にとって空間を欠く時間は恐らくないと思われる。そのような純粋時間はとらえられてはいない。したがってこの時間の流れもまた東から西へ、太陽の動きになぞらえてとらえられたであろう。過去は東、未来は西であって、「時」はよどみなく過去から未来へ、いいかえれば東から西へ流れるものと考えられた。

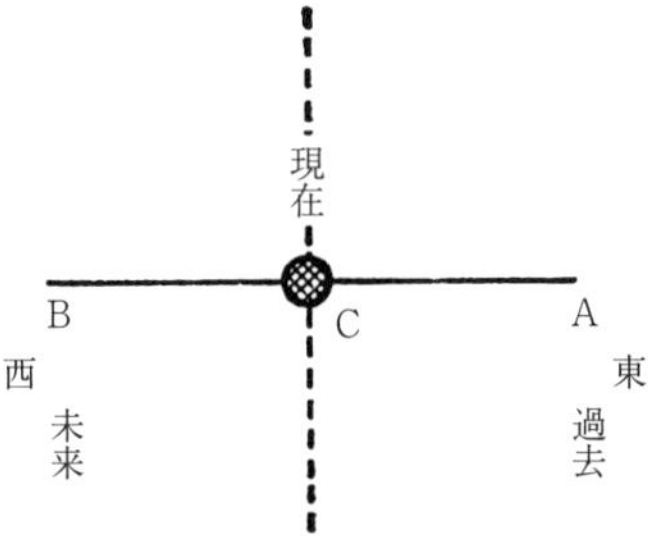

古代日本人の「中今」観

その「時」の流動は人を「老い」と「死」へさそうものである。いつまでもこの「今」を、「今」としてとどめたい。しかし「今」をただ止めてしまうことは「今」の本質を失わさせることにしか過ぎず、結局のところ「今」にはならない。しかも放っておけば時の流れは不断に東から西へ動き、「今」は刻々に死滅するのだ。「今」を「今」として本来の流動を止めさせず、しかも東から西への死の方向へ向わせないためには、その「今」を中央に積上げ、重ねさせてゆくほかはない。中央に「今」を積むこと、それが「中今」なのだ。つまり「中今」とは呪術の「時」なのである。それは「今よ、常に中今であれ」といって「今」を祝《ほ》ぐ呪術の言葉なのである。

それでは現実にどうしたらこの「今」を中央に積重ね、「永遠の今」つまり「中今」を呪術的にもたらすことができるのか。その中今をもたらすための呪術がおそらく世界に類をみない日本に特有の現象と思われる折目節目ごとの「仮屋造り」ではあるまいか。その仮屋とはつまり擬似母胎であって、そこに生命をすくいとり、呪術の胎児として人をそこに一時こもらせ、そこから新たに中央に向って生れ直させるのである。出産に際してたてられる産屋は、いわばこの仮屋造りの第一号である。

産屋の原理

人間界における最重要の相対は男と女である。男は種をもつという点で東方、神界に属し、女は畑として人間界そのものの代表である。そこで先の図において過去を東としたが、同様に男を東Aとし、女を西Bとする。ところで男と女という異質の二元を、もっとも相対的に分つものは「性交」である。しかし、時において過去と未来を分つものが現在であって、しかもこの二者を内に統一するものもまた現在であったと同様、男女の二元を合一させるのも「性交」である。したがってABの中間Cはこの場合「性交」となる。性交は行為であるが、このCを場所にとれば「母の胎」、物によれば母の胎を占める「胎児」である。つまりC点を占めるものは、性交・母の胎・胎児と考えられる

（次頁の図）。

中央の「胎児」はしたがってこの男と女を相対的に、父と母としてははっきり分つものであると同時に、それら双方に共通の子としてその二者を合一するものである。相対する二者を分つと同時に統合するこの胎児は、したがってこの二者に匹敵するほどの存在である。胎児は立派な「人」なのである。胎児は腹に宿ったときから人であった。沖縄では女に限る祭事に妊婦を参加させない。その理由は胎児が男かもしれないからである。ということはすでに胎児を人同様に取扱っていることを示す。また日本古来の年齢の数え方は生まれたときを一歳とする。ゼロ歳ではない。と

いうことは胎児はすでに何ケ月という年齢をもった「人」なのである。母の胎に宿った胎児がすでに人であるということは、逆に人もまた胎児となり得る、という思考を導き出す。

東方から来た人間の生命の種は男性に憑依し、女性と合体して中央の母の胎に胎児としておさまる。人の種は元来、東から西へ動いて来たものである。だから人の胎児は放っておけば東から西へ渡来したその余勢を駆ってさらに西方に生まれ出るであろう。現世よりさらに西の方向は死の方位である。西へ落ちる夕陽を見るがいい。太陽は東へ帰るために西へ落ち、翌朝は東に新生する。しかし人は太陽とはちがう。折角生まれて来たものが、何を先を急ぎ、西方を目指すことがあろう。この現世で「中今」と祝《ほ》がれるときを十分に生きて楽しまねばならない。放っておけば西へ動こうとする生命を、時間的にも空間的にも現世の中央に止まらせねばならない。それが古代日本人にとって至高至上の命題であった。

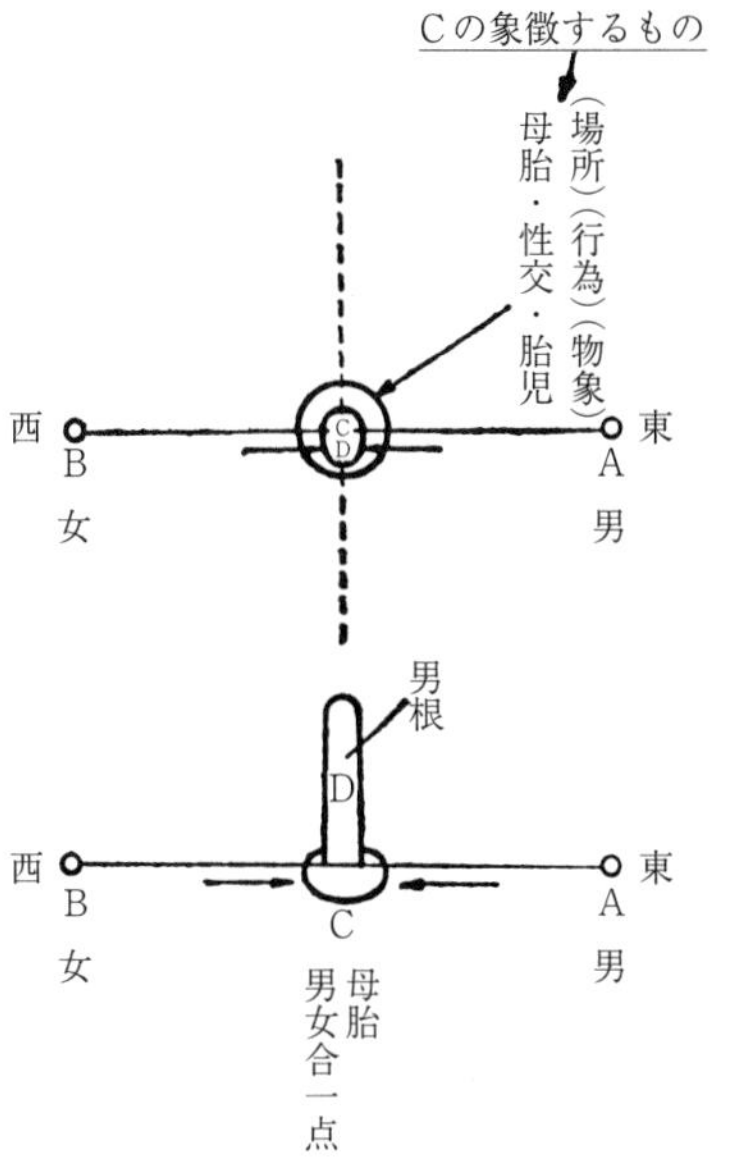

古代日本人の世界観の原点
（上）平面図（下）（立体面）

東から西への運動の延長として西方へ動こうとする、つまり死の方位へ行こうとする生命の動きを抑止する有効手段として彼らが考えたことは、生命を西方でなく、中央に迎え取ることであった。新生児を母胎からそのまま生放《うまればな》しにさせれば、東から渡来の運動の継続として、新生児は西方に向って生まれ出るであろう。その勢いを抑止するには、中央の母の胎に重ねて人工の擬似母胎を応急につくり、そこに新生児を第二次胎児としてこもり直させるほかはない。それによってのみ西方に動こうとする生命を中央に押し止どめ、この中央に生命を更新し、生命を積上げてゆくことが可能なのだ。この人工の擬似母胎がつまり産屋なのである。新生児は現実の母の胎から生れ出た次の瞬間、産屋という第二次人工母胎の胎児に居直る。家・村・都・国土が水紋の様に遠心的に同一平面に同心円を画いて拡がるのに対し、同じく繰返しではあるが、産屋は真正の胎に積重なる立体的擬似母胎である。西方を志向する新生命の運動を、中央から中央への運動にねじむけるための呪物が産屋である。それを図にすれば次のようになる（右の図上参照）。

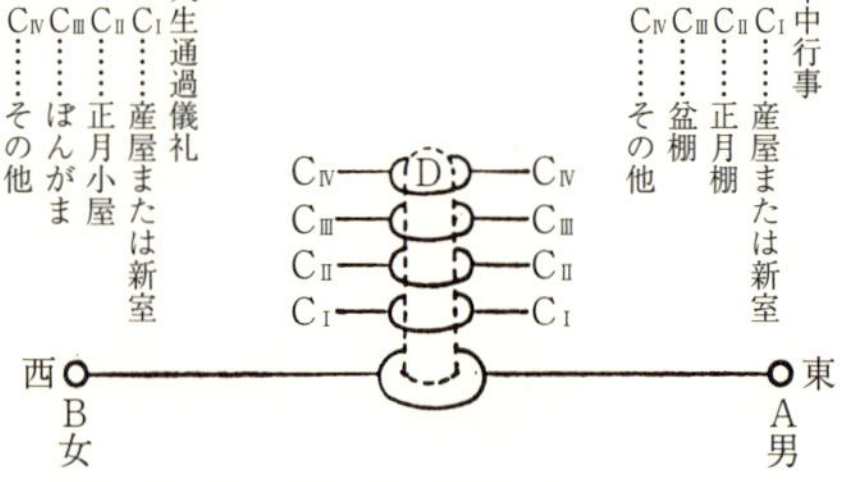

現世生活像における擬似母胎群

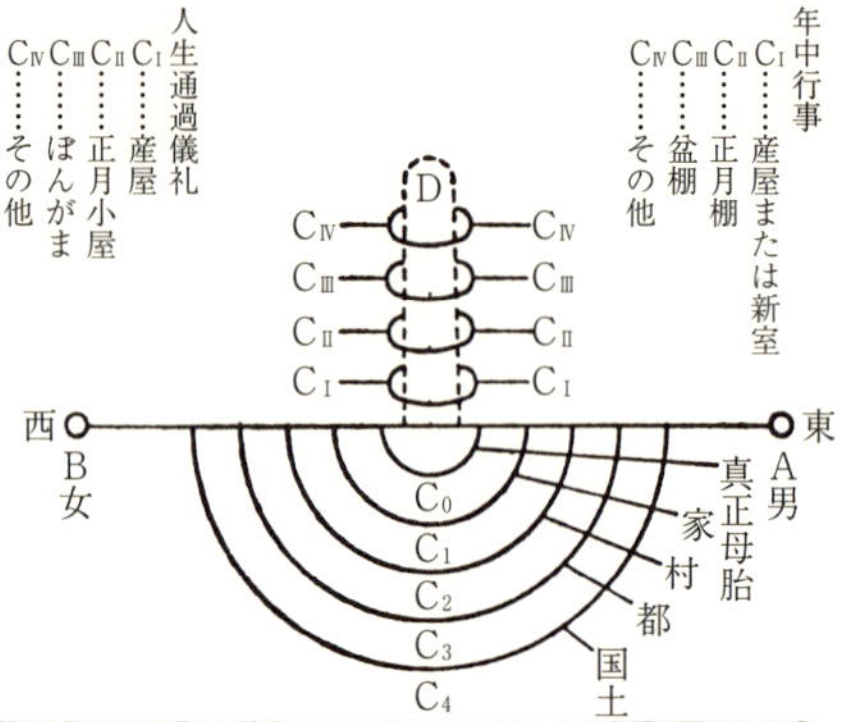

世界像と現世生活像における擬似母胎群

（註）1　Dについての説明は32頁の図のそれをそのまま適用する。
2　C_{I}，C_{II}，C_{III}，C_{IV}，とか C_1，C_2，C_3，C_4，という番号はあくまで仮のもので，年中行事・通過儀礼はこの他にいろいろある。

産屋にすくいとられた新生児は、呪術の誕生を中央に向って重ね、西方への生命の運動は無事に回避されるのである。その様相は蛇や蟹の脱皮にも関連して把握され、呪術の出産と、脱皮は古代人の意識の底に常にからみ合って存在していたと思われる。蛇の脱皮については拙著『祭りの原理』（本全集第一巻所収）第四章において、出産にまつわる蟹については同書第二章においてそれぞれ考察したので、参照して頂きたい。

こうして中央に向って呪術の誕生をし直した新生児は成長するにつれ、その人生途上の重要な時期に、この産屋に似た仮屋に再びこもって生命を新たにする。それが少年の場合、正月の「鳥追い小屋」や「道祖神小屋」（後にサギチョウに習合される）であり、少女の場合は「ぼんがま」である。これらについてこれまではそれぞれ成年戒、成女戒の意味が考えられているが、本来は身体の変り目を新生の一つの時期として、擬似母胎に胎児としてこもり直すことを目的としていると思う。鳥追い小屋やぼんがまは、産屋をC_{I}とすればC_{II}、C_{III}であり、産屋同様、生命を中央に向って更新させるための擬似母胎という呪物である。それらは同時に蛇のヌケガラにも比せられていたと思われるから、用がすめばいち早く取壊される運命の小屋であったと想像される。ヌケガラというものは脆く忽ちに崩れ去るものである。そのことが一層対照的にそこから出て行った新生命を輝かしくみせるものであるから、その類推によって小屋は一気にこわされ、また焼却されるのである。

　鳥追い小屋・ぼんがまのほかにも人生の通過儀礼として、三歳の髪置《かみおき》・五歳の袴着《はかまぎ》・七歳の帯解《おびとき》（女）などの儀式があった。それらもまた人生の折目節目におかれた生命更新の呪術であった。一一についての説明は省略するが、一例として五歳の袴着についての概略をあげておく。

「五歳の袴着は深そぎ、髪そぎともいわれた。当日幼童を碁盤の上に立たせ、吉方に向わしめ、賀茂糺《かものただす》の河の石を両手に握らせ、両足にもこの石を踏ませ、髪を左右にわけてその末をそぐ。そのそいだ髪は河中に投げる。碁盤からは吉方に向ってとび下りさせる」（『古事類苑』解説）。

　ここにうかがわれるものは、新生と脱皮の両面をかねた呪術である。つまり仮屋は擬似母胎であるがここにみえる碁盤はその仮屋のそのまた代用物であって、この碁盤から吉方に向ってとび下りることは新生の呪術。髪そぎは恐らく「みそぎ」を意味し、蛇の脱皮の擬《もど》きであろう。幼童の掌に賀茂のただすの川の小石を握らせ、足にそれをふませることは川中にあることの暗示であり、そいだ毛髪を川に投げることも蛇の脱皮を思わせるのである。

　こうして古代日本人は産屋を第一号とする仮屋の呪術を人生の通過儀礼の中にくり返したのであるが、それと同様のことが一年の間にも年中行事として繰返され、生命を中央に向って更新する努力が払われたのである。年中行事のなかで規模の大きなものは六月・十二月の大祓い、または盆と正月であり、そのほかにもいろいろの形で新生・脱皮の呪術が行なわれたのである。

七　再び家について

家は、水紋のように同一平面上にひろがる同質の世界像のうち最小のものであるが、同時に産屋と共に現世生活像の第一号でもあった。古代日本人によって人の誕生と結婚は共に世《よ》（節《よ》）のはじまりと考えられ、誕生の際には産屋が、結婚に際しては新室《にいむろ》がそれぞれ設けられた。結婚はむしろ人生途上の大きな節《よ》と考えられるが、何故古代人によって誕生と同様に、世のはじまりと考えられたのか。恐らくそれは結婚によって世代を異にする新生命が生み出されるためであろう。誕生はその個人の世のはじまりであるが、結婚は次の世をもたらすべきものであった。誕生と結婚は次元を異にする節なのである。同じく節《よ》といいながら個体の生命の節《よ》と、一々の個体を貫く大生命の節《よ》とのちがいがそこにあり、前者のための擬似母胎が産屋、後者のためのそれが新室であって、共に擬似母胎であると同時に脱皮する蛇のカラに擬せられた呪物でもあった。

家屋は古代の呪物中、恐らく最重要でしかも複雑な性格を有するが、その複雑性は家が平面的世界像の最小像であると同時に、立体的生活像の第一号でもあるというその二重性に負っている。家屋には世界像にみられる安定性と、現世生活像にみられる流動性が混在し、後者における家は本来はその節《よ》毎に、つまり人生及び年間の折目節目ごとに建設破壊されるべき性質を内包している。しかし家の造りは年代が下がるにつれて精巧堅牢となり、それが出来なくなるために、その代償として人は家を一時的に出ることによって新生の手段としたり、仮屋をたててそれを破壊することによって脱皮を擬く呪術としたのである。

人は家の胎児、村または都邑の胎児、国土の胎児として自己を拡大する一方、産屋または家を基点として仮屋から仮屋へこもり直し、新生・脱皮を繰返して、中央に向って個人としての生命、種族としてのより大きい生命の更新をはかるのである。家は安定の世界像と、流動の現世生活像との接点に位置する呪物といえよう。家の呪物性は表面にはうたわれず、神話その他の叙述のなかに時折顔をのぞかせる。その謎にいち早く感付いたのは宣長であったが、彼はその謎を謎として提起するにとどまり、解こうとはしなかった。私はあえてその謎に挑み、以上の理論を組立ててみた。しかしなお他日の訂正を俟つべきところも多々あろう。この論考は従来見過されてきたものを取上げ、それに対して一応の筋道をつけようとしたものである。

なお「村」と「都」の関係は併列の関係にあり、「家↓村↓都」ではなく、「家↓村」、「家↓都」の関係である。世界像において家は擬似母胎の最小像であり、それより大きいものが村または都なのである。しかし村よりは都が大きいため、水紋状に拡大する作図においては村の外側の輪となり、誤解が生じやすいが、その輪の拡がりは家↓村↓国土、または家↓都↓国土、なのである。

註

（1）「常陸は『葦原中国』でありながらそれと同時に『天』でもあった……」（東実『鹿島神宮』六〇頁、昭和四十三年、学生社）。

（2）出雲大社と鹿島神宮の社殿は共通であっていずれも大社造りの基本型を示している。それというのも出雲大社をつくった人は他ならぬ鹿島神宮の祭神、武甕槌神だからである（同右、二八～二九頁の要約）。

（3）古代家屋は多く丸葺屋で、その要素は棒と円の結合に還元され得るのである。

第一章　日本原始信仰と陰陽五行説

一　陰陽五行説

陰陽五行説の概要

陰陽二元論　陰陽五行説とは簡単にいえば宇宙間における森羅万象を、陰と陽の関係において据えようとする二元論であって、天象には太陽（日）と太陰（月）の二元があり、人象には男女両性がある。この陰陽が互いに交感・交合して万物は生成化育・栄枯盛衰をくりかえす、というのである。

宇宙という言葉の「宇」は四方上下、つまり空間であり、「宙」は古より今に至る時間である。つまり宇宙も時間・空間の二元であり、空間も上下、東西、南北等の相対においてとらえられる。時間にも過去・未来の相対がある。この相対の中には必然的に「中央」が意識され、東西・南北の相対の中には「中央」があり（場処）、過去・未来の相対には「今」が時間の中央として捉えられる。

五行　万物は陰陽の交合によって生死・盛衰をくり返すが、その作用《はたらき》の具象化が五行《ごぎょう》である。五行の「五」は宇宙間の五原素、「木火土金水《もくかどごんすい》」であり、「行」はその作用の意味である。

木・火・土・金・水は互いに相生《そうじょう》し、相剋《そうこく》して万物をして盛衰の輪廻をくりかえさせるが、人間もまたこの理法から逸脱は出来ず、この原理に組込まれている、というのが陰陽五行思想である。

相生の理と、相剋の理　「木火土金水」は互いに相生・相剋して、万物をして生死の輪廻をくり返させる、というが、五行相生・相剋図Aの(1)(2)は、それぞれ相生の理と、相剋の理を、示すものである（口絵参照）。

五行相生・相剋図Bについて（口絵参照）　五行相生・相剋図Bの(1)(2)(3)は、「木火土金水」をその本来の位置に据えて作図したものである。その本来の位置とは、

木…東
火…南
土…中央
金…西
水…北

である。

相生相剋図Aが、単に木火土金水の順を追って作図されたのに対し、Bは五行の相生・相剋の本質を明かす作図といえよう。

五行説図表　「木火土金水」は五原素としてあるだけでなく、色彩・方位・季節・時間・惑星・十干・十二支・内臓・人間精神に至るまでこの中にあてはめられている。

それを図表にしてまとめると次のようになる（次頁の図表参照）。

五行説図表の見方　五行説図表は横によむことが大切である。たとえば最初の「木」の項を横によめばその色は青、方位は東、季節は春、時間は朝、惑星は木星、十干は甲乙《きのえきのと》、十二支は卯、九気は三碧、卦象は震☳、ということが判る。

	色彩	方位	季節	時間	惑星	十干	十二支	九星	卦象	内臓	徳目	月
木	青	東	春	朝	木星	甲乙	卯	三碧	震	肝	陽気	旧二月
火	赤	南	夏	昼	火星	丙丁	午	九紫	離	心	情熱	旧五月
土	黄	中央	土用		土星	戊己		五黄	中	脾	円満	（土用）
金	白	西	秋	夕	金星	庚辛	酉	七赤	兌	肺	剛毅	旧八月
水	黒	北	冬	夜	水星	壬癸	子	一白	坎	腎	奔放沈静	旧十一月

五行説図表

色彩・方位・時間等は自明であるから、五星・十干・十二支・九星（九気）・易卦象などについて、小林信明『中国上代陰陽五行思想の研究』、藤田六朗『五行循環』、田中胎東『九気密意』等、多くの先学の労作の援けを借りて、以下その概略を述べる。

五　星　五星とは木星・火星・土星・金星・水星の五惑星である。古代肉眼で観測し得た惑星はこれがすべてであった。これらの惑星は多数の星座の中を西から東へ自由自在に進む星である。

太歳と十二支　これら五星の中では木星がもっとも重要視された。木星の運行は十二年で天を一周する（厳密には十一・八六年）。つまり木星は一年に十二区劃の中の一区劃ずつを移行するので、その所在は十二次によって示される。

木星は西から東、つまり太陽や月と逆方向に移動する。そこで木星の反映ともいうべきものを仮設して、これを時計と同じく東から西へ移動させる。この想像の星は神として、つまり木星の神霊として歳陰とか太歳の名で呼ばれる（以後この文中では太歳とよぶ）。

この太歳は北極にいる上帝の顕現とみられ、天神中もっとも尊貴なものとされるが、この太歳の居処につけた名が、子・丑・寅の十二支なのである。つまり十二支は木星と反対方向に、同じ速度で巡る太歳の居処につけた名称である。これが年の十二辰、又は十二支である。

木星と太歳の袖を分つ処は寅のはじめの処である。太歳が寅の処にいる年は寅年で、卯にいる年は卯年であるが、そのとき、つまり太歳が寅にいて寅年のとき、木星は丑《うし》におり、太歳が卯にいて卯年のときは、木星は子《ね》にいるわけである。これが木星と太歳の関係である。

月の十二支　十二支は年だけでなく、月にも日にも時刻にも方位にも当てられる。

月の十二支は北斗七星の黄昏時に始めて見える時に指している方位によって指示される。

つまり北斗の柄が黄昏の時に、寅の初めを指す日を正月の節とし、寅の中央を指す日を正月の中とし、卯の中央を指す日を二月の中とする。正月を寅の月とするのはこの為である。

日・時刻の十二支　日にも子・丑・寅の十二支が宛てられ、一日の時刻にも同じくこの子・丑・寅があてられる。夜半午後十一時から翌午前一時迄の二時間が子《ね》の刻であり、日中午前十一時から午後一時迄の二時間が午《うま》の刻である。

方位と十二支　方位は正北を子《ね》、正南を午《うま》、正東を卯《う》、正西を酉《とり》とする。この東・西・南・北を四正といい、その間を、つまり東南・西南・西北・東北を四隅というが、東北には丑・寅、東南には辰・巳、西南には未・申、西北には戌・亥、がそれぞれ配されている。

十干　十二支に組合わされるものに「十干」がある。十干は、甲《きのえ》、乙《きのと》・丙《ひのえ》・丁《ひのと》・戊《つちのえ》・己《つちのと》・庚《かのえ》・辛《かのと》・壬《みずのえ》・癸《みずのと》であるが、

甲《きのえ》・乙《きのと》＝木《き》の兄《え》・木《き》の弟《と》＝木（兄―陽　弟―陰）

丙《ひのえ》・丁《ひのと》＝火《ひ》の兄《え》・火《ひ》の弟《と》＝火（兄―陽　弟―陰）

戊《つちのえ》・己《つちのと》＝土《つち》の兄《え》・土《つち》の弟《と》＝土（兄―陽　弟―陰）

庚《かのえ》・辛《かのと》＝金《か》の兄《え》・金《か》の弟《と》＝金（兄―陽　弟―陰）

壬《みずのえ》・癸《みずのと》＝水《みず》の兄《え》・水《みず》の弟《と》＝水〈兄―陽／弟―陰

というものであって、十干とは陰陽五行そのものである、ともいえる。

十干の意味するもの

「甲《きのえ》」は（ヨロイ）で、草木の種子を蔽う厚皮で、種子がまだ厚皮を被っている状態。

「乙《きのと》」は（軋る）で、草木の幼芽のまだ自由に伸長しえない屈曲の状態。

「丙《ひのえ》」は炳（あきらか）で、草木が伸長して、その形体が著明になった状態。

「丁《ひのと》」は壮と同義で、草木の形態の充実した状態。

「戊《つちのえ》」は茂（しげる）で、草木の繁茂して盛大になった状態。

「己《つちのと》」は紀（すじ）で、草木が繁茂して盛大となり、その条理のととのった状態。

「庚《かのえ》」は更（あらたまる）で、草木の成熟団結してゆきづまった結果、自ら新しいものに改ってゆこうとする状態。

「辛《かのと》」は新（あたらし）で、草木の枯死してまた新しくなろうとすることをさす。

「壬《みずのえ》」は妊（はらむ）で、草木の種子の内部に更に新しいものの妊まれることをさす。

「癸《みずのと》」は揆（はかる）で、草木の種子の内部に妊まれたものが、段々に形造られて、その長さが度《はか》られるほどになったことをさす。ついで帽子をかぶってムクムクと動きだす「甲」となるのである。

太陽の熱と光のエネルギーが地球の各部に伝えられて、草木の種子が内部的胎動から発生・繁茂・成熟・伏蔵の順をたどり、その過程が十干・十二支によって示されている。

十二支の意味するもの

「子《ね》」は孳（ふえる）で新しい生命が種子の内部から萌し始める状態。

「丑《うし》」は紐（「ひも」「からむ」）で萌芽が種子の内部に生じてまだ伸び得ぬ状態。

「寅《とら》」は螾（うごく）で、草木の発生する状態。
「卯《う》」は茂（しげる）で、草木が発生して地面を蔽う状態。
「辰《たつ》」は振（ふるう）で、陽気動き雷が電光と音を出し、草木が伸長する。
「巳《み》」は巳（やむ）で、万物が繁盛の極を示す。
「午《うま》」は忤（さからう）で、万物が繁盛の極を過して衰微の傾向になったことを示す。
「未《ひつじ》」は味（あじわい）で、万物が成熟して滋味を生じたさま。
「申《さる》」は呻（うめく）で、万物が成熟してしめつけられ固ってゆく有様。
「酉《とり》」は緬（ちぢむ）で、万物が成熟の極に達したありさま。
「戌《いぬ》」は滅（ほろぶ）で、又は切るといういみで、万物のほろびゆく状態。
「亥《い》」は閡（とじる）で、万物がすでに凋落して生命が種子の内部に内蔵された様。

以上は万物の変生・繁茂・成熟・伏蔵の過程、即ち陰陽の消長する順序を十二の段階にわけて示したものである（次頁図参照）。

易　経　陰陽説の創始者は伏羲といわれるが、この陰陽の原理が最もよく応用されているのが『易経』である。そこでこの『易経』も伏羲によって創始されたと伝えられ、更にそれを完成したのは周の文王であるという。

一方、五行説の創始者は黄帝といわれ、その五行説が応用されているのは『書経』の中の洪範である。洪範は夏の禹王が、天から授かったもので、その後、歴代の王に伝えられ、殷が滅亡したとき、殷の箕子がそれを周の武王に伝えたといわれる。

そこで『易経』も洪範も周の王室と密接な関係がある。

周と陰陽五行　『易経』と『書経』とによるときは、陰陽五行説は、殷末、周初の時代に既に成立していたとみられ、周の王室の政治の指導原理をなしていたとみられるのである。

方位に割当てられた十二支と九星（九気）

子	北	一白
丑寅	東北（艮）	八白
卯	東	三碧
辰巳	東南（巽）	四緑
午	南	九紫
未申	西南（坤）	二黒
酉	西	七赤
戌亥	西北（乾）	六白
		五黄（中央）

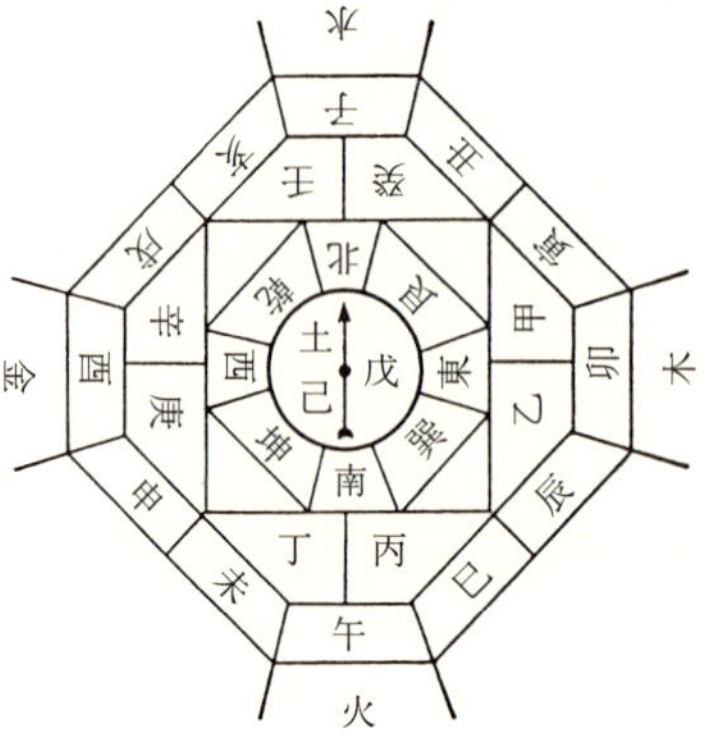

十干・十二支方位図

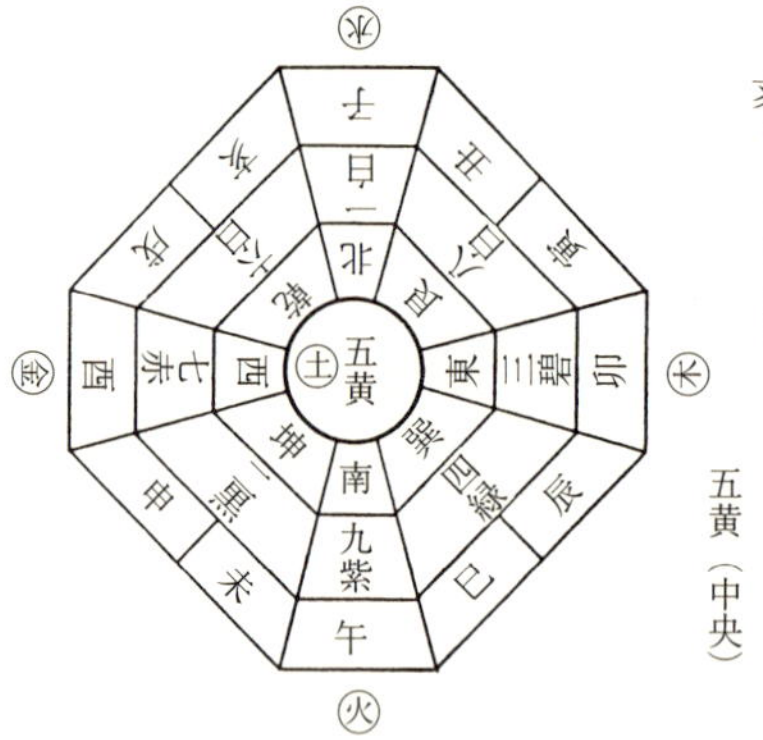

九気・十二支方位図

しかしこの説は伝説の域を出でず、陰陽五行説が真に成立した時代は、それと提携している天文暦数の発達史から明らかにされなければならない。なお陰陽五行は医学とも密接に結びついているので、この方面からの考察もまた必要なのである。

九星（九気） 九星は『河図《かと》』『洛書《らくしょ》』から出たという伝説がある。それは太古伏義氏のとき黄河から竜馬が出、その背に一から十までの紋があり、天の星を象《かたど》るようにみえたのでこれを図にとったのが『河図』であり、禹王のとき洛水から神亀が現われ、その背に一から九までの数が神紋をなしていたのが『洛書』であるといわれている。

しかしそれは要するに神話であり、伝説であって、要は五を中心として横・縦・斜のどの方から数えても総和は必ず十五になる、という図表なのである。

それは天地運行の順序を数で表示したもの、つまり森羅万象の変転と、それに則《のっと》った人倫を示すものとされている。

九星（気）の原理

「太陽は東から西へ廻り、地球は西から東へ転ずる。天は陽、地は陰とするから、陽は左廻り、陰は右廻りとなる。また陽は奇数、陰は偶数であるから、陽の代表数三を、基点である北の一に乗じ、左遷した東に「一三が三」と置き、この東の三に三を乗じて「三三が九」と南方に「九」が位し、この九に三を乗じてえた二十七の盈《えい》数を払った「七」を西に置き、これに三を乗じてえた二十一の盈《えい》数を払った「一」を北方におき、もとに帰るのである（上図の(1)参照）。

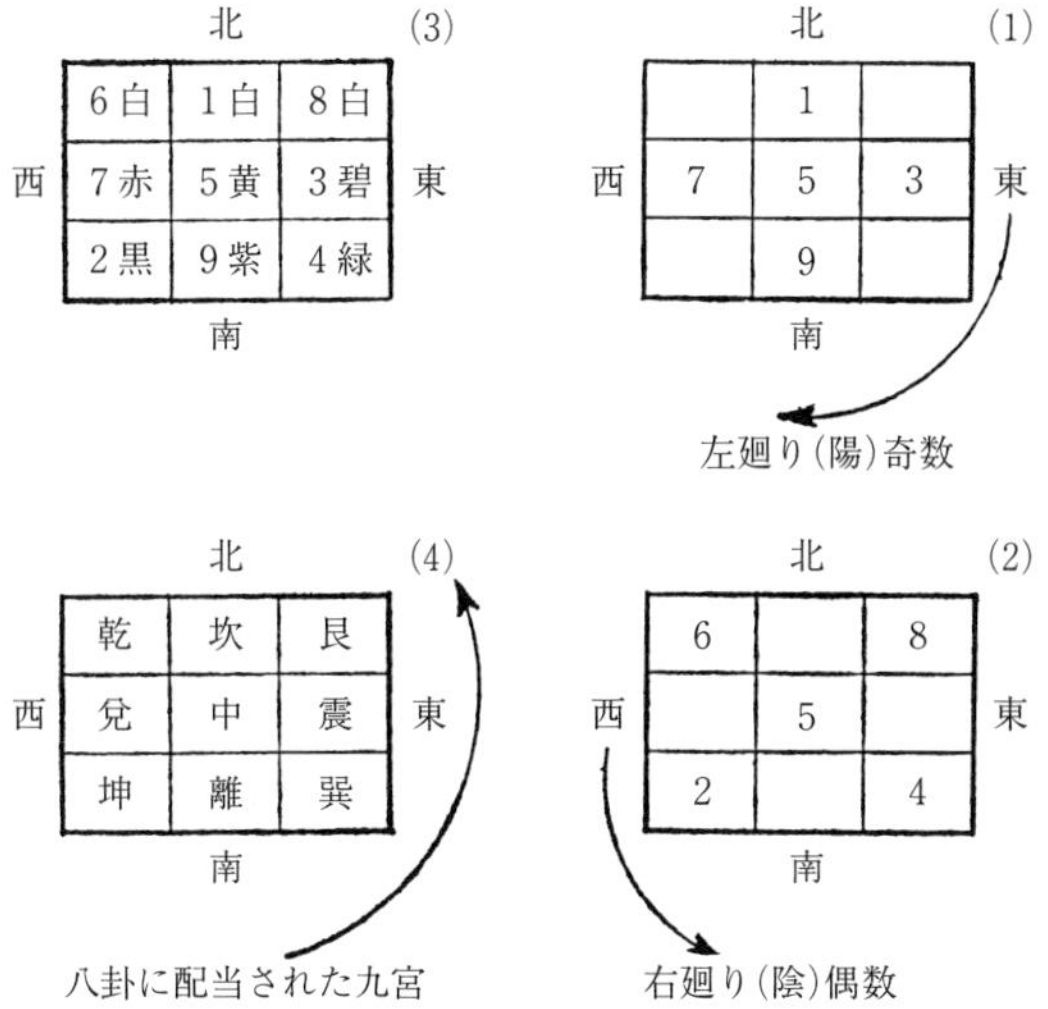

九気原理図表

こうして九星の東・西・南・北の四正が定まる。次に陽は南の「九」に極まるので、この九に兆《きざ》した陰気は西南隅に陰の初めの「二」と生じ、これに陰の代表数「二」を乗じて右遷すれば東南の隅に「四」と廻り、これに二を乗じた「八」は東北隅に、「八」に二を乗じた十六の盈数を払った「六」は西北隅に、これに二を乗じた十二の盈数を払った「二」で初陰に還るのである（上図の(2)参照）。

「五」は中央に座し、一から九までの数は定位におさまるわけである（上図の(3)参照）。

これが洛書に示された大自然の運行原理で、これに則って天地の大道が行われ、治国平天下の結果をみるというのである。

易と九星・十干・十二支　そこで易の位、つまり八卦もこれに則って定まり、後に万物生成化育の順序を象徴した十二支が配され、更に五行つまり十干も組合わされて、占術の基と

なったのである」（前頁の図の⑷参照）。（中村文聡『運勢の占い方』二九二頁、大泉書店、昭和三十六年）

以上が陰陽五行思想の概要であるが、陰陽五行の特色は、今述べたとおり、それに十干・十二支・易・九星（気）が密接に結合しており、陰陽五行の理解の困難さは要するに相互間のこ

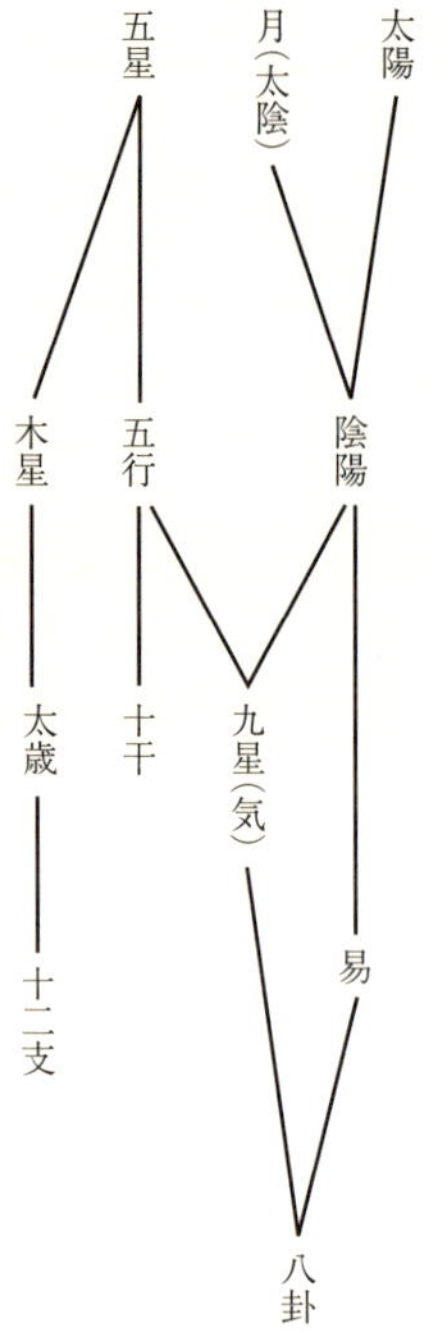

陰陽五行相関表（私案）

その結合の理解なしには結局のところは判らないということである。陰陽五行の理解の困難さは要するに相互間のこの複雑な結合、もしくは関連である。

そこでその理解の一助にもと私はこの複雑な関係を一応、右の表のようにまとめてみた。もちろん不完全なものであって欠点は至るところにある。しかし大体の概念はこの表によってつかめるかと思う。

陰陽五行説の日本渡来

この陰陽五行思想ははやく日本にも招来され、その時期は恐らく文字移入の源初にまでさかのぼると思われるが、もちろんはっきりしたことは判らない。しかし次のようなことはおよそ想像がつく。

つまり日本に入った陰陽五行説は、六世紀中頃から七世紀初頭にかけては緩慢に、その後、紀元六四〇年頃、南淵請安・高向玄理らの学僧や留学生の帰朝後は急速に浸透し、天智天皇の治世に至って最高潮に達したろうということである。

日本に入った陰陽五行の特色は、その実用の面にあり、暦・占星・占術の方面において、本家の中国も顔まけするほどの勢いで取り入れられた。

その占術は原始日本信仰と密接に結びついて、日本古代呪術となり、日本の社会の深層に潜んで、根づよく日本民

族を支配して来た。その最盛時から千年以上の間、各階層を問わず、仏教の中にも神道の中にもしのび込み、表面には立たず地下水のような形で社会を動かしてきた。その潜行は正に地下水そのもののように深く、広汎に、しかも長期に亘るものであった。

文字と同時に入ってきたと思われるこの陰陽五行説は、文字と同じ様にきわめて自然に日本の風土、文化の中に移植された。従ってそこには渡来初期の仏教にみられるようなすさまじい争いや、また大小の仏像造顕や寺院建立にみられるような表立った花々しさはみられない。そうして日本原始信仰に習合されて日本古代呪術となったとき、その隠微な性格を一段と強めたのであった。呪術は表立たないこと、理由《わけ》を一般に知らせぬ秘儀とをその本質とするからである。

その地味な地下水的性格と、難解な呪術性の故に、陰陽五行は日本の宗教・民俗・文化に何ものにもまさる大きな影響を与えながら、今日まで等閑に附されてきたのである。

二　日本原始信仰と陰陽五行説の関係

日本原始信仰

序章でも既述したように古代日本人は、人間の在り様から類推して、神の去来にも人のそれと同じような筋道を想定したと私は考える。

つまり神は一年の折目節目に東方の常世国から西方の人間界に迎えられる神であるが、その際、巫女は神の男根、蛇を象徴する神木と、その木の下の擬似女陰との交歓を媒介し、媒介するばかりでなく神そのものと交合し、神の種を宿し、神を妊《みごも》り、最終段階においては自《みずか》ら神そのものとして顕現《みあれ》する。

従ってあらゆる神事に欠かせないものは神との交合、妊《みごも》り、神のみあれの三段階であって、この一人三役をこなすものが巫女であったと思われる。

この三段階の中の妊《みごも》りが、日本神事に絶対かくことの出来ないこもりだったのではなかろうか。

しかし日本の祭りにおけるこもりに対する従来の解釈は、祭祀者が高い木を目印にして降臨される神を待うけ、その神を迎えるのにふさわしい状態になるための厳重な慎しみ、忌み籠《こも》りの期間とされている。

こもりをこの様《よう》に解釈すれば祭祀者は神を自身の外に迎えることを意味し、祭祀者は神に奉侍する立場にあるものとなる。

神事におけるこもりを妊《みごも》りと解すれば祭りの本質は全く違ったものとなる。

巫女は神霊との交合により自らの中に神を懐胎し、妊《みごも》り、その間にいつか巫女は妊られた神そのものとなる。その神は胎児であるから巫女は胎児の擬きをすることになる。胎児は飲まず食《くら》わず無為にして盲目、手足を屈して体液の中に泛んで眠っている。狭く暗黒な母の胎内に屈居する胎児の擬きは、それだけで全く苦しい行《ぎょう》であって、それが深い慎しみと誤解されるようになったのではなかろうか。又は祭祀が男性の支配下におかれたとき、故意にこの妊りを慎しみの期間ということにすりかえてしまったのかもしれない。

いずれにしてもこもりを妊《みごも》りとすれば、神は祭祀者の外に迎えられる神ではなく、祭祀者の内から外に向って新しく生れ出る神である。

「こもり」を祭祀者における神迎えのための忌《い》み籠《こも》りの期間と解釈するか、祭祀者が神を妊《みごも》る期間ととるか、によって祭りの本質の解釈は全く別方向に袂《たもと》を分つことになる。

神事における「こもり」を妊りとすれば、祭祀者としての有資格者は当然、男ではなく、女ということになろう。

古代信仰形態が今もなお残存する沖縄では、祭事において男性はその主要な部分では悉く拒絶されている。

この事実は恐らく「こもり」が祭祀者における忌みの期間ではなく、神を妊っている期間であることを裏書きするものであろう。

神迎えがこのように人の出生に擬かれ、神との交合・妊り・出産という巫女の一人三役によって果されるとすれば、神送りの神事も人の死に擬《なぞ》らえられ、神迎え同様、石座《いわくら》とか木の下（沖縄ではそこをイビという。本土の神社では禁足地といわれる処）、仮屋などの中における「こもり」が行われたと思われる。神をその本貫に新生させる、つまり送り出すためにである。

以上概観したように神事における「こもり」を妊娠の擬《もど》きとして、それを時間にとれば、それは神事の中枢をなす最重要期間であり、それを場処にとれば、神界を象徴する東と、人間界を表わす西との中央にある擬似女陰「穴」、つまり祭場ということになろう。生命のないこの穴に、霊力をもたせ神の種の受胎が可能となるように、この祭場に真正の穴の保有者、巫女をすえたのである。

こうして東から西へ、西から東への神及び人間の去来を中継するものが、中央の「穴」であった。

この中央の穴は、常に時に応じて移動することをその本質とする。

つまり穴の原点はどこまでも真正の女陰・母の胎であるが、この原点は古代日本人の信仰によって拡大解釈された。それが沖縄の御嶽のイビであり、本土の神社の禁足地、其の他であることは前述の通りである。

更にこの真正の穴・胎《はら》は想像力によっても又、拡大解釈された。こうして家・村・都・国もまた同一平面上に同心円の形でひろがる擬似母胎として意識されたのである（序章中の世界像の考察参照）。

胎児にとっては母の胎の外へ出ること、つまり誕生が他界への新生を意味するように、家屋の外はその家族にとって他界であり、部落の外はその部落民にとっての他界、都の外は都に住むものにとっての他界として意識されるのである。

未生の胎児がこもる母の胎が人間の原点であるならば、家屋は家族の原点、村は村人の、首都・大和はそこに住む都人たちの原点であると同時に国家の原点であろう。

原点としてのこの中央の穴の特質は

1陰陽交合の場であること。
2男性の種を入れること。
3それを新生命として定着させること。
4胎の外、他界へその新生命を出すこと。

の四つである。この四つを更に要約すれば中央の原点としての穴の本質は結局の処「入れて出す」ということにつきる。

「入れて出す」特質は女陰ばかりではない。男根もまた同様に入り、また同じ処から出てくるものであって、この両者に共通する特質は、日本古代呪術の中に大きく組み込まれ、同時にそれは今日に至るまで民俗習慣の中にその痕跡をふかくとどめているのである（第二章女陰考参照）。

古代国家の首都・大和は前述のように「国のまほろば」と讃えうたわれた。それは擬似母胎として、中央の穴として、生きている人々を懐《いだ》き育《はぐく》み、死者に対しては他界への新生の原点となる穴であった。それだから飛鳥時代の天皇・豪族の柩《ひつぎ》は延々一五キロの道を挽《ひ》かれて、西の二上山の向うに送り出されたのである。山の彼方は他界であり、西の他界に送り出されれば、西に沈む太陽にならって、東の常世に新生出来ると考えられてのことであろう。

その意味で、人間界の西の果の出雲国は、太陽と同じく、東から来て東に帰る神々のための最重要な中央の穴であった。出雲国の向うこそ最も根源的な他界であり、その他界新生のための穴として、出雲国にまさる処は他にはない、と考えられた。

この出雲に最も高貴な女祖先神、伊邪那美神の墓所や、それにまつわるさまざまの伝承があることは偶然ではなかろう。出雲は祖《はは》の国といわれ、神送りの総決算の地ともなっている。

こうして真正の女陰・母の胎を原点として、家屋・村・都というように拡大された中央の「穴」は、出雲をその極限とするのである。

このように中央の穴としての女陰・母の胎は、時と処に応じて、拡大・移動するが、その「入れて出す」特質は変らず、常にその時と処における原点となり、太極となるものなのである。

日本原始信仰の信仰軸（東・中・西軸）

東方の神界・常世国と西方の人間界をむすぶ東西の軸を、古代信仰軸とすれば、この東と西の二極に、この二極の統一体としての中央の穴を加えた、東・中央・西の三極が、日本古代信仰をもっとも具体的に表現するものとして考えられよう。

この東西軸・又は東・中・西の三極によって表現される日本古代信仰は、その後、文字と共に移入されたと思われる陰陽五行思想に対して、どのような反応を示したろうか。

反応の意味には二つある。

それは日本古代信仰そのものの変改ということと、信仰そのものは変改されず、むしろ外来の思想をその中に習合してしまうということの二つである。

そうして外来の陰陽五行説への日本原始信仰の反応は、その後者であって、外来思想を強力に原始信仰に習合させたのであった。しかもその習合の過程において、時には外来思想の方を多小変改することも行われた。それによって習合を一層容易にさせるためにである。

その結果、原始信仰は複雑化し、哲学的に深められたが、その具体的な現れは信仰軸の多極・多様化であった。

陰陽五行説における北方の重視

太極図説　宋学における周濂渓の『太極図説』は太極を次のように説明している。

「無極にして太極なり。太極動きて陽を生ず。動くこと極まりて静。静にして陰を生ず。静なること極まりて復《また》動く。一動一静、互いにその根となる。陰に分れ、陽に分れて、両儀立つ。陽変じ陰合して、水・火・木・金・土を生ず。五気順布して、四時行わる。五行は一陰陽なり。陰陽は一太極なり。太極は本《もと》無極なり。五行の生ずるや、各其性を一にす。無極の真、二五の精、妙合して凝《こ》る。乾道《けんどう》は男を成《な》し、坤道《こんどう》は女を成す。二気交感して、万物化生す。万物生々して変化窮《きわま》りなし。惟《こ》れ人やその秀《しゅう》を得て最も霊《れい》なり。形《かたち》既に生じ、神発《しんはつ》して知る。五性感動して、善悪分れ、万事出づ……」

この説は易の太極・陰陽を、天の気の作用においてとらえたのであるが、いずれにしても、太極から陰陽が発すると同時に、「陰陽は一太極なり」として太極を陰陽の統合体とみなしてもいる。

最高の天神・太一　この太極が神格化され、同時に北極星の神霊となっているのが、最上の天神、太一である。太極＝太一＝北極星、この三者は同一のものなのである。

九星の筆頭・太一　九星の九宮については前述したが、この九宮には、それぞれ天神が配置されている。

太一はこの九星の第一であって、この太一が一年に一方ずつ、九年間に、東・西・南・北の四正と、東北・東南・西南・西北の四隅の八方位と中央を合わせた九方位を巡行すると規定したものが九星（九気）である。

「太一の九星における居処は次の通りである。

色	九宮	方位	神名
一白――	坎宮――	北――	太一

（しかし木・火・土・金・水の五行では北方は水気、その色は黒（玄）である）

序いでのことに表にすれば残りの八星とその居処は次の通りである。

色	九宮	方位	神名
二黒――	坤宮――	西南――	摂提
三碧――	震宮――	東 ――	軒轅

四緑――巽宮――東南――招揺
五黄――中宮――中央――天符
六白――乾宮――西北――青竜
七赤――兌宮――西　――咸池
八白――艮宮――東北――太陰
九紫――離宮――南　――天一」

（藤田六朗『五行循環』三八頁、医道の日本社、昭和四十七年）

太一が九宮を廻る最初の年は北の坎宮にいるわけである。

なお九宮に六十干支を配し、九と六〇の最小公倍数一八〇年で宮と干支との配合は初に復する。一八〇年は六〇年の三倍であるが、これを三元という。六〇年を一元とするからである。

三　日本原始信仰と陰陽五行説の習合――信仰軸の多極多様化――

日本原始信仰と大陸渡来の陰陽五行思想とは、その発想においても本質においても、異質のものであった。それは先述のこの二者の概要からもうかがわれよう。

それにもかかわらず古代日本人は自分らの信仰にこの異質の外来思想を巧みに習合させた。それは異国趣味の民族性にもよるが、原始信仰の中にその習合を可能にさせるものがあったからである。換言すればこの二者の間に共通するものがあったということである。

その共通する思想とは㈠二元的把握、㈡輪廻の思想、㈢穴（坎）の思想、の三つと考えられる。これら三つの共通点の中、㈠㈡については改めて説明するまでもないことである。問題は㈢の穴（坎）である。

原始信仰における主軸

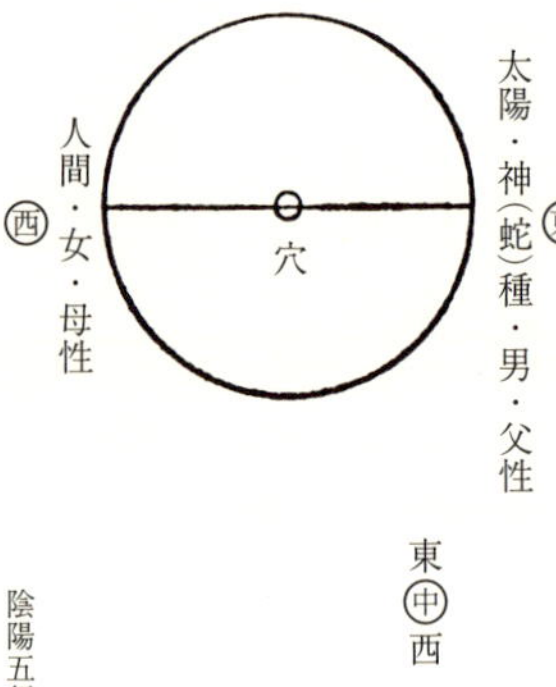

陰陽五行導入後の信仰三軸

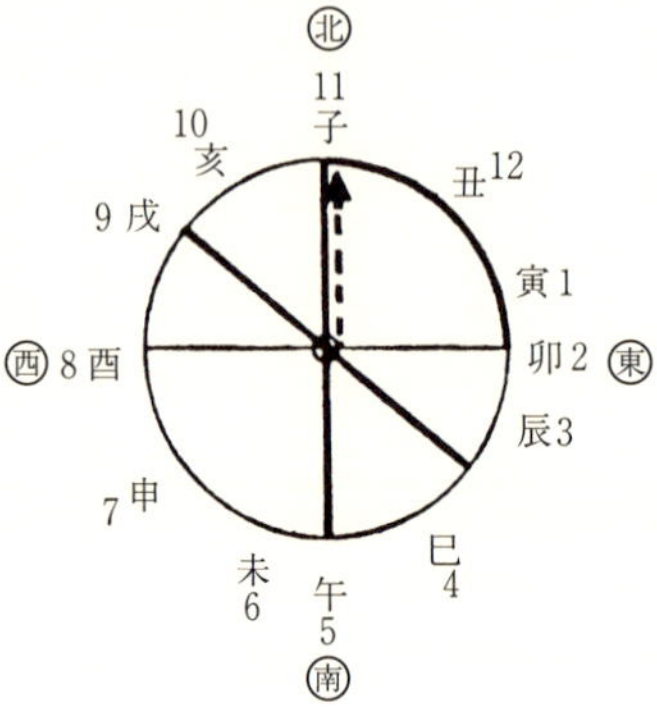

陰陽五行導入後の信仰三軸

三軸 北(子)―南(午)
西北(乾)―東南(巽)
北(子)―東(卯)

・中央の穴が北の(坎宮)に移動したそれによって北・南の子・午軸、北・東の子卯軸が生じた

・十二支において蛇の位置は東南(辰巳)である。この蛇はつまり男根である。その対中、西北(亥)は女陰を表わす。

・アラビア数字は「月」をあらわす つまり「子」は十一月、「卯」は二月「巳」は四月「午」は五月、「亥」は十月となる。

古代日本人がその世界像の中央におき、大元としたものは、くり返しのべたように女陰・母の胎である。その中央の穴に相当するものを陰陽五行思想の中に求めれば、それは当然、北の坎宮《かんきゅう》であった。

「坎」はその字の通り穴である。この坎宮に居を占めるものが「太一」であるが、これは北極星及び太極を象徴する神霊である。

北極星は不動であり、この星を廻って北斗七星は一昼夜に一回転するので、北極星は宇宙の大元として意識された。一方、太極はそこから陰陽が分ち出る処、同時に陰陽を統合するものである。

この目に見える北極星と、目に見えない太極との両者を象徴するのが最高の天神「太一神」であって、その太一の居処が坎宮なのである。

日本知識人にとって当時既に女陰・母の胎を原点とする原始信仰は卑俗と感じられていたかも知れない。そうした処に大陸の五行思想に出会ってみると、そこに「穴」と似通っている「坎宮」があった。しかもそれは彼らが大元とした母の胎と同様の意味を多分に含み、深遠な哲理をもち、しかも最高貴の天神の居処でもあった。

彼らにとって中央の穴を北の坎宮に移動し、重ね合せることは大きな魅力であったに違いない。そうして中央の穴はいつしか北の坎宮に習合された（その最も壮大な現実的な表われは近江遷都をはじめとする北方への遷都であろう）。

信仰軸の多極多様化　坎宮は十二支でいえば「子《ね》」である。子《ね》の対中は南の「午《うま》」であるから、子・午軸が新しく信仰軸として登場する。

また十二支においては蛇（巳）の座は東南であるから東南（巽《たつみ》）・西北（乾《いぬい》）軸も生れる。

なお、対中軸ではないが、輪廻を短絡する軸として坎宮の子《ね》と、東の震宮の卯《う》を結ぶ子卯軸が重要な信仰軸となる。

以上三つの軸が陰陽五行導入後、新たに原始信仰の東中西軸に加わることになるが、それらの各軸について考察する（前頁の図参照）。

子午軸について

東と西が陰陽の関係をもって対照的であったと同様に、この子午軸、つまり南北軸にも陰陽の関係がみられる。

そこで先にあげた五行説図表（第一章四四頁）から北の水の項と、南の火の項を取出し、更に項目を細かくして比較対照させよう（次頁の図表参照）。

沖縄には「子《ね》の方母天太《ぼうまてだ》、午の方父天太《むまばあさてだ》」という言葉がある。子午線は陰陽といっても、母と父を象徴する線、あるいは軸といえよう。

天武朝における子・午軸　しかしこの新しく信仰軸となった南北の子午軸には注意しなければならないことがある。(1)

それはこの子午軸には白鳳期、それも天武天皇時代にあるニュアンスが含まれることになったからである。

それはどういうことか。

北の坎宮が十干の壬《みずのえ》で、「妊《みごもり》」を表すことは既にいったことであるが、要するに、「妊《みごもり》」のある場所は「胎《はら》」である。

その胎児は必ず女陰から新生する。北の坎宮がもし胎なら、その下方、つまり南は女陰という意識がもたれたのであ

	水	火
星	水星	火星
方位	北	南
色	黒	赤
季節	冬	夏
月	十一月	五月
時間	午後十一時〜午前一時	午前十一時〜午後一時
十干	壬・癸	丙・丁
十二支	子（鼡）	午（馬）
易卦（後天）	坎 ☵	離 ☲
易卦（先天）	坤 ☷	乾 ☰
月に配当された卦象	䷗ 十一月 一陽来復	䷫ 五月 天風姤
陰陽	母	父
九星	一白	九紫

子・午対照表

先天易の卦では北は坤（☷），南は乾（☰）で，陰陽の関係を表している。

る。女陰こそ古代信仰の基底にあるもので、「入れて出す」、妊《みごも》られたものの出ることが古代日本人にはことに重視されたのである。従って胎はその出入口があってはじめて完全な胎なのであって、入れる一方の胎は、胎ではない。そこで北の胎に対する南はその出口、女陰という意識が生れてくる。

女陰は男根の出入する口である。従って南を陽とする五行思想に必ずしも抵触するわけではないが、とにかく南北軸、子午軸は胎と女陰の関係においてとらえられることになり、南北とも女により深いかかわりを持つ軸となるのである。

南に対してそのような意識が芽生えたのは恐らく天武朝であろう。飛鳥時代の天皇・豪族の陵墓が西の二上山の麓に営まれたのに対し、天武・持統・文武三代の陵は皇居又は帝京の真南に構築されている。それは死者を、胎としての北の皇居から、女陰としての南の宮門の外、つまり他界に新生させる呪術である。呪術はいく重にもたたみ込まれるのを特色とする。構築された墓も又その玄室を北とし、入口を南とする。高松塚も恐らくこの白鳳期の築造と推定されているが、壁画女性群像の志向する方向は南である。

天武天皇は重大事に当っては方位では南方、時間では午《うま》を撰用する。天智天皇崩御に際し、身の危険を知って大津京を去り、南の吉野に向ったのは紀元六七一年十月十九日壬午の日であり、翌年冬、皇居を造ったのは岡本宮の南であった。これは前朝の天智帝が真北の大津に遷都し、又同じく天武の後の持統女帝が北の藤原京へ、その後の平城・平安京が悉く北方遷都したのと全く対照的である。

天武天皇の激しい南志向は、「午《うま》」を火、女陰として捉え、その口から東の常世への新生を意図していると思われる。これは神話において、陰《ほと》を火に灼かれて亡くなった伊邪那美命の遺体（陰《ほと》をもふくめて）から、東方の体象「雷」が誕生し、この雷神が日本本土の東の果の鹿島に奉斎されている事実と思い合わせられるべきである。

天武帝はこうして南行して吉野に至り、そこから東国に入り、神武天皇の故事にならって同じく太陽を背にして東方から近江軍を攻撃している。(2)

それは南の口から東に新生した天皇が、東の常世から西の人間界を志向する神の在り様に自らを重ね合せている姿とも考えられる。

天智天皇に較べて保守的であった天武天皇は、こうして大陸渡来の五行思想をも、原始信仰の篩《ふる》いにかけて取入れたのであった。

それに対し畿外の近江に遷都した天智天皇は、大陸の五行思想をそのまま受け入れ、北を太極として把握した人であった。もちろん彼は原始信仰の中央の「穴」を北に移動した人で、それなりに原始信仰をふまえた北の「坎宮」の把握をした人ではあるが、その北に対して南を女陰と考えるほど国粋主義者ではなかったと思われる。

註

（1）南北の子午軸は陰陽軸であると同時に、上方の「胎」と下方の口「女陰」の関係を示す軸ともなった。
女陰は生誕に関わるが、同時に原始信仰によれば死者を胎児として納め、常世に新生させる口でもある。その女陰とされた南の口は、四神にあてはめれば朱雀、つまり赤い鳥である。
沖縄では赤い鳥を不吉として忌み、戸内に入ってきたときには一家をあげて浜辺に出て「坂ねぶり」（浜の下方に頭をおいて足を高くして仰臥することをいう。これは胎児の擬きかもしれない）して一夜を明かし帰宅するという（沖縄、竹富島上勢頭亨氏より筆者聞書き）。

（2）　一般に近江軍との戦闘において天武天皇の軍が、衣に赤い布をつけ、旗さしものに赤色を用いたのは漢の高祖が赤い幟を用いた故事による、という見方がつよいようである。

中国の帝徳は五行の五色によって表わされ、漢は土徳（黄）とも、火徳（赤）ともいわれている。それは前朝の秦が水徳であって、「土剋水」の五行相剋、或いは秦は西伯（西は金）であったから南（南は火）出目の漢が、「火剋金」の同じく相剋で滅ぼしたということも考えられている。そこにいろいろ議論はあるものの、とにかく帝徳は前朝との関連において定まっている。それならばそれがたとえ中国のことではあっても、天武帝が単純に漢の故事にならって赤色、つまり火徳を用いた、というのは余りに安易な解釈ではなかろうか。私はやはり天武天皇の赤色布佩用を火・午・南の撰用に関連して考えたい。

東南・西北（巽・乾）軸について

東南・西北軸が生れたのは都が平城京に移されて後と思われる。

というのは大和が政治の中心であった時代――それは東の三輪山が信仰の対象であった時代であるが――祖神の蛇はこの東の三輪山に在《あ》ったからである。つまり現実に蛇の座は三輪山という「東」にあったのである。

しかし都が陰陽五行思想における北方重視の理念によって北へ北へとうつされて三輪山を遠去かったとき、現実に東の蛇の座は消滅し、代わりに思想の上の、それも十二支における巳、つまり蛇の位置がつよく意識されたのである。

巳（蛇）について　十二支における巳《み》は順位でいうと六番目、その方位は東南、巽である。巽は辰巳、竜蛇であるが、取分け蛇は男根の象徴であり、その意味で恐らく祖先神となり、又種神としての意識から福神となっている。

九気における巽は「四緑木気」である。その体象は、

蛇、長、世間、往来、風、斉《ととのう》、入る、到進など。

四緑木気の象徴するものは多分に蛇である。たとえば長いものはいずれも四緑であるが、この中には織物も麺類も

皆ふくまれる。祖霊を迎える盆の重要な供物が麺類であることは、祖霊が蛇であることを裏書きする一例ではなかろうか。

話が横にそれたが「入る」ことも四緑木気の特徴である。大気の浸透作用、つまり生体、土、水、樹木、岩石、等一切のものの中に大気が浸透する作用も四緑の特質である。

巳《み》の月は旧四月、それは陽気のもっとも盛んな月で、乾《けん》、䷀の卦象であらわされる。

一日に執っても巳の刻は、午前八時から十時に至るかげりのない明るい時間である。

祭りが祖神、蛇を迎え送るものならば、この巳の月の旧四月も、旧二月の東の常世を表わす卯月とならんで重視されたはずである。

亥について　さて、蛇は穴に入るものである。

その意味でその対中の西北、亥《い》（猪）は当然「穴」「凹《クラ》」として、女陰として意識されたはずである。それは同時に福神の富を収納する倉としても意識された。

西北の風が「アナシ」とよばれるのは恐らく「穴風」の意であろう。

西北は、四神相応地の理想からいえば、高地であり、山地であることが望ましい。従って西北は山として意識される。山は葬所であり、墓であり、擬似母胎であるから、山の神は女とされている。女といっても女陰を意味する女である。

そこで山＝猪＝西北＝女陰は、同一の意味をもつ事柄となる。猪は十二支において第十二番目に位《くらい》する。そこで「十二山の神」という名称が成立する。「十二様」又は「十二山の神」はその供物に常に男根を擬く削《けず》り掛《かけ》や、オコゼを要求し、女を嫌い、男の奉仕をよろこぶ神であって、その器量は悪いとされている。恐らくそれは女陰の造型であろうから、器量がいい筈はない。

更に亥の月、旧十月は極陰の月で、後天易の卦象では前述の巳の月が極陽《きょくよう》の乾《けん》であるのに対し、純坤《じゅんこん》の䷁を以て

	巳（蛇）	亥（猪）
方位	東南	西北
十二支順位	六	十二
事象	極盛	極陰
動物	蛇	猪
性	男根　凸	女陰　凹《クラ》
月	四月	十月

巳と亥の対中表

あらわされる月である。一日に執っても、亥刻《いのこく》は午後九時から十一時までの時間である。こうしてみてくると、東南（巽《たつみ》）対西北（乾《いぬい》）なのであって、しかもこの軸は多分に性的である。

　この軸が基本におかれている伝承が、第二章女陰考でふれる倭建命の最期であると思われる。

子卯《ねう》軸について

　先に五行説図表（第一章四四頁）に従って子午対照表をつくったが、同様に子と卯を対照させると次頁の表のようになる。

「子《ね》について」「子《ね》」は五行において、木火土金水の中の「水」に当る。この水気は惑星にあっては水星、方位は北、季節は冬、時間では夜、色彩では黒（玄）、をそれぞれ表わす。

　十二支の子《ね》は「孳《ふえ》る」で、十干の「壬《じん》・癸《き》」は妊まれたもの、及びそれが揆《はか》られる程の大きさになったことを示す。

　九気一白は「太極」を象徴する最高貴の天神、太一の居処であることは先述の通りである。一白の体象は、胎・穴・坎・陰部・流水・連結などであって、卦象では坎、☵、つまり陰中の陽である。

　以上が子《ね》の意味するものの総和であるが、更にいえば子《ね》はこれを人に執《と》れば、妊《みごも》られたもの、つまり胎児を象徴する。胎児は前世と現世の境《さかい》にあるもの、いまだ幽《かく》れているものである。子《ね》は時間・季節においてもすべて境《さかい》の時をさし、昨日と今日を連結するのである。子《ね》の本質は幽、未だ現れない事物である。

「卯《う》について」「卯」は五行の中では「木」に当る。この木気は惑星にあっては木星、方位は東、季節は春、時間

	水	木
星	水星	木星
方位	北	東
色	黒	青
季節	冬	春
月	十一月	二月
時間	午後十一時〜午前一時	午前五時〜午前七時
十干	壬・癸	甲・乙
十二支	子（鼡）	卯（兎）
易卦（後天）	坎 ☵	震 ☳
月に配当された卦象	十一月 ䷗ 一陽来復	二月 ䷡
陰陽	幽	顕
九星（九気）	一白	三碧

子・卯対照表

は朝（かくれていた太陽がはじめて地上に顕《あらわ》れる時間）、色彩は青、をそれぞれ表わす。

十二支の卯《う》は「茂る」で、十干の「甲・乙」は種子が厚皮を被っている状態から、それが伸長して形が著明になったことを示す。従って十干・十二支においても卯《う》は顕現を示すのである。

九気の三碧は震・雷・顕現・創始をその体象とする。卦象は☳陽気発動を表わす。

子卯信仰軸　子卯対照表で明らかなように、子《ね》でこもった盲目の新生命の萌芽は、すべて卯《う》の顕現で、著明な形をとって新生する。それは太陽であれ、神であれ、人間であれ、植物であれ、およそ生長と消滅をくり返すものにとって普遍妥当な理であって、生命あるものはすべて「こもっては出、出てはこもる」のである。そうしてこの輪廻を短絡するのが、この子《ね》と卯《う》の軸である。

しかも子は水気、卯は木気で、「水生木《すいしょうもく》」の五行の順理にかない、子と卯は互いに相生《そうじょう》の関係にある。

子卯軸は原始信仰における東西軸、或いは前述の子午（南北）軸、戌亥《いぬい》辰巳《たつみ》（西北・東南）軸のような対中ではない。

しかし子と卯の関連は

○幽から明へ、

○萌芽から顕現へ、

というものであって、その関係は
○相対であって関連、関連であって相対
という生命の相を象徴するものである。

子午軸と祭り月の関係

そうしてこの子卯軸によって示される「幽」と「顕」は、人の生死から類推されている原始信仰における神迎え・神送りをそのまま象徴するのである。祭り月の基本型、旧十一月（子の月）と旧二月（卯の月）の型については第四章で詳述するが、それはこの子卯軸から生み出されたものと私は考える。

子卯軸は陰陽五行思想を習合した日本原始信仰が、幽と顕の哲理をその中に確立し、新しく体系をととのえ、いわば新装なった姿を示しているものといえよう。

子卯軸の確立は恐らく天智朝であり、その後に子午軸、ずっと遅れて西北・東南の乾《いぬい》・巽《たつみ》軸が現れたと思われる。

第二章　女陰考——呪術における女陰——

一　神話・伝承における女陰

日本神話の中で女陰に関し印象的な箇処が三つある。その第一は伊邪那美命が、多くの国土や神々を生んだあと、火の神を産んで陰《ほと》を灼《や》かれ亡くなったという処。この話をきっかけに神話は大きな展開をする。第二は須佐之男命の暴力に驚き、天照大神の織女（『書紀』の別伝によれば大神の妹、又は大神自身）が陰《ほと》を梭《おさ》で衝《つ》いて亡くなり、それが因《もと》で大神が岩戸がくれするという條《くだり》。第三は天孫降臨に際し、その行手を阻《はば》む猿田彦に対し、天鈿女《あまのうずめ》がその交渉に当り、その際、陰《ほと》を露《あらわ》して嘲笑《あざわら》い、これを降した、という話。これらの三つである。

この他、陰を衝いて死ぬ、ということは、「箸墓」の伝承にもある。

『書紀』崇神紀によると、大物主神がその妻、倭迹《やまとと》々《と》日百襲《ひももそ》姫に蛇の正体を見られ、それを恥じて三輪山に帰ってしまった。そこで、

「倭迹々姫命、仰見而悔之急居。則箸撞レ陰而薨。乃葬二於大市一。故時人号二其墓一謂二箸墓一也」

つまり姫は蛇体の夫をみて驚き啼《な》いたために、夫の大神を恥じ怒らせた。神は大空を踏んで三輪山に帰ってしまったのである。その姿を仰ぎ、悔いて急に坐った、そうして箸で陰を撞《つ》いて亡くなった、というのである。

また天鈿女の陰の露出は、猿田彦に出会った時だけでなく、天照大神の岩戸がくれの場合の踊りにもみられる。日本神話において女陰は常に大きな役割を持ち、話の筋はその故障とか呪力を契機として新たな展開を見せるのである。

何故日本神話の主役中の主役である伊邪那美命、天照大神二女神の死因がその陰《ほと》の損傷であり、又一方、女陰の露出が敵を降す原動力とか、岩戸がくれの場合のような最も困難な局面打開に貢献することになっているのか。しかもこうした話は本土の神話の中だけではなく、沖縄にも女陰について次のような伝説がある。

「首里の鬼の話

昔、首里の金城というところに人を喰う鬼がいる、といううわさが立った。その妹がもしやと思って兄の留守に行ってみると、鍋に人肉が煮えていた。これは本当だと思い、普通の餅と、鉄でつくった餅をもって出かけてゆき、普通の餅を鬼の前で食べてみせると同時に、陰部を出してみせた。鬼がその下の口は何にする口か、ときくと妹は即座に、

『上の口は餅を喰う口、下の口は鬼を喰う口』

と答えた。これをきいて鬼は驚いて崖から下へころげ落ちて死んだ。」

沖縄では冬十二月の行事として家ごとに蒲葵《びろう》の葉や、月桃《さんにん》の葉でくるんだ「鬼餅《うにむち》」を拵えるが、この伝説はその行事の起源譚となっている。

この他にも沖縄には、「火開《ほうはい》、々々《ほうはい》」（又は火排《ほうはい》、々々《ほうはい》）といって火に向って女陰を見せると火が鎮まる、という呪《まじな》いがある。本土でも火事のときには女の腰巻を火に向いて振るのがいい、ということになっている。これは多分本物《ほんもの》の代りを腰巻がつとめるのであろう。

女陰のもつ呪力を信じた古代人の心は以上のように、本土、沖縄をとわずその神話、伝説、風習のなかに散見されるのである。

伊波普猷は『琉球古代の裸舞―うちはれの遊び―』（伊波普猷撰集中巻）において、女陰について重要な言及をしている。

「『女官御双紙』その他の文献をひもとくと、この役には、久米島の神職の頭の君南風《きみはえ》が従軍してゐるが、当時の人は、この時戦争に勝つたのは、彼女の奇計と呪詛が与つて力があると信じてゐたのである。『球陽』を見ると、アカパチ・ポンカワラは、大海に面して陣を布いてゐたが、手々にたぐさを持つた巫女が数十人、陣頭に立つて、天に号し地に叫び、一生懸命に呪詛した、といふことである。そしてこれらの巫女等は、官軍が上陸して肉迫しても、一向畏れる気配もなかつたといふことである。

かうして彼等は戦闘を開始する前に、双方共魔術を闘《たたか》はしてゐるが、琉球の俚諺に Winagō ikusa nu sachibayi（女は戦の魁《さきがけ》）とある通り、女子に戦の魁をさせたのは当時南島全体の風習であつたと思はれる。これは猿田彦神が天八衢《あまのやちまた》に立塞《たちふさが》つて、天孫民族の前進を阻止した時、天鈿女《あまのうずめ》が陰《ほと》を露《あら》はして、笑噓《あざわら》ひつつ向ひ立つたのと比較すると面白いのである。八重山の巫女等が陰を露はしてゐたことは判然《はつきり》しないが、彼女等は多分さういつたやうな風をしてゐたであらう。

記紀をみると、天鈿女は、天の岩戸で舞うた時にも、やはり陰を露はしてゐるが、これを胸乳を露はし裳帯を臍下《ほと》に抑垂れて、といつたやうにしたのは、支那思想の影響を受けた著者が、故更に婉曲したのであつて、彼女は或は裸体になつてゐたのかも知れぬ。……」

以上長い引用となったが、伊波普猷は沖縄の正史にみえる陣頭巫女の記録を、記紀の猿田彦に対する天鈿女の陰部露出神話と、女は戦の先がけ、という沖縄の俚諺に照し、恐らく陣頭にたった沖縄の巫女もそのようにしたであろうと推測し、同時にこの女陰露出が敵を降す上に何らかの効果があると、古代には信ぜられていた、ということを暗にいっているようである。

こうした本土の神話とか、沖縄の伝承・伝説の中にみられる「女陰」の在り様、又はその扱われ方、それは他のもの陰《かげ》にかくれて、これまで決して正面切って問題にされず、重視されなかったのであるが、実は古代日本人のものの考え方を解く最も重要な鍵が、ここに潜んでいるのではないか。それを解くことが古代解明の重要な一翼を担うことになるのではなかろうか。

この章はこのような意図の下にすすめられた考察である。その考察は時に余りにも猥せつであるかもしれない。しかし古代を考えるときに今の心での推理は、道をあやまることになろう。私はあえて単純素朴な古代人の心、現代の表現に従えばいわゆる原点に立返って、推理を進めることにする。

一　信仰の対象としての女陰

はじめに

日本の神話・伝承の中における女陰の扱われ方には二つの大事なポイントがある。

①女陰の損傷がもっとも尊貴な女神達の死因となっていること。

②女陰露出、つまりそれを相手にみせることが重大な非常時に行われること。

以上の二点である。

①から推測されることは女陰が古代信仰の対象であったこと。②から窺われることは、その露出が信仰にもとづく呪術であったろうということである。

しかしこの信仰と呪術の二者は入り交っていて、信仰から呪術が生れ、呪術が又、信仰にまでたかめられるのであって截然とは区別しがたいが、しかもなお呪術は呪術であって、信仰と区別されなければならない面も多く潜めていると思われる。

しかし一応切り離せるものとして①の女陰の損傷が女神達の死因となっていること、つまりそれは女陰が古代信仰の対象となっていることを裏書きするものであることの考察からはじめよう。

女陰の損傷が主要女神達の死の直接原因となっているということは、つまり女陰こそ女を女たらしめているものであって、そこを失うことは女としての全存在を失うこと、つまり死であると考えられていたことを意味する。女を象徴するものは心臓でも脳でもないから、心臓マヒや脳卒中は女神達の死因とはならないのである。女陰は生命創造のいわば大元＝根源であって、この観点からすれば、種を提供する男根より、より強烈な信仰の対象となりうるのである。

生命創造は科学の進んだ現代でもまだ極めつくせない謎であり、驚異であるが、古代においてはその思いは更に深刻だった筈である。

また過疎の社会には生命の創造は何よりも待望まれることであったろうし、一方、限りある処に殖《ふ》えすぎることはこれ又脅威であったに違いない。生命創造という現象に対しては、それが待望される場合にも、それが脅威となる場合にも、いずれにしろ畏怖がつきまとったに違いない。そこで降雨や日照と同様に、程のよさが常に求められたと思われるが、こうしたことがすべて生命をもたらす女陰に対して、男根より一層深い祈りがこめられる原因になったと推測される。

話を元に戻そう。人間の生命創造の元である故に、女陰がひたむきな祈求・信仰の対象となったと考察したが、抽象的思考を苦手とした古代日本人は、神の顕現も又、人間の生誕から類推して考えたと思われる。従って人間を生み出す女陰は神を生み出す処でもあった。

女陰は彼らの意識の中で次第にふくれ育ち、人の元であるばかりか、国土を生む元、神々を生む元となり、その形に似る山、岩、石、洞穴などの自然物がその信仰の対象となる。凹《くぼ》んだ石が「イワクラ」として神の顕現の場となり、又菱型の岩がご神体とか磐境《いわさか》とされるのはその例である。「イワクラ」は古代人の意識の中に拡大された女陰、つまり陰石と考えるが、それは項を別に「クラ考」として後述する。また正月の歳神迎え、トンド焼、供餅に多出する菱型が何を意味するものかは、なお解明されていないが、これもまた信仰の対象とされた女陰の造型であると解釈し、別項の「菱型考」において後述する。

以上は信仰の対象としての女陰の概略であるが、それは①の主女神達の死因が女陰損傷に因《よ》っていることから導き出された考察である。

②の「女陰露出」はそれに対して古代日本の呪術における女陰、又は呪物としての女陰がその背景になっていると思われる。

三　呪術と女陰——呪物としての女陰——

「入れて、出す」呪力

女陰の作用は一言にいって、それに尽きる。この作用をもう少しくわしく考えると、

①男根を入れて、出す。（性交）

②子種を入れて、新生命を生み出す。（出産）

という二種類がある。この②の「新生命創造」つまり「出産」が前述のように女陰を信仰の対象にまで昇華させるのである。

しかし女陰が神話・伝承の中で語られている様子をみれば、女陰は決してその生命創造の故だけで重んぜられているのではない。

女陰の「入れて出す」という重要な作用——それは性交・出産に共通の作用であるが、——それが神話の中で大きく扱われ、その作用の故に、つまりその入ったものを出す力の故に、女陰は重要な呪物となっているのである。

(一)「天宇受売命《あめのうずめのみこと》、天の香山の天の日影を手次《たすき》に繫けて、天の真拆《まさき》を縵《かずら》と為《し》て、天の香山の小竹葉《ささば》を手草《たぐさ》に結ひて、天の石屋戸《いわやど》に汙気《うけ》伏せて踏《ふ》みとどろこし、神懸《かむがか》り為《し》て、胸乳を掛《か》き出で裳緒《もひも》を番登《ほと》に忍《お》し垂れき。ここに高天の原動《とよ》みて、八百万の神共に咲《わら》ひき。」

（『古事記』上巻）

(二)「時に八十万《やそよろづ》の神あれども、皆目勝《まか》ちて相問《と》ふることを得ざりければ、特《こと》に天の鈿女《うずめ》に勅したまはく、『汝は人に目勝《まかみ》つ者なり。宜《うべ》往きて問はせ』とのたまふ。天の鈿女、その胸乳を露にかきたて、裳帯《もひも》を臍《ほぞ》の下に抑《おした》り、笑噱《あざわら》ひて向き立つ。」

（『書紀』巻第一）

以上はそれぞれ『古事記』と『書紀』に記載された天鈿女命にかんする記事である。余りにも有名な条で、その前後関係をここに述べる必要はなかろう。

この二場面に共通する天鈿女の所作はむろんその陰部露出であるが、この場面に共通する事情を考えると

①天照大神の岩戸がくれによって、この世に光がなくなったということ。

②天孫降臨の行手を防ぐ大敵の出現ということ。

であって共に一つの社会における非常事態という共通性がある。しかしこの二者間にはもっと本質的な共通性があるが、それに触れる前に、この二場面の状況をみよう。

まず①の天岩戸がくれの場であるが、これは前述のようにいわば一つの社会にとって危急存亡のときで、そういう場合、いかに策略とはいえ、裸踊りという今でいえばストリップをして男の感情をくすぐるような演技がゆるされるはずはない。恐らくこれは『古事記』撰上の時点における古伝承の脚色であって、天照大神の岩戸がくれと天鈿女の陰部露出との間には、これとは違った呪術関係が、より古い伝承には存在したと思うのである。

別の呪術関係とは何か。

天照大神の岩戸がくれは、その怒りによる岩戸ごもりであり、この太陽神を再び元の世界に戻すことが、何よりの緊急課題であったのである。或いはこの大神の岩戸がくれを、大神の死と受取るならば、大神を常世国に新しく生れ

出させるための呪術が必要とされた、という場合なのである。

いずれにしても岩戸がくれの場の背後にあるものは「一度《ひとた》びかくれ入ったものを再び出すこと」の絶対緊急必要性である。

②の天孫降臨に際して天鈿女命の陰部露出の背景にあるものは何か。それは天孫降臨の予定された進路を阻《はば》む強敵の出現ということである。

一体、敵とはどういうものかというと、いろいろの場合があろうが、先ず普通考えられるものは自分の領分を冒すもののことである。天孫降臨の場合、これから自分のものと約束されている地上に向うわけであるが、その行く手に入り込んできて道をふさぎ、せきとめている妨害者があった。それはこの一行にとって明らかに敵である。入り込んできている妨害者、つまり敵に対処するためには、敵が入り込んできている分丈、押し出して、正常の状態にする必要がある。簡単にいえば邪魔者の押し戻しである。

この場面の背後にあるものは「一度び入ってきているものを、再び押し出すこと」の緊急必要性である。

この意味で①の岩戸がくれと、②の天孫降臨途上の出来事とは、天孫族にとって、同じ条件を備えた同じ性質の緊急事態だったということになる。①②に共通する同じ性質の緊急事態とは「入ったものを、早急に出さねばならない」ということである。

同一事態に対処する呪術は、同一のはずである。そこで「入ったものを出す」ための同一の呪術が当然この①②の場面に共通して顔を出してくるに違いない。

それが天鈿女の陰部露出ではなかったろうか。

「入れて出す」、又は「入ったものを出す」のが女陰本来の特質である。その入れたもの、又は入ったものは、それが招かれた客であろうと、招かれざる客であろうと、入ったものという点では変りないものであるが、それに対して女陰はやはり同一に押し出すのである。この点、入るときはともかく「出されてゆく」男根の消極的な出方に較べ、女陰の力は積極的であって、この「出す」呪力の故に、出すための呪物となりうるのである。

しかし女陰のその「押出す力」が最高に発揮される場合はむろん出産である。しかもそこには新生命の創造ということさえある。

こうした女陰の力が古代人によって見逃される筈はない。こうして女陰は「入ったものを出す」緊急必要な時点において、常にその力を買われて、最高の呪物となり、その露出は至上の呪術となった、と思われる。

先に述べたように、沖縄では「女は戦の魁《さきが》け」という言葉があり、古く女が戦陣の先頭にたったということも、この入ったものを出す力が、呪力に昇華されたからであろう。

これを単に「女のもつ霊力《せじ》」という解釈で片づけてはならないだろう。古代人の呪術においては、その用いられる呪物にすべて生々しい現実の裏付けがある筈である。彼らがそれを呪力として使う上には、当然それが彼らの納得のゆくものであり、ことでなければならなかったのである。

「首里の鬼の話」も女陰をみた鬼が崖から落ちてしまった、という点に注意すべきである。首里に崖が多いのも事実ではあるが、崖から転り落ちるほど女陰の押出す力がつよいということなのである。

火事の時、火に向って女陰をみせたり、腰巻をふると火勢が衰える、というのも、この押出す力によっているかと思われる。しかし火は火吹竹（竿《そう》、男根の意）をみせると威勢よくもえ上り、女陰をみせると同性故に機嫌を損ねてくすぶるという俗信もあるから、火事の際のこの呪術は、この二つの中のどちらにより多くよりかかっているのか、はっきりとは判らない。

家・村・都の入口

古代日本人は女の胎《はら》と陰《ほと》をその意識の中に次第に拡大し、その擬似物として家を考え、村・都を考え、国土そのものをさえ、それに当てはめて考えるようになった。その考察は序章で試みたのでここにはくり返さない。

家や村・都が擬似母胎として彼らの目に映るようになったのはその信仰からであるが、一つには「入れて出す」という母の胎・女陰の本質からの連想に関わっていると思われる。

つまり人は生れてその家の子として家にこもり、又出てゆく、人を出入りさせる家屋は擬似母胎、その出入口は擬似女陰として意識されたであろう。

その意識は家屋から更に拡大して、村や都も又、母胎になぞらえられ、その入口は擬似女陰として考えられるようになる。

家にこもる人は家という擬似母胎の中に巣ごもっているのであり、村の中にある限り、人は村という擬似母胎の中の胎児である。都をとりまく山々は、倭《やまと》という擬似母胎を形成するが、その擬似母胎は要するに「まほろば」とうたわれた洞《ほら》であり、穴であった。

ハラ、ホラ、といわれる擬似母胎が、家、村、都、と拡大されてゆくに従い、家の子、村人、都の民として、それらの擬似母胎をそれぞれ自分の巣としてこもっている人々にとって、家の外、村の外、都の外は、それぞれ他界として意識されたはずである。

他界から来るものには神もあれば又、虫害、流行病、盗人などいろいろ禍の因となるものもある。こうなると擬似女陰としての家、村、都の各入口の呪術的役目は頗る重く、おろそかに出来なくなってくる。そうした村の入口、村の境には陰陽交合を示して立つ性神、道祖神が不断に立っているが、それらの性神たちには二つの意味がこめられていると思われる。

①女陰の「入れる」作用を促すものとしての性神であって、この場合の性神は、神・福を村に招き入れるものである。

②女陰の「出す」作用を促すものとしての性神であって、この場合の性神は、村人に禍《わざわい》をもたらすものすべてを追い出すものである。

そうして①にしても②にしても、このような性神の作用《はたらき》はすべて村の入口が女陰であることを前提として、はじめて可能なのである。

村の入口や境に立てられる性神についての従来の解釈は、その卑猥な所作によって村に入ろうとする悪神をまず顰蹙《ひんしゅく》させ、それによって退却させてしまう、ということのようである。

しかしそれは性を醜いものとして扱うようになった今の心での解釈であって、性を忌避しなかった昔の日本人が、重要な村の入口にそのような意識で性神をおいたとは考えられないのである。

都の入口の場合　陰陽五行では、第一章で記述のように北方が陰で水気、その象徴するものは坎《あな》、胎《はら》、十二支では子《ね》である。その対中の南方は陽で火気、十二支では午《うま》で、すべての点で北と南は対立する。処がこの陰陽五行が導入されて、日本原始信仰に習合されると、これに反するような現象がおこる。つまり原始信仰では母の胎があれば必ずそれに附随して女陰を考える。原始信仰では母の胎は中央におかれていた。処が陰陽五行が入ると胎は北方へ移行し、そのために女陰は反対の南方に下がる。南は本来、陽の気をもつ処であるが、陰陽五行も日本に来て原始信仰に習合すると、北の胎に対する南の女陰となって、南北共に女に関する方位となる。又もう一つ、南が五行では陽でありながら、原始信仰に習合されると陰に転化させられる要因がある。それは南の火気が火処《ほと》として女陰になりうるからである。

この二つの理由によって、本来、陽の座である南が、陰の座になったと思われる。

女陰は人の生の出入口であると同時に、死の出入口でもある。そこで原始信仰の時代には西あるいは東に葬られていた死者は、陰陽五行が導入され、その最盛期の天武朝には南に向って葬られることになり、墓の向きも南向きとなる。天武・持統陵・文武陵・高松塚もすべて南向きである。有名な石舞台も真南に口を開いているから恐らくこの時代の陵墓であろう。

そうしてこの時代、皇居も天皇の住まう処、「太極」「胎」として北にあり、それに対してその出入口として女陰、正門は朱雀とよばれて、真南にあった。

平城京及び平安京の都の入口、つまり都の正門である羅城門は皇居の正門である朱雀門から真南の線上にあった。この羅城門、又は羅生門は「らいせい門」ともいわれ、平城・平安両京共、この門の所在地の地名は「来世」といった(『世界大百科事典』平凡社)。それはつまりこの出入口が北の胎に対する女陰であり、この門の外は他界であるという観念によるものであろう。

なお南は易において北の坎宮に対して離宮であり、離れるという意味もある。死者は南の口からこの世を離れて東の常世に回復するのである。

四　倭建命伝承と女の力

記紀に活躍する人物の中で倭建命ほど魅力のある英雄はいない。その生立ちが高貴で若く美しく、境遇は常に悲劇に満ちていて、物語の主人公としての条件はすべて備えている。ことに『古事記』の記事は叙述が人間的で、叙事詩の趣きがある。

倭建命の物語は表面このように美しいが、その背後には、この物語が収録された時代よりはるかに遠くさかのぼった頃の古代日本を動かしていた大きな力が潜んでいて、それが物語の随所に顔をのぞかせているのではなかろうか。その力とは、この章の主題、女の力である。

倭建命の物語は、この英雄が常に女の力に護られて敵に勝ち、危難を逃れ、或いは女の犠牲によって海を渡り、戦を進めて、そうしてついには女の力によって滅ぼされる、この一連の物語りであるように思われる。

オナリ神

日本古代信仰の中にオナリ神がある。オナリ神は沖縄の信仰の中に今も生きているが、これは女の姉妹が兄の兄弟に対して守護神の立場をとるものである。同時に男の兄弟は女の姉妹にエケリ神となるが、その霊力はオナリ神に到底及ばない。遠く旅立つ場合、男はオナリとしてその姉妹から手サジ（手抜《てぬぐ》い）などを贈られる。それが一種のお守りの役目をするからである。

さて、倭建命はその第一回の西国征討、第二回の東国遠征に際してその都度、姨《おば》の倭姫命を伊勢に訪ねて、何かと贈物を授かっている。

第一回目は倭姫命の衣裳、第二回目は草薙剣と火打石の入った袋である。

倭建命はこの倭姫から贈られた衣裳を着、女に化けて熊曾を討っている。

次に相模の野で敵の謀略にかかって危く焼き殺されそうになったとき、姨の言葉を思い出し、まず刀で草を伐りはらい、次に袋の口を開いて火打石を取出し、向火《むかいび》をつけて反って殺そうとした敵を滅ぼしている。

いずれの場合にも倭姫の贈物が、倭建命の危急を救い、仕事を助けているのである。倭姫は倭建命のオナリ神ではなかったろうか。

それではオナリ神は何故これほどの呪力をもっているのだろう。

オナリはエケリにその霊力においてはるかにまさるという。その霊力のよって来たる処のものは正しくその「性」にあろう。性とは女の場合その胎《はら》であり、陰《ほと》である。オナリ神の呪力がその性にある、とすれば、やはり女陰の「入れて出す」或いは「挑《いど》み立ちはだかってくるものを萎《な》えさせる」力がその呪力の元と考えられていた筈である。オナリとしての倭姫の衣裳は恐らくそうした女の性のもつ力をその中に潜めており、それによって倭建命は強敵を仆《たお》し得たのである。

熊曾は女装した倭建命の容色に魅《ひ》かれ、命に近づく、それを十分にひきよせて一刀の下に熊曾を刺す。勝利の契機をつくったものは倭建命の身についていた女の力である。

『記伝』には「此比売命の御衣御裳をしも、請し賜はり賜ふ所以は、倭比売命は、伊勢大神の御杖代に坐せば、其御威御霊を仮賜はむの御心なりけむかし」といっているが、次の火打石の袋と共に、これらは天鈿女命の陰《ほと》露出の呪術とその根を一つにするものと思われ、『記伝』の説には私は従えないのである。

第二回の東征の際、倭姫から倭建命に贈られたその火打石の入った袋であるが、その火といい、袋といい、恐らく女陰の象徴であろう。又剣は男のものであるから、つまり陰陽物が呪物として贈られたことになり、この男根の攻撃力と、女陰の押出す力の相乗作用によって倭建命は形勢を逆転させ勝利を得たわけである。

倭姫はオナリの神としてこの英雄の背後に常にある。しかしその呪力は実は呪物あってのもので、倭建命がオナリ神親授のその呪物を身から離したとき、更に大きな女陰の霊力にぶつかって、その生命を吸い取られてしまう。その古代思想を物語るものが、伊吹山における倭建命の最後ではなかろうか。

倭建命の最後―山の神の呪力

倭建命の最後は英雄の死というには余りにも脆《もろ》くはかないが、それは連戦連勝の揚句に疲れ果てた英雄の姿ともうけとられ、それ故に一層いたましく悲しい悲壮感をただよわせている。しかしこの美しい叙事詩も仔細に検討すれば、ここに潜められているものは古代日本人の女陰に対する畏怖なのである。

検討の順としてまず『古事記』の記事に従ってこの話の筋を辿ろう。

伊吹山の神を素手でとろうとして、倭建命は倭姫親授の神剣、草薙剣を美夜受《みやず》姫の許において、山の神退治に赴く。山に登ると途中で巨大な白猪にあう。この白猪こそ山の神であったのに、命はそれを知らず、これは山の神の使者であろう、帰りに殺せば十分であるとみて見逃す。山の神は大氷雨《おおひさめ》をふらせて、命を惑わす。命は足萎えとなって気も衰え、美濃・養老・伊勢桑名をへて、鈴鹿で崩じる。以上がその概要である。

そこで重要な点をひろうと、
①倭建命は守護神とみられる倭姫親授の神剣を美夜受姫の許においたまま、素手で尾張から西北に当る伊吹山の神を退治に出かけた。
②山の神は命に対し直接何の危害も加えてはいない。只、自分の山に入ってきたものに対し、大氷雨をふらせ、まどわせ、精気を抜いて、退散させたに過ぎない。
③その死因は精神朦朧、及び足萎《あしな》えである。
④倭建命の東征は、伊勢・尾張にはじまっているが、その最後も大体伊勢・尾張である。
ということになる。
考察　伊吹山は尾張からは西北・乾《いぬい》（戌亥・犬猪）の方に当る。西北《いぬい》といっても亥《い》に近く、北方よりである。そこでこの亥の方を、十干・十二支・九気によってみると次の通りになる。
十二支　亥（猪）
十干　壬《みずのえ》（水《みず》の兄《え》）
九気　六白（六白の象徴するものは太始・妊・高山）
十二支における亥（猪）は子《ね》・丑《うし》・寅《とら》と数えると最後の十二番目であって、六番目の巳《み》（蛇）の対中である。蛇は剣と共に男根の象徴とされる。男根の向う処は女陰である。従って六番目の蛇の対中の十二番目の猪は、「十二山の神」といわれ、女性、それも女陰を象徴する。山の神はふるくは蛇であるが（『書紀』のこの場合の山の神は蛇となっている）陰陽五行導入後は猪となったと思われる。それは九気において西北は山を象徴し、十二支でこの西北を占めるものが猪だからである。そうしてこの西北は六白であるから色は白。山の神、白猪はここから生れたものであろう。女陰は水をその特色とする。西北は十干で壬《みずのえ》であって、水を象徴する方位である。

山の神・白猪は女陰の象徴で、その神は水を武器とし、つまり氷雨を降らせて、素手で山に入り込んできた倭建命の精気を抜く。山の神は命に対して何の暴力も振ってはいない。只姿をみせたことと、氷雨を降らせただけである。それだけのことでどうしてこれほどの英雄がフラフラになってしまったのか。

倭建命はオナリ神の倭姫から授った神剣をおいて来てしまっている。もしその神剣があれば、それは女から授ったものであり、しかも強い呪力をもった男根の象徴であるから、山の神の「入れて出す」呪力に十分に対抗出来た筈である。神剣には男女両性の呪力があったに相違ない。倭建命は呪力の庇護のない只の男として、一方的に、強大な女陰としての山の神の呪力に精気を吸いとられ、消耗し切って、萎え果ててしまう。足萎えは恐らく男根の萎えの暗喩であろう。

男根の動きの特色はその入った同じ処から出てくることである。

伊吹山が巨大な女陰の象徴ならば、倭建命は一個の男根の象徴であろう。

倭建命が山の神から吐き出されて足萎えとなり、消耗の果に生命を失った処は伊勢の鈴鹿であるが、それは此度の東国遠征の往路と同じ伊勢路だったのである。

こうしてみてくるといわば男の中の男、一世の英雄、倭建命ではあるが、その彼を背後から支えているものはそのオナリ神の力、女の呪力であって、その女の呪力の保護を失ったときは、さしもの英雄も最早、英雄ではなく、より強力な女陰の呪力の前にくずおれる存在にしか過ぎなかったのである。

戦《いくさ》とは時に女陰の呪力較べであって、その呪力に、より一層つよく支えられているものが勝つのである。前にも述べたように「女は戦の魁《さきが》け」といって戦陣の先頭に互いに女を立てて、呪詛《じゅそ》しあい、雌雄を決したと思われる古代日本の戦の在《あ》り様《よう》が、このことから推測される。猿田彦に向って前を露《あら》わにし、その女陰の呪力、「入れて出す」力によって天鈿女も敵を降したのであった。

伊吹山の神という巨大な女陰の呪力に対抗し得るものは、同じ女陰の持主である倭建命のオナリ神、倭姫親授の神剣でしかなかった。それを身に附けて行かなかったのがこの英雄の運の尽きだったのである。

倭建命の物語りは底知れない女陰の呪力に負け、生命を失ってゆく英雄の姿を描き出す。この物語りは、女陰の呪力を信ずるなどという今日の我々からみれば全く途方もない感覚の持主である古代人の中に生れ、結実した伝承なのに、なおすぐれた叙事詩として、その英雄の悲しみ、傷ましさは私どもにも迫ってくる。それは呪術が芸術にまで高められているからであろうが、他ならぬこの呪術の芸術にまで高められているそのことが、今日まで日本人自身その古代を理解出来なかった原因となっていたのではなかろうか。

もしこの伝承が卑猥な女陰信仰で終っていたならば、古代日本人の意識の底にあるものを後代の日本人はもっと早く気附いていた筈である。しかし古代日本人が余りにすぐれた芸術家であったために、この伝承の背後に潜む呪術についに人は気がつかなかった。この伝承のもつ詩情に酔わされてしまっていたのである。そうしてこの物語りの詩情は死後、白鳥となって天駆ける倭建命の魂の描写で最高潮に達し、余韻を残して終るのである。

天翔《あまがけ》る白鳥

臨終近い倭建命はふるさとの大和をなつかしみ、望郷の思いにとざされながら能煩野《のぼの》で死に、その地に葬られる。しかし魂はその陵に鎮《しずま》ろうとせず白鳥と化《な》って飛び立つ。そうして河内《かわち》の志幾《しき》に至るが、そこに作られた陵からも又、飛立って、ついに天際に消え去ってしまうのである。

これは『古事記』の伝承で『書紀』のそれとは多少異ってはいるが、大筋は略同じで、倭建命の魂は白鳥と化して、西へ西へと飛去ったことを共に記している。

沖縄では今もなお白い鳥をオナリ神の象徴としている。それは古代日本でも同じことだったと思われるが、多分それは原始信仰に、十干十二支が習合されてから以後の考え、或いは信仰であろう。

序章でも述べたように、原始信仰において「西」は女・死の方位であるが、十二支における「西」は「酉」《とり》(鳥)、四神における「西」は「白虎」、五行における「西」は「金」でその色は「白」である。これらを組合せてゆくと、白鳥は西・女・死をあらわし、それ故にオナリ神の象徴たり得ていると思われる。

西へ沈んだ太陽が翌朝は再び東から上るように、西へ西へとゆくことは結局、東の常世に再生することになる。倭建命はオナリ神に導かれて永遠の常世に再生するのである。それはこの哀れにも美しい英雄の死を惜しみ、常世に再生させなければ気のすまない人々の心がそうさせるのであって、西へ西へと天翔る白鳥の姿の中に、民族の英雄はいつまでも生きつづけている。


倭建命伝承の中にはこうして最初から最後までオナリ神の影が揺曳《ようえい》し、同時に女陰のもつ呪力への畏怖をつよくその底に潜めている。こうしたことはすべて記紀撰上の時代というものの意義を私どもに考えなおさせるものではなかろうか。

それは原始信仰に大陸からの陰陽五行が集合され定着した時代、古代呪術が忘れ去られることなく、しかもそれが芸術にまで高められた時代、と考えていいのではなかろうか。

附記

倭姫命が倭建命に贈った「火打石と袋」は「入れて出す」女陰の呪力によって野原につけられた火を押ししりぞけ、倭建命の生命を助けた、という話であると解釈される。

この伝承のはるかな子孫に当るものが次の話ではなかろうか。

『母親の記念の皮巾着』

「ある処に貧乏な婆さんと息子がいた。息子は村の長者の家に奉公していたが、非常に母親孝行だった。この母親がその臨終の時、息子を枕許によんで、『お前には大そう世話になったが、何一つやるものとてはない。だが父っ様以外には誰にも見せたことがないもので、一生のあいだ後生大事にしてきたものがある。これはお前の生れた所でもあるから、これを母親だと思ってとっておいてくれ』と醜いものを息子にのこし、死んだ。孝行息子は親の遺品《かたみ》と思って大切にし、陰干にして居炉裏の上の火棚に吊しておいた。その中思いついて、それで熊の皮のような巾着《きんちゃく》を作って、火灯道具を入れ、いつも腰に下げることにした。

ある日、息子は長者の牧山へやられたが、交尾していた牛の中の一組がどうしても離れなくなって、二匹とも死んだようになった。息子はあわてたが、どうしようもなく、タバコを吸おうと腰の皮巾着の口を指でひろげた処、それと同時にいままで離れなかった二匹の牛が離れて、立ち上った。息子ははじめてこれはよいものだと思った。それから間もなく、長者の一人娘が聟をとった処、婚礼の翌朝になっても二人とも起きてこない。昼過ぎになってもおきてこないので、のぞいてみると、抱きあったまま真青になって倒れていた。医者をよんでも効目はなく、しまいにこの息子が奥に入って、皮巾着の口を指で押しひらくと、二人の体はわかれて別々になった。旦那は大よろこびで、聟は恥ずかしがって実家に帰ってしまったので、この息子を娘の聟として、末長く繁盛した。」

（藤林貞雄『性風土記』二一七頁要旨、昭和四十二年）

これは年老いた母の遺品《かたみ》の女陰が、火打石の袋となって、更にその「押出す呪力」を増し、申分のない呪物となって、息子の開運をもたらした、という話である。

これはあくまでも女陰の「入れて出す呪力」が強調されている伝承の例であって、ここには女陰の新生命創造の面は少しも考えられていない。従来、女陰のこの方面における呪力が余りにも見落とされていたのではなかろうか。

五　クラ考

はじめに

日本の祭祀には「神座《かみくら》」「磐座《いわくら》」（岩座《いわくら》・石座《いわくら》）というように「クラ」という言葉が多出する。この「クラ」には「座」の漢字が宛てられ、「クラ」即「座」という観念があるために、簡単にクラとは神の降りる座、神の依存と解され、この解釈に何の疑いもはさまれないで過ぎてきた。

しかし本当にクラ即座、なのであろうか。クラという言葉のもつ本来の意義が、その意義からひきおこされる結果とか現象とかをさす言葉にすりかえられてしまったのではなかろうか。

クラ即座、という先入観をはなれてクラを漢字「座」から引離して考えることが必要なのではなかろうか。

神座、岩座、の他にも神事に関係して、クラからの造語と思われるものに「ミテグラ」がある。このミテグラにも、漢字「幣」が宛てられ、その意味はこの幣という字の意味によって、神への捧げものと解釈されている。

しかしこのミテグラも、テ＋《プラス》クラ、つまり手クラ、それに美称の「ミ」がついたものとして分解することが出来る。

それではこの「クラ」とは何であろうか。以下は拙著『扇』（本全集第一巻所収）から引用の私見「クラ」である。

「クラ」という言葉

『古事記』上巻記載の神名のなかに

A　天之闇戸神　アメノクラドノカミ

B　闇於加美神　クラオカミノカミ

C　闇御津羽神　クラミツハノカミ

D　闇山津見神　クラヤマツミノカミ

といって、「クラ」を冠せられた神々がある。「クラ」という言葉がこの神々には共通してつけられているのであるが、この「クラ」を取りはずして、この言葉以外にこの四神に共通すると思われるところを取りあげてみると、「クラ」が何を意味する言葉なのか、判るのではなかろうか。

はじめに四神の所生と、その掌《つかさ》どるところをみると、

Aのクラドの神は、大山津見神《おおやまつみ》と鹿屋野比売神《かやのひめ》、つまり山の神と野の神の間に生れられた神で、谿谷《けいこく》をつかさどる神である。

Bのクラオカミノカミと、Cのクラミツハノカミはともに伊邪那美神の死因となった火の神、迦具土神を伊邪那岐

神が斬り殺されたとき、御刀の柄に集った血が手の股からもれ出たとき所生された神で、二神とも谿谷の水をつかさどる神である。

Dのクラヤマツミノカミは殺された迦具土神の陰《ほと》から所生された神で、谷山をつかさどる神といわれる。

この四神に共通する点は、

①いずれも谿谷をつかさどる神である。

②四神のうち三神までが殺された迦具土神の所生であって、しかもBとCは手の股、Dは足の股間からの所生である。迦具土神自身、伊邪那美神の陰を灼いた神である。

これらの共通点からどういう推論が導き出されるだろうか。

谿谷、手の股、足の股間はいずれもV字型を連想させるものである。

谷は山と山がせまりあった窪みを意味し、典型的なV字の象徴物である。「クラ」は谷の古語ともいわれている。うぐひすの鳴く暗谷《くらたに》に打はめて焼けはしぬとも君をし待たむ（『万葉集』巻十七）

ここにうたわれている暗谷は、「暗い谷」ではなく、もとはタニの意で、「クラ」だけでは意味がわかりにくくなっていたので「タニ」が補いに使われたものであろう。しかし山がせまり合ってV字型が鋭角になれば光も届きにくいから暗くなるのは当然で「暗い」はそこから起った形容詞かとも思われる。

手の股、陰《ほと》もV字型の象徴物である。V字型は三角形に近いもので、今日でも沖縄では三角形は女性のそれをあらわすものとされている。

クラのいろいろ

「クラ」は要するにV字型を指す言葉と思われるが、その∨の範囲は鋭角のものから鈍角のものまで、かなり広範囲にわたっていた。つまりこのV字は鋭角の∨から鈍角の∨までかなりの幅があった。

鋭角の典型的なV字型のクラが谷であり、鈍角の代表が、高御座《タカミクラ》、岩座《イワクラ》のクラ、枕のクラ、呉床《アグラ》のクラだったと思われる。枕はアタマクラの意味であり、呉床はアシクラの意味であろう。岩座《いわくら》、呉床《あぐら》、枕《まくら》はいずれも鈍角のV字、V字というより表面にかすかな凹みをもった物体であった。

馬の鞍などはちょうど中間の角度をもったV字型であった。

人の身体のなかには浅い窪みや深い窪みがいろいろあるが、浅い窪みは胸ぐら、深い窪みは股グラであろう。

「クラ」はV字型というより、枕《まくら》や呉床《あぐら》のように平面に近い「⌣」から、深く鋭角の「凹」まで、範囲のひろい凹型を指すといった方が、より妥当かも知れない。

ミテグラについて

ミテグラとは何であろうか。『古事記伝』には

「美弖具良《みてぐら》は何物にまれ神の献《たてまつ》る物の総名なり。諸の祝詞などを見て知るべし。名の義《こころ》はまづ古へ神に献る物及《また》人に贈り物などする物を凡て久良と云りと見ゆ」

とある。昔、神に奉るもの、また人に贈るものをすべて「クラ」といったらしいと推論しているが、そういう例が何かあるのだろうか。

次に少し長くなるが柳田説を引用する。

「ミテグラといふ言葉は古い文学にはあまたみえてゐるのだが、実はその意味が今以つて少しも明らかになつてゐない。

ミテグラは我にはあらず天にます豊をか姫の宮のミテグラ

ミテグラにならましものをすべ神の御手にとられてなづさはましを

この二歌は共に有名な神遊びの歌で、素朴に之を誦すればそのいみは判る筈と思ふが、古来日本では幣の字を以つ

て此語に充て、同時に又漢語の幣をもミテグラとよませてゐた為に、之を何か神に捧ぐる幣物の如く想像する癖が已まなかつた。簡単に云ひ切るならば我々のゴヘイは漢語の幣とはちがつて、神に進献する財貨ではないのである。ゴヘイといふ日本語が新しい如く、是に幣帛のいみを持たせるやうになつたのも後世のことで、其新語の生れる以前、本来の名称はミテグラであり、それはたゞ祭り人の手に執るクラ、今の語になほせば神座であつたかと思はれる。今でも所謂ゴヘイを伊豆の新島ではオンテグラ、淡路の島では田の神の祭の小さな御幣のみをミチグラ、壱岐島にもミチクラ様といふ神様があるのは是を以つて祭るからの名と思はれる。現に隣りの対馬には祭の行列に捧持する大きな形の柱をカナグラ、といふ例もある。とにかくミテグラのミテが手であって、之を手にとつて移動することが名の起りであつたことは前の「御手にとられて」の歌からでも想像せられる。之に対して移動せぬもの、定まつた場所に突き立て、又は天然の樹に依つて設けられたクラは何と呼んだらうか。それには明らかな総称も伝はつてをらぬが、多分はクラといつても元は通じたのであらう。現在はクラシシ・クラツツジなどと専ら山中の岩組み、即ち岩倉にのみこの名は残つてゐるが、本来はすべて神の降りたまふべき処がクラであったのが、段々それを手に執り移し申すことが主になつて、ミテグラの名のみがながく行はれたのかと思はれる。何れにしても信仰の様式が世と共に少しづつ変つたのである。古来定まつた一つの大樹の下に神を祭りつづけてゐるといふ土地は増加せぬのに反して、それを次々に移動し得る形に改めて、新しい土地に勧請する場合が段々に多くなつて来たのである。さうしてそれに伴つてそのミテグラを手に持つ者が神の指令をうけたもの、御祭を奉仕する最も重要なる役だ、といふ考へ方が一段とつよくなつて来たことも争はれぬのである」（『日本の祭』祭場の標示）。

柳田説を要約すれば次のようになる。

①「クラ」とは本来神の降りたまうべきところを指した言葉である。

②「ミテグラ」とは手にとって移動できる神の座の意味である。

③したがって「ミテグラ」には神に捧ぐる財貨の意味はない。

④本来は大樹の下に神をまつりつづけていたものが、新しい土地に神を勧請するようになり、ミテグラを手にするものが祭の主導者となった。

柳田説は以上の四点にしぼられると思う。

浅学をもかえりみず柳田説をあえて批判することがゆるされるならば、第一の点から私の考えはちがっている。

「クラ」という言葉には本来、神聖な意味も、また神降臨の場の意味もふくまれてはいない。くりかえしいうように「クラ」は単に、V、あるいは凹みの型に対する名称である。

それだから「テクラ」は「手クラ」で、両方の掌を物を容れるような形に合わせたときにできる「V」あるいは「凹み」を指した言葉である。そしてその後にその「凹み」の中にいれられたもの、内容物を意味するようになったと考えられる。容器の名称が内容物の名に転ずる例としては水をいれる用器、「盌《もい》」が飲水をさす「もい」にも用いられることなどがあげられる。

信用できる財貨貯蔵所に乏しかった原始社会では、人の掌中こそはもっとも安心な場所だったにちがいない。それだから掌の中、つまり「手クラ」の中に持たれるものは「テクラ」と呼ばれ、「タカラ」と転じて大切な財宝を意味するようになった。

それが神に捧げられるものには「ミ」の美称がつけられて「ミテグラ」となったと推測される。祝詞《のりと》のなかに数多く出てくる「ミテグラ」は神に捧げる財貨の意味である。

柳田説の

①「クラ」とは本来神降臨の場所をさした語

③したがって「ミテグラ」には神への供物の意味はない

ということに対して私は疑問をもった。それでは

②「ミテグラ」は手にとって移動できる神座の意味である、

はどうだろうか。

私は両掌に形づくられるくぼみのなかに、神聖な木が持たれる場合は移動可能の神座となる、と考える。したがって、柳田の第二説を肯定するのであるが、その根拠は柳田が「クラは神降臨の場所を意味する」というところから出発しているのに対し、私は、両手によってつくられるくぼみに神木をつきさせば陰陽交合の形になり、これは神のみあれの道をひらくものだから、小型の神社、あるいは御嶽《うたき》が両掌の中に形づくられる。それゆえに神の顕現を期待できる場所となり、神座と信ぜられたと解釈する。したがって第二説を肯定するがその根拠は異にするのである。

ミテグラの意味

結局「ミテグラ」とは何かといわれれば私は次のようにこたえる。

それは神への供物をさす場合と、両掌のくぼみ、テクラの中につきさすようにしてもたれた木の枝、扇、その他棒状のものをさす場合とがある。

くりかえしていえば、「ミテグラ」は二種類の意味をもち、貴重な神への「進献物」と、両掌のなかに捧げられた神聖な「木の枝」をさしていう場合があると思われる。

ただここで注意しておきたいことは「ミテグラ」を本来のミテグラたらしめるものは木の枝や扇だけではいけない。陰陽相合した相《すがた》、つまり神聖な枝、または扇と、両掌のつくり出したくぼみがはっきり合体した相《すがた》にこそ本来のミテグラがみられるということである。それでこそはじめて移動する神社であって、いい方をかえるならば、心《しん》のみ柱とその柱の下の関係の小型な表現がみられるのである。

それゆえ、柳田説第四にみられるように「ミテグラ」は新しい土地に神を新しく勧請するためにももちろん必要だったと思われるが、儀礼的に文学的に信仰心をたかめ、心のたかぶりを表現するのにも「ミテグラ」は必要だったのではなかろうか。

以上が谿谷を司どる神の名にクラが必ず冠せられていること、また谷の古語がクラであるらしいことから推して、クラはV型、又は穴をさす日本古語であろうという推測であるが、この推測を裏づけるものとして、「クラホリ」「オクラブチ」の二語を挙げる。

クラホリ――「茨城県稲敷郡浮島村で墓穴を掘り、棺をになう役」

（『総合日本民俗語彙』第二巻、五〇三頁、平凡社）

オクラブチ――「長野県上伊那郡では爐の縁に高さ幅ともに三尺ほどの木の枠をはめ、これをオクラブチという。……同小県郡の南部でもオクラブチの名がある。寸法縦横を同じくすることを嫌う。……」

（『同上』第一巻、二二九頁）

もしクラの意味が本来、倉とか座であるならば、それらと墓穴や囲炉裏《いろり》とは一体何の関係があろうか。墓穴掘りをクラホリといい、イロリブチがオクラブチと呼ばれる理由は迷宮入りとなろう。

イロリは床の面から一段低く凹型に掘られているもので、その在り様はアナグラと略同じである。墓穴も凹型であることに変りはない。イロリと墓穴とアナグラは凹型である点で共通なのであって、その他には何の同一性を持たぬものである。この三者に共通して、クラが使用されている事実は、クラが凹型に対する呼称であったことを証するものといえるのである。

以上が私見「クラ」であるが、その後、昭和四十六年十一月六・七日に開催された第二十五回日本人類学会・日本民族学会連合大会において、早稲田大学の郭安三氏は「クラ」に関する見解を「倉・蔵（クラ）と窟仔（クッラァー）に就いて」として発表した。

その概要は次の通りである。

クラとクッラァー

「日本本土において『アナグラ』とか『ヂグラ』は縄文中期のものとして宇都宮にがあり、その縄文後期遺跡は岡山にもある。弥生前期としては板付や下関郷台地に多出する籾雑穀貯蔵用の竪穴、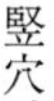・・などがあるが、それらは中期の中頃から急に姿を消す。それはその後、渡来した高床倉にとって代られたと思われる。というのは日本列島の湿気は高床倉の普及に力があったからであろう。

この縄文・弥生人達の竪穴称呼であったと思われる『クラ』は、貯蔵機能を等しくする地上倉にそっくり乗移った。同時にこの地上倉の呼称としてクラが定着したころには、クラの本義であった『地面に穴』という記憶やいい伝えは風化してしまったのではなかろうか。

台湾（閩南）ではアナは『窟仔《クッラァー》』と発音される。日本古代語のクラはこのクッラァーではなかろうか。

ところが『時代別国語大辞典』にも、倉・椋・蔵には高さがあり、地上の視覚が落ちている。『座は一段高く設けられた場処。ものをのせる処。高柱上に板を水平におき神を招き迎え祭るのに用いるものを座《クラ》とよんだが、本来は倉庫のクラも地名の岩倉のクラも鞍も高い処に設けられた場所の意である』（同辞典二七二頁くら）。

『凡倉、皆於高燥処置之。側開池渠』（『令集解』倉庫）。

以上の定義にみられるように日本語のクラにはいずれも『高さ』の感じがあり、筆者は台湾の窟仔《クッラァー》が古代日本語のクラに親縁関係をもつものと推測しているが、まだ結論は得られない。」

考察　同氏は地下の穴・V・凹を指すに相違ない日本古語クラに、「高さ」があるところに苦慮している。

しかしはじめに挙げた渓谷を司どる神、または渓谷そのもの、其他、墓穴とかイロリにクラの呼称がつけられている事実は、古代日本語のクラが、窟仔《クッラァー》に非常に近いことを表しているのではなかろうか。

クラがVや凹みをさす古語であるならば、馬の鞍も、それが地上より高いところにあるからクラなのではなく、鞍がゆるやかな凹形をなしているからと解釈する方がより妥当なのではなかろうか。

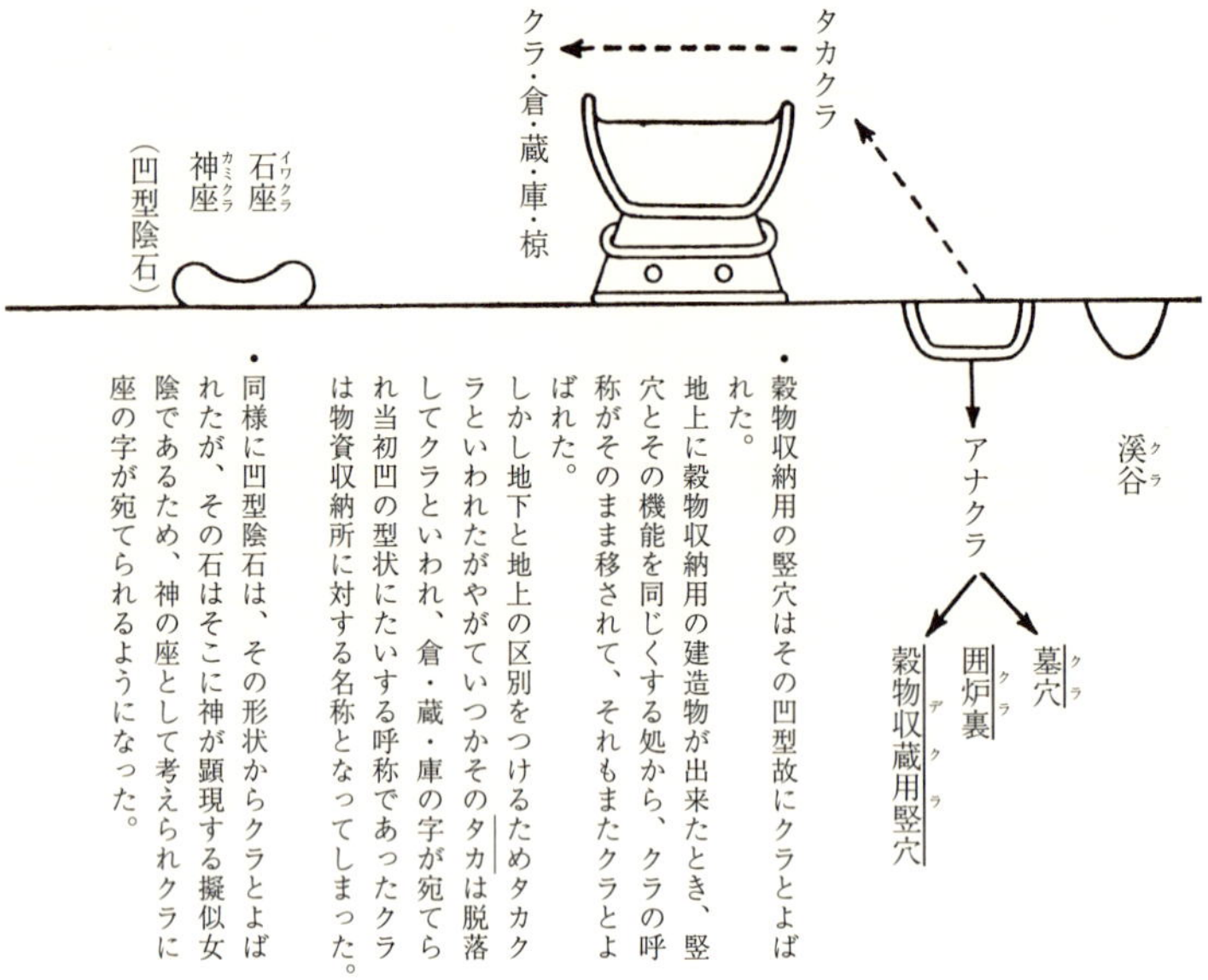

・穀物収納用の竪穴はその凹型故にクラとよばれた。
地上に穀物収納用の建造物が出来たとき、竪穴とその機能を同じくする処から、クラの呼称がそのまま移されて、それもまたクラとよばれた。
しかし地下と地上の区別をつけるためタカクラといわれたがやがていつかそのタカは脱落してクラといわれ、倉・蔵・庫の字が宛てられ当初凹の型状にたいする呼称であったクラは物資収納所に対する名称となってしまった。
・同様に凹型陰石は、その形状からクラとよばれたが、その石はそこに神が顕現する擬似女陰であるため、神の座として考えられクラに座の字が宛てられるようになった。

クラ図解

神座《カミクラ》・石座《イワクラ》もたしかに神クラ山の呼名にもうかがえるように、山の高処などにある場合が多い。しかしその場合もこのクラを神の顕現《みあれ》される擬似女陰石、いわゆる陰石の凹みに対する呼称と解すれば、この場合にも「高さ」は関係ないのである。事実、石座《いわくら》は山のふもとの低いところにいくらでも祀られている。

高倉《タカクラ》の場合も本来クラとは地下の穴のはずが地上に移されたからタカクラとよばれるようになったので、このタカクラはクラに高《タカ》がついて本来のアナグラと区別されるようになった、と解釈すれば、むしろこのタカクラはクラと窟仔《クッラァー》の同一性を証するのに有利な例となり得るのである(上図参照)。

倉《クラ》と座《クラ》

倉と座はいずれもクラとよばれるが、この二者の間には何の関連もないと思われてきた。

しかし倉も座も、その各々に与えられた漢字を離れて考えたとき、どちらも同じ古代日本語のクラなのであって、その理由は上掲の図の説明の通りである。

つまり本来、単に凹型の形状に対する呼称であったクラが、**倉の場合には**　地下のヂグラがもつ物資収納と同一機能をもつ地上の収納所に、その名称がそのままうつされたのである。ただ地下と地上の区別のために「高」の字を附されたが、いつかそれも失われて「倉」とのみいわれるようになった。

座の場合には　それが神座としての機能にもとづく名称として誤認されたのであって、「クラとは本来、すべて神の降り給ふべき処をさした言葉である」とした柳田説は、この誤認から、「座《クラ》」にきわめて神聖な意味をもたせたのであった。しかしくり返していうようにクラには本質的に神聖な意味はない。石座《イワクラ》とか神座《カミクラ》とかはいずれも神のみあれされる大元の擬似女陰であるが故に神聖なのである。

六　菱型考

菱型のご神体

犬山市宮山の大県《おおあがた》神社は尾張の二の宮と称せられ、尾張開拓の祖神、大県大神を祀る大社である。その由緒は古く、垂仁天皇の二十七年、本宮山頂から山麓の現在地に遷祀されたと伝えられている。

この宮山に天然の女陰石があるが、恐らくこの岩がこの社の発祥であろう。『社伝』には発祥の由来として、「尾張開祖の二宮様境内宮山の奥深く探ると、おそそ洞という秘境に天然の女陰磐境がある。里人これを御社根岩といい、昔この岩を中心に毎年、立春に五穀の増産を祈る神秘き祭典がくりひろげられたと伝えられる……」といい、御祭神は倉稲魂神《うかのみたま》、比売神、となっている。

この岩の向きは西北、その形は見事な菱型である。この菱型の岩が「姫宮磐境《ひめみやいわさか》」として信仰の対象となっている以上、この菱型が単純素朴な女陰の造型と断定して差支えなかろう。

愛知県大県神社姫宮磐境西北向き菱型

お菱葩《ひしはなびら》

宮中の正月料理の主体となる餅に「お菱葩《ひしはなびら》」がある。天皇が夜明けに四方拝をされ、賢所・皇霊殿・神殿に拝礼をされた後、御祝膳につかれるが、そのとき最初に祝われるのがこのお菱葩《ひしはなびら》である。

そうしてこの餅は宮中の参賀の高官達にも二個宛下賜されることになっている。

お菱葩とは小豆汁でそめた赤紫色の菱型の餅で、その直径は一四センチに八センチである。図のように味噌餡で和《あ》えた一二センチ程の細い牛蒡を芯にして、一つは熨斗《のし》のように両方から折りたたみ、一つは鳥追い笠のように二つ折にしてある。

このように、たたみ方が二通りあるにはあるが、いずれにしても牛蒡が赤紫色の菱型の餅の中央に先ず置かれ、それからこの赤紫の餅、つまり小豆色の餅で包まれていることに変りはない。

これはつまりその色といい、形といい、全く念入りな陰陽交合の造型であるが、正月、立春、三月三日の節供などに当って、かつてはこのような菱型餅を各戸で必ずつくる風習があり、それが宮中には今も生きて残っている、ということなのであろう。

なお、この小豆色の菱型餅は、更に直径一五センチと一二センチ、厚さ1センチの白餅で外側をくるまれている。

菱型は先に大県神社の御神体が菱型の岩であって、それが姫宮磐境とよばれていることからも察することができるように、ズバリ女陰の造型とみて差支えないものである。

菱型餅は今日では女児の節供である三月三日の雛祭りに欠くことの出来ない供物となっているが、むしろ正月の歳神迎えに古くは必ずつくり供えられたものらしい。

歳神迎えばかりでなく、正月の神送りと思われるトンド焼にも菱型は顔をみせている。それらの例を次に挙げることにする。

歳神迎えのオマエサン

十年程前までは島根県の各地方に特殊な正月の歳神棚の飾りつけがあった。それは歳神棚の飾りの中心に扇子を置き、その下に「オマエさん」という赤い布を垂《たら》したものである。つまり日の丸の白扇と、その下に取つけられた菱型の赤い布の一対が、歳神棚の中心をなしていたのである。この菱型の赤い布の代りに同じく菱型の白い御幣がたらされているところもある（次頁の図左参照）。

「……野波《ぬなみ》（島根県八束郡）ではトコの奥に蓑組《みのぐみ》のシメを張り、モロモキ、ゆずり葉をつけ、さらにご神体のつもりで扇子の下に白幣と赤い四・五寸の布をとりつけたものを二体あるいは三体、シメにとりつける。（中略）福浦（島根県八束郡）では、最近少なくなったが、元来はどこの家でもトコにオマエさんと称するものを組み立てた。高さ一・五メートル、横〇・九メートルくらいの櫓のようなもので、下から五センチほどのところに座があり、上に天井もある。ふだんはほどいて倉の中にしまっておくが、正月になるととり出して組み立てる。この飾り方は、まず内側の両壁と奥とに真菰を掛け、奥の上方には蓑組のシメを張る。シメにはモロモキ・ゆずり葉・橙などをとりつけ、両方には白幣をつけるが、白幣の下部は極端に大きくなっている（著者注、この白幣が菱型を意味していると思われる）。シメのやや下方、つまり正面からみて中央に当たる処には、扇子を三本組み合せ、その下に串柿を串

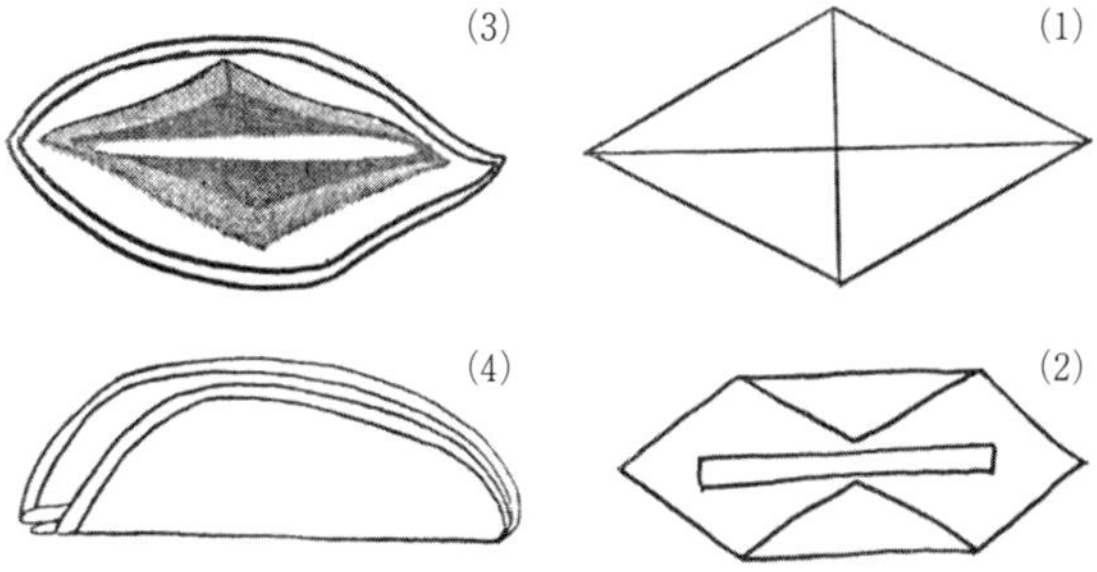

お菱葩

オマエサン（石塚尊俊氏提供）

歳神棚，オマエさん　坂浦

島根県八来郡美保関町福浦
（無形民俗資料記録第６集
正月行事２　島根県岡山県）

のままとりつけ、その上に赤い長方形の布を一枚広げて張るが、この赤い布がご神体だという。手前の柱の上部には、双方に若松の小枝を結びつけ、ミカン・餅花を添え、手前の梁には大根・蕪・鯛などを吊す。座には正中に三宝を置き、お鏡を供え、お膳・お神酒《みき》を供える。」

オマエさん　「以上述べた如く、歳神棚の飾り方は土地によりいろいろであって、これを一概にいうことははなはだむずかしい。しかしこのうち何といっても変っているのは『福浦』のオマエさんである。この式は『男鹿』にもあり『大根島』のどこかにもあろうとのことであったがこのたびは明らかにできなかった。男鹿では十数年前ごろまではこれを納戸に飾ったという。それを総本家の主人が、神聖なるべき歳神飾りを寝間に飾ることはないというので、オモテのトコの間に移したことから、誰もがそれに習うようになったという。同じ様な話は『塩津』にもあって、この浦ではどの家でも神棚は元来台所につったものであるが、川谷真市氏が、やはり同じような現代感をもってオモテのほうに移して以来、これに従うものが次第に多くなったという。そういう風にして漸次変ってゆくのであるが、元来、これは納戸に飾るほうが古いのであって、同じ慣行が山陰では他の地区にも多いことは前述の通りである。そして因幡《いなば》では納戸に飾った歳神をぐるっと屏風でとり囲んだりなどし、それはトシトコさんは暗いところが好きだからだという。……」（文化財保護委員会編『無形民俗資料記録第六集正月行事2』一五―一六頁）

「……多くの地方のうち、『男鹿』『福浦』でだけはご神体というものがはっきりしている。すなわち、オマエさんの中の三本の扇子の下につけた赤い布がそれであって、ふだんは他の道具を一しょに倉の中にしまっておくが、これをこの浦ではだれもがご神体だといっている。扇子に赤い布をつける例は『雲津』『野波』にもあるが、その付け方はもっぱら下に垂すだけである」（同上、一八頁）

オマエサン補遺　今年（昭和四十八年）一月六日、オマエさんの飾られる歳神棚を確かめるため、『無形民俗資料記録第六集』の資料提供者、美保関町福浦の花本好太郎氏宅を吉岡正晴区長の紹介により訪れた。ところが床の間の歳神棚の何処にも赤いオマエサンは見当らない。オマエサンの上の方に飾られる三本の白扇はあるが……。

「もうやめて十年位になる。赤い布《きれ》は真正面に下げるから、入って来た人に真先《まっさき》に目につく。この家《うち》は共産党かと思われるから」

思いもかけない花本老人の答えに私は一瞬呆然とした。オマエサンと赤旗との取合せが余りにも突飛だったからである。

けれどよく考えればこれほど筋の通った話はない。昔からの信仰というか、呪術というか、とにかくその意味が忘れられた今、赤い長方形の布切れが床の間の真中に吊り下げられていれば、それは正に赤旗同然であろう。こんな思いもかけない障害で、古い風習はひっそりと廃《すた》れてしまうのである。

しかしこの花本氏からいくつかの貴重な聞き書きを得た。それは次の通りである。

「このオマエサンは昔は納戸《クラ》に祀られたということ。又クラ開きは正月十一日までせぬこと。その間、家人はクラに出入出来ない。正月着なども従って取揃えてクラから前以て出しておく。二日に縫い初めをするがその材料も出しておく。クラにも門松をつける。」

以上である。納戸《クラ》は歳神のみあれされる神聖な擬似母胎である。従ってそこに神の男根を象徴する扇と、女陰を象徴する菱型の赤い布切れ、オマエサンが飾られるのである。そうして島根県美保関町小福浦では、この納戸のオマエサンの前で、一家の主人は裸体で年越の夜を過したという（牛尾三千夫氏提供資料吉岡恵一氏談、明治二十八年生）。その裸体はおそらく新しくみあれされる年神の姿の擬《もど》きであろう。納戸《クラ》の中は歳神がみあれされる胎内であり、且、正月中、留まられる処だから十一日までは家の人も出入出来なかったのである。

家は神迎えが期待出来る擬似母胎と私は推測するが、その実証に有利な聞書を得たわけであった。

なおこの『無形民俗資料記録第六集』三頁に、福浦の鳥追いの写真がある。その写真の主は今は亡きこの家の女主の由であるが、七草の置かれているのはマナ板の用をしている鍋蓋《なべぶた》であり、それを杓子で叩くのである。杓子は男根、鍋は昔から女陰、女の胎の象徴物である。鳥追いの鳥は葬送、神送りに欠かせぬものである。神送りは神を胎児としてその本貫に新生させる前提としての性交儀礼をその重要な要素とする、と私は考えるが、正月の神送りと思われるこの福浦の鳥追いの行事の中に、それが跡附けられるのである。

トンド（さぎちょう）と菱型

島根県八束郡美保関町の福浦・北浦・千酌各部落では正月八・九日にトンド焼をする。

このトンドには共通の条件がある。それは

①円錐形、又はそれに類似の形であること

②素材はワラと竹、又山の木も入れられる処もあり、正月の飾物も入る。

③扇が必ずつけられる。

④トンドの中に必ず菱型が形づくられる。

⑤鳥も同様に何らかの形で表わされる。

島根県八束郡美保関町福浦

島根県八束郡北浦

⑥十二の数がつきまとう。

等である。

①②③④⑤は写真の通りである。⑥の十二の数であるがそれは次の通りである。

福浦　トンドの大竹は十二本である。そうして写真のようにトンド自体を翼《つばさ》をひろげた鳥の形につくる。（鳥の絵も写真のように別につけてある。）

北浦　トンドの青山は川柳・モチノキ・譲《ゆずり》葉などの常盤木、十二種を山から伐ってきてつくる。

千酌　篠竹の束を十二束使ってトンドを組立てる。

トンドは「さぎちょう」ともいわれ、「左義長」の字が宛てられている。けれども私は『京洛月次扇面流し屏風』で鷺舞とさぎちょうが同一画面に描かれていること及び其他の理由から「さぎちょう」を鷺帳であろうと推測している。

「さぎちょう」は女の胎の造型であって、歳神はこの中に胎児としてこもり、火に乗り、囃されることによって一挙に常世の国に送り出されるのである。

胎児出来の前提となるものは性交であるから、擬似母胎の「さぎちょう」には陰陽物が必ず取附けられるはずである。その陽物は「扇」、陰物は「菱型」である。「扇と菱型」の取合せは、出雲の歳神迎えにおいて、昔は必ず納戸に祀られたという前述の「オマエサン」つまり「扇と菱型」の取合せと一致する。扇と菱型はそれぞれ、男根と女陰の象徴物なのである。

その他、「さぎちょう」に欠かせぬものは竹であるが、竹は蛇祖ともいわれ蛇―男根の象徴である。また「さぎちょう」に附まとう十二の数は従来は一年十二ケ月を表わす、とされているが、私は女陰象徴の亥（猪）の表出とみたい。従ってさぎちょうの中には陰陽交合がいく重にもたたみこまれているのである。そうしてこの性交を象徴する飾物の中に、歳神は円錐形の擬似母胎の中に胎児として納まり、燃え上る火の中を、村人に囃し送られて常世の国に向う。その時、白鳥である鷺が舞うことによって、歳神はオナリ神に導かれることになる。「さぎちょう」の側で鷺舞がまわれることは倭建命伝承における天翔る白鳥と全く同一の根から派生した伝承と民俗であると私は考える。現在の出雲の「さぎちょう」に鷺舞はない。しかし必ず鳥の姿が形づくられたり、描かれたりすることは、前述の屏風絵の中の室町時代の「さぎちょう」と同じく、かつてはあったことを物語る。

正月に宮中で「菱型」の餅が祝われ、西の果の出雲の地で、同様に正月の飾りものに扇と「菱型」の組合せが用いられ、トンドの中に必ず今日もなお「菱型」が形作られることは、それが中央と地方という遙かな処を距てながら、なお同一の信仰に根ざしている根強い風習であることを物語る。

この他、なお中央の皇室の禁忌で、出雲と一致することがある。皇室においては祭事の際には、供御《くご》に雞と卵は禁忌の由である。美保関町に鎮座の美保神社の宮司をはじめ氏子の人々は雞と卵が不断に食べられないことになっている（今は大分緩んでいるが）。

おそらく雞は酉《とり》であって、十二支においては西の象徴である。そこでオナリ神の白鳥をいみし、葬送になぞらえられる神送りには欠かせぬものだからであろう。出雲佐太神社の神送り神事の夜には、三羽の鳥が神の御供に立つため死ぬという。

七　おわりに

日本民族は「穴」というものに特別の関心をもっていた。それは度々いったように、西へ落ちた太陽が穴を潜って東に出ると考えられていたこと、種が地中の小さな穴に播かれて発芽すること、人が女の胎から生れることなどからの類推であろう。こうした動きから結論として出てくることは、出るためには入ることが必要不可欠であり、入ったからには必ず出なければならない。こもっては出、こもっては出るということが大切であって、入り放し、出放しがもっとも忌み嫌われたのであった。こもっては出、こもっては出るその輪廻によって、太陽も植物も人も永生を保つことが出来ると信じられた。その入ることと、出ることの中心となるものが、穴・洞・胎・クラであった。人の世でその穴の代表的なものは女の胎と陰《ほと》である。生命を妊む「胎《はら》」を中心とすれば、その生命の出入りする陰《ほと》は玄関のようなものである。

この生命を育《はぐく》む胎も大切であるが、生命を出入させる女陰は一層重視される。何故かといえば女陰には信仰の対象となると同時に、呪術における呪物になる、という二面性があるからでしる。

信仰の対象になることは、女陰が新生命創造の場、又、神のみあれの場処となる場合におこり、呪物となることは、女陰が生命及び男根出入の場としてみられた場合におこる現象である。

新生命創造の場、又神のみあれの場としての女陰の重要度が、女陰を信仰の対象にまで引上げることは容易に考え得られる。

しかしその男根なり、新生命なりを、入れて出す力が、女陰を呪物にする、ということは従来考えつかれなかったことではなかろうか。

「入れて出す女陰の力」、それは新生命の創造と殆ど相拮抗するほどの女の力である。この二つの面からの女陰の把握、それが種々様々の民俗の謎を解く重要な鍵の一つであると私は考える。

日本民族の思想の中心課題は、擬似母胎を中心に入っては出、こもっては出て、常に生命を更新することにあったから、入れて出すことを本質とする女陰は、呪物として尊重されたのである。

草庵を　暫くいては　打破り（『猿蓑』芭蕉）

の句に示される「行《ぎょう》」の哲学における呪物としての家屋、仮屋の意味は、こうして新しく問い直されなければならないだろう。

第三章　白鳳期における呪術

一　天智天皇近江遷都の呪術

文献にみる近江遷都

額田王、下二近江国一時作歌
味酒《うまさけ》　三輪山《みわのやま》　あをによし　奈良の山の　山の際《ま》に　い隠《かく》るまで　道の隈《くま》　い積るまでに　つばらにも　見つつ行かむを　しばしばも　見放《さ》けむ山を　情《こころ》なく　雲の　隠《かく》さふべしや
反歌
三輪山をしかもかくすか雲だにも情あらなも隠さふべしや
（『万葉集』巻一）

額田王のこの歌には、故郷の山と神を捨ててゆく人々の内心の不安、寂寥、不満など、表面立っていいえないものが潜められている。

『書紀』巻二十七、天智紀六年の条には

「紀元六六七年、天智六年三月十九日、天皇は都を大和から近江に移された。この時、国民はこれをよろこばず、この世情人心の不安を反映するかのように夜となく昼となく怪しい火災があちこちでおこった。又この遷都を暗に批難する歌や諷刺が町中に流行った。」

という意味のことが簡潔な筆で記されている。

以上が近江遷都に関する文献の一部であるが、これらから察せられることは人々の大和への愛惜と、それへ表裏する遷都への不満である。更に重要なことは当時の人々にさえ、近江という畿外への遷都の理由が判らず、その必要性が納得出来なかったことではなかろうか。

正史の『書紀』にさえその理由は述べられておらず、むしろその編者は正面切って問い質せぬその疑問を、町中にみなぎる世情人心の不安を描写することによってあべこべに提示しているかのように見えるのである。

天智天皇が何故新都の造営という一大事業をおこし、白村江の敗戦以来、さなきだに苦しい国庫に更に大きな負担をかけるに至ったのか。しかも国民の心情さえも一方的に無視していることを考えれば余程の理由がそこになければならないのである。

しかし御代の交替ごとに皇居又は都を移すということは原始信仰の原理にかない、古代日本の習いであって、そのことについては非常時といっても当り前のこととして受入れられたと思われる。問題は何故、畿外僻遠の地の近江に移されたのかの点にしぼられよう。

近江遷都の時代背景

朝倉の行宮で斉明天皇崩御の紀元六六一年から六七〇年までの十年間の出来事を年表によってみるとこの十年間の前半は近江遷都の背景をなす数年であり、後半は遷都及びその後二年で藤原鎌足が亡くなり、更にその一年後天智天皇自身の崩御ということになる。

西暦	干支	天皇	政治・経済・社会	文化
661	辛酉	(斉明)7	7・24 斉明天皇、朝倉宮にて歿、皇太子称制。 8月 阿曇比羅夫を遣わし、百済救援。 9月 百済王子豊璋を本国に護送する。	
662	壬戌	(天智)1	3月 唐新羅、高麗を討つ。軍将派遣救援。 5月 阿曇比羅夫、船師をひきい、豊璋を百済に送り、王位につける。	6月 百済朝貢
663	癸亥	2	3月 上毛野稚子ら、兵二万七千人を以て新羅を討つ。 8・27 日本船師唐と白村江に戦って大敗す。 9・7 百済唐に降る、百済人、日本軍と共に日本に向う。	2月 百済朝貢
664	甲子	3	2・9 冠位二十六階。氏上・民部・家部を定める。 5・17 唐将劉仁願表函などを献じる。 是年対馬・壱岐、筑紫に防人と烽をおく。 筑紫に大堤を築き水を貯え水城となす。	
665	乙丑	4	2・25 間人大后没す。2月百済の男女四百余人を近江国神前郡におく。 8月 百済の遺臣に長門・筑紫に城を築かせる。	第五回 遣唐使
666	丙寅	5	是冬 百済の男女二千人を東国におく。 京都《みやこ》之鼠向二近江一移る。	高麗朝貢
667	丁卯	6	3・19 都を近江大津宮に移す。 11月 大倭高安城・讃岐国屋島城・対馬国金田城を築く。	

668	戊　辰	7	2・13　倭姫王を皇后、大海人皇子を皇太弟とする。 5・5　天皇蒲生野にて猟をする。 10月　高麗唐にほろぼされる。	百済朝貢（6月） 新羅朝貢（9月）
669	己　巳	8	1・9　蘇我赤兄を筑紫率とする。 10・16　藤原鎌足没す。是冬高安城を修す。 是年百済の男女七百余人を近江蒲生郡におく。	新羅朝貢 第六回遣唐使
670	庚　午	9	2月　天皇近江蒲生郡ひものにゆき宮地視察。 是年造籍（庚午年籍）	法隆寺焼失。 新羅に遣使。 水碓にて治鉄。

（『日本歴史大辞典別巻日本歴史年表』河出書房）

近江遷都の背景をなす数年というのは、六六三年の白村江の大敗後、国土防衛線を幾段にも分って固め、そこに築城を急ぐという全く慌しい時代である。そこで近江遷都の理由の通説の第一として「国防上の必要」が挙げられるのは当然であろう。

しかし私は近江遷都の理由に「呪術」を加えたい。それは従来恐らく一顧もされなかったことであるが、この近江遷都という壮大な現実の底に、根強く、しかも無気味なまでに複雑な様相をもって横たわっている、と考えられるからである。

『日本書紀』巻七天智天皇五年の条に

「是冬。京都《ミヤコ》之鼠向二近江一移《ル》」

という記事がある。一国の正史にこのような一見莫迦げたというほかはないような記録が何で載せられなければならなかったのだろう。しかし本当はこうしたわけのわからないような記載こそ重大なのではなかろうか。

もしこれが呪術であるならば、呪術とは元来そうしたものなのであって、人間の世界に唐突に顔を出し、しかも表面はお伽話のような顔をしてアグラをかきながら、深層ではそれを支配している、といったものなのである。

天智五年といえば天智六年近江遷都の前年であり、冬とあるから恐らくは冬至をふくむ十一月を指すかと思われる。その時に帝京のある大和から近江に向って鼠が移動した、というのである。正面切って考えれば只のお伽話のようなものであるが、これには仔細があろう。その推理は後に述べることにして、この遷都の行われた近江の地勢、この遷都の行われた方位と時、を先ずみることとする。

近江の地勢——四神相応の地

大津京の所在地は今日までのところ、まだ確かではないが、大体南滋賀の地とされている。

その地勢は地図でみても明らかなように、東及び東南にかけて大海にも似た琵琶湖があり、西北に比叡山、北方には比良山系が連なっている。南は開闊な平野、西には山城国に通う道がある。

このように東から南にかけて水があり、西から北が高地で、南が低く、西に長道のある地勢は「四神相応の地」といって中国ではもっとも吉祥の地とされている。四神とは東の青竜、西の白虎、北の玄武、南の朱雀であって、この四神、つまり東西南北がよく釣合って斉《ととの》っている土地相という意味である。

実はそれは中国自身の土地相なのであって、東及び東南は海、西から北にかけて高地、西には西方に通う長道があり、南は沃野というわけなのである。四神相応の地とは他ならぬ中国自身の地勢であって、中国人は古来自国の土地相を最高の吉相として謳歌してきたことになる。

土地についてのこの四神相応の考え方は当然日本にも招来され、この条件をみたす土地が物色された。そうしてその条件にかなったのが大津であった。大津は小ぶりではあっても大唐国さながらの目出度い地勢をもった土地であった。大津へ移ろう。そうしてこの吉相の土地に首都を建設し、大唐国にあやかって国運を開こう。天智天皇の胸中は祈りにも似た思いで一杯だったに違いない。

その大唐国に似通った地勢の上に新しく営まれた大津京は、恐らくその区画も長安の都に倣《なら》い、宮殿にもその調度の類にも唐風が取入れられ、宮廷生活そのものもまた多分に異国的であったろう。

誇張と修飾に満ちた文であろうが、『懐風藻』序文は、これを裏書きするように、大津の宮廷を次のように叙している。

「是に三階平煥《へいかん》、四海殷昌《しかいいんしょう》、流纊無《りゅうこうむ》為《い》、巌廊《がんろう》暇《いとま》多。旋《しばしば》文学の士を招き、時《よりより》に置《ち》醴《れい》の遊を開く。この際に当りて、宸《しん》翰《かん》文を垂らし、賢臣頌《しょう》を献《たてまつ》る。雕章麗筆、唯《ただ》に百篇のみに非ず。」

このような盛んな文運の背景には百済から亡命した多くの学者・文人の群があった。彼らは位階を授けられ、師として篤く遇されたのである。大陸の学問知識はよく吸収消化され、取分け若い大友皇子の中に見事に開花した。

侍レ宴

皇明光二日月一　帝徳載二天地一。

三才並泰昌、万国表二臣儀一。

『懐風藻』に残されているこの皇子の詩から今日私どもがうける感銘は、その才と同時に、その発想が全く陰陽二元思想に拠っているということである。詩文の中にこれほどまでに大陸の思想・哲学がとり入れられ、しかもそれが芸術作品にまで高められていることは消化吸収の密度が並ではなかったことを示していると思われる。

思想・哲学・文学の方面ばかりでなく、漏刻を置き、鐘鼓を打って時を知らせるようになったのもこの時代、天智十年のことであった。

「子《ね》」の方、大津

明日香京は東経約一三五度五〇分の線上にあるが、大津京所在地と推定される南滋賀も同じく略一三五度五〇分の線上にあり、明日香京からは北に約六〇キロメートル距った地点にある。

そこで近江遷都とは当時の道のりにして約十五里ほどの距離を距《へだ》てた真北に移ったことを意味するものであることが判る。

このように正確な真北の方位に向って移ったということは偶然ではなかろう。

現在地より真北の方向に首都の地が求められ、北の方位がはっきりと意識された結果、正確に真北が計測された、その揚句が近江遷都だったのである。

「北」とはいうまでもなく「子《ね》」であるが、こうしてみるとこの遷都には、はっきりと子《ね》の方《かた》が求められていることが判《わか》る。

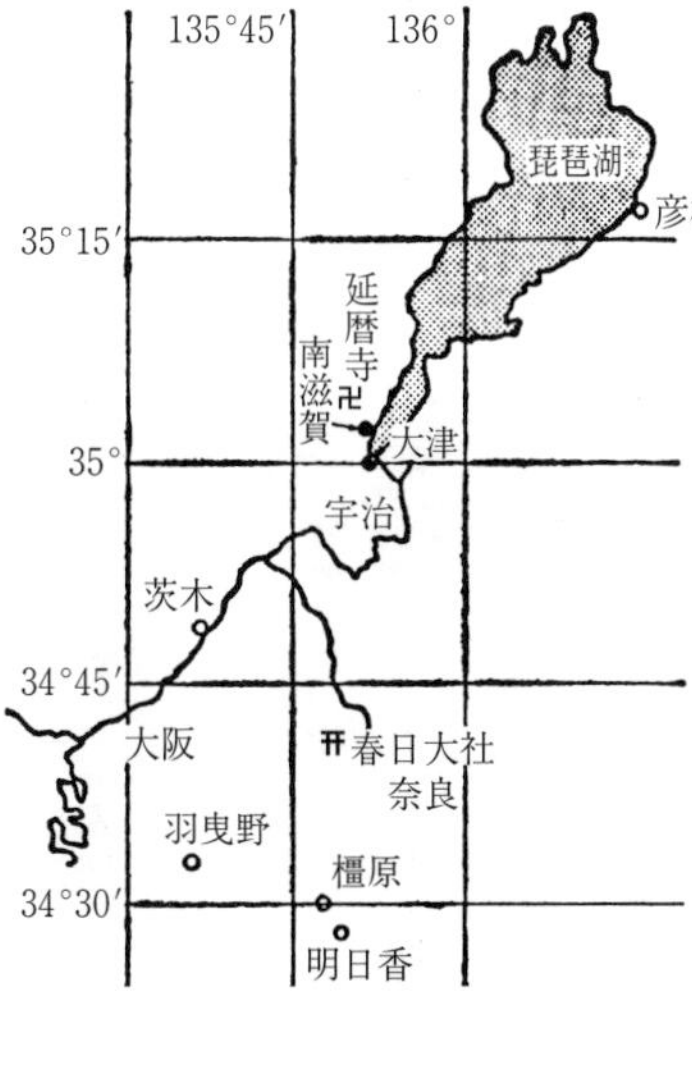

遷都における「子」と「卯」

近江遷都は紀元六六七年、天智六年三月十九日に行われた。この年月日を十干十二支であらわすと、次のようになる。

丁卯年《ひのとうのとし》、辰月《たつのつき》、己卯日《つちのとうのひ》
つまりこの遷都において、月には竜《たつ》がとられているが、年と日に「卯」がとられていて、「卯」がもっとも強く意識されていることが判るのである。

時と処とは、陰陽五行思想においては常に相関関係にあり、切離しては考えられない。そこでこの近江遷都において「子《ね》の方」に「卯年卯月」に移動したことは「子」と「卯」の結合とみて差支なく、祭り月における「子」と「卯」の結合がここにもある、といい得るのである。

近江遷都は、地勢としては最高の吉相である「四神相応の地」であって、しかも帝京の真北、「子《ね》の方」に当る近江に向って、「卯の年」「卯の日」を卜《ぼく》して引移った、ということなのである。換言すれば時においては「卯《う》」、処において「子《ね》」がとられているので、その意図は明らかに、「子」「卯」の結合なのである。

近江遷都における呪術──子卯の結合

日本原始信仰における世界像は、真正の母の胎を中心として、それに同一平面上に同心円を画いてひろがる擬似母胎、家・村・都・国と拡大してゆく相においてとらえられていた、ということは序章で既述した通りである。都は拡大された相における擬似母胎であり、中央の「穴」であった。原始信仰における東・中・西のこの「中央の穴」が、陰陽五行導入後は、その「穴」と五行説においてもっともその本質を同じくする、北の「坎宮《かんきゅう》」に移し重ね合わされたことも既述した。

その習合、重ね合せがいつ行われたか、それはもちろん不明である。

しかしその習合の一つの明確な、具体的なあらわれが、天智天皇のこの近江遷都ではないかと私は推測する。

その理由は次にのべる通りである。

大和は古代大和王朝の首都で、国家の原点である。出雲に亜《つ》いで、又は同等の中央の穴、いわば国家の「太極」である。

近江は山をこえて、その真北に当り、畿外の地である。

北は陰陽思想において「太極」の精、「太一」神が居を占める「坎宮」である。

この北の坎宮はくり返しのべたように穴を意味し、原始信仰における中央の穴と本質的に同じであって、しかも深遠な哲理によって裏附けられている。

単純素朴な原理による原始信仰の世界像の中心としてとらえられた母の胎、中央の穴とはその点で大いに違う。その意味で「北」は大きな魅力であった。

北のもつ魅力はまだある。

北は五行において「水」を意味する。この「水」は五行相生の原理によれば、「水生木《すいしょうもく》」で直接に木につながる（口絵A図参照）。

「木」は星にとれば「木星」、方位は「東」、季にとれば「春」、時間にとれば「朝」、十二支では「卯」、色にとれば「青」である。「木」の象徴する世界は、暗黒、冬、坎《あな》を象徴する「水」の世界から一転して陽気発動の青春の世界である。この永遠の青の常世国へ新生するためには、一陽来復の象をもふくむ北の坎宮にこもることが前提として要求されるのである。

国運を隆盛に導くためには陽気発動の「木気《もくき》」が「祐気《ゆうき》」として絶対に必要である。

しかし東方の祐気は、北方の祐気をとることを前提としてはじめて可能なのである。

大陸の深遠な五行哲理をすでに十分体得していた天智天皇にとって、「太極」つまり首都を本来の北に移動することは、そのいみで至上の願いであったに違いない。

しかもその大事業は国歩艱難《かんなん》なこの時代でも、この大王の威力を以てすればなお可能なのであった。

大王は「太極」本来の相にかなうよう、「太極」を北方に移し、太極から分れ出る陽の気の強烈な発動を求めて、遷都の年と日に、東方木気を象徴する「卯《う》」を宛《あ》てたものと推測される。

その月に三月、つまり竜が宛てられたことは、竜を「天子」と「祖先神」のいみにとっていることを表していると思われる。

そこで、『書紀』天智天皇五年の記事、

「是冬。京都《ミヤコ》之鼠向二近江一移」

がいみすることは次のようなことだろう。

「鼠」とは「子」であり、冬とは冬至をふくむ十一月、つまり「子の月」を指すと思われる。近江は真北の地、「子の方」である。

そこでこの文は「子《ね》の月に、子《ね》が、子《ね》の方に行った」とよむことが出来る。それはつまり、太極がその本来の地の北へ移動する、ということで、来《きた》るべき年に行われるはずの遷都という大事業の予祝の占《うら》であり、それ故に正史に記載されたものと私は解釈する。

天智天皇近江遷都と持統天皇藤原京遷都の比較

	方位	年
天智	子	丁卯　六六七
持統	子	甲午　六九四

天智天皇遷都にみられる子卯軸は、持統天皇遷都の子午軸と対照的である。しかし十干《かん》では天智天皇の遷都に南を示す「丁《ひのと》」、持統天皇のそれに東を示す「甲《きのえ》」がとられているので、決定的な対立ではない。というのはこの十干をふくめてこの二つの軸を考えれば、いずれも「水生木《すいしょうもく》」、「木生火《もくしょうか》」の五行相生の理の一部が形成されるからである。

	水　生　木　生　火
天智	子 → 卯 → 丁《ひのと》
持統	子 → 甲《きのえ》 → 午

要するに天智朝では子《ね》に対する卯《う》が重視され、天武・持統朝では子に対する午《うま》の軸がより重視されたことを示している。

子卯軸は五行循環を短絡し、その輪廻を最もよく要約する軸と天智朝では見做されていた。それに対し天武朝では、後述するように原始信仰の火処《ほと》、女陰の作用が重視された結果、火の方位の午が事毎に撰用されたのではないかと私は考える。

天智天皇の東、卯の方指向は遷都の前年の冬、百済の男女二千人を東国におく、ということからも窺われる。五行の行《ぎょう》は動くことで、輪廻にはは移り動くことが必要とされる。冬とあるから恐らく十一月の子の月であろう。子の月に卯の方へ二千人を移すことは、次の年、卯の年に子の方への遷都の予祝であろう。それによって水生木《すいしょうもく》の作用、ひいては円満な五気循環が期待出来るのである。二千人の「二」を卯月の「二」ととれば東の意味となる。又その「二」を十二支の二番目の「丑」ととれば子《ね》から卯《う》、水《すい》から木《もく》への渡し手を意味する。牛が此世から彼世への渡しを象徴することは出雲国造の死にまつわる赤牛からも証せられよう。遷都後においても六六九年、大津の真東、蒲生郡に百済の男女七百人を置き、その前年の六六八年と後の六七〇年には天皇自身、大津から真東に当る蒲生野に幸している。六六九年は功臣、藤原鎌足薨去の年である。或いはこれは鎌足を東へ新生させるための呪術ではなかったろうか。

二　天武天皇崩御における呪術

朱鳥改元《しゅちょうかいげん》と午日《ごじつ》

天武天皇はその治世十五年の紀元六八六年九月九日に崩じた。二日後の九月十一日には殯宮《もがりのみや》が南庭に起てられている。この死に先立つ七月二十日、年号は俄かに「朱鳥《あかみどり》」に改元されているが、この改元のことを『書紀』巻二十九は次の様に記している。

「秋七月戊午。改テレ元ヲ曰二朱鳥元年ト一仍テ名テレ宮ヲ曰二飛鳥浄御原宮一。」

崩御の年月日、紀元六八六年九月九日を干支にかき直してみると、

「丙戌年戊月丙午《ひのえうま》日」

ということになる。一方、改元の年月日を同じく干支に直すと、

「丙戌年申月戊午日《つちのえうま》」

である。どちらも午日であるが、この二つの午《うま》の間にはどういう関係があるか。

天武天皇崩御の推理

改元の月日	七月	二十日	申月戊午日
	八月	二日	酉月庚午日
	八月	十四日	酉月壬午日
	八月二十六日		酉月甲午日
崩御の月日	九月	九日	戌月丙午日

図表のように改元のあった七月二十日戊午日から、崩御の九月九日丙午日までには、その間に、庚午、壬午、甲午の三つの午《うま》がある。各午の間は十二日であるから、改元の日から崩御の日までは併せて四十九日ということになる。

この四十九日は五つの午の経過の上に成立っている日数であって、しかも四十九というのは只の数ではない。それは仏教において死者の満中陰を指し、死における重要な数である。中陰とは中有と同義であって、その意味は次の通りである。

「中陰——中有（ちゅうゆう）ともいう。仏教の通俗的学説によれば、生類の存在は生有（しょうゆう）、本有（ほんゆう）、死有、中有の四つからなり、われわれがこの世に生まれる最初の存在を生有、生まれてから死ぬまでの生涯を本有、死のせつなを死有、死んでから次の世に生まれるまでを中有という。中有の存在は一週間、及至最長七週間

で、その間に次生が決定するといわれる。ゆえに死者がなるべく幸福なよい次生に生まれるために、七週間の間、その死者の冥福を祈って、読経する風習を生じた。四十九日を満中陰というのは、七週間たって中陰が満期となることを意味する。七週間たっても次生が決定しないことを、〈中有に迷う〉という。」　（『世界大百科事典』平凡社）

この重要な四十九という数が、天武天皇の死においては五つの午に亘って整然ととられている。もし崩御の前にこの改元が行われ、その四十九日後に崩御になったとしたら、それは偶然というには余りにも、意味ふかい数や日が揃いすぎている。

というのは、後述するがこの改元の日も、崩御されたという九月九日も只の日ではなく、それぞれ死者の再生の意がこめられている日なのであって、この二つの日が四十九日という日数でつながれていて、しかもこの四十九は仏教において死者再生のためにおかれている日数なのである。

「改元」「崩御」「その間の五つの午によって形成されている四十九日」、この三つのものの相関はあたかも計算してつくり上げられたもののようである。

只おかしく思われるのは四十九日の中陰とは死者の死後におかれているものであるが、天武天皇の場合、その四十九日を中陰の日数としてみるとき、理に合わない。その四十九日が崩御の前におかれているからである。当時の仏教の勢から考えると、天皇の死には当然この中陰が考慮に入れられるはずである。従ってこの四十九日は中陰を表わすと考えられる。それなら何故四十九日が崩御の前にとられているのだろう。

この謎をとくことは結局『書紀』に記載された天武天皇の死を推理することに関わってくる。それは作為に満ちていると思われるからである。

そこでこの推理は、天武の死に関する重要な二つの日、つまり「改元」と「崩御」の二つの日についてはじめられなければならない。

しかしこの二つの日を重要なものにしているその背景にあるものは、当時における死の観念である。古代日本人における生と死に対する考えは序章で述べたが、その概要をここに記し、それと仏教における死とのからみ合いを見、その上で改元と崩御とされている日の意味を探るのがこの謎ときの順序と思われる。重複になるが以下はその概要である。

1 日本原始信仰における死の意味

太陽と同じく東から西への動きにのって人はこの世に生れてくる。その東から西への動きをそのままにしておけば西へ沈む太陽と同じく、西という死の方位に行ってしまうであろう。そこで東から西への動きを阻止するために、この世という「中」の場処に擬似母胎を整えて、そこに新生児をこもらせ、一定期間をここで過させた後に、この擬似母胎からもう一度呪術の誕生をし直させる。

西指向の動きを止め、新生児を中央にすくい取って「産屋」という擬似母胎にこもり直させ、この産屋から現世という中央に向って誕生し直させる。それ故、新生児にとってはこの産屋を出るときが呪術の誕生・新生なのであった。そこで呪術の誕生には呪術の仮親が必要であり、着物もこの時はじめて着せられ、名前ももしつけるならこの時点でつけられた。これが古代日本人の考えた「生」であったと私は考える。

「死」はこの「生」の逆方向としてとらえられた。そこで常世の国に帰るには、産屋に相当する「喪屋」(殯宮という擬似母胎に暫く納まり、そこから誕生の際における真正の母の胎に相当する墓(洞窟・岩屋・谷などもふくめて広義の墓とする)に胎児としておさまって、東の常世に新生する、ということだったのではなかろうか(次頁上図参照)。

しかし単純素朴な古代信仰は時の推移と共に多少変化する。

貴人に対する厚葬の結果、墓(この墓はいわゆる陵墓)が立派に構築されるようになると、この死者における墓が生者に於ける現世に対応し、墓は死者の死後の生活の場として存在するようになる。そこで現世と同じく、死者が上を仰げば星空があり、日月の運行も望み見られるように、陵墓の天井には日・月・星宿が描かれることになる。また生前の持物・衣類も手厚くここに納められる。

死者におけるこうした立派な墓は、生者における現世に相当する。生者における現世の前には、「産屋」という擬似母胎があった。それ故、墓に入る、或いは墓という後生《ごしょう》に新生するためには、産屋に相当する喪屋《もや》、殯宮《もがりのみや》が擬似母胎としてやはり必要であった。

墓を仏教で考えられている「来世」とすればこの「喪屋」又は「殯宮」の期間は「中有」に相当する。この意味で「殯《もがり》」と「中有」は重なり合うわけである。

ここまでの考え方を一度表にしてまとめてみよう。

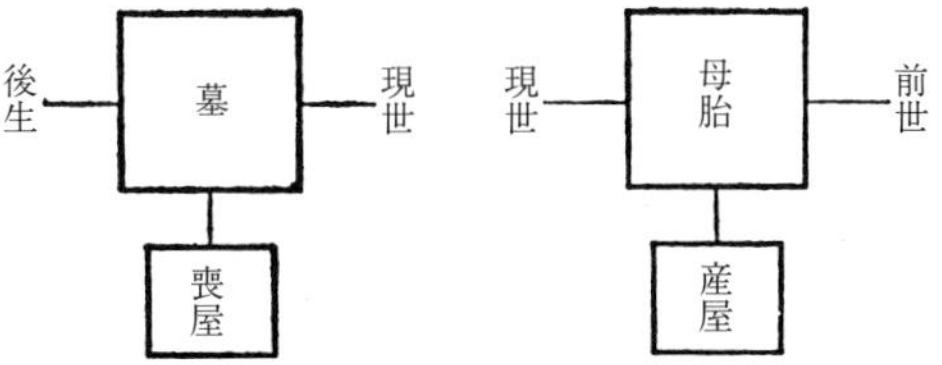

産屋・喪屋対照表

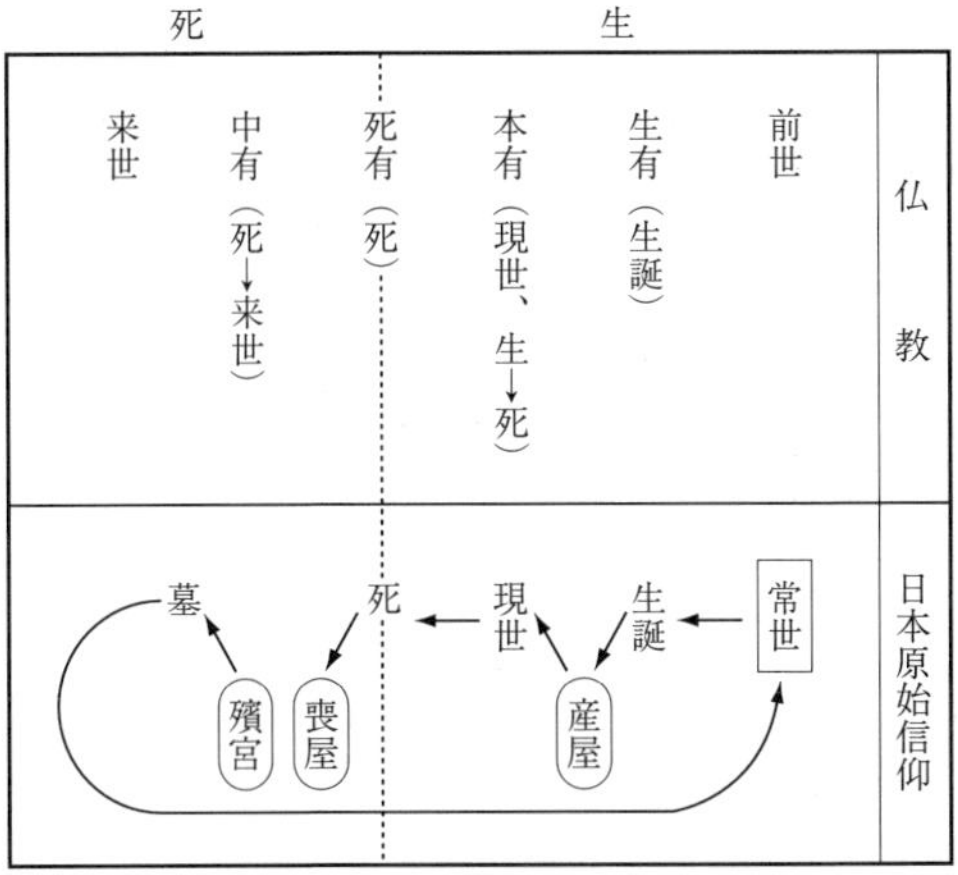

図のように、原始信仰における「喪屋《もや》」或いは「殯宮《もがりのみや》」は「産屋」に対応するものである。

前述のように第一次真正母胎から誕生した新生児は、既に生まれていながら第二次擬似母胎の産屋に第二次胎児として納められ、そこから呪術的にこの世に生まれ直す。

それと同様に死者は既に死という現実の死を経《へ》ながら、つまり死の世界への生誕をしながら喪屋という擬似母胎に胎児として納められ、そこから更に来世に向って誕生し直す。

産屋にいる間の新生児が、まだ本当の生者でないと同様、喪屋《もや》における殯《もが》りの期間の死者はまだ本当の死者ではない。どっちつかずの中途半端な存在である。

その意味で原始信仰における殯《もがり》の期間は仏教の中有、中陰と一致する。

その状況は前頁下図の通りである。

殯の期間の次にくるものが墓である。この墓は真正の生誕の際の真正の母胎に相当し次の世へ新生するための同じく母胎である。つまり死者は二度擬似母胎に潜むことになる。

しかし天皇・豪族のために立派な陵墓が構築されるようになると、それはもはや擬似母胎ではなくその陵墓は来世の一部と考えられ、そこに現世における同様、死者の死後の生活が想定される。これは大陸からの陵墓の影響であって、原始信仰には本来なかったものである。原始信仰における墓は、どこまでも擬似母胎で暗くせまい凹処であれば事足りた。それは常世への新生のための一時的のこもり場処であったからである。

しかし墓が来世の一部として、死者の死後の生活の場として装飾されるようになったとしても、それは日本の場合、死者の終《つい》の棲処《すみか》ではなかった筈である。死者は最終的には常世に帰るべきものなのである。墓がいかに壮麗に装飾されようと、そこは死者にとって仮の住居であって、いつかはそこから出てゆかなくてはならない。そのために陵墓内の壁画は動きを示す構想の下に画かれる。高松塚壁画の女人群像はかなり足早に墓の出口、南方を志している。それは死者をこの墓の世界に留めてはならないことを暗示する。墓の入口は南・火の位《くらい》であり座である。火は女陰で、その女陰から死者は更に常世に向って生れ直す。その路線に死者はのらねばならない。

高松塚壁画はほぼそれと同時代と推定される唐の永泰公主陵墓の壁画と比較される。両者は非常によく似通いながらしかも違っている。その違いの一番大きな点は永泰公主陵の壁画群像が静止の状態であるのに対し、高松塚壁画の女人像には動きがみられる、ということである。

それは偏《ひとえ》に日本原始信仰における死のもつ意義が営陵の中に息づいているからであって、墓を擬似母胎として死者を常世に送りだす手段の一時期にあるものとして扱っていることに依《よ》る。

なお高松塚壁画には北斗七星が画かれていない。これは一つの謎とされているが、北斗はその動くことから車になぞらえられている星である。墓を出た死者の常世までの乗りもの、それが北斗七星に負わされているのではなかろうか。それならば北斗は天上にあっては困るのである。

壁画の奥の女人像は死者をその中にかくして南の出口に向い、墓の南口に集結している男性群像は更に東方へ旅立とうとする主人に従おうとして待機の姿勢にある様子を表わしているのではなかろうか（高松塚壁画については次節私見高松塚壁画で詳述する）。

以上が一一九頁下図の解説である。

2　天武天皇朱鳥元年改元の考察

『書紀』巻二十九の改元の条は前にも引用したように

「秋七月戊午。改《メテ》レ元《ヲ》曰二朱鳥元年《ト》一。仍《テ》名《テ》レ宮《ヲ》曰二飛鳥浄御原宮一」（傍点筆者）

とある。これをそのまま現代国語にいいかえれば、

「秋七月二十日、朱鳥元年と改元した。それだから皇居も同じ日に飛鳥浄御原宮と名附けられた」

ということになる。改元と宮の呼称の間には一種の因果関係があって、何か切り離せないものがこの二者の間にはあるようである。

天武天皇の皇居が「飛鳥浄御原宮」であるということは『書紀』巻二十八に

「是歳（六七二年）営二宮室於崗本宮南一。即冬遷以居焉《マス》。是《ヲ》謂二飛鳥浄御原宮一」

とあってこの時（天武元年）に既にそのように呼ばれていたようでもある。しかしそれならば何故、治世の最晩年、崩御の年になって行われた改元と同じ日に、こと改めて新しくこの天皇の皇居が「浄御原宮」と名づけられた、と正史に記載する必要があったのだろう。しかも「朱鳥と改元した。それ故、同じ日に宮も飛鳥浄御原宮と名づけられ

た」という書振りなのである。

恐らく「浄御原宮」の名称は「朱鳥」という改元と切り離せないものであって、改元の時点において、この巻二十九における記載通り名づけられたものであろう。即位元年の頃にはこの名称はなかった筈である。

『書紀』のこの改元に関する記載は、明らかに「朱鳥」と「飛鳥浄御原」の二つの名称が互いに切り離すことの出来ぬワンセットとして取扱われていることを意味している。それなら何故この二つが相関連しあっているのだろう。

「朱鳥」は年号であって時間に関《かか》わり、「浄御原」は宮名であって場処にかかわるものである。この二者の間にはそれだから緊密な関係は成立しにくい、と一般には考えられる。しかし第一章でも述べたように陰陽五行においては時と処、時間と空間は常に互いに密接に関連しあうのである。

「浄御原《きよみはら》」とは文字通りこのまま解釈しても少しも差支えない名称である。しかし「原」は同時に「腹」「胎」でもあって、「浄御原」は従って「浄御胎」とも書きかえられるのである。それは「神聖な胎」の意である。

一方、「朱鳥《あかみどり》」は「朱雀」であって、朱雀は東の青竜、西の白虎、北の玄武と並んで四神の一つであり、南方を象徴する。南は五行において「火」の配されている方位であり、竈《かまど》の座である。日本原始信仰において火は「女陰」にあるものとされている。

六八六年の七月二十日は午《うま》の日であった。午は南を意味する。この南を意味する日に、同じく南を象徴する「朱鳥」に改元された。それはこの改元によって新しく南方に、午《うま》の方《かた》に女陰の口が開かれた、或いは設定されたということにならないだろうか。

この改元によって南方に口が開かれたのに対し、天皇のこれまで住まってこられた皇居は当然北方となるが、この皇居が「神聖な胎」と名づけられたのである。

「胎」は「坎」「穴」であって北方を意味し、この北方は十二支でいえば「子《ね》」。「子《ね》」は「孳《ふえ》る」ということで生殖がその事象である。十干でいえば北方は「壬《みずのえ》・癸《みずのと》」。この「壬」は「妊」で胎児の妊《みごも》られた象をさす。

「朱鳥」という改元の意味するものは、天武天皇治世最終年に、天皇の支配下にある「年」という時間に、南方を象徴する朱鳥という名が新しくつけられたということ、同時に場処に対する命名としては、天皇がその中に長くこもってこられた「皇居」或いは「都」に、「神聖な胎」という名号が新しくつけられたということ、なのである。命名とは裏返して考えれば、そこに名附けの対象となったものの新たな設定ということである。

七月二十日の改元に先立つこと五日、七月十五日には「天下之事、不レ問二大小一。悉啓《クモウセ》二于皇后及皇太子ニ一」という詔勅が出ている。

それは祭政において絶対権力をもつ天皇が既にその大権を行使する力がなく、危篤の状態にあることを示している。「浄御原対朱鳥」の関係は「北対南」「子《ね》対午《うま》」の関係にあり、この「子《ね》対午《うま》」の関係はこの天皇危篤の時点においては、胎児としての死者を妊《みごも》る「神聖な胎」と、その死者新生のための出口、「女陰」との関係として受取られるのである。

この関連を図表にしてみると次のようになる。

	年号（時間）	皇居名（空間）
名	朱鳥	浄御原宮
方位	南（午の方）	北（子の方）
五行	火（火処《ほと》）	水・坎・胎
象徴其一	女陰（出口）	清浄な胎（妊）
其二	外	内

改元によって象徴されるものは北対南、水対火、胎《はら》対陰《ほと》、内対外の関係であり、これは胎児の新生を暗示する。原始信仰における死は、生と逆方向においてとらえられ、しかも新生という点では両者は本質的にはひとしい。

天武天皇の改元は天皇の危篤状態におち入った直後に行われている。そのような時点における新生を暗示する改元は、即ち天皇の死を暗示しているものではなかろうか。

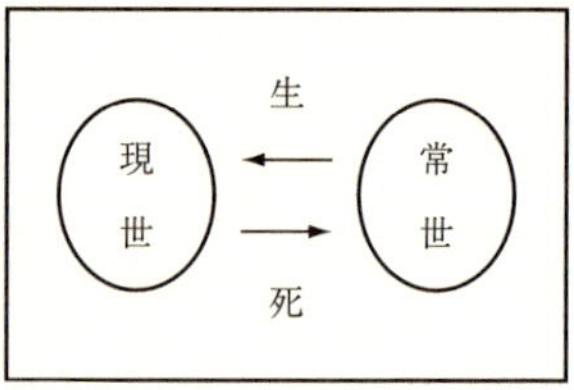

3　天武天皇十五年九月九日崩御の考察

「九月丙午。天皇病《ノ》遂不レ差《イエタマワズ》。崩二于正宮《オオミヤニ》一。戊申。始発レ哭《ミネタテマツル》。則起《ツ》二殯宮《ノヲ》於南庭《ニ》一。」

（『日本書紀』巻二十九）

「朱鳥元年九月丙午」に天武天皇は正宮において崩御になり、戊申《つちのえさる》の日に殯宮《もがりのみや》が南庭に設けられた、と記されている。

崩御の年月日は書き直すと次のようになる。

紀元六八六年九月九日（丙午日）。

九月九日というのは重陽の節供である。そうして六八六年の九月九日は丙午《ひのえうま》の日に当った。そこで崩御の日の考察に当ってはまずこの重陽の節供、及び丙午日の意味を考えることが必要であろう。

重陽《ちょうよう》——「陰暦九月九日の節句をいう。九を陽数の極とするので、陽数の重なる日として重陽といい、重九ともいう。中国では六朝の末に桓景というものが費長房の忠告にしたがって袋に茱萸《ぐみ》を入れ、山に登って菊酒をのんで災厄をのがれたという伝説にはじまるという。後世この日に悪気をさけ、初寒をふせぐという茱萸を飾り、高処に上って、長生の効能のあるという菊花酒をのみ、長寿を願い災難を払う風俗を生んだ。……中国のこの風習は日本にも伝わり、菊花の宴ともよんで天武天皇のころから行われるようになった。『西宮記』には、天皇出御のもとに紫宸殿で行われ、御帳の左右に茱萸の袋をかけ、菊をさした花瓶をおき、王卿以下が詩をつくり終ってから氷魚や菊酒を賜った。……」

（『世界大百科事典』平凡社）

丙午《ひのえうま》——「丙」は十干で「火の兄《ひえ》」火気を、「午《うま》」は十二支で北の「子《ね》」に対し南を表わす。「午」は月にとれば五月であるが、この卦象は「䷫」で、子の月の十一月の卦象、「䷗」に相対するのである。子の月の象徴する一陽来復は、陰が尽きて一陽の萌すのに対し、午の月は既に陽が尽きて一陰の萌すことを象徴する。「子《ね》」が無から有への生気を示すのに対し、「午」は有から無への剋気、死気を象徴する。
九紫火気《きゅうしかき》——九星において「九」の意味するものは「九紫火気」である。

しかし九月九日には実は更に深い意味がある。即ち、陰陽五行には、「三合の理」という重要な法則があり、この法則は木火土金水の五気のいずれにも当てはめられている。

火気についていえば「午《うま》」を中心に、その前の「寅《とら》」、その後《うしろ》の「戌《いぬ》」の三支を併《あわ》せて、この合《ごう》を「火の三合」或いは「午の三合」とする（左の図参照、なお本文二二五頁の図は水気の三合図なので併せて参照されたい）。

そうしてこの場合

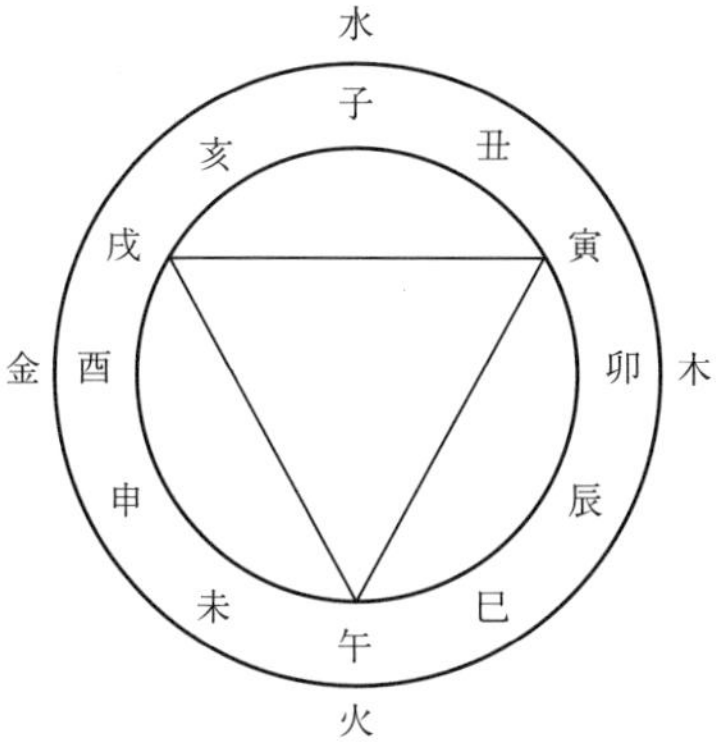

午の三合（火気の三合）
寅…生，午…旺，戌…墓。寅…午・戌の三支はすべて火気となる

寅を…生
午を…旺
戌を…墓

とする。ところで

寅は…正月（生）
午は…五月（旺）
戌は…九月（墓）

なので、正月は「火の始」、五月は「火の旺《さかり》」、九月は「火の死」ということになる。万物はこの生旺墓の輪廻をくり返すことによって、その永生が保証される。従って火徳の天武天皇の崩御の時として九月九

日にまさるものはないのである。

陰陽五行における九月九日丙午日　先に引いた定義のように、九月九日は中国における重陽の節供に当り、長寿を祝う日であった。この風習が日本に伝来して、宮中においてもこの節供の行事が行われたのは他ならぬこの天武朝であったという。九月九日は極陽の九が重なり、最も強固な日であるが、その一面、登りつめたものは下がる、極《きわ》まれば欠けるのであって、極陽はいわば転機に当る。そこでこういう時には専ら慎重にして生命についてはその長久を祈念することになったものであろう。

五行における「九月九日丙午日」は火徳を象徴し、その方向は有から無への方向であり、三合においては死気である。しかしそれは生旺墓をくり返す永遠の輪廻の相の下においてみられるべき死気であって、いわば輪廻の一環、永遠への出口を象徴するものである。

原始信仰における九月九日丙午日　以上みてくると五行においてこの九月九日丙午日は火徳のさかんな日である。日本原始信仰では火は女陰を象徴する。女神、伊邪那美命の胎は国や神々を生んだその最終に火を生み出したが、そのことがその死因となっている。しかしその死からはもっとも強烈な雷神が生み出される。雷は「震」であり、五行における東方を象徴し、ものごとの創始を司どる方位を示す。日本原始信仰、日本神話の中には五行がふかく入っていると思われるが、要するに日本原始信仰において女陰は物事のはじめであって終り、終りであって又始めを創り出すところと考えられていて、女陰はそのいみで常に死とふかい関わり合いをもつ。女陰は生者のみならず、死者にとっても新生への出口なのである。

九月九日丙午日が象徴することは大体以上のような事象であり、思想である。

九月九日丙午日は死者への回向《えこう》を果す条件を悉く備えた最良の日であった。それは永遠の相の下に、永遠の輪廻の中にその死を置き、死者に永遠の寿を約束するかのような日であった。

そうしてこの死者に対する永生・永遠の保証は、この南方火気を意味する崩御の日取りに対し、二年後に廻ってくる北方水気を意味する子《ね》の年、子《ね》の月の大葬を以て完成するのである。

4　謎を追って

ここまで推理を進めてくると疑いは次第にふくらんでくる。というのは崩御の日とされている日を、そのまま真実として受けとるには余りにも話が出来すぎているからである。しかしこれも同様に改元の日とされている日との関連において考えるとき、いよいよ疑いは深まってくる。先にあげた図表をもう一度見ることにしよう。

改元の日　七月　二十日戊午
　　　　　八月　　二日庚午
　　　　　八月　十四日壬午
　　　　　八月二十六日甲午
崩御の日　九月　九日丙午

これは全く見事な五つの午揃えであって、南方火気を意識しているとしか思われない。しかも「五」はこもりを表わす数である。又この初の午から終の午迄の日数が仏教の満中陰に相当することも見落せない。

天武天皇の「九月九日丙午」は「呪術の命日」ではなかったろうか。そうして「本当の崩御」は改元のあった七月二十日前後ではなかったろうか。

そこで私は次のように推理する。本当に崩御のあった時点で、皇后はじめ陰陽寮の役人・僧侶其他が急遽鳩首協議した。そうしていろいろと占《うらな》い合せた結果、「九月九日丙午日」が崩御の日として呪術的に最高の日であることが判った。最高の日というわけは前述の通りである。そこで九月九日を発喪の日と定めそれまで天皇の喪を秘することにしたのである。

一方、九月九日からさかのぼって四十九日の七月二十日を改元の日としたのであるか、それが本当の崩御の日でないとしても、恐らくそれに至極近い日であった筈である。

天武天皇の死の際におけるこの改元は、死者新生のための「胎」と「女陰」の新設を意味する呪術であった。従って表向きには喪を秘しているが、この改元によって、天武天皇の崩御は呪術の上からは認められたことになり、天皇を本当の死の時点において死者として扱っていることになる。というのが当事者達の思考の底にあるものではなかったろうか。

天皇は六八六年五月二十四日に発病しているが、五月・六月には確実に存命である。それは五月末に川原寺で薬師経が読誦されたり、六月十日、草薙剣が天皇の病に祟っているとされ、この神剣が即日、熱田宮に奉還されていることなどからも論証されよう。

しかし七月になると世の中は急に遽《あわた》だしく七月十日には落雷による庁舎の炎上、十五日には「天下之事、不レ問二大小一。悉啓《クモウセ》二丁皇后及皇太子《ニ》一」という詔勅が出て、大赦が行われている。

恐らくこの詔勅の出された日が危篤で、この後、幾日ももたぬ中に崩御になったと思われる。そうしてこの辺りに一・二日のズレがあるとしても、七月二十日改元の日を本当の崩御の日とすると、それから四十九日後の九月九日は満中陰の忌明けとなるではないか。そうすれば、原始信仰に基づく神道を本旨とする宮廷では、表立っては絶対に執行《とりおこな》えない中陰の法要も、さりげなく並の法要の体裁の下に、この改元から崩御の日とされている九月九日までの間に、存分に行なうことが出来るのである。

それを裏書きするかのように、七月二十日から九月九日に至る間の『書紀』の内容は、天皇の為の読経・供養・施与・浄行人の出家などの記事で埋めつくされている。

こうしたいわば抹香くさい仏教行事は当然この際、中陰の法要とみなされるのである。

それは九月九日以降になると、この壮んな法要の記録は急になくなり、入替りに、殯宮における殯の記事で満たされるようになるのと全く対照的である。

この真実の崩御と呪術とのカラクリは表にしてみると一層明白になる（左の図表参照）。

5　本当の崩御の日はいつか

それでは序でのことに天武天皇の本当の崩御の日はいつだったかを考えよう。先に一・二日のズレはあろうが七月二十日を一応現実の崩御の日と考えるといって図表を組立てたのであるが、七月二十日は午の日であってやはり呪術の空々《そらぞら》しさが痛切に実感される。

天武天皇の崩御				
	表面		裏面	
	呪術崩御		現実崩御	
	七月二十日戊(午)日	朱鳥と改元	七月二十日戊午 庚午 壬午 甲午 九月九日　丙午	崩御 中有（中陰）四十九日間 読経 供養＞法要 満中陰。忌明。
	九月九日(丙)午日 九月十一日戊申 九月二十四日辛酉	崩御発表 殯宮を南庭に起つ 南庭に殯し、即ち発哀。 殯期間二年二カ月	上と同じ 上と同じ	上と同じ 上と同じ
688 戊子	十一月四日戊(午)	皇太子以下百官殯宮にて慟哭。	上と同じ	
	十一月十一日乙丑 （子月）	大内陵に葬。	上と同じ	

この推理に一つ手がかりとなることがある。それは『天智紀四年』の「間人《はしひと》大后二月二十五日薨去」につづく「三月一日大后の為に三百三十人を出家させた」という記事である。旧二月は大の月であるから三月一日はその初七日に当る。初七日の字は見当らないが疑いもなくこれは初七という中陰中の最も重要な日に三百三十人という大量の人をその回向のために出家させていることを意味していると思われる。

天武天皇の場合、朱鳥元年七月二十日改元の記事にすぐつづいて「丙寅（七月二十八日）選《ビ》ニ浄行者七十人《ヲ》一以《テ》出家《セシム》。乃《スナハチ》設《ク》ニ斎《トキヲ》於宮中御窟院《ミムロノマチ》一」とある。

これは間人皇后の初七日の記事によく対応する。七十人の「七」は初七の七と同時に、天武天皇が生涯撰用した十二支七番目の午《うま》を象徴していると思われる。七十人を出家させ、宮中の御窟院に斎《とき》を設ける。というのは盛んな初七日の法要を叙しているものであろう。御窟院《みむろのまち》というのも改元に際しての宮の命名、浄御原の胎《はら》と一致する。ハラはホラ、ムロと同義と思われるからである。

七月二十八日を初七日とすれば、崩御は七月二十二日ということになる。七月二十日改元日より二日ズレているが、私は右の理由によってこの日を本当の崩御の日と推定する。

天武天皇大内陵の推理

1　南方営陵の謎について

天武・持統両天皇が合葬されている大内陵は藤原京の真南にあり、朱雀大路の延長線上にある。

天武天皇が大内陵に埋葬されたのはその崩御二年二カ月の六八八年十一月十一日である。この年月日は干支記年法によれば戊子《つちのえね》年子月乙丑日《きのとうしのひ》ということになる。埋葬の年と月という「時間」に「子《ね》」が撰用されていることは子の重視に他ならない。時間に子がとられているならば方位という「空間」にも子《ね》が撰用されてよさそうなものである。

事実、太極を示し、新生を象徴する北の方位は五行思想の本家の中国では夙くから注目され、帝王の陵墓は遠く北部に営まれ、南に築かれる例はまずないといわれている。

陰陽五行思想受入れ最盛期にあった白鳳期の天武・持統・文武の三帝陵が北郊でなく、首都の真南に営まれたのは何故か。

それはくり返しのべて来たように、天武朝において日本原始信仰と五行思想がもっともよく習合された結果と私は考える。この時代の思想は記紀の神話の中に色濃く出ていると思われるが、それによれば女陰は生と死の二つに相通の口なのである。そうして五行思想において南が火の位になっている。

そこで朱鳥の改元にもみられたように、北が胎とされ、南がその出口と意識されたのであった。

そこで擬似母胎としての「都」を北にして、その南に死者新生の出口として、陵墓が築かれる。その陵墓の中は又、北を奥として南に出入口が設けられるのである。呪術はいく重にもこのように積重ねられるのであった。

しかし南はどこまでも火処《ほと》として、出口としての効用をもつもので死者最終の目標ではない。既述のようにその陰《ほと》をふくめて伊邪那美命の遺体からは、東方木気を象徴する雷神達が誕生している。死者の終の棲処《すみか》は東方の常世国である。

2　子の年・子の月の埋葬

話を天武天皇大内陵埋葬に戻そう。

天武天皇は崩御二年二カ月に亘る殯《もがり》の後に、六八八年(子の年)十一月(子の月)十一日、藤原京の正南、大内陵に葬られた。この埋葬が時間において北の「子《ね》」、場処において南の「午《うま》」が撰びとられていることは前にもいったように明らかである。

しかしここに問題が一つある。それは大内陵は藤原京の正南ではあるが、天武天皇の首都、浄御原宮所在地の正南ではない。正南どころか、南の中にも入らない。

浄御原宮趾と伝えられている地が正確であるならば大内陵はそこから南へ三〇度の地点にあり、これは「未《ひつじ》」の方となる。

方位は三六〇度を八等分してそれを八方位に割当てると、一方位は四五度を占めることになる。

もし天武天皇が現在地の大内陵に最初から葬られたものならば、天皇は子年子月《ねどしねのつき》に「西南」つまり「未《ひつじ》」の方に葬られたことになる。

「子」に対する「午」は、胎に対する出口、の関係にあり、この呪術はこの時代には絶対の法則にまで高められていたと思われる。子年子月に午の方に葬られてこそ、この時代を支配していた呪術は達成せられるのである。

3　仮説・天武天皇の改葬

私はここに一つの仮説をおいてこの問題を解いてみることにする。

それは現在、文武天皇陵と伝承されている処が最初の大内陵ではなかったかと推理するものである。

まず次頁の図を見て頂きたい。この図は天武天皇の首都、浄御原宮《きよみはら》を中心として、藤原宮と文武陵の三者の関連を、その方位と距離の関係において捉《とら》えることを目的としている。

図で明らかなように藤原宮は浄御原宮から北に二二・五度の地点にあり、それは浄御原宮から北、つまり「子《ね》の方」に当るギリギリの線上にある。

文武天皇陵は同じく浄御原宮から南に二二・五度の地点にあり、それは浄御原宮から南、つまり「午の方」に当るギリギリの線上にある。

持統天皇の遷都に午年が撰用され、その方位が北であって、ここに子午線が意図されていることはこの章の一一四頁、「近江遷都と藤原京遷都の比較」において述べた通りである。

天武天皇の営陵においても恐らく子午線が撰用されている筈である。埋葬の年に子年《ね》が取られている以上、その陵の方位は必ず南、午《うま》の方の筈である。しかしもし天武天皇が今日大内陵と伝えられている処に、子年に埋葬されたとしたなら、この場合、子午線は成立しない。現在の大内陵は浄御原宮から南に三〇度の地点にあり、これは未《ひつじ》の方ということになる。

子の年の埋葬に見合う午の方の陵墓。その条件を満たすものは現今の文武陵なのである。

もしこの文武陵を最初の大内陵とすれば、

浄御原宮・藤原宮・文武陵の関係

• 浄御原を中心として藤原宮，文武陵共に四・五キロの距離にある。
• 藤原宮と文武陵とは正南正北八・五キロの距離にある。
• 藤原宮は浄御原宮の北にある
• 文武陵は浄御原の南にある
藤原宮は北に二二・五度。文武陵は南に二二・五度。

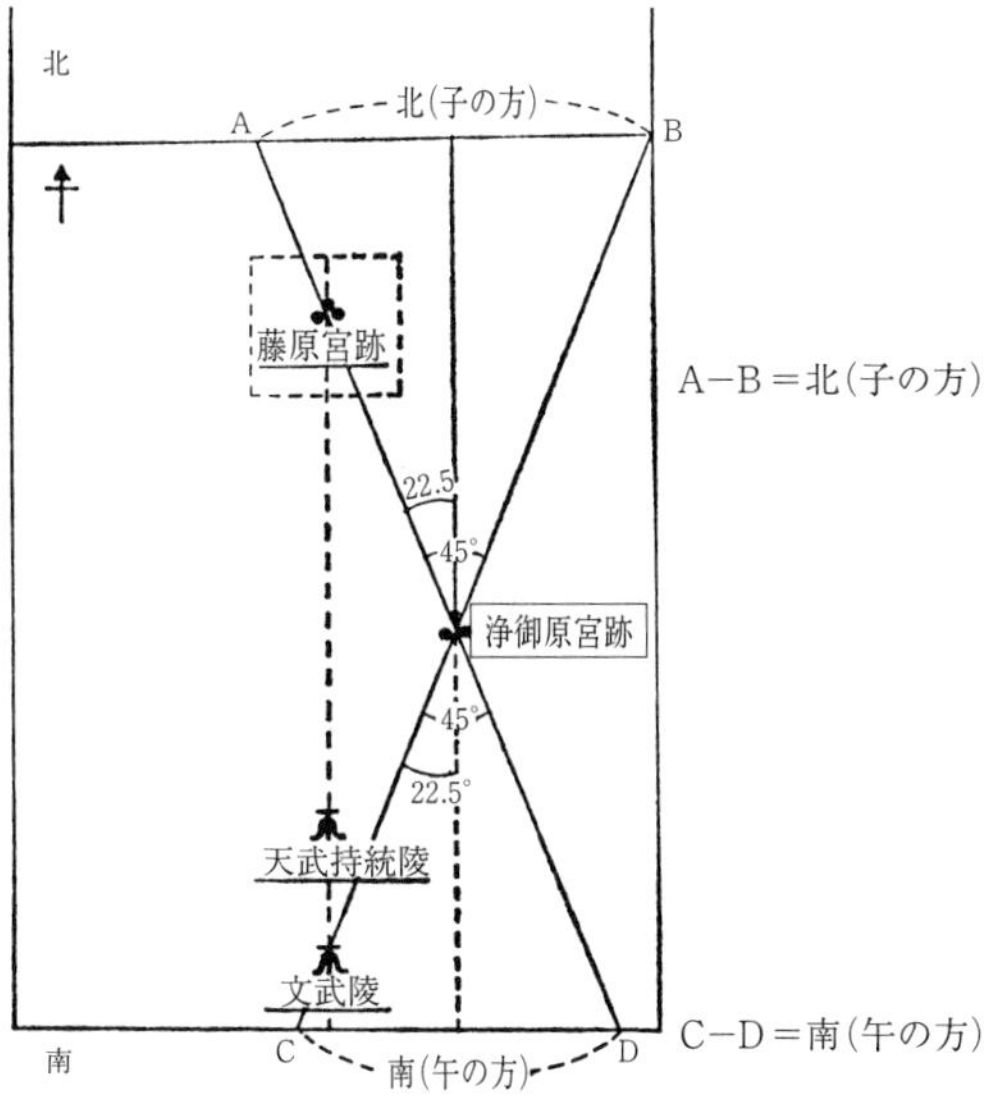

	藤原遷都	天武天皇営陵
方位	子の方（北）	午の方（南）
時間	午の年	子の年

となって、両者の関係は地図と同じくここでも密接に関わり合うことになるのである。

藤原京と文武陵は浄御原宮から等距離、等角度を以て、首都の正中線上に南北に相対する。

この文武陵を最初の天武陵とすれば、次のような呪術が泛び上がる。

持統天皇は自分の遷都と、亡き夫の埋葬という二大行事を、その方位と時間とに「子午の線」を撰用することによって鮮やかに相対化させているということである。その相対化の意図は、浄御原宮を中心として地図を二つに折れば、藤原宮と文武陵はピタリと重なり合うことからも十分に窺い知られよう。

持統天皇の遷都とその亡夫の為の営陵は、「子午の線」撰用において時間的空間的に精密に計測された一分の隙もない呪術と思われるのである。

そこで最初の天武陵を今の文武陵だとすると、いくつかの問題が出てくる。

①天武天皇は現在の大内陵に改葬されたことになる。そのようなことがありうるか。
②文武陵が文字通り文武天皇陵ならば、文武天皇は既に造られてあった陵に埋葬されたことになる。それも可能か。
①について
天皇改葬は皆無ではない。用明天皇は磐余《いわれ》池上陵から推古朝に河内磯長《しなが》陵に改葬されている。
②について
厚葬を禁じた推古天皇は既に営まれてあった竹田皇子の陵に葬ることを遺詔している。

要するに陵は絶対に変えられないものでもなく、また新しく営まれるべきものであったわけでもないのである。

それでは改葬はあり得ることだとしても、
次にそれでは何故改葬が必要とされたのかということになる。

その理由としては一応二通りの考え方が可能である。その第一は草壁皇子の急死、第二は改葬は当初から予定されていた、ということである。

仮説第一・草壁皇子急死による改葬

持統三年（六八九年）、皇太子草壁が急逝した。彼は天皇最愛の皇子であり、その皇位継承のために持統天皇は大津皇子を亡きものにさえしたのである。呪術に凝っていた持統天皇はこの皇子に対して恐らく呪術的に最上の陵墓を用意したかったのではなかろうか。最上の陵とは、首都浄御原宮から午の方、南に当り、しかも自分の首都となるべき藤原京の真南、正中線上にある陵である。その条件を満たすものは最初の大内陵、つまり今の文武陵である。持統は亡き夫の眠る最初の大内陵に草壁皇子を合葬することにきめたのではなかろうか。

そうして持統五年卯年に、第二の大内陵、つまり現在の大内陵がこの文武陵から北に当る地点に新しく営まれ、恐らくその次の年、持統六年に天武天皇はここに改葬されたのではなかろうか。そうして持統は他日、この第二の大内陵に夫と合葬されることを期したのであった。

この改葬によって比類ない女大王、持統天皇は彼女の首都、藤原京の正中、南延長線上に先帝である夫と、未来の天皇であった筈のその皇子とを葬ることが出来たわけである。

持統六年（六九二年）三月六日、天皇は神郡をふくむ伊勢巡行に出発、二十日に帰京している。この巡行を中納言三輪高市麻呂は職を賭して二度に亘り忠諫しているが持統天皇は耳を傾けず強行した。高市麻呂が反対した表面の理由は農繁期に百姓への労わりがない、ということである。

同じ年の五月二十三日、藤原宮の地鎮祭が行われている。

六月二十一日には「賜《フ》二直丁《ツカヘノヨボロ》八人《ニ》官位《ヲ》一。美下其造二大内陵一時《ニ》勤《イソシミテ》而不上レ懈《オコタラ》」とある。

持統六年の三月から六月に至る間の記事は天武天皇の改葬を暗示するように思われる。

伊勢は大和から真東、祖神の鎮座される東方の聖地である。三輪中納言の諫言の底にあるものは、聖地への天皇の行幸を忌避させねばならない切羽つまった何かのように思われる。その何かとは信仰上の禁忌ではなかろうか。恐らく改葬とか墓いじりほど聖地を踏む前に忌まれなければならないものはなかろう。高市麻呂は天皇に神を畏れよと忠諫し、忌みを強要したのではなかろうか。しかし高市麻呂の諫言の原因となった改葬そのものが、反対に天皇には東方行を決意させているのである。従ってこの両者は合意に達するはずがない。

天皇は三月つまり巳《み》（蛇）月六日に出発した。しかも最初の予定は三日に出発の予定であった。三月三日は節供の日である。この日は家を外にして海辺に出、野遊びする日である。恐らくこれは蛇の脱皮にあやかり、新生をはかる呪術にもとづく行事ではなかろうか。

大内陵は二度つくられた。その二度目は現在の大内陵で、最初の大内陵、つまり現在の文武陵の北に営まれた。もし天武天皇の改葬が持統六年に行われたとすれば、最初の埋葬から五年後である。五年後に天武の遺体は北に移されたことになる。五年前、折角南方に葬り、南の出口から新生させたのに又、北方の胎に戻したことになる。（この点では仮説第二によれば又別の見方も可能である。仮説第二参照）そこで再び死者に新生の方向づけをする必要があった。死者新生の最終目的地は原始信仰では東方の常世である。そこで死者をあやからせるためにと、又自身の子《ね》の方への遷都に伴う卯《う》の方の祐気撰用をかねて持統天皇はあえて自らの東方行きを強行したのではなかったろうか。

三輪中納言は墓いじりの穢れを忌みもせず伊勢の地を犯すことと、農繁期の百姓人民を造墓のために使役することを、天皇に対して直諌したのであるが、事が呪術に関することなので天皇は一切耳を傾けなかった。

伊勢巡行の後、五月午月《うまのつき》に藤原京の地鎮祭が行なわれた。子《ね》の方における午《うま》の月の地鎮祭は子午線の撰用である。恐らく同じこの午の月に天武天皇も子の方に向って改葬されたのではなかろうか。

地鎮祭も改葬もすんで六月、大内陵構築に功のあったものの賞賜が行われた。

以上が私の解読する『持統紀』六年三月伊勢巡行、五月「藤原京地鎮祭」、六月「大内陵関係者の賞賜」記事である。

この推理の元をなしたものは、くり返し述べたように現在の大内陵が正確に天武陵であるならば、それは当時の首都、浄御原宮から南、午の方にならない。子《ね》の年の埋葬に対しては、午の方が葬地として撰用されなければならないということなのであって、その条件にかなうものは正に文武陵なのである。

持統天皇は執拗に呪術にこり、朱鳥の改元にも、自己の遷都にも執念ぶかく子午線を撰用している。彼女は自分を中心として、亡夫と死児を抱きかかえるようにしてその首都の南、次の世への新生を保証する午《うま》の方に葬りたかったのではなかろうか。その在位中、大和から南に当る吉野宮に三十三回も出かけたというのも新生への呪術のためであろう。

草壁陵は真弓丘とされている。現在の真弓は藤原京の西南である。しかし真弓の地をひろくとれば檜隈《ひのくま》の地に入り得るのである。草壁皇子の死を悼む舎人の歌に、

夢にだに見ざりしものをおぼほしく宮出もするか佐日《さひ》の隈廻《くまみ》を

というのがある。ここには檜隈がよみこまれていて、檜隈の文武陵を草壁陵と考えることも不可能ではなかろう。江戸期には現在の高松塚が文武陵とされていたという。文武陵が絶対に文武帝の陵ときめられない事情をそれは反映している。

仮説第二・改葬予定説

改葬予定の説は草壁皇子の急死と改葬は関係なしとするものである。天武天皇は浄御原宮から南に当る文武陵に呪術上の必要から埋葬されたが、その文武陵には当初から一時、仮の陵という意識が持統天皇によって持たれていた。天武天皇の改葬は持統天皇が伊勢巡行した年の持統六年と推測したが、この年は天武天皇大葬から足掛け五年目である。五年の「五」という数は片手を閉じた形を表わし、こもりの期間の意味がある。浄御原の宮から南に出て、そこに五年を過せば十分に「気」を移し得たとして、更にそこから北に向けて現在の大内陵に改葬したのではなかろうか。現在の大内陵は、より藤原京に近く、その地こそ最初から夫妻の陵地として定めてあった処だったのである。ただそこが浄御原宮から南の方角でないために一時便宜的に文武陵におさめ、そこに十分「気」を鎮めた後に改葬を執行したのである。この仮説第二からは更に推理されることがある。

この改葬は南から北に向うものである。南から北は「火生土《かしょうど》」と相生の道を示す。この火生土は更に、土生金《どしょうきん》、金生水《きんしょうすい》、水生木《すいしょうもく》、となって東の木気に通う（口絵A五行相生図参照）。

持統天皇の伊勢巡幸は天武天皇の霊を五行相生の軌道にのせ、東方に導く呪術の旅と思われる。その東方への旅は亡夫のためばかりでなく自身のためでもあった。というのは既述のように「こもり」をいみする北の子《ね》の方に遷都するからには、東方顕現の祐気をとる必要があったからである。

天武天皇を最初南に向って葬ったことは、火を女陰とする原始信仰に基づく新生のための呪術、更に改葬によって南から北に向って葬ったことは「相生《そうじょう》」の軌道にのせるための五行の哲理に基づく呪術である。

仮説第二によって天武天皇の二度の埋葬を推理すれば、そこに原始信仰と五行思想に基づく呪術の双方とも捨てられず、二つながら生かし習合しようという持統天皇の異常なまでの執念が感じられるのである。

第一、第二の仮説のいずれをとるとしても、改葬そのものについて私は疑わない。それは天武・持統両天皇にとって南を埋葬の方位とすることが至上課題であったこと、現在の大内陵は浄御原宮から南の方位には当っていないこと、の二つを重視するからである。

4　持統天皇の呪歌

燃ゆる火も取りてつつみて袋には入るといはずや面知らなくも
北山にたなびく雲の青雲の星離《さか》りゆき月を離《さか》りて
（『万葉集』巻二）

右の二首は天武天皇の薨後、持統天皇の作歌として伝えられている。その意味は晦渋《かいじゅう》でとらえにくいが、最初の歌は火打石を入れる袋のことが詠まれているのであろう。とにかく火、つまり南がよみこまれている。このように解釈すると次の歌には北山《（北）》、青雲《（東）》、星《（中央）》、月《（西）》がよみこまれていることになり、この二首を一つにして解釈すると東・西・南・北・中央の五方位、つまり五行がよまれていて、南方の口から新生した天皇は北山にたなびく青雲のように星、月を離れて青の常世へゆく、という呪術歌ということにならないだろうか。大内陵の内壁には恐らく高松塚と同じように天井に星、東西壁に日月が画かれ、奥の北側には北山が描いてあって、その北山には北魏石棺の線刻画にみられるような（『高松塚壁古墳』九五頁、朝日新聞社）横雲が懸っている、と思われる。

その雲は青く常世を指しているという構図ではなかろうか。

5　持統・文武両天皇の葬礼

天武天皇の葬礼は原始信仰・陰陽五行・仏教の三つのからみ合いの上に成立つ呪術の葬《はふ》りであり、その複雑な様相は推理の過程で、概観した通りである。

このような葬礼を演出し実行したのは持統天皇であり、それは要するに持統天皇の事業であった。従って持統天皇がいかに偉大な帝王であってもその後継者に天武天皇における彼女の様な人が得られなければその葬礼は薄いものとなろう。

持統・文武両天皇はいずれも薄葬を遺詔している。それが事実か否かは知る由もないが、天武帝の葬礼にうんざりしたに違いない人々は、その遺詔に従っている。しかしさすがに持統天皇には癸卯年《みずのとうのとし》が翌年廻ってくるのを待って丸一年の殯の期間を取り、十二月十七日火葬、二十六日（壬午《みずのえうま》）大内陵に合葬ということになっている。『続日本紀』の文武天皇大宝二年十二月二十二日持統天皇崩御の記事につづいて翌二十三日「殯宮ヲ作ル」とあり、同じく大宝三年正月十七日「是日当ル二太上天皇ノ七七一ニ」と明記されているから、殯と中陰は平行して執り行われたことがわかる。

文武天皇は七〇七年六月十五日崩御、同じ年の十一月十二日（子月丙午日）に火葬、その間僅かに五カ月である。崩御の記事につづいて殯宮のこと、及び「自ヨリ二初七一至ルマデ二七七一ニ於二四大寺一設クレ斎ヲ焉」（『続日本紀』巻三）ということが記され、ここには初七日から判然《はっきり》とその法要が明記されている。

それは一見何でもないことのようではあるが、天武天皇の場合、呪術崩御を設定してまで、中陰の法要を表面から伏せてしまったことを考え合せれば、当事者達にとって隔世の感の催されることだったろう。それは原始信仰の衰退と仏教の興隆、事を簡単に運ぼうとする合理主義の浸透を意味し、そうした傾向に拍車をかけたものが皮肉にも持統天皇によって采配をふられた天武天皇の、呪術の限りをつくした葬礼だったと思われる。

三　私見高松塚壁画

高松塚壁画の概要

高松塚壁画の概要は次の通りである。

石槨の天井の中央には北極の五星と、それを囲む四輔が描かれ、その周囲には東方七宿、西方七宿、南方七宿、北方七宿の二十八宿が整然と描かれている。

石槨の四囲の壁には東壁に太陽、西壁に太陰（月）が描かれているが、同時に東壁には東方七宿を象徴する青竜、西壁には西方七宿を象徴する白虎、北壁には北方七宿を象徴する玄武（蛇と亀、この蛇は本来中央の黄竜であって、それが北方に移され、併せて画かれたと思われる）が描かれている。南方の朱雀は壁の欠損のため見当らないという。

同じくこの東壁と西壁には四人ずつの男女群像、総計十六人が、手前と奥に画かれている。この中でも西壁奥側と東壁奥側の女性群像、その中でも西壁奥側の女性群像が保存もよく、とくに秀れていることは周知の通りである。

以上が高松塚壁画の概要であるが、既に多くの識者によって指摘されているように、天井に描かれている二十八宿は赤道に沿った星座で本来方位に関係ないが、ただ陰陽五行説に基づいて東西南北の方位に割当てられたものだといわれている。従ってその各七宿を象徴する四神もまた陰陽五行説の所産なのである。

それならばこの男女の群像も死者生存中の侍臣、侍女たちであるとか、葬送儀礼を表現するものとかいう解釈のほかに、何か陰陽五行に基づく哲理象徴の呪術像としてとらえることもまた可能なのではなかろうか。

取分けこの女性群像の色彩、およびその色彩の配置から、そこに日本古代信仰と陰陽五行思想の習合がうかがわれるのではあるまいか。以下はこの観点に立っての推理である。

墓の意味

高松塚古墳はいうまでもなく墓である。

墓のもつ原理をさぐるためには古代日本人の死生観をみなければならないが、それは単純明解で私は次のように考える。

「人の生命は陰陽交合の結果、母の胎に萌《きざ》す。この生命がこの世においてもえつきた状態が死であるが、輪廻の法からすれば生命は復活すべきものであって、死者は再び常世国に生まれ出ようとする接点にあり、いわば次の世に生まれ出るべきものの萌芽である。墓は（洞も穴も岩屋もすべてふくめて）死者という胎児を納める擬似母胎である。」

この胎児が出来るにはその前提として性交が必要であるが、北壁の蛇と亀のからみあった玄武像に、陰陽交合の相がみられるのである。

この北壁を取囲む形をなしているのが、東壁と西壁の女性群像であって、この墓の北の奥を占める女性群像に対し、反対の南の墓の入口を取囲むものが同じく東西両壁の男性群像である。

南は午《うま》の方、本来陽の方位でありながら、北の胎に対して女陰に比定されるようになったことは既述の通りである。それ故墓の入口は男根の出入りを暗示するところであるがそこに男性群を配しているのは意味深長な配慮である。

胎児の原理は入った口から必ず出てくる、というものである。その意味で遺体の頭は南枕であったはずである。また女性群の一人一人が様々の向きをとりながら、全体的にみると入口の南方を目指し、スカートも、その手にしている「さしは」の向きもすべて南を指しているのは、胎児としての死者が、その葬られた墓の南の口から再び新生すべきものであることを示唆している。

以上が墓及び女性群像の意味していると思われるものであるが、先述の五行の色彩を考え合わせると推理はこれだけでは終えられない。

呪術はいく重にもたたみ込まれているからである。

女性群像にみる呪術

五行における相生・相剋の理は口絵ABに図示した通りである。この二つの哲理を東壁と西壁の女性群像にあてはめてみると、西壁が相生、東壁が相剋を示しているように思われる。

西壁女性群像の意味するもの　この四人の女性は右から順に青・赤・黄と並び、それから背後に白となっている。この色を五行に還元すれば、木・火・土・金となるが、これは「木生火《もくしょうか》」、「火生土《かしょうど》」、「土生金《どしょうきん》」の相生を示す順位である。

そこで「赤」の背後に虚位、◌を置き、これを「水」とすれば、ここに「金生水《きんしょうすい》」、「水生木《すいしょうもく》」という五行相生の象《すがた》が、三角形を画いて顕現してくるのである。

東壁女性群像の意味するもの　ここでは一番手前の青の女性に、黄の女性が背中合せに密着している。全く奇怪な図柄であるが、これは互いに相剋しあっている姿ではなかろうか。

そうすればこの二者の関係は「木剋土《もくこくど》」と解読される。そうして西壁女性像におけると同様、赤色女性の背後に虚位、◌を想定し、この虚位を占めるものを同じく「水」とすれば、「土剋水《どこくすい》」の関係が得られ、ついで色の順に従って、「水剋火」「火剋金」と進み、はじめの「木」に戻って「金剋木」となり、ここに五行相剋の象《すがた》が三角形を画いて現出する。

こうして西壁と東壁の女性群像の中に相生と相剋の理が、象徴的に画かれていると私は考える。

宇宙間の現象は相生・相剋があって輪廻・転生が可能であり、人間も又この法則から脱《のが》れられず、生者は死し、死者は甦《よみが》えるのである。

かくされる死者　それでは何故、赤色火気の女性の陰に、水気をもった何者かをかくしてしまったのか。

図表解説を参考にすると北方水気の象徴するものは暗黒・胎・坎《あな》(穴)・妊《みごも》り・孳《ふえ》る、などである。

一方古代日本人の考え方は前述のように死は「陰」の極致であるが、陰が極まれば必ず「陽」が萌す、という理法によって死者は間髪をいれず他界への新生の萌芽そのものとなる。つまり墓という擬似母胎の胎児が死者である、ということになると私は思う。

胎児は母の胎内にふかくかくされていて目にみえる存在ではない。陰陽交合の所産で、生命の萌芽であり、草木の種子の中の生命同様、暗黒の胎内に潜んでいる。この胎児の本質は、五行における「水」気の象徴する処と全く一致している。とすれば女性群像の中にかくされている「水」気の何者かは、胎児としての死者、つまり高松塚古墳の被葬者に他《ほか》ならない。

そうしてこの被葬者は壁画の表面からは、かくされているが、実は新しく再生すべき命運の保持者、次の世に生まれるべき胎児として祝福されているのである。

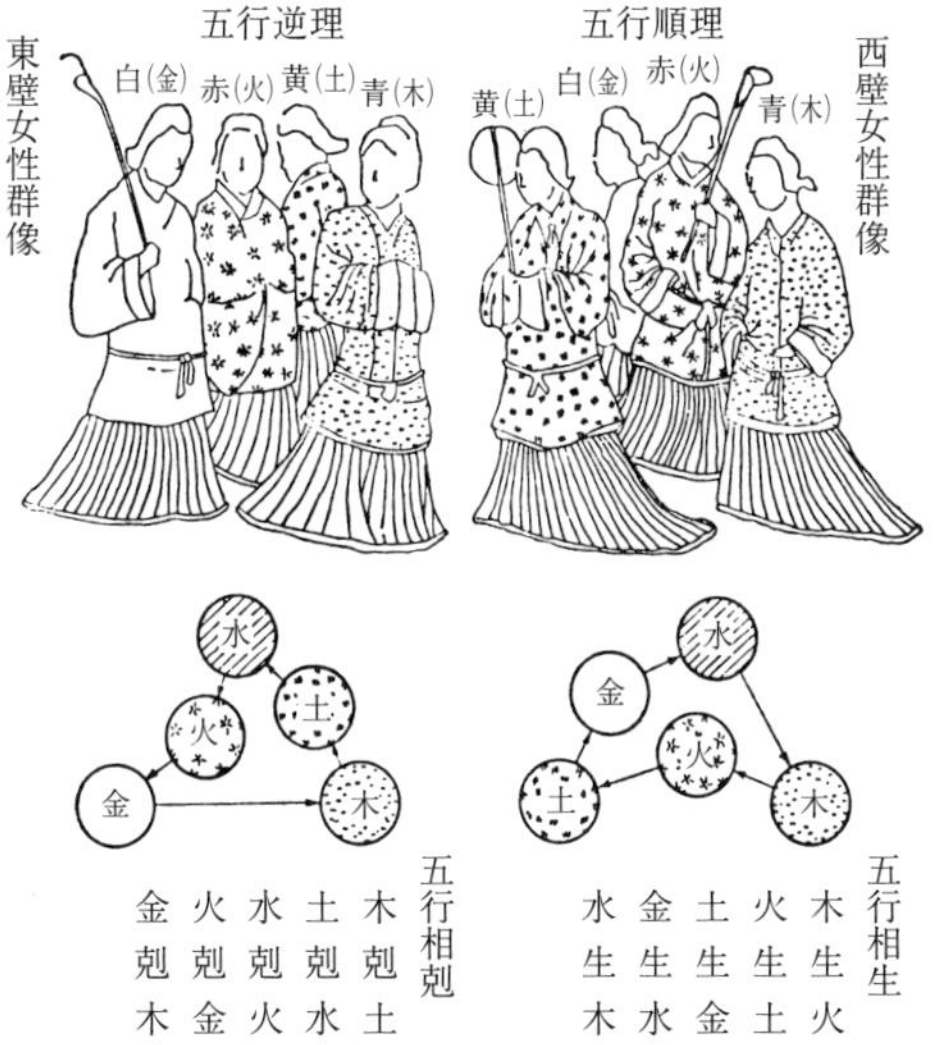

虚位としての水気について　木・火・土・金・水の五行は五惑星から出たといわれる。この小論において赤色火気の女性の蔭にかくされているものは黒色水気であろうと推理したのであるが、この水気は星にとれば水星である。この五星、就中水星については次のようにいわれている。

「春、東方でもっとも青い星は木星である。
夏、南方でもっとも赤い星は火星である。
土用に中央でもっとも黄色い星は土星である。
秋、西方でもっとも白い星は金星である。

という記載は実際の天象現象と全く一致する。しかし、冬、北方でもっとも黒い星は水星であるというのは天体現象と一致しない。何故ならば、水星は太陽の近くにあって冬は南方でもっとも低く現れる。しかも水星は太陽と出没を共にするから、水星は夜北方では地下にあり、夜空にみえない。著者の考えでは、この場合水星は虚に表現されている。」（藤田六朗『五行循環』一五頁、傍点筆者）

このような水星における現象からも、この群像図の中に黒色水気が虚位の中にかくされているという推理は可能と思われる。

冬、地下にあって北方の夜空にみえない水星と同様、胎児としての死者を、穴・陰部・交合・水などの事象を負っている北方坎宮にかくしているのが、この女性群像図ではないかと思うのである。

墓の南方（午の方）指向について

高松塚には南方への志向が顕著であるが、それを箇条書きにしてみると次の三点にしぼられる。

①高松塚古墳の入口は南にあり、墓は南に向って開口している。それは南向きということである。

②高松塚壁画の女性群像はこの墓の入口、南に向ってかなり足早な動きをみせている。

③高松塚は天武・持統陵、及び文武天皇陵ほど正確に藤原京の朱雀大路延長線上にあるわけではないが、藤原京の略《ほぼ》、真南に当っている。

藤原京は紀元六九四年から七一〇年までの首都であった。高松塚被葬者の死はこの時代、つまり七〇〇年をはさむ前後であろうとの推論がもっとも支持されている。そうであるとすればこの被葬者も又これらの陵の被葬者達と同じく、北から南に向って都から送り出されたことになる。

つまり都からみての墓の方向、墓の造《つく》り、壁画にみられる女性群像の進行方向、の三点から、高松塚には南方指向が顕著である、と結論される。

その南指向を裏返してみれば、その大元には「北」が据えられている。「北」から「南」に向って、出て行くこと、それが南指向の背景をなしている。その出てゆくこと、とは死者の他界への新生である。

方形の墓石について

高松塚発見の端緒となったものは塚の南面に据えられていた方形の石であるという。この石の意味はいまだに謎である。私はこの石は、それが南に据えられていたこと、と方形であることから、女陰の造型である菱型石ではないかと推測している。

第四章　私見大嘗祭

一　柳田国男『祭日考』について

はじめに

一年の中で何時祭りが行われるかということは、祭りがどのようにして行われるかと共に、祭りの本質に関わる問題である。

柳田国男の『祭日考』は、祭りの時について詳細な考証を踏まえた論考である。

柳田がそのような骨折を祭りの時期の考究に対して惜しまなかったことは、畢竟、それが祭りの本質に関わるからである。なお柳田のいう祭日とは狭義の祭りの日の意ではなく、ひろく祭りの時の意味である。

『祭日考』要旨

「寛平七年（八九五）十二月三日の太政官符からは、
①此の時代の氏神の祭りは二・四・十一月執行が通例であったこと、
②氏神祭りは先祖の常祀

ということが推定できる。これから十二年後の『延喜式四時祭式』にも京畿諸大社の例祭は毎年二・四・十一月と述べられている。これらの月以外に行われる祭りの主なものは六・十二月の宮中及び伊勢神宮に行われる祭り、及び九月の伊勢神宮大祭であって、十月には一つもない。

二・四・十一月といってもそれは一年に三度の祭りがあるわけではなく、①二・十一月、②四・十一月　③四月のみ　の三つの型に大体わけられる。③の四月一回というのは固有の姿ではなく、本来祭りは春・秋（冬）二度の祭りが原則であったと思われる。

そこで次には二・十一月と、四・十一月の型とではどちらが古いのか、又は古くは併存したのかということが問題になってくる。

寛平七年の太政官符より二百年後に、事ある毎に朝廷から奉幣をうける近畿の社が二十二社に確定した。その二十二社の中では、二・十一月に祭りを行う神社が二社、四・十一月型が七社であるが、伊勢神宮を除く二十一社中、十五社は大体二・四・十一月の系列中にあると考えられる。

十一月の祭りというのは稲の収穫祭であって、それは本来は九月のはずであるが、その嘗とよばれた収穫後の祭りには永い物忌みの期間が必要であった。伊勢神宮には常勤の物忌の役があったからすぐ神祭が可能であった。それ故古来伊勢神宮の大祭は九月十七日なのである。それに対し農民はこの収穫祭に奉仕するのに適した精進状態に入るには一ケ月以上もきびしい謹慎を経なければならぬとした。この九月の忌みの延長が十一月の祭り、つまり民間でいう霜月祭りの来由である。

一方春の祭りが二月又は四月となっている理由は、春に神を迎えるという心があるからである。宮中及び伊勢神宮では二月初旬が祈年祭の例日となっている。しかし二月四日というのは農事始としては早過る。これは本来物忌の始まる日で、それを明らかにするための儀式ではなかったろうか。二月の祭り開始の方を重くしていた時代から、祭り後の物忌のみが守られていた時代があり、追い追い終りの方へ祭りの中心を移したため、春の祭りは二月と四月という風に別れ別れになった。
以上が二・四・十一月が祭り月になっている理由である。
しかし時代の降るにつれて祭り月は大きく変化した。この変化には五つの段階が考えられる。
甲　二・十一月。四・十一月。
乙　二・十一月、四・十一月の外に更に一・二の祭りを加えている。
丙　両度の祭日の中、一は二・四又は十一月、他の一方は別の月。
丁　春秋両度とも又は年に一度、二・四・十一月でない月に祭りをしているもの。（新暦後の祭りは大部分がこれである。）
戊　夏祭（夏を過ぎても）とにかく神を迎える日が夏の後にくるもの。

寛平七年、太政官符の出た時代は国内での氏神祭は原則として甲類の二・四・十一月であった。それが乙となり丙となったのは氏人、社会の変化の影響である。祭りの日は不変のはずで、これを変えるというのには相当のわけがあったはずで、それが明らかにされないのは学問の無力というものである。」

以上が『祭日考』の要旨であるが、その結論は次のようになろう。
「古代において祭りは原則として春秋二回であって、太政官符の発令された十世紀の頃は、二・四・十一月が祭月として定められていた月であった。収穫期でもない厳冬の旧十一月が祭り月となっている理由は、九月からの厳重な物忌みの期間として二カ月を必要としたからである。それに対し春には神を迎えるという意識があり、二月が祭りの開始月であったが、それにつづく物忌みの期間がながく、その後の方が重視されて四月もまた祭月として固定し、こうして二・四・十一月の型が成立した。」

ここから柳田の祭りの時期についての考察の根底にあるものを考えると、それは結局、次の三点にしぼられる。

①自然周期（春→秋）と、稲作周期（播種→収穫）。
②この二つの周期に関連しての神迎え。
③この神迎えについての厳重な物忌み。

そこで問題は柳田が推理の基盤としているこの三点が妥当であるかどうか、そうしてその他には推理の基盤となるものが考えられないか、ということになる。それは要するに柳田の視点に重要なものが欠けていないか、が問われることにもなる。

①、②についていえば古代日本人にとって自然周期と収穫期が祭りの時期を決定する重要な要素となることは当然であって、恐らくそうであっただろう。この点についての考察は間違いないことと思われる。

しかし現実には祭りの時期は春→秋の自然周期と収穫期にあっていないのであって、その時期のズレの解釈が、③の物忌みなのである。柳田の場合、その問題点の解決がすべて物忌みに皺よせされている感がある。物忌みは祭りの重要ポイントではあろうが、それほどこの場合における解決の万能薬であろうか。

『祭日考』批判

十世紀初頭における二・四・十一月という祭り月の限定の背後について、柳田の考察に欠けているものは「呪術」ではなかろうか。

第三章でみてきた通り、日本古代社会は呪術に大きく支配されていた。

祭り月が二・四・十一月に限定されていたことにも、祭りはこれらの月に行われなければならない、という呪術の上での必然性がからんでいるのであって、その呪術性が、伊勢神宮を除くすべての社の祭りを支配していたかも知れないのである。

しかしこの祭りにおける呪術について、柳田は殆ど何もふれてはいない。柳田の推理は今の人の目に映じる古代生活の推理であって、従って祭り月の解釈も、その理由の大半を厳重な物忌みに負わせるというかなり合理的なものである。

現代人からみれば神迎えのために厳重な物忌みをした、それに多くの時日を費した、といわれれば、古代とはそういうものか、いかにも尤《もっと》もだと思う。

ところが実はそれが今の心で推《おし》はかられた古代であって、それは余りにも合理的に捉えられた古代だと私はいい度い。古代の祭りを支配した原理は、もっと別のものではなかったろうか。

たとえば日本における最大の祭り、践祚大嘗祭は、古く十一月中卯日《なかのうのひ》と定められている。その卯の日が何を意味しているのか。卯の日と定められているからには、卯の日でなければならない理由が当然あろう。卯の日の前日の寅の日であっても、また戊《いぬ》や亥《い》の日であってもいけない。それらの日では不都合なことがあるわけである。

そうなれば同様に、十一月は子《ね》の月であるが、大嘗祭は子《ね》の月でなければならない理由があるはずである。その前の月は十月、つまり亥の月であるが、亥の月には祭りは行うことが出来ないわけが、古代呪術の原理からあったに相違ない。

こういう思考も当然おこってくるのである。

大嘗祭はその祭り月が「子」、その祭り開始の日が「卯」であるが、それはこの祭りが、「子」と「卯」の結合の上に成立していることを示している。

この子と卯の結合が、すでに七世紀の白鳳期において、いかに遷都、葬礼において重視されていたかは、第三章でみてきた通りである。

柳田の注目した祭り月の十一月と二月、又は十一月と四月の型をそれぞれ十二支に置換えてみると二月は「卯月《うのつき》」、四月は「巳月《みのつき》」であるから、十一月・二月の型は、「子・卯型」、十一月・四月の型は「子・巳型」となる。そうして十一月は両方の型に共通しているから、「子《ね》」の重視ということが判る。

またこの二つの型の中では十一月・二月型が古いと推測されているから、結局、祭りにおいても、遷都、葬礼におけると同様、「子・卯型」が基本を示す型で、重視されていたと見られるのである。「子・巳型」の考察は後にゆずるとして、このように祭り月の十一月・二月型を十二支に置換えてみると「子・卯型」が出現することをもう少し詳しくみよう。

第三章で既に述べたようにこの子・卯の結合は、陰陽五行思想導入の最盛期、寛平七年より二百年以前の天智・天武朝の遷都、葬礼において盛んに撰用された型であって、十世紀の祭り月の型として唐突に出て来たものではないのである。

そうして白鳳期の呪術として、この子・卯の結合にこめられていた日本原始信仰と、中国の哲学的な陰陽五行思想の習合を考え合せるとき、十世紀初頭における祭り月の子・卯型は、七世紀後半における遷都・葬礼に撰用された子・卯型と決して無縁ではあり得ず、七世紀のそれの直接の子孫と思われるのである。

従って自然周期、収穫時期に合わない十一月・二月の祭り月の型の来由を、すべて物忌みの期間の長さに帰している柳田説に同調することは出来ない。私はどこまでもこれを、子・卯型に置き換えて捉えたいのである。

しかし以上の考察がすすめられたのも、結局は柳田の祭り月の時期への着眼、検討、分類、問題提起があってのことであり、そのことに対する評価と批判とは全く別なのである。

子・卯型としての十一月・二月祭り月　第一章ですでにふれたように、子《ね》の月は冬至をふくみ、陰でありながら亥《い》の月の純陰とは異なり、一陽が下に来復している季《とき》、天上には春が既に来ているときである。子《ね》は十干でいえば、「壬《じん》・癸《き》」。その壬《じん》は妊《みごも》りで、生命が胎に既に萌《きざ》している象《かたち》である。そうしてその萌された春、或いは生命の芽は、その冬至から数えて四十五日後の卯月《うのつき》の立春において地上の春として顕現する。

これは一年の季における子と卯の関係であるが、同様のことは一日における子と卯の間にも見られる。つまり子刻《ねのこく》、午前零時は既に次の日であるが、太陽は未《ま》だかくれている。その姿が地上にみえるのは卯刻《うのこく》、午前六時を前後とする二時間である。

子《ね》がこもり、萌《きざ》しを意味するならば、卯《う》はそれに対し出現、顕現を意味する。こもっては出、出てはこもる。子と卯の象徴するものは天・地・人の三象に共通する永遠の輪廻の相である。その子と卯が祭り月に撰用されているのであって、子・卯の相関は祭りの原理そのものといえよう。

しかし子・卯型に潜む祭りの原理はこれだけではない。

くり返していうように古代日本人は東の常世を生命の種、祖神としての蛇の在処と考え信仰した。東を象徴する「卯」は顕現の作用のみでなく、その作用が実現する常世という場処をも象徴する。その常世への新生、顕現の前提条件として「子《ね》」のこもりがあり、子《ね》は卯《う》と同様、こもりの作用と同時に、こもりの場処をも象徴する。

子と卯は幽と明の作用と場処を各自象徴し、互いに関連しあうのである。

十一月・四月型は、子・巳型に置換えられる。四月の「巳」については第一章「日本原始信仰と陰陽五行説の関係」の東南・西北軸（辰巳・戌亥軸）を参照して頂きたい。

古代日本人は東方の常世にある蛇を祖神として信仰したが、その蛇の在処は現実には大和盆地の東の三輪山であった。しかし都が北へ北へと移動すると現実の蛇の在処は遠ざかり、代って十二支の中の蛇の座、東南（辰巳）が大きく泛び上ってくる。

東南は巳《み》、月に執れば旧四月、季に執れば夏、陽気の最盛時である。

柳田は祭り月としての旧二月を農事始めに先行する物忌み、この旧四月をその後の物忌みの時期として捉えている。

しかし日本の祭りの中で、祖神祭りは大きな比重を占めるので、四月巳月《みのつき》が蛇の在処として捉えられるならば、それは祖神祭りの時期としての含みが多いのである。

いずれにしてもこの子・巳型は子・卯型より遅れて発生した祭り月型であろう。現実の東の蛇の座が失われて後、抽象的な十二支の東南に蛇の座が求められるようになってから、この子・巳型は祭り月として盛行したと思われる。

二　私見大嘗祭

大嘗祭の定義及びその概略

践祚大嘗祭は、天皇が即位の後、はじめてその年の新穀を以て天照大神及び天神地祇を奉斎する一世一度の大祭である、と定義されている。諸祭祀中、大祀といわれるのはこの祭りに限るのであって、その準備の周到さ、儀式の盛大さは他に比類がない。

しかしその祭りの内容そのものは毎年行われる新嘗祭と全く同じなので、古くは大嘗のことを新嘗といい、また新嘗のことも大嘗とかかれて、その間の区別ははっきりしなかった。

この両者の区分が明確にされるのは天武天皇（六七二―六八六）の御代であって、天武天皇二年十一月に即位の大嘗があり、五年、六年に新嘗の祭りが行われたということで、その区別がはじめて判然としているのである。

その後大嘗祭は更に整備され、貞観儀式の制によると受禅の天皇の場合は、その即位が七月以前ならばその年に大嘗を行い、八月以後ならば翌年に行われることになって、無論例外もあったがこれが原則として守られていったのである。先帝の崩御による登極の天皇の場合は、必ずその諒闇の期があけて後に行われた。

国郡卜定　大嘗祭の行われる年の四月、まず悠紀（東）、主基（西）の両斎国の卜定《ぼくじょう》があった。例外もあって二月、稀には九月になって行われたこともあるが多くは四月中に行われる事だったのである。

ついで行事の職員撰定、行事所開始があって、八月下旬には悠紀・主基の抜穂使の卜定、発遣があった。各抜穂使は九月下旬帰京して、抜穂を大嘗会の斎場に納めるのであった。

斎場の造立及びその壊却　大嘗会の斎場は、宮城の北野にやはり卜定された地に設けられるが、その棟上げは抜穂使の帰京に先立つ九月上旬に行われた。

斎場の規模は内院・外院より成り、内院には八神殿、稲実殿、黒白酒屋、倉代屋、臼屋、大炊屋、麹室等があり、外院には多米酒屋、倉代屋、供御料理屋など、があった。斎場にはこの外、神服院、小忌院、出納所、細工所、宿舎雑舎などがあり、先述の抜穂をはじめ、神服、由加物など神祭のための御料、調度などの一切がここに納入、設備されたのである。そうしてこれらのものは、十一月卯の日の早暁、つまり大嘗祭の当日に大嘗宮に送致される。

次に注目されることは、この卯の日に早くもこの北野の斎場は壊却されるのである。それはその用済みと同時に毀たれるということでここにも日本の祭りの原理がうかがわれるのである。

大嘗宮の造立及びその壊却　大嘗宮は大嘗祭の正殿であるが、東の悠紀殿、西の主基殿の両宮から成っている。宮とか殿とかよばれているので、さぞかし立派な御殿が出来ているように思われるが、その実体は全く簡素な草と木で応急にしつらえられた臨時の仮屋である。

その造立については制約があり、祭りに先立つこと七日に着工し、五日以内に造りおわり、

「寅日以前内外庶事整斉已畢」（『延喜式十一太政官』）

ことが要求されている。大嘗祭は卯日に始まるから寅日以前にすべての事が終了されていなければならないということは、祭りの前々日の竣工を意味している。

この造立期間、五日以内の完工は注目すべき事象であるが、更にこれに対してその壊却も又注意されるのである。

『儀式四践祚大嘗祭儀』によれば

「辰日卯二刻（午前五時半）神祇官中臣忌部、率二御巫等一鎮二祭大嘗宮殿一、其幣如レ初、訖《レバ》即令三両国人夫壊二却大嘗宮一……」

とある。

大嘗祭の中で最重要な祭り、つまり大嘗宮における供饌終了後、大殿祭《おおとのほがい》があり、それがすむや否や、殆ど間髪を入れず、悠紀・主基両国の人夫によって大嘗宮は壊却されるのである。

大嘗宮における祭り（宵・暁の大御饌） 大嘗祭の儀式は十一月卯日の祭りにはじまり、辰巳両日の節会、午日豊明節会に至る四日間である。

しかし『宮主秘事口伝』に

「大嘗会者、神膳之供進第一之大事也。秘事也」

とあるように、その最重要の祭りは卯日の夜半から翌辰日の暁にかけて悠紀・主基の両殿で行われる宵・暁の神饌の供進である。

十一月卯日の暁、神祇官は幣帛を諸神祇に奉奠し、天皇は戌刻（午後七時）、大嘗宮の北に設けられた廻立殿に渡御、ここで天の羽衣という湯カタビラを召して沐浴の後、明衣《きよぎぬ》という生絹《すずし》の衣服に改められて、悠紀殿に渡られる。

その悠紀殿渡御に際しては天皇一人の道として薦が前方に展《の》べられてゆく、その歩みにつれて後方ではこの薦は端から巻き収められる。要するに天皇一人のための聖なる道はその用済みと同時に消滅させられてゆくのである。その際の天皇は沓は召されず徒跣である。

悠紀殿（一五八頁参照）には神座として衾《ふすま》・坂枕《さかまくら》・沓《くつ》が用意されている。その沓の向きは江戸時代の『大嘗会便蒙』における絵図では北向きとなっているが、平安末と推定される『宮主秘事口伝』には沓の向きは西となっている。『大嘗会便蒙』と『宮主秘事口伝』の差はこれだけではない。「アラタエ」と「ニギタエ」の配置も『便蒙』では「アラタエ」が神座の東北、「ニギタエ」が西北であるのに対し、『口伝』では「アラタエ」西北、「ニギタエ」東北で東西が逆になっている。

悠紀殿において更に注目すべきは天皇の御座である半帖の莚が東南の巽向き、同じく、「神ノケコモ」といわれる神饌の莚が巽向きとなっていることである。

天皇渡御の悠紀殿においては「小忌大忌の群官参入の後、宮内官人、吉野の国栖を率いて古風を奏し、悠紀の国司歌人を率いて国風を奏し、出雲、美濃、但馬等の語部は古詞を奏し、隼人司は隼人を率いて風俗の歌舞を奏す」（『古事類苑』神祇部十八大嘗祭二）とある。

亥一刻（午後九時）、天皇自《みずか》ら宵の御饌といわれる神饌神酒を供えられる。記録にみる限りではこの悠紀殿（後の主基殿も同様）における親祭は釆女《うねめ》二人の介添によって執り行われる。神膳にはこの宵の御饌の撤饌は亥二刻（午後九時半から十時の間）である。

子一刻（午後十一時から十一時半の間）神祇官は内膳、膳部等を率いて主基膳屋に移り、神饌を調理する。

天皇もこの時刻に再び廻立殿に還られ、丑刻（午前二時）、悠紀殿渡御の前と同様、沐浴され、祭服を改められて主基殿に渡御になる。

寅刻（午前三時）、暁の御膳の供饌が行われるが、それは悠紀殿におけるのと全く同じとされている。寅四刻撤饌、廻立殿に還御になる。ここで釆女の還申《かえりもう》しの事があって、天皇は御服を替え、本殿に還幸になる。この時は卯日はすでに終り、辰日である。

『儀式四践祚大嘗祭儀』によれば

「辰日卯二刻（午前五時半から六時の間）、神祇官中臣忌部、率二御巫等一、鎮二祭大嘗宮殿一、其幣如レ初、訖《オワレバ》即令三両国ノ人夫《ヲシテ》壊二却《セシム》大嘗宮一、……」

とある。

大嘗祭のハイライトは『宮主秘事口伝』にあるように、子刻を中心とする卯・辰両日に亘る宵・暁両度の神饌供進にあり、辰日の寅四刻の撤饌を以て、大嘗祭は実質的には終了するのである。

そこで辰日卯二刻における大殿祭《おおとのほがい》、それにつづく悠紀・主基両国人夫による大嘗宮壊却の意味するところは明瞭である。それはつまり祭り終了と共に、全く間髪を入れず、祭場・祭具など、およそ祭りに関する一切のものの破却を意味しているのである。

大嘗祭について

大嘗祭五つの特色　前述のように大嘗祭は大祀《たいし》といわれるのはこれ一つという重大な祭りであり、その定義づけもなされていて一応問題はないようであるが実は謎の多い祭りであって、田中初夫博士もその祭神について疑いをもち、その『践祚大嘗祭の研究』(昭和三十四年、私家版)において、「結局大嘗祭の祭神は悠紀・主基の両殿に祀られる神であろう、しかしその神が何の神かははっきりしない」といっておられる。

祭神について私もまた疑いをもつと同時に、更に天皇が天神地祇を祀られる、ということにも疑いをいだいている。その疑いから出発する私見大嘗祭は、前述の大嘗祭の概略を基に、大嘗祭の中にみられる特色、あるいは先ず目立つものを考察し、次にその考察から帰結されるものを終着とする。

大嘗祭の中に特色として、或いは目立つものとして次の五点をあげる。

東西二元の撰用

「子《ね》」と「卯《う》」の重視

蛇

五行

祭屋の造立と壊却

この考察に入る前に一言したい。それは大嘗祭は即位式であると同時に新嘗祭、つまり収穫祭という二面性をもつ、又一口に即位式といっても天皇は祭政を統べるから、政治上の主権者の即位式であると共に、最高神官の即位式とみることも可能ということである。

〔大嘗会便蒙下〕大嘗宮内図

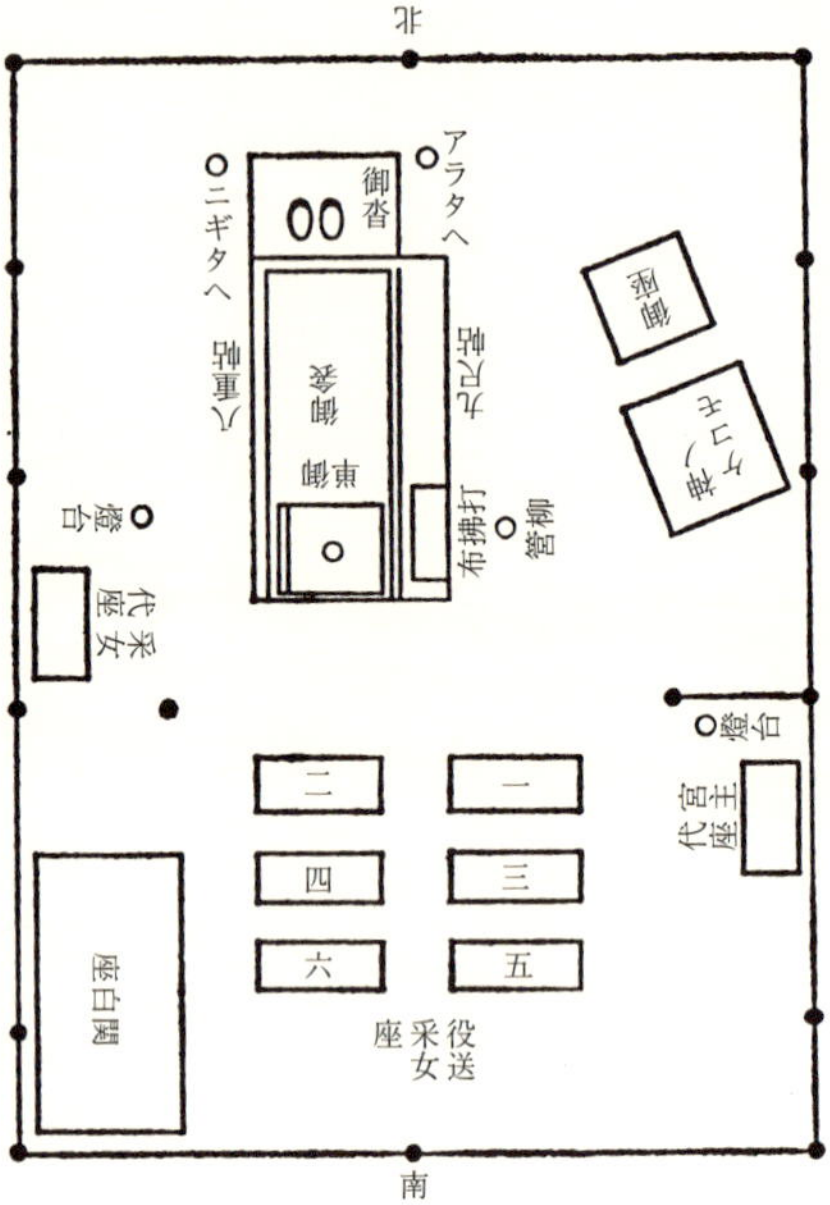

〔貞観儀式大嘗宮全図〕

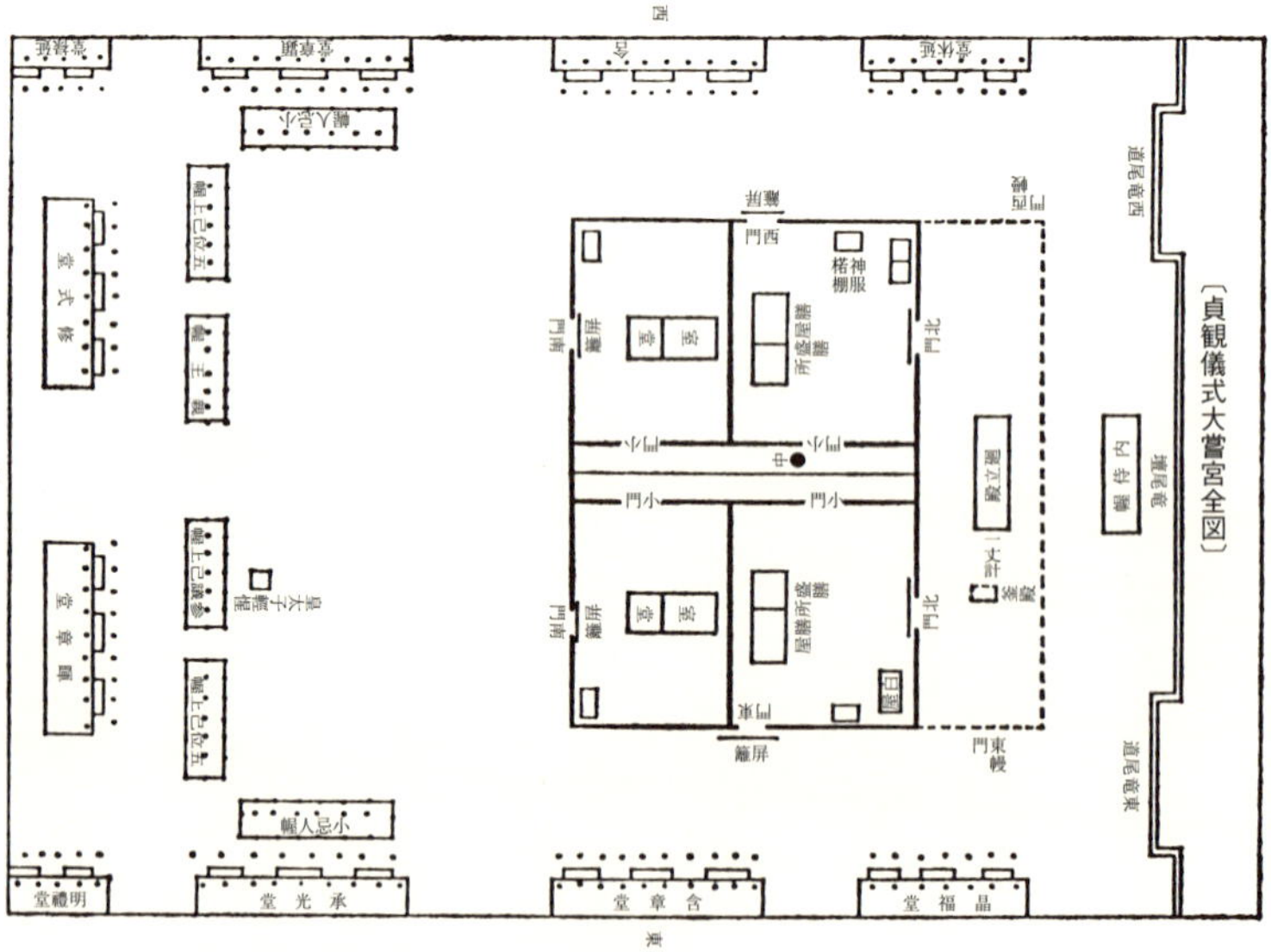

（廻立殿と大嘗宮殿の詳細図は本書収録『隠された神々』331頁参照）

〔廻立殿内図〕

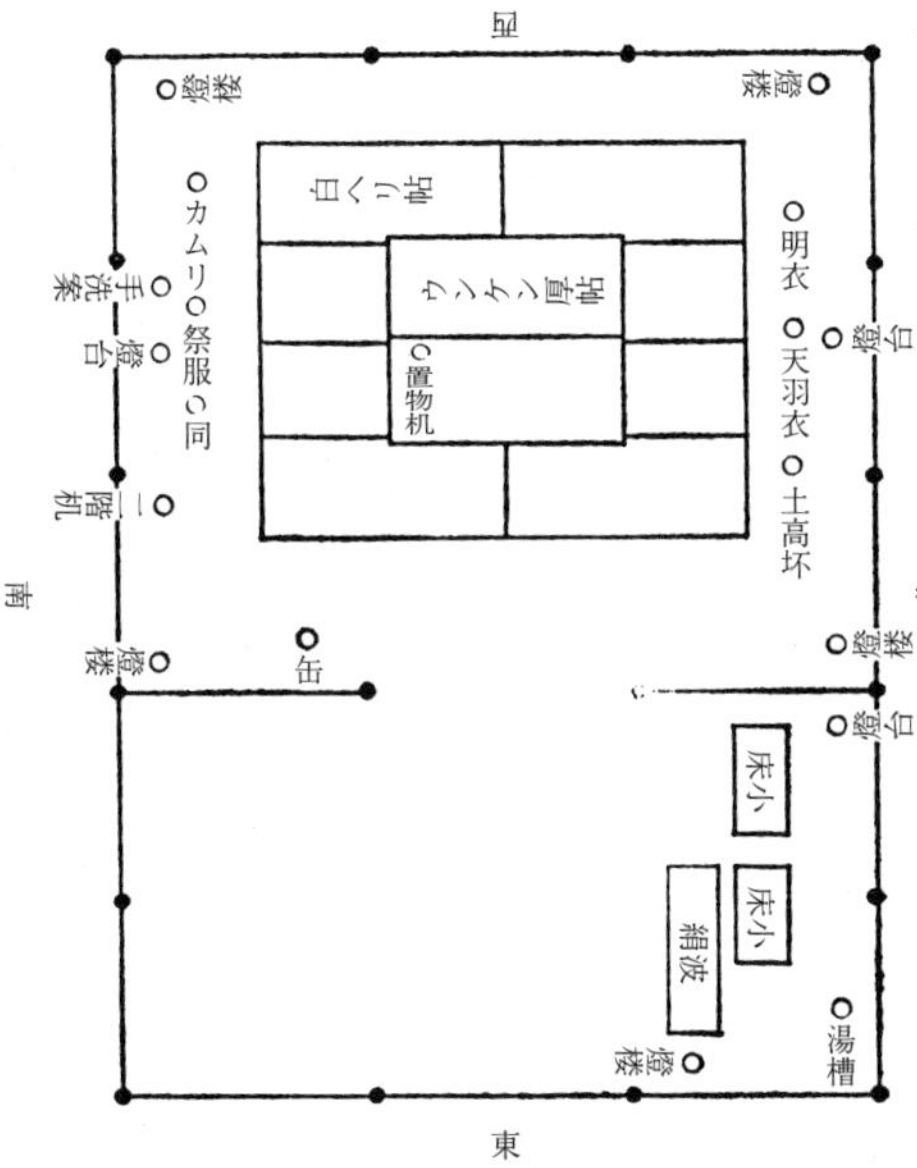

〔貞享四年大嘗会図〕

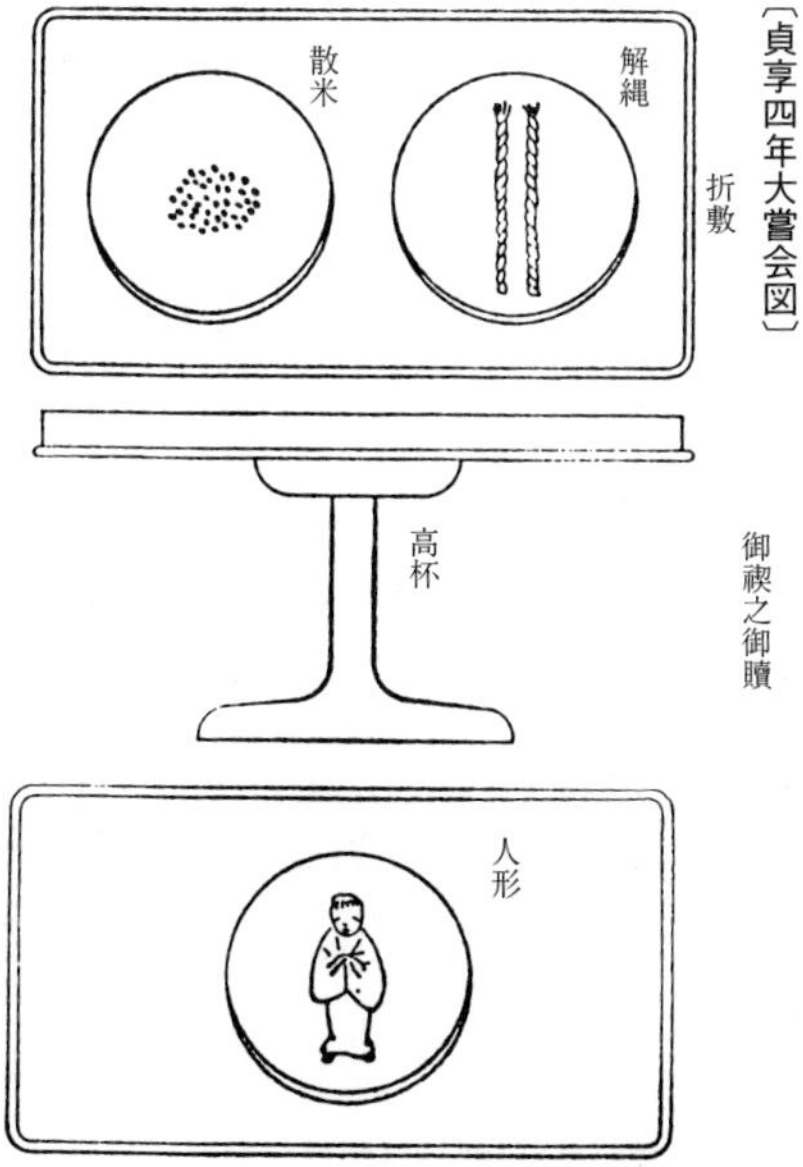

（《古事類苑》より転載）

(1) 東西二元の撰用

両斎国における東西二元 大嘗祭の行われる年の四月、まず悠紀（東）・主基（西）の両斎国の卜定《ぼくじょう》がある。両斎国とは大嘗祭神饌のための悠紀・主基両神田の定められる国郡の意味である。

河原頓宮及び百子帳における東西二元 大嘗祭に先立つ一カ月、十月下旬に河原の御禊《みそぎ》が行われた。その河原は皇居を西とする真東であって、そこに既に東西の二元が求められている。

その河原に御みそぎのための頓宮《かりみや》が設けられるが、図（本書所収『隠された神々』第四章三二三頁の図参照）にみられるように、まず頓宮そのものが東方に向って開かれている。頓宮の中に東西に「御膳幄」と「御禊幄」がたてられるが、その各々にも東西の別があった。

御禊幄は御膳幄より東寄りであるが、その御禊幄の中でもまた東の御禊幄の中央に天皇専用の百子帳が設けられている。

百子帳は四周に帷を垂れたものであるが、その帷《とばり》は東方に限って捲き上げられている。

百子帳の周りには六曲の屏風がたてならべられるが、それも東方は開けてある。東方はすべて開放され、百子帳の中における天皇は東の河面に直面するわけである。

東方は神霊の来る方位、あるいは在る方位であって、天皇といえども百子帳の出入りに東方は使用出来ない。西の方から入られるために、百子帳の西の帷は縫合されていないのである。

東方を使えるものは天皇に撫物《なでもの》をすすめる御巫《みかんこ》だけである。これらの童女には聖別されたもの、神の代理という意識がうかがわれる。

この御禊は極めて常識的に大嘗祭に先立っての河原の祓《はら》いであると解釈されている。しかし私はこの御禊に執拗にくりかえされている東西二元の撰用と、取分けその東方重視に、日本原始信仰の純粋な形をみる思いがする。原始信仰の純粋な形とは、つまり祭祀者による神霊受胎である。

東は、神界、神霊、種

西は、人間界、女、胎

を表わす。

恐らく東の海に見立てられたにちがいない鴨河の流れに向かって、河原の御禊の仮宮の東側は悉く開放される。それは東方からの神霊を迎えて、西の人間界を代表する祭祀者としての天皇が、これと交わり、神霊を受胎するためであろう。

百子帳のつくりは丸栗の片腹を穿ったようなものというが、それを地上に伏せれば帳の下は円形をなす筈である。百子帳は擬似母胎ではなかろうか。

百子帳の中には大床子が二つ用意されるが、その一つは天皇の料、もう一つは剣のためである。その剣の置き方にも秘説があって、剣は東南におかれるという。

剣―男根―蛇は一系列につながる。十二支において東南の辰巳《たつみ》は蛇の在処である。古来日本人は蛇を祖神として考えてきた。

百子帳の屋根は蒲葵で葺かれるが、この蒲葵は男根と大蛇とを象徴するものと私は推測している。大蛇の古語は羽々《はは》である。そこで蛇木《ははき》、つまり波々木神（波比岐神）はこの蒲葵のことではないかと思う。

蒲葵は沖縄で御嶽の神木であるが、御嶽の神は蛇である場合が多い。その蛇のシンボルとして蒲葵は神木となっているのではなかろうか。祖神の蛇は、三輪山の伝説にもみられるように人間の女と交わる。

百子帳の中で、蛇のシンボルとして東南に置かれた剣と過す天皇の性は、恐らく女性である。

日本の祭祀は本来は女性が主宰すべきものであった。しかし本土では男性が祭政の権を掌握して女性を祭祀の座から追ってしまった。そうして天皇が本来女性であるはずの主祭者になっているので、天皇の中に女性的の性格がふくまれるのは当然であろう。

しかもなお男性の天皇では祭りおうせないところも意識されて、それを斎宮が負うて伊勢を奉斎したのである。便宜上、男性が司祭者になっているので、またその身代りに女性が立つという形で、本土における祭りは全くややこしく、複雑で、その結果、祭りの本質も見失われ勝ちである。

御禊の仮屋、百子帳という擬似母胎で東方の神霊を迎え、交った天皇は一カ月の忌みこもりの後に、大嘗祭において自らを神としてみあれされる、と私は推測する。

『永和大嘗会記』は御禊の終始をかきしるした後に、

「けふより天皇群臣みな神斎を専らにして、大嘗会の経営昼夜おこたりなし」

と感慨ぶかげに筆をおいている。神霊をうけた天皇を中心に「神斎を専らに」一カ月をこもってみあれをまつのである。


大嘗宮における東西二元　大嘗宮は大嘗祭の正殿であるが、これも「大嘗宮全図」の通り、北の廻立殿を中心として、東の悠紀殿、西の主基殿の両宮から成っている。

この東西の悠紀殿・主基殿の中で、天皇が神に供饌されるのが、大嘗祭のもっとも重要な儀式とされている。

しかし新穀を供えられる当のその神の性格が不明であるという。この神は一体何なのか。

「百子帳における東西二元」において、御禊とは神迎えに当っての身心清浄のための「祓《はら》い」として解釈されているが、その内容は多分に性的のもので、百子帳における「御禊《おんみそ》ぎの儀」とは天皇による神霊の受胎である、と考察した。

大嘗祭はこの御禊《みそぎ》の二カ月後である。大嘗祭は現人神としての天皇の誕生を意味する。即位における天皇は一貫する「天皇」の大生命を更新する立場にあるもの、火継《つ》ぎ、である。

即位の天皇をこのように解釈すれば、大嘗宮はみあれの現人神、天皇の産屋の意味をもつ。産屋は部落の東の外れの海辺に建てられたものだという（島根県美保関町千酌爾佐神社、塩田宮司よりの聞書き）。

人の生命も東の神界、常世から来る。部落の東外れというのは、東のその神界と、西の人間界との真中、中央を意味する。その産屋の原理を象徴しているのが、東の悠紀殿ではなかろうか。

産屋は一つあれば十分である。しかし東の悠紀殿がいつか神界に属するもののように錯覚され、みあれの神が西の人間界に定着されるよう、西の主基殿が設けられたのではなかろうか。東西の二元撰用に熱心の余りのことと思われる。

しかし、後の大嘗祭における子《ね》において考察するが、北の廻立殿を「子《ね》」の一白坎宮とし、それを太極とすればここからは当然陰陽の二極が生じなければならない。悠紀・主基両殿は陰陽二極の象徴でもあろう。

東の悠紀殿を原始の神祭りにおける神の産屋と考えるが、大嘗祭においてこの産屋の機能は、むしろ北の廻立殿にみられる。ここでは天の羽衣という湯カタビラをつけての天皇の沐浴があり、その後、明衣に改められての悠紀殿への渡御がある。その際には天皇一人のための神聖な道が薦《むしろ》によって造り出され、且消されてゆく。それは神としてみあれの天皇の神聖性に対する礼であろう。

新生児にはまず衣と食が供されるように、みあれの神にもまず衣、ついで食が捧げられる。その衣は廻立殿で供され、食が悠紀・主基の宵・暁の大御饌となるかと思われる。

悠紀殿（主基殿も）には神座として衾・坂枕・沓が用意されるが、その沓の向きは『宮主秘事口伝』には西向き、『大嘗会便蒙』には北向きになっている。神は東から西へ向って渡来されるのであるから、西向きが当然古い型であろう。

沓が西向きならば、枕は東におかれたに違いない。『大嘗会便蒙』は南枕であるが、南枕というのは陰陽五行導入の結果、北を胎とし南を女陰とした白鳳以後の考えによるものであろう。

神の去来、死者新生の軸は、原始信仰に蔽われていた飛鳥時代までは東西であったはずである。『宮主秘事口伝』は平安末のものといわれるが、陰陽五行導入前の古い神祭の名残りをとどめている故に、東西軸になっていると思われる。

北の廻立殿については後述するが、これは陰陽五行導入後の所産であって、古くは存在せず、神の産屋は悠紀殿一所であったろうと私は推測する。

そうしてみあれの神を迎え神に食を供する沖縄の「神アシヤゲ」の機能をもつもの、つまり悠紀殿・主基殿の機能をもつものは主基殿だったのではなかろうか。

ニギタエとアラタエも『便蒙』と『口伝』では東西が逆になっている。

ニギは握《にぎ》る、などの言葉の元で、ものが何かの中につまっている状態をさす言葉と思われる。ニギタエは神がまだこもっている時点を象徴するものであり、アラタエはみあれの時点を表わす具であろう。神は東から来て西で顕現する。アラタエを西におく『口伝』がこの意味でも祭りの古儀をよく残していると私は考える。

このようにしてみてくると、大嘗祭の定義は疑わしくなってくる。

大嘗祭と沖縄の祭り　そこで大嘗祭を沖縄の祭りと重ね合わせてみることにする。沖縄の神は現人神であって、生身の人が神になり代って祀《まつ》られる立場にある。もし大嘗祭と沖縄の祭りが重ね合わされるならば、大嘗祭における天皇も、沖縄の司祭者と同じく、祀るのでなく祀られる立場に在ると考えられよう。

大嘗祭は新嘗の祭り、つまり収穫祭であると同時に、天皇の即位式でもある。天皇は祭政を統べられるから、大嘗祭は本土における最高神官の即位式とみることも可能である。

もし大嘗祭を日本本土の代表的な祭りとして、それを沖縄の祭りと比較するなら、

収穫祭としては豊年祭《ぷうり》（第六章参照）

即位式としては聞得大君《きこえおおきみ》即位式（尚王朝時代の最高女神官）

との比較がまず妥当である。

聞得大君即位式の蒲葵　『聞得大君加那志《かなし》様《さま》御新下《おあらおり》日記《にっき》』は琉球最高の女神官が斎場御嶽で行う即位式の記録であ

る。それによると女神官は斎場御嶽に一泊するがそのとき臨時につくられる仮屋の壁は悉く蒲葵《びろう》の葉で張られ、鴨居その他には蒲葵の幹がつかわれたという。又大君は神と同床し、床は二つ用意されるとも伝えられている。大嘗祭の御禊における百子帳も同様に蒲葵の葉で葺かれる臨時の仮屋であって、天皇専用の祭屋でありながら、そこには二つの大床子が用意される。一つは天皇の料、他は神剣のためである。それは恐らく神の象徴であろう。天皇といい、聞得大君といい、共に国の最高司祭者であるが、その一世一度の即位式に際し、或いは蒲葵の葉の中に一夜を過ごし、あるいはそこに一時《ひととき》を過したという。祭事の第一人者による同様の場合の同様の蒲葵の使用、それは偶然の一致ではなかろう。両者の間の深いつながりを暗示していると考えられる。

　以上みてきたように大嘗祭における特色、蒲葵の葉の使用と、東西二元の撰用は、大嘗祭とその性質を等しくする沖縄の最高女神官即位式、及び豊年祭においても顕著である。大嘗祭における特色が沖縄の祭りにもみられるならば、他の点でもこの両者は互いに重なり合い、共通するものをもっている筈である。本土では消失していて沖縄の祭りに残っている生身の人が撰ばれて神そのものになるということも、かつては日本本土の祭りの本質であった筈である。

　本土では男性が祭祀権をその掌中に収めた結果、祭りの本質が見失われ、いつしか、「神霊」という抽象的なものを神とし、姿なき「神霊」を人間が迎えることが祭りとなってしまった。しかし日本人は本来、抽象が嫌いで、神もまた、この目にみえるものでなければ気がすまない民族であった。

　従って神を目に見えるものとして迎えている沖縄の祭りが日本の祭りの原型であり、本土の祭りはその本質から外れてしまっているのであって、大嘗祭に祀られる神が不明ということも結局はこの間の事情を物語っているものと私は考える。

　つまり沖縄の豊年祭の神が、実は人間の巫女であるように、大嘗祭の神は、最高神官の天皇自身だったのである。祭事における天皇の性は女性であり、沖縄の女神官同様、蒲葵の仮屋で神と交わり神の種を妊《みごも》って、時が満ちれば神そのものとして生まれ出て、神として人の世に臨む現人神《あらひとがみ》であった。天皇は神に御饌《みけ》を供える立場ではなく、神饌・神酒を供えられ、それを嘉納して現世の民に幸福を約束する立場にある文字通りの現人神なのであった。

その「現人神」という言葉は、戦前・戦中を通してよく使われたが、その場合、この言葉は天皇の神聖性を形容する単なる形容語に過ぎなくなっていた。

大嘗祭の神が不明なのは、本来、「神」として新穀を供えられる立場にあった天皇が、いつしか「神霊」という抽象的な神に新穀を供える立場の「人」になってしまったからに他《ほか》ならない。神としての天皇が消えてしまった時から、大嘗祭は謎の多い祭りになったのであろう。

しかし、それでは現人神となる沖縄の巫女が、常世から来る大元の神かと問われれば否定するほかはない。現人神とは、神と交わり、神の種を妊って、最終段階では神そのものとして生れ出るものではあるが、どこまでも人に現れた神であって、いわば代理の神である。

その巫女と交わる神、妊らせる神、常世神、祖神《おやがみ》は当然別に存在する筈である。その祖神とは何か。恐らくそれは蛇（本全集第一巻所収『祭りの原理』第四章参照）であろう。中国及び日本神話において蛇は人間の祖として扱われている。沖縄宮古島の島建の神は蛇であり、御嶽《うたき》の神は蛇とされている。蒲葵が神聖視されるのは、恐らくその幹が蛇＝男根を象徴するからであろう。大嘗祭に蒲葵が用いられ、その「贖物《あがもの》」に「解縄《ときなわ》」があり、又後述するように蛇が種々な形で表れるのはその為と思われる。縄は蛇の象徴とされ、縄の蛇が祭り、取分け先祖祭りに登場する例は数多いのである。巫女が代理の神であるのに対し、第六章に述べる石垣市宮良のアカマタ・クロマタは蛇で、ズバリ常世の神を表しているのではないかと思う。

そこで日本の祭りに登場する神は
祖神―蛇がズバリ現れるもの
巫女が祖神と交わり、受胎し、最終段階では自ら神としてみあれするものの二種に別けられよう、そうして前者を蛇型、後者を、巫女型、とすれば、古い祭りの型を残す沖縄ではこの二つの型において神にはともに生身《なまみ》の人が扮するのに対し、本土では蛇型では縄で拵えた作り物の蛇を出し、巫女型では巫女の役を男性が収奪した為に抽象的の神霊を祀ることになったと思われる。

大嘗祭は本質的には巫女型であるが、その上に男性司祭者の天皇による抽象的な神霊の奉斎が蔽いかぶされているために、謎が多くなるのである。しかもその上に祖先神の蛇の在処を東においたり、東南においたりして、その影を何彼につけてチラつかせので余計混乱するのである。

(2) 「子」・「卯」の重視

大嘗祭の中に特色としてあげられるものに「子《ね》」の重視がある。

「子《ね》」は方位では北、時間では子《ね》の刻（午後十一時—午前一時）、色は黒、体象では水・坎（穴）などである。そこで大嘗祭の中でこの「子《ね》」を求めると次のような事物、時間がそれに当る。

北野斎場（子の方）
十一月（子の月）
廻立殿（子の方）及び
廻立殿における時刻（子刻）

北野斎場　大嘗祭の調度、神祭の料は、祭りに先立ってすべて北野の斎場に納入、設備される。それはこの大祭に際して当然のことであるが、現実の必要に加えて、日本の祭りには祭りの料を一時期、こもらせることは大事な呪術であった。

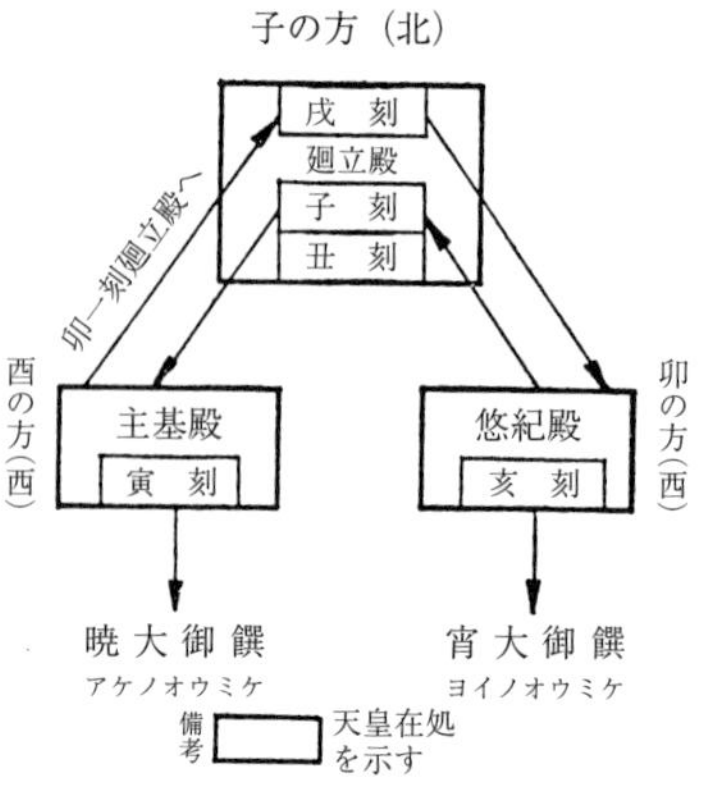

祭りの料は日本人の考えではすべて神に密着している。器物・神饌の如何をとわずそれらはすべて神の去来に関わるのである。

そこで祭りの前には一括してこれらを一所にこもらせる。つまりそれらに「幽」、隠《かく》れの時と場処が与えられる。「こもる」「かくれる」は「子《ね》」の作用である。子《ね》の場処は北であるから、斎場は北に設けられることになる。

そこで神祭が終れば神の帰去を促し、その完全な消去を象徴するために、祭具・祭屋の一切は一挙に破砕される。これが日本の祭りの特徴と思われる。

伊勢神宮の「御稲奉下《ごとうほうげ》」は、祭りに先立ってその祭りの料となるものをこもらせることを実証するに足る資料であろう。

「御稲奉下《ごとうほうげ》は心のみ柱に供える新穀の抜穂を九月十四日、神田から捧持してきて、それを一旦、神域内の正宮の西側の御稲《みしね》の御倉《みくら》に納め、十六日にこの抜穂を御倉から下げる行事である。神田から直ちに臼殿に運んでもよさそうなものを、このように御倉に一旦納め、その御倉も古昔は正宮の西の内玉垣と外玉垣の中間にあったこと、しかも奉仕の神職の服装は正宮の祭儀の場合と同じ、かつては明衣《きよぎぬ》をつけ木綿《ゆう》かつらと木綿たすきをまとうたことからこの御稲がいかに神聖視されたかが知られる。」

（桜井勝之進『伊勢神宮』学生社、一五五頁より要約・傍点筆者）

正宮を神の在処の東とすれば、その西側の内玉垣と外玉垣の中間の倉、とは東西軸の中央の凹《クラ》・穴ということになろう。大嘗祭の斎場の北野設定は原始信仰の中央の穴が、五行導入後、北の子《ね》に移った様相をしめすものであろう。又、神に供えられる稲はウカノミタマ神ともよばれ、祭りに先立って、人の誕生に先行する妊りと同じく、こもりの時が必要とされたのである。

この資料からは、古代日本人における祭りの料を一旦こもらせる意識と、子《ね》の方移動以前の中央の穴の意識の二つが窺えるのである。

十一月（子の月）について　十一月中卯日執行の意義については既に各処で述べたが、この「子《ね》」が祭りの月に執られていることは、子《ね》の重視をもっともよく示している。

大嘗祭の開始日は卯の日であるから、ここに典型的な子・卯結合がみられ、その子・卯結合の意味する処は一五一頁に詳述した通りである。

廻立殿（一五九頁参照）　悠紀・主基の東西両殿の中央、しかもそれらの北、子《ね》の方に設けられるのが廻立殿である。『宮主秘事口伝《みやじひじくでん》』によれば大嘗祭のハイライトは、悠紀・主基両殿における宵暁の神饌の供進である。しかしその悠紀・主基両殿の北寄りの中央にあるのが廻立殿であり、この子《ね》の方位を占める廻立殿における子《ね》の刻を中心に神饌供進は行われる。

大嘗祭は、「子《ね》」が時間・空間の中枢を占める祭りなのである。

なお廻立殿で行われるのは沐浴の儀であるが、子《ね》の象徴するものは水であり、み生《あ》れと水とはもっとも縁のふかいものであって、廻立殿にはこうしていく重にも「子《ね》」の呪術がこめられている。

(3) 蛇

御禊の御贖物　「御禊」は、大嘗祭に先行すること一カ月の重要な儀式である。御禊の行幸について、その行装のさかんなことは他に類がないということは前述したが、無論その中で、最重要な行事は酉刻《とりのこく》（午後五時―七時）に行なわれる百子帳平敷座における御禊である。その御禊とは諸記録を綜合するとおよそ次の通りである。

天皇は、東の御禊幄《おんみそぎのあく》の中央に設けられた百子帳《ひゃくしちょう》において手水のあと、その前の平敷座に移り、そこで祭主から中臣女に伝達され、中臣女からすすめられる御麻に一撫一吻される。その後で御巫《みかんこ》が御贖物を献じ、終了後一切の祓いの具は河に流される。

この贖物は、三個の土器に解縄《ときなわ》二筋、散米、人形をそれぞれ盛ったものである。解縄とは祭式のときに大祓詞の一節毎に解いてゆくために解縄といわれるものだという。

祭りにおいて縄の象徴するものは常に蛇である。

蛇は日本人によって祖神と考えられ、同時に、脱皮によってこの世に在りながら生命を更新する霊物として受けとられている。その脱皮にあやかろうとする行事が茅輪くぐりではないかと私は推測する。

この縄を解くというのは、蛇の脱皮の擬きではなかろうか。

百子帳内の御剣　この御贖物の解縄が蛇であろうというのは私の推測に過ぎないが、次の百子帳における御剣は正しく蛇であろう。

『花園院御記』元弘二年十月二十八日の条に、於二同幄一剣璽置様事として（同幄とは御禊幄のこと）

「常例置二大床子北一歟、而後鳥羽院御説、御剣不レ為二跡方一、仍雖二何所一可レ置二東南方一、古賢尚不レ知レ之、為二秘説一之由被レ仰レ之、建暦実氏公、以二院御説一如レ此置レ之也」（傍点及カッコ内註著者）

と記されている。

東南は十二支において辰巳、蛇の座である。既述のように百子帳は神と同床して神霊を受胎する聞得大君即位式の蒲葵屋に比定される。この百子帳の中で神璽と推測される剣璽が、東南におかれることは祖霊が蛇であることを立証するものであろう。なお私は蒲葵そのものが男根と蛇を象徴するものであり、蛇木《ははき》であろうと推測している。

巽《たつみ》向きの神饌　大嘗祭にみられる東南志向は、百子帳内の剣の他に、大嘗宮そのものの中にみられる。『大嘗会便蒙』大嘗宮内図（一五八頁参照）をみると、神の毛薦《けこも》が東南方に向って据《す》えられている。神の毛薦とは神饌の下に敷かれるものであるが、それは要するに供饌の方向を示すものであって、それがその前の御座と共に東南方に向けられていることは、神が東南、巽方の神、つまり竜蛇であることを物語るのではなかろうか。

(4) 五行

廻立殿の沐浴の後、天皇は悠紀殿に渡御されるが、その悠紀殿では諸国の歌人・語部などによって歌唱・舞・古詞などが奉納される。その状況は概略で述べたが、その諸国が何を意味するか、を見る為に、ここに再度、掲げることにする。

吉野の国栖は古風を奏し、
悠紀の国司歌人を率いて国風を奏し、
出雲・美濃・但馬等の語部は古詞を奏し、
隼人司は隼人を率いて風俗の歌舞を奏す。（傍線筆者『古事類苑』巻十八、大嘗祭一、九四六頁）

これらの国、又は国人はどういう由緒で選ばれてこの大祭に参加しているのだろう。その理由は今日まで解明されてはいないが、次の推理はその解明への一つの手がかりになるかと思われる。

「大日本十干分野の法」によると
戊《つちのえ》ヲ　但馬・因幡・伯耆・出雲・隠岐トス
庚《かのえ》ヲ　摂津……中略……日向・大隅・薩摩……後略……トス
癸《みずのと》ヲ　越中・飛弾・美濃・越後トス
　（傍線筆者）

とされている。大嘗祭で歌舞、古詞を奏する国人をここから拾うと、
戊《つちのえ》―土　但馬・出雲
庚《かのえ》―金　薩摩（隼人）
癸《みずのと》―水　美濃

となる。その外は、吉野及び悠紀国であるが悠紀はその時々によって移動があるから国名はあげられないわけである。

しかし悠紀が東であって、甲《きのえ》・乙《きのと》の何れかであることは間違いない。又、吉野は十干分野法に載っていないが、これは南の丙《ひのえ》であることは慥《たしか》である。

そこでこの二つを加えると、

甲《きのえ》―木　悠紀国
丙《ひのえ》―火　吉野

となって、木・火・土・金・水の五行がこの国々の方位から泛び上ってくる。

大嘗祭の中に陰陽五行が深く浸透していることは、既に「子と卯」取分け「子《ね》」の重視で考察して明らかであるが、呪術はいく重にもたたみ込まれるのがその特質である。

大嘗祭の賀詞奏上のために選ばれた国及び国人はそれぞれ何らかの由緒を負っているものであろうが、それらがこの五行を構成している点も又、見逃せないのである。

(5)　祭屋の造立と壊却

大嘗祭において見落せない事柄は、諸祭屋の造立と壊却における日限及び時限のきびしさである。

大嘗宮は祭りに先立つ七日に着工し寅日以前の竣工を要求されている。ということは酉日《とりのひ》から丑日《うしのひ》まで五日以内の工事を意味する。

その壊却は辰日卯二刻（午前六時）、両国の人夫による早朝の仕事である。

大嘗宮が使用される時間は、卯日の戌刻（午後七時）から辰日の寅刻であるから、五刻である。

北野の斎場は九月以前の造立ということでその時日は判明でないが、壊却は十一月卯日早暁、大嘗宮に祭具が送致された時点で行われる。早急に造られ、用済みの時点で早急に壊却される。この造立と壊却における時限のきびしさは恐らく日本の祭りの本質に基《もとづ》くものと思われるが、その点についての問題提起は従来なされていないようである。

その日限と同時に注意されるべきことは、この祭屋にからむ「五」の数字である。この「五」という数字は、大嘗祭の執行そのものの中にもからんでいる。というのは、受禅の天皇の場合、その即位が七月以前ならばその年に大嘗を行ない、八月以後ならば翌年に行われることになっていた。

八月以後ならば十一月まで四カ月、七月からならば五カ月となる。

五という数にこのようにこだわるのは何故か。

五は手指を折って数えると完全に閉《とざ》される数である。この他の数は閉ざし切れないか、開いてしまう。五はこもりを意味する数ではなかろうか。

奄美の古習に産屋明けの名附親（仮親・養親）の撰定に「ハネル年の人」というのがある。新生児がもし、子《ね》年とすればそれから数えて五つ目の辰《たつ》年の人ではハネない。こもってしまう。巳《み》年以降の生れの人ならば指がハネる人、私のいうニギの人でなく、アラの人ということになる。産屋から新しく誕生し直す新生児の親として現《アラ》の人、顕現の人ではなくてはならないのである。

もしこういう意識が下敷きになっているとすれば、こもりを意味する子《ね》の月に行なわれる大嘗祭に、事毎にこもりを意味する五の数が撰用されることは当然なのである。

このこもりは顕現の前提条件である。前提条件としてこもりが重視されるのでこもりそのものは決して日本の祭りにおいてその目標ではない。

五日間の時間によって象徴されるこもりを終えた神はこの世に顕現する。その神の顕現する日が、卯の日であり、これは大嘗祭の開始の日である。みあれされた神は新穀を供えられそれを嘉納し、祭りの時が過ぎれば時を移さずその本貫の東に向って再び新生する。

その神の本貫への新生を促すこと、つまり神送りを確実にするのが擬似母胎としての祭屋の壊却である。

「辰日卯二点。神祇官中臣。忌部引二御巫等一。

鎮二祭大嘗宮殿一。其幣如レ初。訖即《オワレバ》下二令両国民一壊却上。…」（『延喜践祚大嘗祭式』）

大嘗宮は辰日卯二点（午前六時）壊却される。辰日とは大嘗祭開始の卯日の翌日、その午前六時とは祭りの終った瞬間である。卯二点とは方位に当てれば真東である。つまりこの方位に向かって神は送り出されていることがわかる。

この卯二点の祭りが、大殿祭《おおとのほがい》であるが、この大殿祭は壊却直前の祭屋を祀るのであって、壊却する祭屋を何故祝禱しなければならないか、ということが問題となり大殿祭の意義はまだ不明とされている。

私見を以てすれば祭屋はこの世に神を迎える擬似母胎であり、それを造り、そこに神をこもらせることによって神を顕現させ、又それを壊却することによって帰る神に方向付けをするという二重の意義をもつ重要な祭具である。従って祭屋の造立と壊却は祭りの中で同等の重さをもつものであって、祭屋鎮祭の大殿祭がその造立、壊却の両度に亘って行なわれることはむしろ当然なのである。

しかしこの東方に向って神を送り出しているにちがいない大殿祭にも、又、東南《たつみ》が顔をのぞかせている。それは『延喜式』四時祭式、「神今食《かむいまけ》」の記事に「神今食明日平坦。……忌部向レ巽微声申二祝詞一畢。…」（傍点筆者）

とみえていることである。大殿祭は六月・十二月神今食、十一月新嘗祭の翌平明（つまり卯刻と思われる）の祭りであるから大殿祭にも同様に祭司者による東南に向っての祝禱が行われた筈である。

東を象徴する卯刻に行われる神送りの祭りに、東南が顔を出すことは、祖神の蛇の在処が、東から東南へ移動したことによる。純粋な原始信仰の時代から、それに陰陽五行の習合される時代になると、蛇の在処、東南が如何なる場合にも無視出来なくなり、東を祀る祭りの中に東南がその片鱗を見せるのである。

大嘗祭の考察

大嘗祭は子月卯日《ねのつきうのひ》にはじまる。それは子と卯の結合、つまり子から卯への動きを示すものであろう。

新　刊

映画研究ユーザーズガイド
――21世紀の「映画」とは何か

北野圭介著

映画研究の最前線

視覚文化のドラスティックなうねりのなか、世界で、日本で、めまぐるしく進展する研究の最新成果をとらえ、使えるツールとしての提示を試みる。

購入はこちら

四六判並製230頁　定価2640円

カントと二一世紀の平和論

日本カント協会 編

平和論としてのカント哲学

カント生誕から三百年、二一世紀の世界を見据え、カントの永遠平和論を論じつつ平和を考える。カント哲学全体を平和論として読み解く可能性をも切り拓く意欲的論文集。

購入はこちら

四六判上製276頁　定価4180円

戦争映画の誕生
――帝国日本の映像文化史

大月功雄著

映画はいかにして戦争のリアルに迫るのか

柴田常吉、村田実、岩崎昶、板垣鷹穂、亀井文夫、円谷英二、今村太平など映画監督と批評家を中心に、文学や写真とも異なる映画という新技術をもって、彼らがいかにして戦争を表現しようとしたのか、詳細な資料調査をもとに丹念に描き出した力作。

購入はこちら

A5判上製280頁　定価7150円

子《ね》の坎宮の陰・こもりから
卯《う》の震宮の陽、ものの振い動く顕現、への過程を象徴する。

大嘗宮の祭りは子の方位の廻立殿を中心として、子の刻を同じく時間の中心とする祭りである。子の重視は北を太極とする陰陽五行思想の反映であって、大嘗宮の構造は、陰陽五行の理の造型化である。それは「無極にして太極なり」といわれる北の子《ね》を太極として陰陽の悠紀殿・主基殿が派生している象《かたち》である。悠紀・主基の両斎国は古い例では、あまり明確に東西の意識においてとられているわけではないのである。

それに対し、百子帳を中心とする「御禊」の儀には、北辺に関白と戸座をおく以外には、北の重視は全くみられない。御禊にみられるものは執拗なまでの東西軸である。

前述のように百子帳の儀は、沖縄の聞得大君の即位式とよく重なり合う、聞得大君即位式はそれほど古いものではないとしても、この儀式が古代巫女就任の儀の礼式化であって、その起源は極めて古いと思われる。

百子帳の儀は「御禊」という名になり、大嘗祭に先行する「みそぎはらい」を意味するものとされているが、その起源は巫女が神霊を妊るための最重要な儀であり、従って司祭者としての天皇のためにも単なる祓いの儀ではなかったはずである。そこで大嘗祭は次のように別けられる。

御 禊 の 儀――東西軸――原始信仰に基く古伝祭
大嘗宮の祭――子卯軸――陰陽五行習合後の祭り

御禊と大嘗宮の祭りの間には明確な一線が劃される。この一線を劃しているものが陰陽五行なのである。

他の凡ゆる文化現象と同じく、日本に入った陰陽五行は決して純粋に陰陽五行ではない。

原始日本にあったものの上に習合される。

そこで大嘗祭における百子帳の儀と大嘗宮の祭りとの差は、陰陽五行導入以前と以後との差であって、日本原始信仰の本質的の変改ではない。しかし違いは違いとして意識され、以前と以後の祭りはこの様な形で併存させられたのではなかろうか。

大嘗祭は一般に新嘗、刈入祭とされている。穀霊は祖霊と同一視され、共に輪廻の原理によっているものである。正常な輪廻によって子孫も栄え、穀類も豊穣を期待出来る。この原始信仰に濃厚にあった輪廻の思想を、一段と哲学的に深め、体系化したのが中国渡来の陰陽五行思想であった。

五行思想では、くり返しのべたように原始信仰の東西軸の中央の「中」あるいは西の女に当るものが、北の坎宮であった。

御禊は東西を軸とし、その中央の擬似母胎、百子帳における祭りであって、その時刻は酉刻《とりこく》、西を象徴する時刻である。

大嘗宮の祭りは子の方の廻立殿を中心とする子の刻中心の祭りである。

「子の刻」と「酉の刻」。それは共に女を象徴するものである。

又、子《ね》は東方、卯の方位に上る太陽の未だ姿をみせぬ時と処の象徴であり、こもりの時を意味する。

酉《とり》、つまり西は、東へ上る前提条件として太陽が沈み、一時こもる方位である。

北は深遠な中国哲学によって示されるこもり、西は単純な原始信仰によって考えられたこもりの方位であって、その本質は略《ほぼ》等しいのである。

本質的には等しいが、表現において異なる二者が、併存させられている故に大嘗祭は複雑な祭りになっていると思われる。

この複雑さに更に輪をかけるものがある。

日本の祭りを蛇型と巫女型に分ければ、大嘗祭は巫女型であり、巫女型によって行われていた祭りがそのまま男性である天皇によって踏襲されたものと思われる。

巫女は祖先神、蛇と交って妊り、自ら人と化《な》った祖先神として人の世に臨む。天皇も同様に現人神として生れつぎながら、いつしか現人神の原理は忘れ去られ、現人神であることを忘れて、自らの外に祖先神を祀っている。しかしその祖先神が蛇であることはどこかで記憶され、それを拝む。それも十二支導入後はその蛇の在処、東南が重視され、神饌もその方位に向って供えられる。原始信仰における祖先神の在処は東であったにもかかわらず。


大嘗祭は最高司祭者の即位式であり、刈入祭りであり、又恐らく祖神祭であろう。

この三つの祭りの複合に加えて、上記の諸要素が混在するために、最も難解な祭りとなったものと思われる。

第五章　陰陽五行と諸祭祀・行事

一　正月子日《ねのひ》の行事

詞書

天平宝字二年正月三日丙子（七五八）召二侍従竪子王臣等一、令レ侍二於内裏之東屋垣下一、即賜二玉箒一肆宴、于レ時内相藤原朝臣（内麻呂）、奉レ勅宣二諸王卿等一、随レ堪任レ意作レ歌并賦レ詩、仍応二詔旨一、各陳二心緒一、作レ歌賦レ詩。

初春の初子《はつね》の今日の玉箒《たまははき》手にとるからにゆらぐ玉の緒

（大伴家持『万葉集』巻二十）

詞書及び歌の大意　「天平宝字二年（七五八）正月三日はその年の初の子の日に当った。そこで多くの廷臣を御所の東屋の垣下にあつめ、玉箒を賜って御宴が催された。藤原内麻呂が勅旨をうけて一同にこの感激を歌なり詩なりによんで奉るようにいった。」

これに奉答したのが家持の歌であって、それは「今日の初子の日に恩賜の玉箒を手にすると新生のよろこびで身内に生命が躍るような気が致します」といったのである。

大伴家持のこの歌とその詞書きは正月初子の日の行事についての貴重な記録であるが、これでみると、初子の日に東屋の垣の下で賜宴があり、その引出物が玉箒であったことが判《わか》る。この玉箒を私は陽物と解釈する。

ここで問題にするのは

子の日における東屋、つまり卯の方の賜宴、しかも垣の下というから戸外、

という点である。

しかしその考察に入る前に『古事類苑』歳時部の説明をみよう。

「古《いにし》へ正月子《ね》の日に、高《たか》きに登りて遠く四方を望み、以て陰陽の静気を得るに原《もと》づくといふ、我国にては、その第一の子《ね》を初子《はつね》といひ、第二の子を弟子《おとね》といふ。（中略）此日朝廷にて宴を賜ひ、野に行幸し給ふことあり、故に臣庶にありても、亦野外に遊び、小松を引き、若草をつむを以て例とす」

これによると子《ね》の日の行事も例によってその源は中国にあったわけである。子《ね》は北の坎《かん》宮であるから陰陽の調和の必要上、その北の低に対して高が求められ、本家の中国では高処に登ることが行事となったのであろう。

日本でも子の日の行事に高処に上ったらしい例は『続日本紀』聖武紀にみられる。

「天平十五年（七四三）正月壬子《みずのえね》（十二日）、御二石原宮楼一、賜二饗於百官及有位人等一、有レ勅鼓レ琴任二其弾歌一五位已上賜二摺衣一、六位已下禄、各有レ差」

この中の「石原宮楼に御《ぎょ》し」がそれである。しかし記録に残る多くは、中国同様、子の日に家から出るのではあるが、高処には登らず、至って平面的に、東の卯の方に出てゆくのである。

それは例によってこもっては出、出てはこもることを輪廻の基本とする原始信仰に、陰陽五行の哲理を習合させた結果なのであって、子《ね》のこもりは東の卯の顕現とならねばならず、その顕現を求めてまず平素の住居を出てゆく。出てゆくその方向は東、それが東屋の垣の下の宴、又東の野辺にゆく子の日の遊び、となったものと思われる。

春日野は今日はな焼きそ若草の妻もこもれり我もこもれり　（『古今集』春　読人不知）

の歌は恐らくこの子《ね》のこもりをうたったものであろう。春日野は東の野である。

天智天皇の子の方への近江遷都は六六七年（丁卯年）三月十九日（己卯日）であった。この遷都が天智天皇即位の前年、つまり御代の始めに当って、それを寿ぐ子と卯の結合の呪術であることは既に第三章で述べた通りである。大伴家持の新年の祝禱歌はそれから約百年後、七五八年に奉られた。子の日の行事は、近江遷都における呪術の直系の子孫と思われる。

しかし次の百年を経過すると子の日の行事の本来の意義は忘れ去られ、他の要素にとって代られてしまう。その様子は次の記録によって略《ほぼ》察することが出来る。

「正月子日《ねのひ》に若草のおもの調じて奉りし事は嵯峨天皇の弘仁四年（八一三）を始とす……その若菜をつむには人々野辺に出て子日《ねのひ》するとて、小松をひけるよすがに、此菜をつめばなり、その故に寛平八年（八九六）、宇多天皇の雲林院に行幸し給ひし時の序文に、倚㆓松樹㆒以摩㆑腰、習㆓風霜之難㆒㆑犯也。和㆓菜羹㆒而啜㆑口、期㆓気味之克調㆒也。といひ……（中略）

扨此子日の遊びを或は朱雀院、円融院などの御時より有けるにやといへども、大伴家持の歌に、初春の初子の今日の玉ははきとよめるによれば、いと旧より此遊びはありしなり、されどもその歌に小松引よしはみえねども、柿本人丸の子日歌に二葉より引こそうゑめとよめるにて子日に小松ひけることは承平（九三一）の頃より始まりしにはあらざるなり。しかるを後の世に至りて、子日の若菜といへばひたすらに七種の菜をそろへて奉るとのみおもへるは古をしらざる誤り也。」（『古今要覧稿』）

この中にもいわれているように、正月の初子《はつね》を祝うことが、子日《ねのひ》を動詞化して「子の日する」となり、しかもそれが殆ど「小松をひく」と同義語になっている。『拾遺集』にも、

子の日する野辺に小松のなかりせば千代のためしに何をひかまし（忠岑）

とよまれている。

子の日《ねのひ》行事の本来の意味は忘れ去られ、松に附与されている固定化した長寿の概念によりかかって、この松を引くことによってその長寿にあやかるのだということになってしまっている。

子《ね》はこもりを意味し、同時に又、未生《みしょう》の萌芽、一陽来復を象徴する。その萌芽は東の卯《う》で顕現する。子日《ねのひ》の行事は家を外にして東の春日野にこもり、その若菜をつむこと、それによって年の始めを祝《ほ》ぐのがその本義であった。しかし平安朝になると子日の行幸は専ら北野の雲林院とか紫野である。方位の誤りは元の意味の忘却を示す。そしてその誤りはついに現在の正月の七草へとつづくのである。

二　能登気多大社の鵜祭り

鵜祭りは旧十一月午日丑刻に行なわれる気多大社の神事である。気多大社は石川県羽咋《はくい》市寺家町鎮座、能登一宮と称され、国幣大社であった。

祭りに先立ってこの大社から丑寅（東北）に当る七尾市鵜浦町の断崖で一羽の鵜を生捕りこれを旧十一月午日の丑刻（午前一時—三時）に神前に放つ。本殿中陣の燈にさそわれて鵜が外陣から中陣に進み、案の上に止まると、禰宜がこれを取りおさえる。その鵜は即刻、大社の南、一の宮海岸から、暁暗の海に向って放たれるが、伝承によるとこの神鵜は遠く真東に当る越後の能生《のう》の海にゆくとされている。

以上が鵜祭りの概略である。

社伝によると気多大社では十一月丑日《うしのひ》から未日《ひつじのひ》まで斎《ものいみ》の神事、その五日目の中巳日《なかのみのひ》が新嘗祭で、その翌午日《うまのひ》がこの鵜祭りであるという。そうするとこの鵜祭りは新嘗祭の後の「神送り神事」の意義が濃厚である。

しかし社伝の鵜祭りの説明は

「元来此祭当社之神体大己貴命其御子櫛八玉神、鵜ト現ジ給ヒ海底ニ入《リ》、魚ヲ取テ父ノ神へ備シヨリ此神事始ト申伝候」

といい、又

「鵜是飛《ハビ》二大虚《オオソラヲ》一入《ル》二深海《ニ》一之霊鳥也。……是向二新陽一避二老陰一之神事……後略。」

とも伝えていて、神送りのことにはふれていない。そうして鵜の霊鳥たる所以は大空をとび、深海に入る点に帰せられている。

しかし鵜が霊鳥である理由を私は次のように考える。

①鵜は鳥であること。しかも水鳥という点。

②色は黒。

③鵜は「卯」に通じること。

①については、十二支において酉（鳥）は西。そこで古来、鳥は人間界、殊に女の代表として死にふかい関わりを持ち、天を駈けて死者を東の常世国に導く霊力をもつとされたと考えられる。

②については、黒色は「北」「子《ね》」を象徴する。子《ね》の月の新嘗祭に、同じく子《ね》を象徴する黒色の卯が重ね合わされている。水鳥の「水」も同じく「北」の意味である。

③については、中国思想では易の「乾《けん》は健《けん》也」とか、十干の「庚辛《こうしん》」を「更新《こうしん》」とするように、音に相通を意に通じさせることが普通である。それならば、鵜《う》を「卯《う》」に通わせることもありえないことではない。「卯《う》」は「東」を意味し、「青」「朝」「春」「青年」等を意味することはくり返し述べて来た通りである。現にこの鵜は、東の能生《のう》へゆ

くという伝承もあり、鵜に化《な》ったという櫛八玉神は鵜浦山崎の阿於谷鎮座の阿於明神という。この阿於《あを》を「青」とすれば、この鵜を「卯」と解することは決して不自然ではない。

そこでこの鵜がその一身に負っている方位は西・北・東であって、それを図示すれば次のようになる。

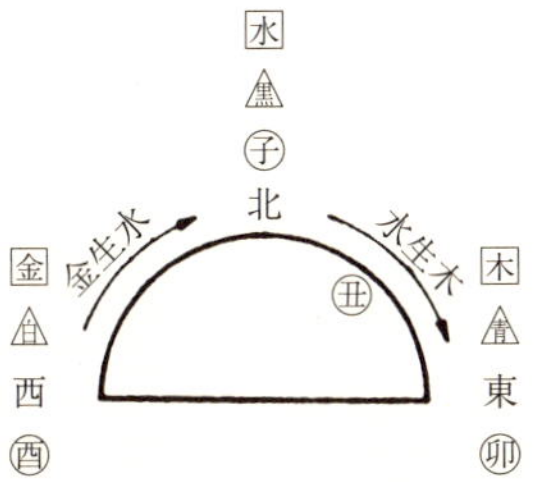

上図は鵜の負う三方位及び三方位の象徴するものである。この三方位によって象徴されるものが要するにこの祭りの鵜の本質であり、その本質がこの鵜を、霊鳥、神鵜たらしめるのである。

五行説において西は金、北は水、東は木であるから、金生水《きんしょうすい》、水生木《すいしょうもく》の五行相生の理からいっても、鵜は新嘗祭において西の人間界に迎えられた神を、東の常世国に帰す力をもっている鳥といえよう。

更に「丑寅」は陰の子《ね》から陽の卯《う》への境《さか》いをなす時間であり、方位である。

気多大社の新嘗祭は十一月中巳日であるが、その祭りの開始は丑日であり、鵜祭りの時刻は丑刻、そうしてこの鵜は大社の丑寅の方位から新たに生捕られるという。この鵜には神に大切な境《さか》いを越させるという呪術も附加されている。

鵜にはこのように数々の意義が呪術としてこめられている。それがこの鳥を霊鳥にしているのであって、単に海に潜り、大空をとぶ故に霊鳥となっているのではなかろう。

子の月の祭りに、卯を象徴する鳥を主役とする祭りが続くことは、明らかに、子と卯の結合である。

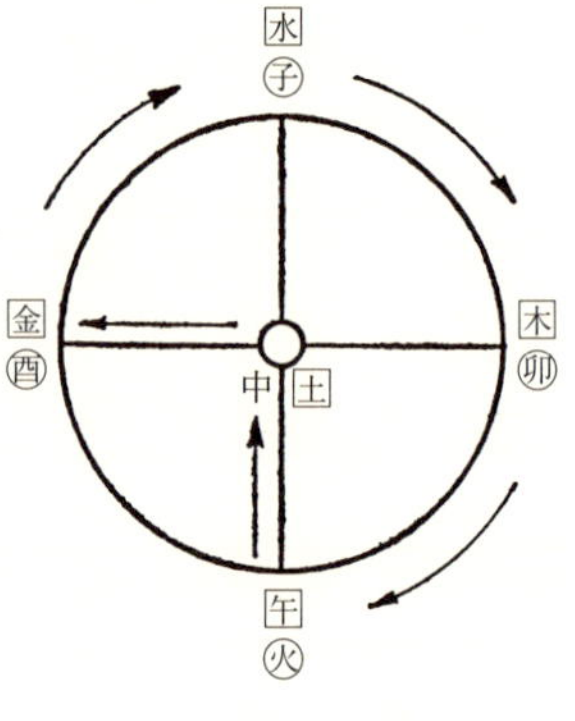

しかし子・卯軸は祭りのエッセンスであって、この祭りも詳細にみれば、五行の五原素は祭りの中にすべて包含されていて、五行循環、正確な輪廻を意図する呪術がうかがえるのである。

鵜祭りは十一月中午日《なかのうま》である。午は南であって新生の出口、五行では火の位である。この南は鵜が放たれる南の浜の方位とも重なり合う。

この中午日《なかのうま》の中と午を先の鵜の負う三方位に附加えると、東（木）・南（火）・中央（土）・西（金）・北（水）の五つの方位と五行の相が現出する。

気多大社の鵜祭りは前述のように恐らく新嘗祭の後につづく神送り神事であろう。神送りは人の死に擬かれていると私は推測する。人の死には鳥が密接な関わりがあり、棺に鳥のつくりものを附けることは日本各地の風習にみられるのである。

『古事記』の天若日子の葬儀の五鳥の意味は、未だ解明されてはいないが、これも五行を表わしているのではなかろうか。

川雁	黒	水	北
鷺	白	金	西
翠鳥《かわせみ》	青	木	東
雉	黄	土	中央
雀（朱雀）		火	南

五行循環によって人の死も、神送りも共に、死に放し、送り放しでなく、この世への又の来迎を期待出来るのである。

三　奈良東大寺のお水取

お水取の概略

「奈良東大寺の二月堂で三月一日（もとは旧二月一日）から十四日間行なわれる修二会行事の一つ。二月堂開祖の実忠和尚が天平勝宝四年（七五二）に菩薩聖衆の十一面観音の悔過行法のさまを人間の世に移し行なったのが初めだといわれる。天狗寄《てんぐよ》せ、六時の勤行をはじめ多くの行法が二週間の間、施行されるが、お水取は十二日に行なう。……夕刻畿内の信者から奉納された籠松明十二本を堂童子がかついで上り、堂の廻廊で大きく振廻す。……ついで後夜の勤行の中頃（十三日午前二時前後）呪師を先導に練行衆が牛王杖をつき法螺貝を鳴しながら堂から青石段（本堂南石段）下の閼伽井屋に降り立ち、香水を汲みとって本堂の仏前に供える。この往復には香水の加持が行なわれる。

この香水は若狭の国から送られる聖水とされ、閼伽井の水をいただくと諸々の病厄を退散出来ると信じられている。閼伽井の水は、若狭国遠敷《おにゅう》明神鎮座地を流れる音無川が水源だと伝えられ、同じ時刻に若狭明神の神宮寺で送水神事が行なわれる。……（後略）。」

（大塚民俗学会編『日本民俗事典』弘文堂、昭和四十七年）

考察　右の解説の通り「奈良東大寺のお水取は、二月堂で旧二月一日から十四日間にわたる修二会の一つであって、二月十二日に行なわれる。籠松明十二本が堂の廻廊でふり廻され、ついで十三日午前二時前後（丑刻）に練行衆が青石段（本堂南石段）下の閼伽井屋で若狭の国（子《ね》の方）から送られるという聖水を汲み、本堂の仏前に供える。

この聖水は若狭国遠敷《おにゅう》明神鎮座地の音無川が水源であると伝えられるが、同じ時刻に、若狭明神では送水神事が行なわれる」という。

この記録につけ加えたいのは、若狭の水源地が「鵜の瀬」といわれていること、及びお水取の行事の過去帳の中に謎の女性、「青衣の女人」の記載がある点である。

それらをくるめて、このお水取の中に注目される条項を拾うと

①二の数の多出　②鵜（卯）　③青　④子《ね》の方（若狭）　⑤水　⑥午《うま》の方（奈良）　⑦火

①、②、③、について　修二会、二月、二月十二日、二月堂はいずれも卯月《うのつき》、卯の方位を象徴する。若狭井の水源地、鵜の瀬の鵜は、鵜祭りの考察でものべたように恐らく卯と相通であろう。奈良東大寺の二月堂における二月の「行《おこない》」は、すべて東の卯を象徴する行事である。その中に五行において東の色である「青」が青衣の女人の姿で登場することは当然と思われる。

④、⑤、について　「子《ね》」と「卯《う》」の結合は原始信仰及び五行における輪廻を短絡し、且つ象徴する基本軸であって、これが十一月と二月の祭り月に撰用されていることはくり返し述べてきた通りである。卯の月の祭りには必ず北の子《ね》が何らかの形で組合されるはずである。奈良から若狭は真北に当《あた》る。水もまた北の坎宮に属するものである。五行に基《もとづ》く呪術の原理から必然的に卯の祭りにはその顕現への前提条件としてこもりの子《ね》が必要である。

それともう一方では子の水は、「水壮《さか》んな時には木を生ず」という水生木の相生の理によって卯の木への連結の役目を果す。

⑥、⑦、について　卯の木は「木、壮んな時は火を生ず」という木生火の相生の理によって、卯を南、午《うま》の火につなぐ。

東大寺修二会のお水取の中には、子—卯—午に至る相生の理がみられる。恐らくこの祭りの秘儀の中には、このあとにつづくべき火生土、土生金、金生水、の相生の理が何らかの形で存在し、五行循環が実現されることになっていると思われる。

東大寺修二会の行法は、年の始に当って、神仏の来迎と加護を願い、五穀の実りを祈るものであろう。それは天・地・人象一切の無事な輪廻があってはじめて可能であるが、そのための呪術としてここに考えられているのが五行循環である。

その循環の軸として、火（午）と水（子）が際立って撰用されている。それが修二会の中のお水取ではなかろうか。

四　補陀洛渡海と五行――紀州熊野の意味するもの――

補陀洛《ふだらく》や岸打つ波はみ熊野の那智の御山にひびく滝津瀬《たきつせ》

御詠歌にうたわれるように、那智は遠く南の海上にあるという観音の浄土への入口として捉えられていたようである。従って補陀洛渡海はかつて日本各地に行なわれたが、那智のそれが最も規模も大きく、有名である。補陀洛渡海というのはその観音の浄土を目指し、船の屋形の戸を釘づけにして、僅かばかりの食糧と共に送り出されたいわば生きながらの水葬である。

「いま補陀洛山寺の裏には、渡海僧や渡海に従って船出した信者たちの墓が残っている。またこうした渡海が貞観十年（八六八）より享保七年（一七二二）までの間に前後十九回も行われたことが記録に残っている。
しかし観音浄土補陀洛への信仰は貞観以前から広まっていたもので、那智山が極東浄土に擬せられ、その信仰を深めたのは平安後期と思われるが、渡海までするほどの徹底したものが永くつづいたことは類例がない」

（篠原四郎『熊野大社』一一五頁、学生社）

その渡海はいつどのようにして行われたのであろうか

「補陀洛渡海の当日は平素の本尊、千手観音菩薩に対する勤行が渡海上人によってその日は特に念入りに行われたようである。勤行終了後、渡海上人は三所権現に最後の暇乞ひを告げた。渡海の時刻は夕刻、時期は十一月。那智浦では盛んに海に向って西風が吹く頃である。」

（尾畑喜一郎『補陀洛渡海』一五四頁、国学院雑誌熊野学術調査特集）

時期は十一月という。尾畑喜一郎氏の考証によれば十一月は西、西北風の吹く頃で、南の観音浄土に到達するにはむしろ不向きの候である。観音浄土を目指しながら、しかもそれに対してもっとも到達困難と思われる風の吹く頃が何故渡海の時期と定められていたのか。それについて従来、何も明らかにされなかったようである。

この渡海の時期が「十一月」に定められていたこと、それが「西・西北風のふく時期」であること、の二点から私は一つの推理を試みたい。

「渡海が十一月に定められていた」ということについては、那智信仰の根本は那智の滝にあるが、この滝及びその滝壺周辺が「子《ね》」と受取られていた、と思われる節《ふし》がある。

那智山中には四十八滝があるが、通常那智の滝といえばその第一の滝の謂《いい》である。

「子《ね》」としての那智滝

「那智滝は殆ど真南に向って落下している。権現鎮座地からみれば正北方にこの滝が位置し、権現と滝は北南一直線上に並んでいるが、その北極にはまた喜多（北辰）の滝も祭られている。」

（二河良英『那智滝考』国学院雑誌熊野学術調査特集所収）

那智の滝は明らかに権現鎮座地に対して、北の坎宮、一白水気、十二支でいえば、「子《ね》」として意識されている。そうして北方の滝とか水は容易に信仰の対象となるものである。滝の場合ことにこの傾向が著しい。というのは陰陽五行における「子《ね》」の体象に北の滝ほどかなっているものはないからである。滝は水であり、滝壺という穴をもつ。

北―水気―坎（穴）―胎　はたびたび述べたように「子《ね》」の象徴である。

那智の滝が坎宮の象徴「子《ね》」であること、この滝が那智信仰の中枢をなしていること、を考え合せれば、渡海における十一月は、何を措《お》いても「子《ね》」の意味がこめられているものと解したい。渡海が子《ね》の月と定められていたということは、この滝を背にして、いいかえれば子《ね》を背負って出てゆくことを意味する。その出口は滝から真南の那智浦である。

子《ね》の月に子《ね》の方位から午《うま》の方に向かって出てゆけば観音の浄土、――それは午の方、南方にあるとされているが、――そこへ呪術的に到達が可能なのである。

又妊《みごも》りを象徴する子《ね》の月に南に向かって出てゆくことは新生の呪術でもある。死は他界への新生であるから、補陀洛渡海にこの月を撰ぶことはこの意味からも必要であった。すべてが子午軸の上に懸っている呪術である以上、その時期に吹く風が観音浄土への方向ではないとしても一向に差支えなかったのである。

出雲と紀州熊野　原始信仰の東西軸において本州の中に求められるその最長線が西の出雲と東の鹿島を結ぶ線であることは序章において既述した。そこで西端の出雲は現世と他界との境《さかい》として意識された。この原始信仰における東西軸は東を陽とし、西を陰とする陰陽軸であって、出雲に神送り及び陰霊である伊邪那美命の死に関《かか》わる伝承が多くみられるのは当然なのである。

東中西軸という単純な原始信仰に陰陽五行が導入されると信仰軸は複雑化し、新たに南北を結ぶ子午軸、東南と西北を結ぶ巽乾軸が加わった。その様相は第一章で概観した通りである。

白鳳期に急速に抬頭したこの陰陽五行に基づく南北を結ぶ子午軸も易の先天易に従えば子《ね》は純陰、午《うま》は純乾で、本来陰陽軸である。子の方は母、午の方は父という言葉が今日もなお沖縄では生きている。しかし五行において南が火の位であることは、この子午軸の本質を失わせたと私は考える。原始信仰で火は女陰にあるとされていた為に、北の胎に対する南は女陰となり、南北軸は結局、女に深い関わりをもつ軸となってしまったのである。

さて紀州の熊野は本州の最南端である。そこは大和、山城の帝京の地を北の子《ね》の方とすればその真南、午の方に当る。それは北を胎とし南を出口として考えるとき、新生が期待出来る最も貴重な方位であった。しかもそこは新生可能の霊地である上に、山岳重畳、三方を海でかこまれた風光明媚な土地でもある。こうした理由によって紀州の熊野は中央に勢力をもった人々にとって最も魅力のある処となったのではなかろうか。後白河院は三十四度、後鳥羽院は三十一度、幸され、蟻の熊野詣といわれたほど一般信者も陸続と押よせたのであった。そこは他界への出口として伊邪那美命の死にまつわる伝承を出雲と同様に多く持ち、一方常世国に渡る場処として少彦名神の伝承もみられるのである。

国土の規模においてみるとき、紀州の熊野は北の胎としての都に対して南の女陰を象徴する聖地である。熊野としての規模において熊野をみれば、そこには国土の規模におけるよりはるかに小さいが、又同様に南北軸が存在する。たとえば前述のように那智の滝は真南に向いて落下し、権現堂や海からみれば北に当る。従ってこの滝にこもることは北の一白水気を取り、胎へのこもりを意味し、そこから出ることは新生を意味する。

都から紀州の熊野へ下ってくることは北から南への新生の動きとなるが、更にこの南の霊地において北の滝にこもり、南の方向に出てくれば、これも又新生の呪術となる。呪術はいく重にもたたみ込まれるのであって、日本人は呪術においてもこの様な「入れこ式」、つまり同じことを形を大きくしたり、小さくしたりしてくり返すことが好きな民族であった。

熊野は死者、又は補陀洛渡海による往生を願うものにとっては他界への新生の出口となり、生者にとっては現世の中今に向かって生命を新しくする、いいかえればこの世においての生れ変りが期待出来る聖地だったのである。

「西風・西北風の吹く時期に渡海がなされたこと」については、補陀洛渡海は貞観時代にはじまったものではなく、その起源は更に古くさかのぼると推定されている。恐らく陰陽五行が導入される以前、原始信仰の時代から、海に向かって開けている明るい熊野は、常世にそのままつづく処として意識されていたと思われる。西風や西北風の吹く日には取分け常世に通うことが実感されたのではなかろうか。

観音の浄土が南であろうと西南であろうと、結局は日本人であった渡海僧たちにとってそれはどうでもよいことだったにちがいない。日本人にとって魂の目指す棲処《すみか》は東の常世なのである。

そうした思いが渡海上人達の潜在意識の中にもあったと思われる。

子《ね》の月に子《ね》の方位から、午《うま》の方に向ってゆけばそれで午《うま》の方の観音浄土につくという呪術を信ずる心が一つ、このような呪術は効目《ききめ》がなく、十一月の西風に乗って結局は東の方へ行ってしまうだろうがそれでもいいのだという考えが心の底にあることが一つ、これらの二つの思いが「ないまぜ」になって、西風の吹く日にも心を安んじて海上遠く帰らぬ旅に出て行った、それが渡海僧達のいつわらぬ本心だったのではなかろうか。

補陀洛渡海の表層は仏教に蔽われているが、中層には五行が、深層には原始信仰がよこたわっていると思われる。そうしてそれはひとり補陀洛渡海だけではなく、日本の民俗における葬礼の中にも同じ様相がうかがわれるのである。

第六章　沖縄の祭り・伝承の中に潜む陰陽五行思想

一　沖縄石垣島の豊年祭

石垣市内各御嶽の豊年祭

旧六月十五日は沖縄本島の豊年祭《ぶうり》である。昭和四十四年度は新暦の七月二十八日がその日に当ったのでこの日いっせいに豊年祭が行われた。

しかし宮古・八重山の先島地方では旧六月十五日を中心とする壬《みずのえ》・癸《みずのと》が豊年祭の祭日として撰ばれ、必ずしも六月十五日とは限らない。この年は七月二十六日が壬《みずのえ》の日だったので石垣市の豊年祭は七月二十五・六日の両日であった。その年、石垣は稲・キビ・パインがいずれも豊作だったので、各字《あざ》ごとに旗頭《はたがしら》を新調して町には活気がみちあふれていた。

旗頭というのは鉾の頭に趣向をこらしたもので、その頭の下に大きな幟《のぼり》をつけ、「風調雨順」「瑞雲鮮」「八束穂」「五風十雨」など豊穣や水への祈願をこめた言葉がかかれている。昔はこの旗頭をかつぎに人々は必ず故郷に帰ってきたものだという。

祭りの第一日は御嶽《うたき》ごとの祭り、二日目は各御嶽《うたき》合同の豊年祭である。

第一日目　この日は各字《あざ》ごとに先述の旗頭を先頭に、触れ太鼓が字《あざ》のなかを回り、行列が御嶽にくり込む。午後二時頃から各御嶽では穂華《ぶばな》・神酒《みしゃく》・皮餅（蒲葵《くば》または月桃《さんにん》の葉で四角にくるんだ餅）が神前に供えられ、「司《つかさ》」（巫女）によって今年の豊年感謝と来年の豊作祈願が行われる。

拝殿で御嶽の神を拝した司たちは次にはその向きをかえ、神を背にして、自《みずか》らを神として氏子に臨む。西方、つまり人間界に向い、西面するわけである。そうして白の神衣をつけたこの現人神——六人の司たちは「給仕《きゅうじ》」とよばれる氏子総代の四人の男性の捧げる神酒を享けるが、そのときそれを捧げる人間の側にも、これを受ける神の側にもそれぞれ歌唱があり、しまいに神と人の歌が合わされる。

神と人の歌唱

給仕

〽今日ヌ御祝ヌ大神酒上グナーラ
　今日ヌ御祝ヌ大カザリシウンヌクナーラ

神

〽真乙姥ヌ大神ヌ
　長崎ヌ大神ヌミブギン
　稔リノ世バタボール
　ウィ拍子ヨーウィ拍子ヨー

給仕

〽ニーウヌイヌ大神酒《ウミシャグ》
　囃シバド世《ユ》ヤ稔《ノオ》ル

豊年《ウヤキ》ヒ世《ユ》稔《ノオ》ル
貢世《カマイユ》　稔《ノウ》ル
豊年《ウヤキ》ヌ神《フシ》　シサリンユー
御チチケーヌ世
大神ヌ主《ヌス》　シサリンユー

神

〽思いスイスイヌ　ンマサ
カバサ　イラヨー　香《カバ》サ　ンマサヨーンナ

（同訳）

給仕

〽今日の御祝いの御神酒をさし上げましょう
今日の御祝いの御報告を申しあげましょう

神

〽真乙姥《まいつば》の大神のお陰様で
長崎の大神のご加護で
豊作の世を給わった

給仕

〽新しい米で醸した酒を
差し上げますから

豊年をおゆるし下さい
豊かな稔りをもたらす
大神様に申し上げます
大神様に御祈り申し上げます

神
〽おいしいことよ
香しさよ

（以上の歌および同訳は喜舎場永珣先生御貸与の先生のノートより）

石垣市内の長崎御嶽《うたき》で私はこの神と人の歌唱をきいたが、白衣の司《つかさ》が氏子総代の男性の捧げる豊年感謝の神酒をうけて唱和するさまは古代がそのまま生きているかと思われた。単調だが古雅な調べである。それは期せずして男女の混声合唱にもなっている。

昔は今みるような拝殿もなく、ただ神聖な植物を蔽いとして囲《かこ》われた庭上でこの祭儀も行われたであろう。手拍子を打ち、あるいは酒器を左右に捧げ揺《ゆ》らかして男たちは敬虔に唱い、酒をうける現人神＝司たちは威厳にみちてそれに和している。

氏子総代の男たちは新穀で醸《かも》された酒を酒器に注ぎ、これを神に捧げるが、一方、神である司《つかさ》たちから人間代表である男たちに酒はけっしてすすめられない。

たとえ司《つかさ》という巫女、いわば生身《なまみ》の人間である巫女が神になっていようと神は神なのである。その神対人《かみたいひと》の関係は厳しく保たれ、この二者の間に狎《な》れ合いということは少しも見られない。

境内のヤラブの大木の蔭にしかれた蓆の上に座って持参の酒肴を前にこの儀式にあずかっている村の人々は、司《つかさ》とよばれる巫女の前にいる自分らを、神のみ前に在るものとして信じ切っている。古い日本の祭りは夏の日盛りの中に今もなお息づいているのであった。

第二日目　第二日目の七月二十六日には石垣市の各御嶽合同の祭りが市の西端の新川《あらかわ》地区にある真乙姥《まいつば》御嶽で行われた。前日と同様、司たちから神に供饌・豊年感謝と来年の豊作祈願があってから、各字《あざ》から巻踊りが奉納される。午後三時頃各字《あざ》自慢の旗頭を先頭にドラや太鼓を打ち鳴らして行列がくり込んでくるがその順は、

- 水の主《ぬす》（五十歳以上の果報のある女性）
- 旗二流（火の神の印∴がつく）
- 五穀入籠一対（子供が捧げる）
- ヤーラーヨー（五十歳以上の古老）
- クナー星（三十歳以上の男）
- 采《ざい》（赤・黄・白の采をもつ踊り、十六歳以上の女子）

つまり老幼男女が参加して唱和、あるいは境内を巻踊ることになる。

境内の巻踊りが終わると、東西にながくのびている外の道路で、「女綱」「世《ゆう》の受け渡し」「綱引」などの行事がひきつづき行なわれる。「世《ゆう》の受渡し」とは、戸板状の輿《こし》に乗って、東方から来る神に扮装した人と、西側から同様に戸板の輿に乗ってかつがれてくる人間代表が道路の中央で出会い、神から人間代表に籠に盛られた五穀が授けられる行事のことである。「世《ゆう》」とは五穀の実りを意味する。

神は東方から来り迎えられるものであることは、この行事の中にもはっきりうかがわれる。次の綱引きもまた西の方が勝つことになっているのは、東の神界にある世《ゆう》、つまり五穀の実りを、西方の人間界にひき入れるための呪術であろう。

東は神界、西は人間界であって、この東西二元は次に述べる翌七月二十七日、同じ石垣市の郊外の宮良部落で行われたアカマタ・クロマタの祭りにおいても見られたのである。

宮良村のアカマタ・クロマタ

アカマタ・クロマタは沖縄の先島地方に出現する豊年祭の神である。私はそれを石垣市の宮良《みやら》部落で、昭和四十四年七月二十七日にみた。
この神は男女二神で、部落の東の果の海岸洞窟からみあれされることになっている。
白砂を敷きつめた村外れの祭場は東西約百メートルもあろうか。
この祭場の南の方は海岸で、東シナ海の高波が台風の接近を示して大きく崩れかかる（上図参照）。

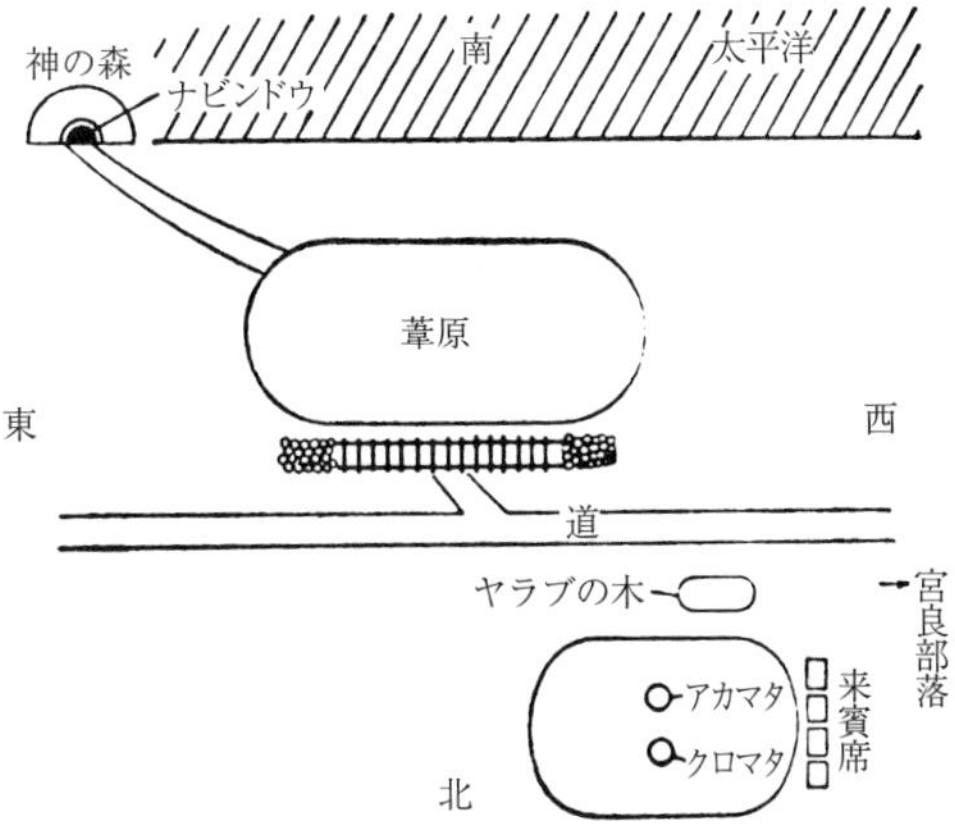

宮良部落アカマタ・クロマタ出現の祭場見取図

折々、強い雨がこの祭場を取り巻いて群れている村人たちを横なぐりする。そうすると祭場の西寄りにしつらえられた来賓用のテーブルの下に子供たちがすばやくもぐり込む。入りそこねた子供は西南隅に枝を広げているアコウの巨木の陰《かげ》に駆け出してゆく。しかしこの木の下も雨を避けている大人たちで、すでにいっぱいなのである。

こんなことをくり返しているうちに、午後七時近くなった。それでも南島の夏の日は中々暮れようともせず、好天ならばまだ日も射しているはずである。その後、一寸の間にドッと暗くなる。南国の夏の日とはそういったもののようである。

やがてまわりの人々が一斉にどよめいた。道の向うの遠い森蔭に二流の幟りがみえたのである。

同時にきこえてくる単調でもの悲しい笛・太鼓の調べ。その節《ふし》にのって一団の人影がこちらに向ってくる。いよいよアカマタ・クロマタの入来なのだ。

それまでこの祭場を襲《おそ》っていた雨もいつか収まって、神を迎える期待に満ちたこの広場を目指して、行列は刻々に近づいてくる。

鼓勢頭《つづみせど》とよばれる大鼓《おおど》・小鼓《こど》、それに笛の地方《じかた》に謡《うた》い方、例《あわ》せて二、三十人の行列の先頭にたつのは、二流の幟りを交叉させて進む先達《せんだつ》の二人である。

その旗持のすぐ後《うしろ》につづくのがアカマタ・クロマタで、アカマタは向って右、クロマタは左、両神は相並んでゆるいテンポで踊りながら入場してくる。そうして中央でピタリと止った。

写真などうつしてはならない。これはニライから来迎《らいごう》された神、ニイルピトなのである。

普通の人間の顔の四倍ほどの巨大な赤・黒の面《めん》をつけ、薄《すすき》の束を毛髪とし、真黒な蔓でつくられた蓑をきた異形《いぎょう》の神である。

面はアダンの材を彫ったもの、歯・眼は真珠貝の嵌《は》め込み。この面の口から扮装者は外を見ている。そこでアカマタ・クロマタの背丈はふつうの人より首の長さ位、高いことになる。そうして薄の束を頭上に立てているので、実際の身丈は人間の一倍半位にもなろうか。背に苔むした草木を生やし、その動くときは小山が揺ぎ出てくるようだという伝説のヤマタノオロチが連想された。黄昏の乏しい光の中にみる異形の神の姿は、東北のナマハゲに通じるところもある。

祭場の中央に一たん停止した両神は、例の鄙《ひな》びた調べにのって悠《ゆる》いテンポの踊りをはじめる。アカマタは男神、クロマタは女神で、それぞれ短い棒を両手に持ち、踊りの節の区切りごとに、チャッ、チャッ、チャッと打ち合わせる。

第一回目の踊りがすむと、紅白の鉢巻をした村人たちが、待ちかねていたようにいちどきにこの神の囲《まわ》りに殺到し、歓声をあげ、雀躍《こおど》りする。それは本当にとび上って囃《はや》し、よろこぶのである。豊年の神を迎えて村中がよろこび躍《おど》るのであった。

アカマタオリオン　アカマタが来られた
クロマタオリオン　クロマタが来られた
キル世ムチ　豊年をもたらす神を
ヒロイ世ムチヨル　共々に迎えたからよろこんで踊ろう。

村人たちは囃しおわるとサッと元の位置にひき退る。

広場のアカマタ・クロマタと旗持は再び例の旋律にのって踊り、そうして祭場での行事は終る。その時にまるで正確に計られたかのように夜闇が落ち、神も人も暗黒にのまれてしまう。神の出現にはこのような時間が計算されているのであった。

そのあとアカマタ・クロマタは村の各戸を訪れ、不幸のあった家には慰めの言葉を、旅立った人のある家ではその無事を、功労のあった人には祝詞を述べるというようにして夜を徹して巡回し、翌日午前三時頃、村人の惜別の涙の中にナビン洞からニライへ戻られるという。そのナビンドウは宮良部落の東外れにある洞穴で、その出現もここからなのである。

翌日七月二十八日、祭場を再訪し、アカマタ・クロマタ二神の立った位置でその向きを磁石によって計ったが、その結果、二神は真西を向いて立っていたことが判った。

つまり神は部落の東限の洞穴にみあれされ、西の方、人間界に向って歩を運び、祭場では真西を向いて村人に対したのであった。人間である村人は東に向って終始、神を迎えたのであって、祭りが終るや、神は間髪を入れず再び東帰したのである。

この祭りについて、前もって教えを乞《こ》うた時、今は故人になられた喜舎場永珣《きしゃばえいじゅん》翁は「村へ行ったらアカマタ・クロマタなどといってはいけない。ニイルピトといわねば……」と注意された。アカマタ・クロマタはニイルピト、ニライの人、常世からくる神なのである。

そうして村の青年が扮している現人神ではあるが、村人はそれを百も承知で、なお神と信じ、雀躍《こおど》りして迎えている。

二言目には資源の乏しさがいわれる本土ではあるが、沖縄はその比ではない。珊瑚礁の島は地下に何も埋蔵してはおらず、水もまた頼れるものは雨水だけである。海が荒れれば他との連絡も断たれる。不安定な生活から生まれるものは切実な神への祈りである。その祈りの対象となるものは、抽象的な「神霊」などというものではない。この目で見、触れることの出来る神、願いをきいてくれる神でなければならなかった。

かつては本土の神も、現人神だったはずである。しかし本土では神代に近いころにこの信仰の本質が変ってしまい、祭祀者《さいししゃ》は自《みずか》ら神として村人に臨む立場を捨てて、逆に抽象的な神霊を迎える立場に立つことになった。

同時に仏教が入り、仏像が造られ、それが現人神に代って人々の祈りをきき、目で見、手に触れることの出来る対象となった、と私は想像する。

アカマタ・クロマタの祭りは「草の祭り」とでもいいたいように、神も草で装《よそお》われ、祭具も、それからまた警護とよばれる祭りの補助役の人々のタスキや杖も、一つ一つ草や木で丹念につくられている。

こうして今もなお現人神の信仰に生き、草や木でいろいろの道具をつくり出して祭りを伝承してきている人々の心を思うと、南島のすべてがなつかしまれる。


以上がアカマタ・クロマタをふくめた沖縄石垣島の豊年祭である。

この一連の豊年祭を貫いているものは
①神は生き身の人の扮する現人神。
②その神の去来は、東西の軸上。

ということである。そうしてこれが恐らく日本の古い祭りの原型であろう。

しかしこの事象の上に更に重ねられていることがある。それはいわば水の呪術である。

五穀の実りにとってもっとも大切なものは「水」であるが、その水への祈りは、陰陽五行説の中における「水」を祭りの中にとり入れることによって果されているのである。

「水」はまず祭りの日によって撰びとられている。

先島地方の豊年祭りは旧六月十五日に近い水の日が、毎年の豊年祭に撰ばれるが、昭和四十四年の場合は、七月二十六日がたまたま「壬《みずのえ》」（水《みず》の兄《え》）だったため、石垣市の豊年祭は七月二十五・六日に行われた。翌日の「癸《みずのと》」（水《みず》の弟《と》）、つまり七月二十七日には宮良《みやら》部落のアカマタ・クロマタの祭事が執り行なわれたわけである。

陰陽五行説における水が、呪術として祭りの中に取り込まれているのは、日取だけではない。

前述の真乙姥《まいつば》御嶽の巻踊りの先頭に立つのは、「水《みず》の主《ぬす》」と「火」を象徴する旗二流である。それはつまり水と火が祭りの主導権をもつことを意味している。

「水」と「火」の象徴するものは「五行説図表」でみられるように、
水＝陰（女）・北・黒・冬・（十二支の）子《ね》
火＝陽（男）・南・赤・夏・（十二支の）午《うま》
である。

昭和四十四年夏、豊年祭の見学に先立って八重山古謡の研究をライフワークとされた喜舎場永珣翁を石垣市登野城の自宅に訪れ、真乙姥《まいつば》御嶽にまつわる次の話をきいた。

「昔、雨が少しも降らなかったとき、人々が相談して霊感のある巫女を真乙姥御嶽にこもらせ祈願させた。そうすると『女だけで綱をつくって曳け、夫婦雨《めおとあめ》を降らせてやろう』と託宣があった。沖縄では、小雨はアメマ（マは小さいいみ)、中雨はアメ、大雨を夫婦雨という。」

翁はそのあとすぐつづけて、

「女は水だ。だから女が綱をつくって曳《ひ》くのは当然だ。そういうものサ」

といってしきりにうなずいておられた。

何故、女が水なのか。もし性に関していうなら男もまた多分に水を象徴するものであって、女を一方的に水を象徴するものとするのは片手落というものであろう。漠然とした疑問をもちながら、そう決め込んでおられる翁を前に、当時の私は何の問《とい》を返すことも出来ずそのままひき退《さが》ったのである。

「女は水」という沖縄の古老の言葉を、現在の私は陰陽五行説の理論によって解き、この言葉については次のように思いをめぐらすのである。

「女は水だ」と断言される喜舎場翁の頭の中に果して陰陽五行説において北の子方《ねのかた》が陰(女)の水の位《くらい》、南の午方《うまのかた》が陽(男)の火の位であることが明確なイメージとして画かれていたのか、或いはそれらは喜舎場翁を含めて沖縄の人々に早く忘れ去られながら、「女は水」という考えが既定概念としてあったのか、知る由もない。

無意識のうちに翁が心中に女は水、ときめ込まれていたなら、陰陽五行思想はそれほど深くいつか人の心に根を下ろしていたことになる。

一方、もし翁が沖縄の石垣島の祭りについて何の予備知識もなく飛び込んできた人間に対して、説明するのは無駄と思われ、理論は省略して、ただ女は水、と断言されたのだとしたら、それもまた陰陽五行思想の沖縄への浸透のふかさを証明するものであろう。

陰陽五行思想が現在もなお生きていて、その理論が活用されているとしても、又はその反対に忘れ去られているとしても、そのいずれにせよ、「女は水」と古老によって断言されること自体が、沖縄と陰陽五行思想の関わり合いの深さを示している、と私は思う。

アカマタ・クロマタの祭事においても、前述のように神は部落東限のナビン洞という穴から出現し、人間界を目指して西へ西へと歩を運び、祭場に着くと真西を向いて静止したのである。それは全く古代信仰に基づく神界から人間界への東西軸上の行為である。

しかしこの祭りにおいて同時にその上に重ねられている陰陽五行思想もまた見逃せない。

というのはまず祭りの日取りが、水を意味する十干の「癸《みずのと》」であること、更に「クロ」は北・陰・女、「アカ」は南・陽・男の理論をとってクロマタを女神、アカマタを男神としている点である。

陰陽の交合は水を招《よ》び、それによって稲の豊作もまた期待出来る。「性」は日本古代信仰の基本にすえられているものであるが、それを陰陽五行思想の導入によって理論化し、呪術の効果を更にたかめようとしている。その意図がこの祭りにも十分にうかがわれるのである。

二　沖縄宮古島砂川《うるか》の津波よけ神事

行事の由来

沖縄宮古島の池辺町字砂川《あざうるか》には、津波と竜宮にまつわる伝説があり、それに因《ちな》んで旧三月新酉《あらとり》の日に「ナーバイ」の神事が、砂川村の南の岡、上比屋山《ういびやま》の、うまの按司御嶽《ウマニヤーズうたき》で行なわれる。

この祭りは友利《ともり》・砂川《うるか》の二村をあげての行事で、ことに女は各戸から必ず一人参加する。この行事の由来は次のように説かれている。

昔、砂川部落の上比屋《ういびや》にいた佐阿根《さあに》は、七歳のとき津波で両親を失い孤児となった。ひとり岩屋の中にくらしていたが、彼は善行を積み、その功徳のせいか、十六歳になったとき、或る夜、夢の中に「宮古の北の浜に行け、そうして海から来る女と夫婦になれ」という托宣を得た。彼が浜を歩いていると輝くばかりに美しい女が東の沖から白い舟にのってやってきた。彼はこれは天女に違いないとひれ伏していると、女は自分はうまの按司《あんじ》というが、竜宮から命をうけて御身《おんみ》の妻となるために来た、といって、なおも辞退する佐阿根の手をとり、海岸の洞穴で夫婦の契をむすんだ。その翌日、東方の浜に山のような寄木《よりき》があり、これを上比屋にもってきて家作りをしたが、それから彼は富裕になって佐阿根大氏《さあにおおじ》といわれるまでになった。二人の間には七男七女が生れたが、その間、佐阿根がふしぎでならなかったのは、彼が汲んだ水を妻は芋にしてしまい、また三度の食膳がいつとはなしに用意されてご馳走が並ぶことであった。

そこである日、妻が留守の間に、かねて禁じられていた鍋のふたをとって中をのぞいてみたが、それからは鍋の水はご馳走にかわらなくなってしまった。うまの按司は佐阿根が禁を犯したことを見破り、鯵にのって竜宮に去った。しかしその時、彼女はせめてもの贈物として、津波を避ける呪《まじな》いを授けていった。彼女はまず海さかい、山さかいの道を教え、旧三月新酉の日、その道にタイク(真竹の一種)を刺すようにいって、海中に消えたのである。

(以上岡本恵昭氏よりの聞書)

これが今でも毎年旧三月新酉の日に行なわれるナーバイの起源とされている伝説である。

昭和四十八年は四月七日が旧三月新酉《あらとり》の日に当った。

祭りの前夜、上比屋山のウマニヤーズ御嶽で前夜祭があり、当日は午前七時、祭事に参加する司《つかさ》や主婦達は御嶽に参集し、司《つかさ》は神羽《かんばに》(白の神衣)に、被り物をつけ、主婦らも頭に、布をかぶる。八時頃、白衣の司達を先頭に、部落の主婦達は各自の家族数ほどのタイクを腕にかかえて、上比屋山のけわしい断崖を、はるか下方の砂川《うるか》の海岸を目指して山の背を一列になって神歌を唱えながらゆっくりと降りてゆく。その道が他ならぬ海境い、山境いをなす聖な道であるが、道の右側の要処要処、つまり決《き》まりの地点にタイクを刺してゆく。列を乱してこの行列の右側に決して出てはならない。それは海側だからである。

白衣の神女達を先頭とする一列のこの長い行列の最後につき従いながら、この列の目指している浜の方向を計ってみると、それは正に東南（辰巳）に当っていた。東南はこの祭事に頻出する方位であるが、それについては後述する。

神歌を唱え、柴を刺しながらこの崖の細道をゆっくり降った一行は、やがて砂川の浜につき、元島の岐れ道でクイチヤーという踊りをする。島とは村を意味するから元島は元村のことである。

そこは昭和八年に津波で全滅した村跡であって、津波の一撃をうけた痕《あと》が廃墟として無残にのこり、石垣や門の名残りをとどめる石塊が塁々《るいるい》としている。

津波は砂川《うるか》・友利《ともり》の人々にとって恐ろしい現実であり、それ故にこの海と陸を分ける神事はふかい祈りをこめて年毎に真剣に行なわれるのである。

この間《かん》、上比屋山にのこった部落の男衆は舟漕ぎの真似をする。浜に下りてナーバイの神事を終えた女性達が再び山に戻ってきたのは午前十一時頃であるが、舟漕ぎは既に終了し、人々はそこで盃事に移っていた。

うまの按司の本質

以上が宮古の砂川部落に伝承されている神婚説話と、それに基づくナーバイ神事の概要である。この神事にはいろいろの要素が混在していることは明らかであるが、今日までその分析は何人によっても行なわれていないようである。

この小論で試みようとしているのはナーバイ神事の主役・うまの按司の本質の解明である。それが恐らくこの神事の意味、ひいては沖縄の祭りの真相究明につながると私は思う。うまの按司の本質は、古代中国天文学と密接に結びついている陰陽五行思想に負っていると考えるが、以下はその考察である。

(1) 辰巳の頻出

先にも述べたようにこの祭りの中には東南（辰巳《たつみ》）が頻出する。その様相は次の通りである。

1 祭り月――辰《たつ》の月（旧三月）
2 祭り時刻――辰巳刻《たつみのこく》（午前七時―十一時）
3 祭列の方向―辰巳（東南の浜を目指す）
4 祭列の出口―辰巳（祭屋の東南口）

旧三月は辰の月である。祭りは大体辰刻《たつのこく》（午前七時―九時）にはじまり巳刻《みのこく》（午前九時―十一時）で終了した。そこでこの祭りは時間において濃厚に辰と巳を撰用していることがわかる。陰陽五行の哲理においては時と処、つまり時間と空間はつねに密接に関《かかわ》り合うが、この場合にも時間で辰巳を使っていると同時に空間的にも辰巳は同様に撰び用いられている。その状況は既述したが、白衣の神女を先頭に、浜を目指して降りてゆく柴刺《しばさ》しの長い行列の方向は東南、辰巳なのである。

祭列の出口もまた辰巳東南であるが、これについては祭屋の構造についてふれておく必要があるかと思う。

(2) 祭屋の構造（次頁の図及び写真参照）

ウマニヤーズ御嶽の祭屋は南向きであるが、南、午《うま》の方は石の壁になっていて、東南（辰巳）と、西南（未申）の隅が出入口となっている。

正面の壁が部厚く石を積んだ壁になっている構造は、必然的にその左右の辰巳と未申、ことに東南の辰巳が意識さ

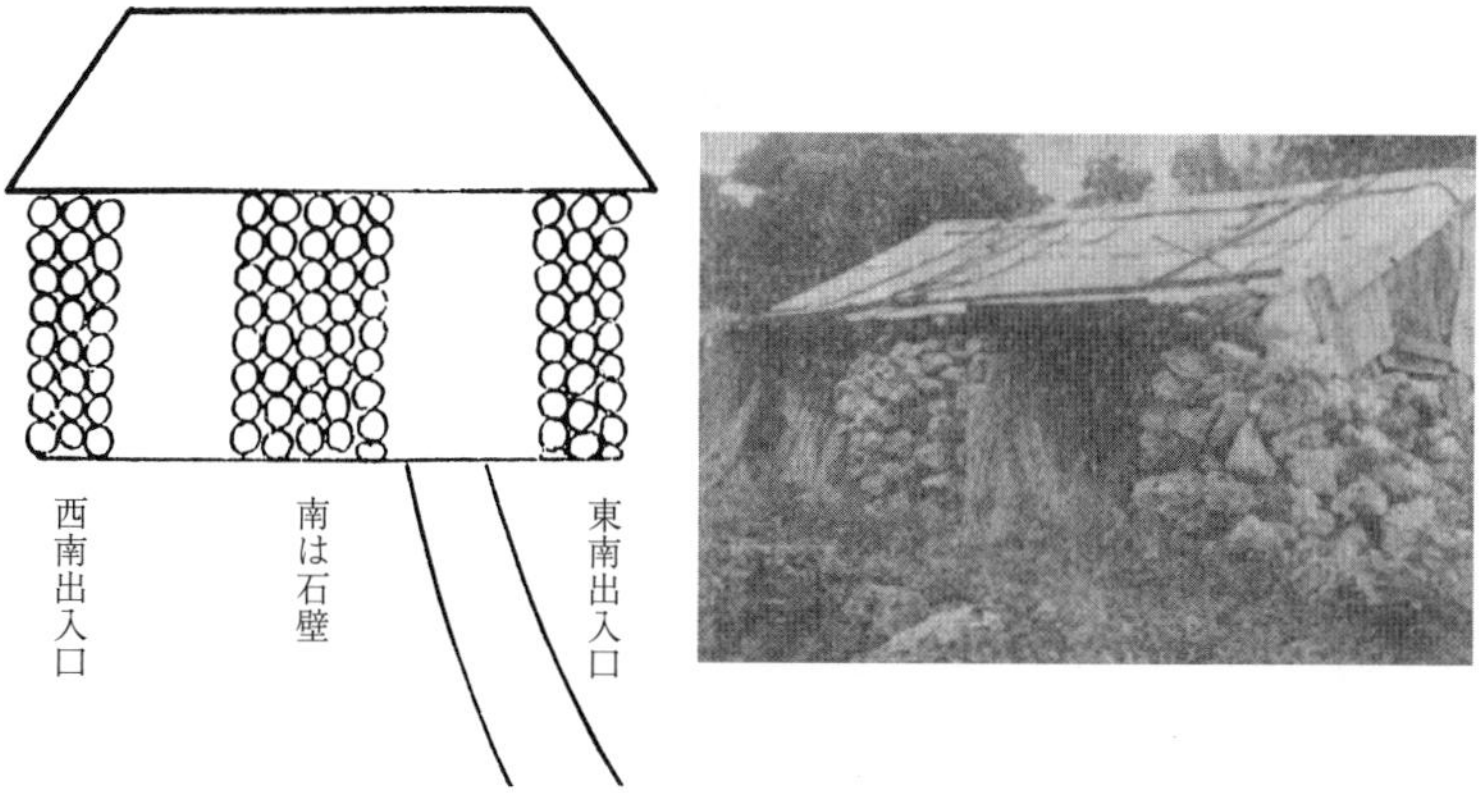

ウマニヤーズ御嶽祭屋

れているように思われる。

祭りの列が、辰巳の隅から出て行ったことも、そこに呪術の秘儀がひそめられていることを物語る。

それではこの神事における辰巳の頻出は一体、何を意味しているのであろうか。

(3) うまの按司の本質

竜宮の神・うまの按司　ナーバイ神事における辰巳の頻出は、神事の主役・うまの按司が竜宮から来た神、つまり竜宮の神であることを強調していると思われる。辰《たつ》は竜《たつ》で、その辰が祭りの方位にも時間にも撰用され、うまの按司が竜宮の神であることを呪術はくり返し表現している。

子《ね》の方母天太《ばうまてだ》・うまの按司　しかし「うまの按司」の本質は、竜宮の神というだけではないはずである。

というのはこの祭りが元来、水の災厄を防ぐために考えられた水の祭りである以上、その主役の「うまの按司」は水の神でもあるはずである。

事実、竜と水は密接が関係があり、「竜宮の神」は「水の神」ともされている。

恐らく「うまの按司」の本質は、竜宮の神よりも、水の神の方により大きな重さがかかっているのであろう。

ところで「水」の方位はくり返しのべたように北の子《ね》の方である。

沖縄、ことに宮古には「子《ね》の方《ば》、母天太《うまてだ》、午《うま》の方《ば》、父天太《あさてだ》」の信仰がつよい。天太《てだ》とは通常、太陽をさすが、要するに強力な支配者、主《ぬし》の意であって、従ってこの場合、北の子の方の神とは強力な女性神、南の午の方の主とは強力な男性神を意味する。

うまの按司の「うま」は母天太《うまてだ》の「うま」、「按司《あんじ》」とはやはり支配者の意であるから、この神事の主役、うまの按司とは、要するに「子《ね》の方母天太《ばうまてだ》」のことではなかろうか。

とすればナーバイの主役の神、うまの按司の本質は、その名に明らかに示されている通り、北方の最高貴神、子《ね》の方母天太《ばうまてだ》であり、要するに、子《ね》の方《かた》の神である。

子《ね》の方位は水の位《くらい》であり、この子の方がうまの按司に密接にかかわると推定される以上、既にくり返しのべたのであるが陰陽五行思想における「子の方」をここでもう一度考えてみる必要があろう。

『時双紙《ときのそうし》』について　宮古島の砂川・友利の二村には古くから各御嶽に伝承される卜占書《ぼくせんしょ》、『時双紙《ときのそうし》』がある。

『時双紙』は稲村賢敷氏の『琉球における倭寇史跡の研究』において詳細に紹介されているが、以下はナーバイ神事についての私の推理に、必要な箇処の同書からの引用である。

「時双紙は多くの人によって筆写され、いく系統にも岐れるが、そこに大体共通してみられることは双紙の上方、天漢図《てんかんず》には子《ね》の方《かた》七つ星（北斗七星）、午《うま》の方《かた》五つ星（南十字星）の星図が図示され、下方には水の神、子《ね》の方母天《ばうまて》太《だ》、午《うま》の方父天太《ばあさてだ》の神名が書き連ねられ、前後に各御嶽の守護神名がかかれている（同書一五六―一五七頁要約）」

（次頁の図参照）。

なお同氏によれば『時双紙』は四百五十年以上も前に日本の倭寇によって伝来された暦本で、日本の陰陽道《おんみょうどう》の経典、『金烏玉兎集《きんうぎょくとしゅう》』に拠《よ》っている、と考証されている。

陰陽道は中国の陰陽五行思想を母胎とし、日本において独自の展開をみせた思想である。

中国の陰陽五行思想は、古代中国の天文学とふかく結びついているが、その天文学によれば、北極五星とそれをかこむ四輔《しほ》を天帝一家の住む紫徽宮《しびきゅう》とし、不動の「北極星」とその周囲を規則正しく運行する「北斗七星」とを併せて北辰とし、ここを天の中宮として信仰している。

『史記』天官書第五には、「斗《と》を帝車となし、中央に運《めぐ》り、四郷を臨制す」と述べられている。つまり北斗七星は天帝の乗物であって、天帝はこれに御《ぎょ》して宇宙を支配する、というのである。

事実、北斗七星は北極星を中心に、一時間に十五度ずつ動き、一昼夜で一回転し、一年でその柄杓《ひしゃく》の柄《え》、つまり剣先は十二方位を指す。その剣先が午後八時頃、寅の方を指す時が旧正月の寅の月、卯の方をさす時が旧二月卯月《うのつき》、辰の方をさす時が旧三月辰月《たつのつき》である。このように北斗は絶対に狂いのない天の大時計として、『天官書』には四季の推移と二十四節気の調整を司どり、五行の円滑な輪廻を促すものとしている。そうして北斗が人類になす最大の貢献は、農耕の規準を示し、民生の安本を保証することであって、天上天下にわたって一切の運行を整正するのは、ひとえにこの北斗である、とさえいっている。

以上を考え合せれば北斗七星の本質は天帝の乗物であり、援護者であり、四季の調整者、換言すれば農耕神、穀神、世《ゆう》の神である。

双紙守護神座の例
稲村賢敷「倭寇史跡の研究」
128頁の図より転写

なお『淮南子《えなんじ》』天文訓に「北斗の神に雌雄あり、雄は左より行《めぐ》り、雌は右より行《めぐ》る。十一月始めて子《ね》に建《けん》し、月ごとに一辰《いっしん》を移《うつ》り、五月に午《うま》に合うて刑をはかり、十一月には子《ね》に合うて徳をはかる」（建すとは指すこと……著者註）とある。

要するに北斗七星は男女七組であって、北斗は男女に別れて行動し、一年に二度、子《ね》と午《うま》で相合するというのである。

この北斗七星の本質を、うまの按司のそれと重ね合せてみよう。

北斗七星・うまの按司（子《ね》の方母天太《ばうまてだ》）　さきに竜宮の神、うまの按司は水の神であり、水は子《ね》の方によって象徴されるから、うまの按司は「子《ね》の方母天太《ばうまてだ》」であろうと推測した。とすればうまの按司は当然、北天の神である。

そうして善行を積む孤児、佐阿根の援護者として天降りし、佐阿根にとっての食物の供給者、穀神となり、世《ゆう》の神となった。

島に生きる人々にとって天と海は水平線で一つとなり、共にアメ・アマの語で表現される。海の彼方から来る神は、同時に天の神でもあり、事実、東の沖から白舟にのってきたうまの按司を、佐阿根は天女と信じたのである。

北斗七星は乗物の神であるが、天における車は、当然、海においては舟となろう。

北斗の剣先は前述のように正月は寅《とら》、二月は卯、三月は辰の方をさすが、ナーバイの神事はこの辰の月に執《と》り行《おこ》なわれる。この神事はその外、時間においても辰巳刻をとり、北斗七星と密接な関係がある。

うまの按司は男女七人の子女を生《な》したというが、この男女七人ということも『淮南子』による中国の古伝、北斗の数に一致する。

更に北斗とうまの按司の関係を暗示するものに、ウマニヤーズ御嶽におけるうまの按司の祭祀方位がある。

先にウマニヤーズ御嶽の祭屋は辰巳方《たつみのかた》が出入口となっていることを述べたが、この祭屋で注意されることはうまの按司が東北隅、つまり丑寅《うしとら》の方位に祭られていることである（次頁の図参照）。

『時双紙』には「寅の神」の神名も時に顔をみせるが、恐らくそれは一年の始めを、寅の方を指すことによって起す北斗七星の作用の神霊化であろう。

「寅神」とは多分、北斗の神であって、うまの按司が東北の寅の方に祀られていることは、うまの按司が北斗であることの例証の一つとなり得よう。

またナーバイにおいてはその祭事の間中、参加の男女は別行動をとる。男は女の柴刺しをのぞき見ることさえゆるされず、その間、御嶽の山に残って舟漕ぎの真似をすることは前述の通りである。

北斗七星もその雌雄の神はつねに別行動をとり、半歳に一度、子と午の月に、子と午の方位で相合することになっている。

津波よけの呪術を教えて、うまの按司が海の彼方に消えたというのも、やはりうまの按司が北斗の化身であることを示すものと思われる。

というのは、前述の『史記』天官書には、北斗の徳を説いて天上天下にわたって一切の運行を調整するもの、といっている。

津波とは海がその領界を破って陸地を侵すことを意味し、両者間の調整が欠かれている状態である。海を海、陸を陸と限ること、或いは海を天、陸を地、とすれば、この天と地を陰と陽の位に正しく定めることも北斗の務めの一つである。

そうして本来、天神であるうまの按司は、自身その本拠である天に帰ることによって、天と地を正しく限ったのである。

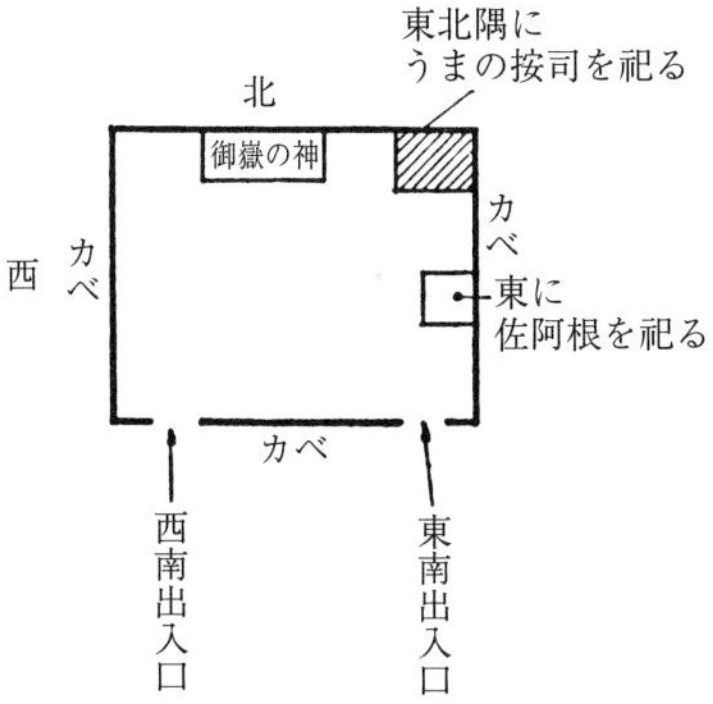

祭屋内見取図

しかしナーバイについてのこのような解釈は、この神事の奥底に、北斗七星という星神がかくされているという推測の上に、はじめて可能なのである。恐らくこの神事の底にひそむ星神の存在は、数百年にわたり祭りの当事者達にもかくされていた秘儀ではなかろうか。

そうしてナーバイ神事の意味づけはせいぜい次のようなものであろう。

竜（辰）の月に行なわれるナーバイとは、水を意味する竜の月に竜神を水に帰元し、水を水の位に収め、津波を防ぐための毎年の祭りである、と。

（後述するが中国哲学の三合の法則によれば、水の位の子《ね》から四つ目に当る辰《たつ》、辰から四つ目に当る申《さる》は、三つ合して水と化《か》し、又、子と辰のみでも水と化するのである。）

このようにさまざまの角度からこの祭りを分析したのであるが、重要なことはうまの按司と北斗七星の本質の重なり合いの様相である。そこで重複するが、「表」にしてそれをみることにする。

うまの按司の本質――援護者・穀神（世《ゆう》の神）・乗物・七男七女の母・辰月の神事・寅方の祭祀方位

北斗七星の本質――援護者・穀神（世の神）・乗物（車）・雌雄七神・辰月辰方に建《けん》す・寅月寅方に建す

両者間のこのような重なり合いは、うまの按司を北斗の神格化として私にとらえさせ、同時にナーバイという津波よけの神事を、中国哲理にもとづく一種の呪術と推測させるのである。

なお最後につけ加えておきたいことは、この神事が中国哲理にふかく拠《よ》っていながら、一方においては東を神界として神聖視する古習を潜めさせている点である。

うまの按司は東の沖から西の人間界を目指してくる神であり、その白舟の白は五行において西を暗示する。神と人が交わった翌朝、浜に流れついた沢山の寄木も東からの福であった。ナーバイは辰月新酉日《あらとりのひ》に行われるが、酉は方位に直せば西である。

この伝説と祭りの中には、東西の軸が僅かながら顔をのぞかせ、東から神を迎え、西の人間界にその「世《ゆう》」を曳くことになっている。

なお「ナーバイ」の語義は不詳であるが、「名張り」（名を神に告げる）の意（岡本恵昭説）とも、「縄張り」（稲村賢敷説）ともいわれる。

三　池間島の伝承

池間島は宮古本島の北に接する離島で、小さいながら宮古六島を率いる形勢を示し、また現実に宮古島の人の魂は死後ここに集る、といわれ、同時にこの島の入口に当る丘の麓に迎られる大主御嶽《うぱるずうたき》の主神、「子《ね》の方母天太《ばうまてだ》」は宮古島の人々の寿命を司どる、といわれる。

何故、宮古の人々の魂がここに集り、またこの島の御嶽の主神が宮古の人々の寿命を司どるとされているのであろうか。

その推理に入る前に「大主御嶽」の由来を稲村賢敷氏の『宮古島庶民史』によってみると次のようにいわれている。

「昔、女神が池間に天降りして山野に木の実を求めて生活していた。風雨の夜、大木の洞に入って一夜を明したが、夜中に一羽の怪鳥が大樹の上に羽搏《はばた》き、夜が明けると樹下に大きな卵が十二あり、やがて卵がかえって宮古島十二方の地にとんでゆき、各御嶽の神になったという。大主御嶽の神はその母神にあたるので、子の方母天太と唱えて、祀っている。」

この伝承における子の方母天太の本質は次の通りである。子《ね》の方母天太《ばうまてだ》は

宮古本島の北に位する池間島の大主御嶽《うぱるずうたき》の主神であるからその名の通り、北の子《ね》の方の神である。そうして彼女は天降りした天神で十二方位を統べる神である。

この母天太《うまてだ》の本質は北斗七星のそれに一致する。つまり北斗七星は、

北極星の周囲を規則正しく巡《めぐ》り、その剣先は一年に十二方位を指し、北天の神である。

ところで宮古島には既述のように本土の陰陽道に拠《よ》るという『時双紙《ときのそうし》』が古来、伝承されているが、陰陽道においてもっとも尊崇される神は、北斗七星である。それならば北斗に対する信仰は現実に宮古島のどこかに必ず顔をみせるはずである。その顔を見せるはずの北斗がこの子《ね》の方母天太《ばうまてだ》ではなかろうか。

しかしここにひとつ問題がある。

『時双紙』には必ず北斗七星と南十字星の図が描かれ、神名には子《ね》の方母天太《ばうまてだ》と午《うま》の方父天太《ばあさてだ》が並べられる。

子《ね》の方母天太《ばうまてだ》が北斗七星ならば、午《うま》の方父天太《ばあさてだ》は当然、南十字星に比定されよう。人間のことはすべてその環境に支配されるが、信仰もまたその例に洩れない。『時双紙』は本土の陰陽道に凭《よ》りながら、沖縄においては独特の展開をみせたに相違ない。

というのは本土では南十字星は見ることは出来ないから信仰の対象にはなり得ず、卜占書に入り込む余地はない。しかし南島においては美しく輝く南十字星は、福をもたらす神として信仰するにふさわしい星であった。穀物神、北斗七星は福の神、世の神でもある。しかしここにおいて北斗七星、つまり子《ね》の方母天太《ばうまてだ》の徳の一部分は、南十字星の午《うま》の方父天太《ばあさてだ》に分掌され、南の父天太《あさてだ》が福徳を象徴することになったのではなかろうか。

その結果、子《ね》の方母天太《ばうまてだ》は、時間を掌《つかさ》どる神としてその徳を保ち、宮古島の人々の寿命を預ることになった。一方、くり返し述べたように北の「子《ね》」の象意は一陽来復であるから、子の方母天太は輪廻の端を開く神、死者に輪廻と永生を保証する神となり、子の方母天太の鎮座する池間島は、宮古の人の魂の集る処として信仰されるようになったのではなかろうか。

四　井戸と竜宮

宮古本島の「犬井」

沖縄宮古島では井戸が神聖視され、井戸の底はとおくはるかに竜宮に連なる、とされている。また井戸はそればかりでなく、天とも交わるとされている。

数ある井戸の中でも、宮古本島の漲水御嶽《はりみずうたき》の程近くにある「犬井《いんがー》」は、宮古人の祖先発生の聖所とされ、今も信仰の対象となっている。

昭和四十八年の春、この「犬井《いんがー》」の敷地内に、新しく農協の建物がたつことになり、この井戸の存続さえも一時は危ぶまれ、また存続したとしても建物がこの井戸の上を蔽えば、天と接続しなくなるというので、多くの人々の間で、大問題になっていた。

何故、井戸の底が竜宮に連なり、井戸が同時に天に接続すると考えられるのだろうか。

恐らくそれは中国哲理に拠るものと思われる。以下はその推理である。

南島に生きる呪術

井戸は坎（穴）で水のたまるところであって、それは正に北の一白坎宮《いっぱくかんきゅう》の象徴するものである。井戸は十二支でいえば「子《ね》」に当る。十干でいえば「壬《みずのえ》・癸《みずのと》」である。

中国哲理には「三合《さんごう》」の法則があり、それには子（水）、卯（木）、午（火）、酉（金）の三合の四種がある。子・卯・午・酉の四支は、各自その四つ目に当る「支」と結んで「局《きょく》」をつくる。例を「子」にとれば上図のように結んで、「子《ね》の三合水局《さんごうすいきょく》」を形成し、子《ね》・辰《たつ》・申《さる》の三支はすべて「水」に化《か》す。この場合、子と辰、子と申の二つずつでも半局《はんきょく》といって、水と化《な》る。

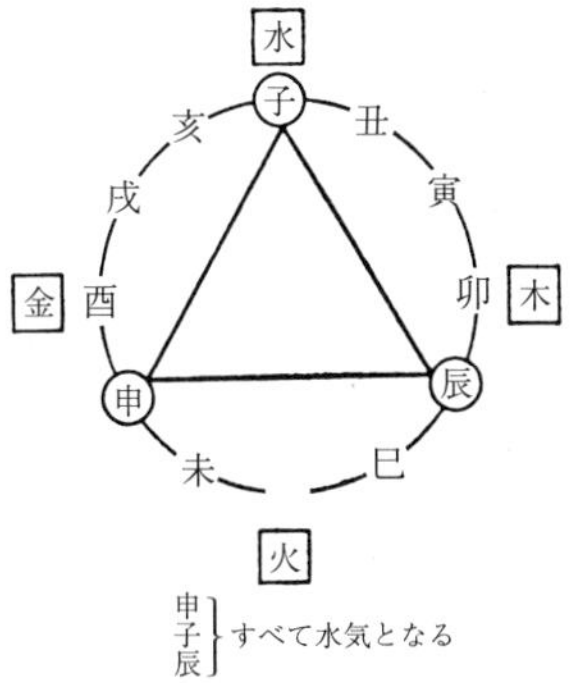

子の三合水局

そこで「子」を井戸、「辰」を竜宮とすれば、井戸と竜宮は相通ずることになる。

古来、竜神が水神とされているのは、この哲理によっているものであろうか。更に北の子《ね》は水の位《くらい》であるが、先天易においてはこの北が「坤《こん》」で地の位である。それに対し、南の午は火の位で、同じく先天易ではここが「乾《けん》」で天の位である（後天易では乾は西北、坤は西南となる）。

さて、中国哲学では、天と地はもと同根で、混沌《こんとん》から岐れ出たものであるから、天と地は密接なかかわり合いをもち、地の気はたえず上昇をはかり、天の気はそれに対し下降をはかるべきものであるとする。地の陰の気と、天の陽の気が交合して万物が生成すると考えられている。

井戸を、子《ね》の「坤」とすれば、井戸の気は上昇してそれは不断に天と交り合わねばならない、と考えるのはむしろ当然であろう。その後、きいた話では、

「宮古の信仰に生きる人々は、この井戸からパイプを出し、それを建物の外に導くことによって、この問題を解決した」という。

南島に生きつづける古代の呪術に感動をよびさまされるのは、一人私だけではないと思う。

日本古代呪術　要旨――「陰陽五行と日本原始信仰」――

一　私見日本原始信仰

天象における太陽の運行、地象における植物の枯死再生、人象における人間の生死、等から類推して古代日本人は神の去来もまたそれらになぞらえて考えたと推測される。

太陽は東から出て西に入る。そうして「太陽の洞窟」をくぐって翌日は再び東から上る。

植物は秋、結実して枯死するが、その実は冬、穴倉に収蔵され、春、土中に播種されれば再び発芽する。新生の前には暗黒、狭窄の穴とか土中のこもりがある。

人間も東方の種を象徴する男と、西の人間界、畑を象徴する女との交合により、暗黒、狭窄の胎の中に定着した萌芽は、その穴の中に未生《みしょう》の時を過さねばならない。

太陽にも植物にも人間にも、新生という現象の直前にあるものは、穴であり、この中にある期間、こもることなしに新生は不可能なのである。

太陽の洞窟からの類推によって、古代日本人は、神にとっても、人にとっても、常世という他界からこの世へ、この世から常世への輪廻に欠かせないものは狭く暗い穴と考えた。この穴にこもっては出、出てはこもる、その循環・

輪廻が神の去来の本質であり、祭りの原理であろう。輪廻及びその輪廻の中枢にある穴、それが日本原始信仰の中核と私は考える。

二　陰陽五行説の概略

陰陽五行説とは宇宙間の森羅万象を陰と陽の関係においてとらえようとする二元論である。万物は陰陽の交合によって生死盛衰をくり返すが、その作用《はたらき》の具象化が五行である。五行の「五」は宇宙間の五原素、「木火土金水」であり、「行」はその作用の意味である。木火土金水は互いに相生《そうじょう》・相剋《そうこく》して万物をして盛衰の輪廻をくり返させるが、人間も又この法から逸脱は出来ず、この原理にくみこまれている、というのが陰陽五行思想である。

日本原始信仰・民俗風習にもっとも深い関係をもつ十干・十二支もこの五行から派生している、つまり十干は木《き》の兄《え》・木《き》の弟《と》の甲《きのえ》・乙《きのと》にはじまり、水の兄・水の弟の壬《みずのえ》・癸《みずのと》で終り、十二支は木星の運行に基づいているものである。

三　日本原始信仰と五行説の習合

日本原始信仰と大陸渡来の陰陽五行思想とは同一の思想ではない。この二者はその発想においても本質においても本来、異質のものであった。

しかし古代日本人は、この異質の外来思想に出会ったとき、次第に自己の信仰の中にこの五行思想を習合させ、それによって反って自分達にとっても漠然としていたその信仰の輪郭附けを行なうに至ったのではなかろうか。もう一つ言葉をかえていえば、自分らよりはるかに智恵の発達していた隣人の思想を借りて、自分らの信仰・思想の体系化と理論附けをはかったとみられるのである。

本来、異質の他人の思想を借りて、自己のそれの体系化をはかるということは不可能に近いことであるが、それをあえて可能にしたのは、その両者の間にある共通性と、そういうことをむしろ得意とする日本人の性格であろう。五行思想と日本原始信仰における共通性とは宇宙間の万象の二元的把握と輪廻の思想、及び穴（坎）の認識と考えられる。

四　習合の実際——子《ね》卯《う》の結合——

柳田国男はその『祭日考』において、寛平七年（八九五）の太政官符から、此の時代の氏神祭は旧十一月と二月、又は旧十一月と四月の結合型であったことを指摘し、極寒旧十一月に収穫祭の行なわれる理由を九月の物忌みの延長と解釈した。又二月は農事始として早過ぎるが、これも又、物忌みのはじまる日と解したのである。つまりいずれも物忌みをその理由としている。

しかし十一月・二月の祭月の型を私は物忌みではなく、子《ね》・卯《う》の結合と解釈する。

旧十一月は子《ね》の月、二月は卯《う》の月である。子の意味するものは十干では壬《みずのえ》、妊《みごも》りであり、方位は北の坎宮、つまり穴である。その体象は水・盲目・胎・妊り・冬・黒などである。

卯の意味するものは十干では甲《きのえ》、方位は東の震宮、その体象は顕現・発動・春・雷などである。

稲の種実は子《ね》の月、十一月によって象徴される北の坎宮に萌芽としてこもり、卯《う》の月、二月によって象徴される東の震宮において春、顕現する。

子と卯は五行にあてはめれば水と木に当る。五行相生の理において水と木は、水生木《すいしょうもく》の関係にある。水生木《すいしょうもく》は木生火《もくしょうか》・火生土《かしょうど》・土生金《どしょうきん》・金生水《きんしょうすい》と発展し、再びはじめの水生木にかえる。水生木はいわば五行循環の輪廻の端緒をなし、その輪廻の短絡をすると考えられる。

子卯《ねう》結合は輪廻の象徴であって、これは神の去来にも、人間の生死にも適応される。穴を中枢におき、こもっては出、出てはこもる、のが日本原始信仰の基本とすれば、この子卯結合はその理論化ではなかろうか。

日本の最大の祭り、大嘗祭は旧十一月中卯日にはじまる。これを十二支におきかえれば、子月中卯日ということになり、疑いもなく、子卯結合を示している。

なお子の月を易の卦で表せば一陽来復であって、冬至を含む月である。冬至は天上の春であり、それから四十五日後、卯の月の立春に至って地上の春が顕現する。

四月は巳（蛇）の月で、この月の考察はここに省略する。子と卯の結合は祭りのみでなく他の事象にもみられる重要な結合で、日本原始信仰と陰陽五行の習合をもっともよく示すものと私は考える。

隠された神々

——古代信仰と陰陽五行

初刊　一九七五年（昭和五十年）七月　講談社（講談社現代新書）
再刊　一九九二年（平成四年）十一月　人文書院

はじめに

古代日本の行事は国家的のものから村の祭りに至るまで、ある一つの原理によっていたと思われる。その原理とは、太陽の運行から類推された、神は東から来て西の人間界に迎えられるという、東西軸を神聖視する思考であった。ところがその神聖視されてきた東西軸は、ある時期に至って突然南北軸にとってかわられる。それは大和朝廷の首長の名称に、中国思想所産の天皇大帝の呼称が撰ばれた時点から徐々にはじまったがその機が真に熟したのは、天照《あまてらす》大神《おおみかみ》に中国の宇宙神「太一《たいいつ》」が習合された白鳳期と私は推測する。「太一」は北極星の神霊化であるが、天文学と結びついている中国哲学は、その「太一」を一年の周期でめぐる北斗七星をも重視した。

北斗七星は天帝「太一」を輔《たす》ける宰相の星であって、占星台がはじめておかれた天武朝には、その北斗七星の動きは正確に捉え計算され、その星座が伊勢神宮の祭りにとりこまれ、左右するようになったと思われる。

伊勢神宮の祭りと星座の関係をみれば、そこに南北軸、つまり子午軸が明確に意識され、把握されている事実は疑う余地がない。こうして把握された子午軸は国家・個人・穀物など、ありとあらゆるものの生命の永遠性を保証する軸として、東西軸にかわって神事・行事に徹底的に実践された。たとえば天武帝（大海人皇子）の午日における午方への出奔（大津から吉野へ）、天智天皇の近江遷都にはじまる一連の藤原京、平城京、平安京などの北方遷都、持統天皇の三十回をこえる南の吉野出遊、藤原京南方営陵、子《ね》の月中卯日《つきなかうのひ》にはじまり午《うま》の日に終る大嘗祭など、その例は数え切れない。

これらは子午軸上の事象として捉えられ、関連づけられなければならないと思われるが、今日までその視点は日本史・民俗学などの諸学において欠落し、それらは別々の事象として考究されてきた。

そういう流れに対し、この小論が一石を投じたことになれば幸いと思う。

吉野裕子

第一章　日本古代の神々

一　神々をとらえる日本的発想

「見立て」と「擬《もど》き」

想像力は人類に共通して与えられている能力であるが、その想像力を駆使して各民族がつくり描く神話、世界像、文化の型は決して同一ではない。個人に個性があるように、民族にもまた個性がある。

古代日本人は他の民族に劣らず、想像力が豊かな民族であったがこの古代日本人がつくり出した文化の型の特徴を一つあげるとすれば、私は「見立て」をあげたい。

ここにいう「見立て」とは何か。日本舞踊を例にとるならば、一本の舞扇はあるいは傘に、あるいは酒器に、筆に、短冊に、手鏡にと見立てられ、その扱い方によっては扇はさらに雨、落花、流水をあらわし、また抽象的な事象をさえ表現する。これがいわゆる「見立て」であるが、日本舞踊におけるこの扇のように、一物で多様の役割を果しているものは、おそらく世界じゅうどこにもない。

日本人が一本の扇に、この世のありとあらゆる事物の表現を委《ゆだ》ね、負わせているこの事実は軽視されるべきではない。世界にあまり類がない、このような表現法がつくり出された背景を、私たちはもっと考えなくてはならないと思う。

というのはこの「見立て」は、民族の本性にあるものが、長い年月の洗練の結果、到達したもので近代になって突然出現したというわけのものではないからである。したがってその解明は、日本民族の本性を解く鍵の一つになり得る。それでは次に、この「見立て」を生み出した民族の本性とは何か、ということになる。

古代日本人は抽象的な思惟を苦手とし、物ごとを理解しようとするとき、それを何かに擬《なぞ》らえ、それからの連想によって捉《とら》えようとした人々だったと思う。つまり「擬《もど》き好き」「連想好き」であって、それが日本人の原初的心情なのである。

「見立て」の背後に潜むものは、この心情であって、この傾向が神話・信仰・世界像を創造し、神事、祭りの形態を定め、神事から諸種の芸能へと発展させてきたのである。

こうした擬き、連想は人類に共通した好みではあろうが、それは日本人においてとくに強烈であって、今もなお日本人の生活万般のなかに根づよく息づいている。日本の祭礼、年中行事、冠婚葬祭のなかに貫かれてあるものは、ほとんどある事柄とか、あるものとかの擬《もど》きである。

日常化されたものに対する意識は、常に稀薄であるが、「擬き」、「見立て」もこの例にもれず、従来あまり顧みられることなく過ぎてきた。しかし瑣末《さまつ》とみえるこうしたことが、かえって大事なのであり、民族性や日本人の古代信仰解明への、大きな手がかりになりうると私は思う。

「擬き」「連想」を好む日本人は当然、神の把握においても抽象的ではあり得なかった。日本の祭りは、神迎えと神送りの始終をその本質にしていると思われるが、その神の去来も人の生誕と死というものに、そっくりあてはめて考えていたのではなかろうか。

人の出生の原点は母の胎《はら》、つまり穴である。神の来迎が人の生誕にむすびつけて考えられていたとすれば、祭りの最初の段階に「穴」があることは、きわめて自然な成り行きであろう。そこでこの「穴」から話を進めたいと思う。

「クラ」と「カマ」について

穴をあらわす日本語は数多いが、すぐ思いうかべられるものに、ホラ（洞）、ハラ（腹・胎）、ムロ（室・窟）、カマ（洞・釜）、クボ（窪）などがある。そのほか、穴を意味するものとして「クラ」を加えたい。クラについては、すでに拙著『扇』『日本古代呪術』などにおいて詳述したので、ここではその概略を記すにとどめよう。

『古事記』上巻記載の神名のなかに、

(1) アメノクラドノカミ（天之闇戸神）
(2) クラオカミノカミ（闇於加美神）
(3) クラミツハノカミ（闇美津羽神）
(4) クラヤマツミノカミ（闇山津見神）

といって、「クラ」を冠せられた神々がある。

この四神に共通する点は次の通りである。

1 いずれも渓谷をつかさどること。

2 四神のうち三神までが殺された迦具土神《かぐつち》の所生であって、しかも(2)と(3)は手の股、(4)は足の股間からの所生である。迦具土神自身伊邪那美神《いざなみ》の陰《ほと》を灼《や》いた神である。

これらの共通点から、一つの推論が導き出される。

渓谷、手の股、足の股間はいずれもV字型を連想させる。なかでも谷は山と山とがせまり合った窪みを意味し、典型的なV字の象徴である。「クラ」は谷の古語ともいわれている。手の股、陰《ほと》はV字型を象徴する。V字型は三角形であり、沖縄では三角形は女陰をあらわすものとされている。

クラは要するにV字型に対する名称であったが、その範囲は鋭角のものから鈍角のものまで、かなり広汎囲にわたっていた。鋭角の典型的なV字型クラが谷であり、鈍角の代表が神座《かみくら》・石座《いわくら》のクラ、枕のクラ、鞍のクラだったと思われる。御幣《みてぐら》もこうしてみると美称「ミ」と手の「テ」、それにこの「クラ」、と分解することができ、両掌によってつくられたV字型のなかに挿し立てられた神聖な枝、または神への供物と解される（本書所収『日本古代呪術』第二章九四頁の図参照）。

いずれにしてもクラはV字型に対する呼称で、それ自体、何の神聖性もない言葉と推測されるが、宣長は『古事記伝』において「昔、神に奉献するものをすべて〈久良《くら》〉といったらしい」といい、柳田国男は『日本の祭』の中で「本来はすべて神の降りたまふべき処がクラであつた」として、いずれも「クラ」に特殊な神聖性を持たせている。

穴の重視はなぜか

なぜ、本来穴の意味しか持たないと思われるクラが、今日まで多く先学によって、それ自身、神聖な神事に関わる語として解釈されそれが誰からも疑われず定説として承認されてきたのであろうか。

その理由は要するに、神事と穴《クラ》が深い関係にあり、穴が神事に頻出するゆえに、穴《クラ》自身に神聖な意味があると、解釈されるに至ったからであろう。

「クラ」はカミクラ（神座）、イワクラ（岩座）、ミテグラ（御幣）というように神事・祭事に多出する。神座・岩座は神の顕現を伝承する岩の場合が多く、そのためにカミクラ山、タカクラ山は神社の起源と推測される山の名称になることが多い。

少し変ったところでは、秋田地方の小正月の行事の「カマクラ」がある。この語義は不明とされているが、おそらく「神クラ」が転じてカマクラとなったものか、または「洞《カマ》クラ」の意であろう。カマは掘り窪《くぼ》めた凹所をさす語で、つまり穴を意味する。それならば穴を二つ重ねて用いているわけであるが、そのいずれに解するとしても、カマクラが神の穴を意味することには変りはない。

カマクラの中には水神様が祀られる。穴と水は陰陽五行思想で密接なかかわり合いがあり、北の坎宮《かんきゅう》（＝穴宮）は水気象徴の方位である。カマクラの中に、水神様が祀られることは、要するにカマクラが穴であることを物語っているのであるが、この一白坎宮については第二章でふれる。

カマ（釜）もカマド（竈）も日本の神事に多出する。昔から、内裏の内膳司には三所のカマド神が奉斎されていたが、そのカマドは天皇が代《かわ》られるごとに、新しいものにつくり改められた。カマドは重要な呪物だったわけである。

以上、穴を意味する語と神事とのかかわり合いをみてきた。もちろんこれだけでは十分に意をつくせないが、それは各章を読んでいかれるうちに補《おぎな》いのつくこととして、このように神事に穴が関わり合うのはなぜか、という次の問題に進みたい。

穴が神事において多出する理由の解明には、まず古代日本人における世界像をみる必要がある。その世界像を成立させているものは結局、古代人をとりまく自然環境、つまり天象・地象・人象の彼らによる把握、および神の在り様の彼らによる捉え方であるから、まずそれらについての考察から入ることにする。

天・地・人のとらえ方

•天象——太陽　南島でうける太陽の印象は、朝日夕日ともにきわめて強烈である。沖縄では朝日を「アケモドロの花」と讃《たた》え、その華麗さは暁に咲く大輪の花に譬《たと》えられてきた。一方、水平線の彼方に沈む巨大な夕陽は、一瞬、あたりに夜の闇をもたらす。この暁の光と夜の闇の対比は、太陽の偉大さを日ごとに人々の心に納得させたのである。

こうして沈んだ日は「太陽の洞窟《テダガガマ》」とよばれる洞穴を通って、再び東に新生するとされた。

沖縄では東をアガリ、西をイリというが、共に太陽の動きに応じた名称である。その東方はるか彼方、海と空が一つになった所に、常世国・ニライカナイが多くの場合想定されている。そこは太陽の昇る所、祖先神をはじめ、火の神・水の神など神々の居所であり、またいっさいの生命の種の根源となる所である。あえて定義すれば実在の海の彼方、想像の理想郷のダブっている所、それがニライカナイである。

自然の中でも重要な存在、太陽について古代日本人が考えたことは、その運行と不断の新生、つまり輪廻であり、その輪廻の中央・中枢にあるものは、太陽の洞窟という「穴」であった。

•地象——植物　地象としてはまず植物が考えられる。それは大方、秋に結実して枯死するが、その種実は冬の期間、穴倉に収納され、食用に供されるもののほかは、春、土中に播種されて再び発芽する。植物の新生の前にはこのように必ず、まず生命の種実中への閉鎖、次には種実そのものの暗黒・狭窄《きょうさく》な穴倉とか土中への収納・こもりがある。穴蔵といい、土中といい、いずれも狭小の暗黒・無音の世界であって、ここに一時《ひととき》を過すことなしに生命の再生はあり得ない。地象としての植物のありようは、このようなものとして彼らによってとらえられていたと思われる。

•人象——人間　人間の生命は男女両性の交合したある時点から母の胎内に芽生え、定着し、約二七五日間、音も光も届かない締《し》めつけられるような暗所のこもりに耐えて、時が至れば嬰児の形をとって、水にのって、誕生する。

この裸形《らぎょう》で出現し、休みなく鼓動をつづける生命体に対し、それを迎える側がまずしなければならないことは、衣と食を供することであった。こうして迎えられたものは成人し、親と同様に働き、子孫をのこして死んでゆく。古代日本人によってとらえられた人間像は、このように単純明快なものであったと思う。

そこで彼らによって把握された、太陽・植物・人間に共通する在り様は、次のようなものであったろう。

(1)　太陽は東から昇る。人の種も植物の種も東方の常世国から渡来する。

(2)　太陽は日毎に新生・消滅をくり返し、植物も人間も転生輪廻《てんしょうりんね》する。この三者は結局この世に常在しない。

(3)　太陽・植物・人間の各輪廻の中枢《ちゅうすう》にあるものは「穴」である。太陽の場合は、「太陽の洞窟」、植物は「穴クラ」、人の場合はその誕生においては「母の胎」、死去の場合は擬似母胎の「墓」である。

こうして東方から来《きた》り、常在せず、穴にこもるもの、という三点は三者に共通する本質としてとらえられるが、それは同時に神の本質を表わすものとしても、意識されたのである。

神を目にみえる形にする

この三点を本質とする太陽・植物・人間は、いずれも現実にこの目でみることのできる存在である。この三者にまさる重大な存在は神であるが、神は目にみえるものではない。

しかし古代日本人は、このみえない神を抽象的なものとして、観念的に把握しようとはしなかった。彼らが目にみえるものとしてとらえようとしたのは、常世の神であり、それは祖神《おやがみ》としての蛇であったと思われる。

蛇は古代の人とふかい関わり合いがあって、世界各民族・各宗教の創世記・神話に登場し、蛇を祖神とするのは古代日本に限らない。それは種が植物の生命の元であることから、人の種も男根に貯えられると類推され、その男根から蛇が連想されてのことであろう。

しかも同じ蛇から出発しながら、各民族の宗教・信仰は異なる発展をする。日本古代信仰は蛇の形からは男根を、脱皮するその生態からは出産を連想し、蛇を男女の祖先神に分ったと思われる（この考察については本全集第一巻所収『祭りの原理』第四章蛇を参照して頂きたい）。

日本の古代信仰における祭りの大きな特色は、神を目にみえる形にして顕現させ、それを鄭重に迎えて饗応し、授福を願って再び常世国に送り出す、ということにつきると思われる。神を目にみえる形にして顕現させるということが、特色の中でももっとも重大であるが、それにもまた二つの型があった。

第一型　男女の祖先神としての蛇を、何らかの方法でそのまま顕現させる型

第二型　男祖先神としての蛇と、巫女《みこ》の交合により、巫女が神を妊《みごも》り、最終的には巫女が自《みずか》ら神として、み生《あ》れして世に臨む型

第一型を蛇型とすれば、第二型は巫女型といえよう。

沖縄先島地方の豊年祭《プウリ》に出現するアカマタ・クロマタは、常世から来る男女の神であるが、これはおそらくその名称から考えても蛇であろう（斑蛇《まだらへび》のことをアカマタという）。この場合には生身《なまみ》の人間が扮しているが、蛇型には縄による造型が圧倒的に多い。同じく豊年祭に綱引の形でのこる、雌綱《めづな》・雄綱《おづな》の登場はその好例と思われる。

本土の各地における祭りに藁《わら》や縄でつくられた蛇が登場する例は枚挙にいとまがない。生身にしても造りものにしても、以上の例は蛇が直接に祭りに現われる第一の蛇型である。それに対して第二の巫女型は、直接的な第一型に較べ、はるかに屈折の多い形である。

三輪山の神は美しい女と交わる蛇であるが、この蛇と交わる女性が日本の古代信仰における巫女《みこ》ではなかったろうか。奇稲田姫を襲《おそ》うヤマタノオロチ神話の原型も、同じくそれであって、蛇と交わる巫女の相《すがた》を伝えるものが、この神話の本質であろう。そうして何事につけて、美化し洗練する日本人の好みに適《かな》ったものは、直接に蛇を出す第一型より、第二型の巫女型であった。

巫女型とは巫女が常世の神、蛇と交わり、神を生むのであるから蛇は当然姿をみせるはずであるが、その蛇は第一型ほどはっきりしたものではない。巫女型における蛇は、聖域における神木だと私は思う。

沖縄における聖域は御嶽《うたき》、その御嶽の神木は蒲葵《びろう》である。おそらくこの蒲葵が、蛇＝男根の象徴であろう。本土においては聖域は神社、その神木は杉・松などであるが、これは蒲葵の代用かと思われる。

巫女は神木によって象徴される常世の神、蛇＝男根と交わり、神霊を受胎し、妊《みごも》り、最終段階において自ら神として生れ、人の世に臨む。巫女型はしたがって祖神の蛇をそのまま出現させる蛇型の祭りより、はるかに曲折の多い祭りの形態といえよう。巫女型においては神は人間と同じ筋道、性交・受胎・出産の三過程をへて、この世に顕現《みあれ》する。

みあれの神には新生児同様、衣と食が供せられる。神祭において常に神御衣《かんみそ》と御饌《みけ》の奉奠《ほうてん》が、祭事の中心になっていることは伊勢神宮の祭祀からも明らかにみてとられるのである。そうして迎えられた神は、しばらくこの世に留って、やがて人の死ぬのと同様に常世の国に帰られる。迎えられた神は同時に送られるべき神であって、この世に長居は無用、滞在が満期となれば、即座に、しかも確実にその本貫に送り出されなければならない。神迎えと神送りは祭りの中において、同じ比重を占めるのであって、これが日本の祭りの原型であり、特色と思われる。

神迎えにおけるこもり

日本の古代信仰にある神は、一年の折目節目に東方の常世国から西方の人間界に迎えられる神であるが、巫女型の祭りの場合、神事に欠かせないものは巫女による神との交合・妊《みごも》り・神のみあれの三段階であって、この一人三役をこなすことこそ、巫女に負わされた最大の責務であった。この三段階の中の妊《みごも》りが、日本の神祭に絶対欠くことのできないこもりだったのではなかろうか。

　祭りにおけるこもりに対する従来の解釈は、次の通りである。つまり高い木を目印にして降臨してくる神霊を祭祀者は待ちうける。そうしてその神を迎えるにふさわしい状態になるためには、前もって厳重な慎《つつ》しみ、忌《い》み籠《こも》りが必要であるが、その忌み籠りの期間がこもりであるとされてきた。

　こもりをこのように解釈すれば、祭祀者は神を自身の外に迎えることを意味し、祭祀者は神に奉侍する立場にあるものとなる。これに対し神事におけるこもりを妊《みごも》りと解すれば、祭りの本質はまったく違ったものとなる。

　巫女は神との交合により自らの中に神を懐胎し、その間に巫女はいつか妊《みごも》られた神そのものとなる。その神は胎児であるから、巫女は胎児の擬《もど》きをすることになる。胎児は飲まず食《くら》わず無為《むい》にして盲目、手足を屈して体液の中に泛《うか》んで眠っている。狭く暗黒な母の胎内に屈居する胎児の在りようを擬《もど》くことは、それだけでまったく苦しい行《ぎょう》であるが、その様相が深い慎《つつ》しみと誤認されるようになったのではなかろうか。または祭りが男性の支配下におかれたとき、故意にこの妊りが慎しみの期間という意味に、すりかえられてしまったのかもしれない。いずれにしてもこもりを妊りとすれば、神は祭祀者の外に迎えられる神ではなく、祭祀者の内に妊られ、それから外に向って新しく生れ出る神である。

神事におけるこもりをこのように解釈すれば、祭祀者としての有資格者は当然、男ではなく女ということになろう。古代信仰形態が今もなお残存する沖縄では、祭事において男性は、その主要な部分からことごとく拒絶されている。日本本土においてもその痕跡は伊勢の斎内親王《いつきのみこ》をはじめ、到るところにうかがわれるのである。この事実はおそらくこもりが祭祀者における忌《い》みの期間ではなく、神を妊っている期間、あるいは神の妊られている期間であることを裏書きするものであろう。

神迎えがこのように人の出生に擬《もど》かれ、神との交合・妊り・出産という巫女の一人三役によって果されるとすれば、神送りの神事も人の死になぞらえられ、そこには神迎え同様、岩座《いわくら》とか木の下、禁足地、仮屋《かりや》などの中におけるこもりが行われたと思われる。神をその本貫に新生させる、つまり送り出すためにである。

中央の「穴」

以上概観したように、神事におけるこもりを妊娠の擬きとして、それを時間にとれば、それは神事の中枢をなす最重要期間であり、それを場所にとれば、神界を象徴する東と、人間界を表わす西との中央にある擬似女陰、「穴」、つまり祭場ということになろう。祭りの遺跡に岩クラ・神クラとして、女陰を擬く石がみられるのはそのためである。本来生命のないこの岩クラに、神の種の受胎を可能とさせる霊力を与えるために、穴の保持者である巫女がすえられるのである。

こうして東から西へ、西から東への神および人間の去来を中継するものが、中央の「穴」であった。

以上が擬き好きの民族性によって生み出された日本の古代信仰とその必然的な結果として神事の中枢に「穴」が据えられるに至った状況の考察である。こうして穴は日本の祭りの中枢に据えられているばかりでなく、古代日本人の宇宙観、世界像の中枢におかれているものでもある。

二　古代日本人が描く世界像

東・中・西の三極

先に太陽・神・人間に共通する特質として、古代日本人が考えたものは、(1)東から来るもの　(2)常在せぬもの　(3)穴にこもるもの、の三つであるとした。それではこの三つの特質から、彼らのいだいた世界像が採り出せるのではなかろうか。そこで(1)(2)(3)の三者を一応一括して、それを分析し、そこから出発して考察すると、次のようなことが導き出される。

(1)　東といえば西が必ず対置して想定される。これは空間的場所である。

(2)　すでに東と西という場所があれば、そこに距離というものがあり、この二者間を動く「動き」と、動く「時間」が想定される。神・太陽・人間は不動ではなく、東から西へ、西から東へと動くものであってこの世に常在しない。

(3)　東と西、西と東の間には「穴」があって、神も太陽も人も、この「穴」に一時《ひととき》、こもることなしには、西方へ、あるいは東方に出ることはできない。「穴」は東と西の間に空間的に存在するものであると同時に、神・太陽・人間の時間的な動きの中間にあって、「静」の時を提供するものでもある。

そうして、

穴の内と、静を象徴するものは「幽」

穴の外と、動を象徴するものは「顕」

といえよう。

古代日本人にとって東は神界、西は人間界であったが、人間界からさらに西方は太陽の沈む所であると同時に、人の死につながる所である。人間の場合、東から西への動きは誕生を意味するが、その動きの中央にあるものは母の胎《はら》である。西から東への動きは死去を意味するが、その西から東への動きの中間にあるものは、母の胎になぞらえられた墓、つまり擬似母胎である。

母の胎も墓も共に「穴」であって、この穴にこもるということがあってはじめて、完全な生と死が達成されるのである。

神の場合も同様であって、人の生死の類推から想定された神迎え、神送りは、母の胎になぞらえてつくられた山中の御嶽《うたき》や、巨岩のつくり出す洞窟などで行われた（本書所収『日本古代呪術』序章二一頁の図上参照）。また岩クラという陰石や窪地が擬似母胎、擬似女陰として神のみあれの場所とされたであろうことは、先述の通りである。太陽の場合は前述のように「太陽の洞窟《テダガガマ》」が想定されている。

横（東西）の関係にある神界と人間界

神界と人間界は断絶したものではなく、海を距てた同一平面上に東と西という横の関係において併存する。それはまったく東方の海の彼方という、常世国のあり方から帰結された思考であって、この常世国のあり方を把握せずに、日本古代信仰は解明できないと私は思う。東方の神界と西方の人間界は距離によって距てられているだけのことである。そして神であれ、人であれ、東西間を動く、あるいは輪廻するその中間には穴があり、東西間を動くものすべてはこの穴を通ることなしには東へも西へも抜け出られないのである。

「穴」は空間的にとらえられた世界像と、時間的にとらえられた世界像の中枢に位するもの、東方と西方という場所の中央でもあり、東から西、西から東への動きの中心点にあるものでもあった。これが「穴」を中心とする空間的・時間的にとらえられた、古代日本人による世界像と考えられる。

日本人は大きなものを、そのままそっくり小ぶりに仕立て直してもう一度改めて鑑賞することが好きである。その好みは遠いものを手近につくり直して楽しむことにも通じる。盆景とか盆栽によってそれはよく代表される。

ミニチュアが好きな傾向は、くり返しを好むことにもなり、美術工芸の面では「入れこ」の器物が、そのよい見本である。「入れこ」の容器とは同心円の器物を大きさの順に重ねていくものであるが、この傾向が思想・信仰の面に持ち込まれると、基本の大世界像からそれを小ぶりにした、小世界像の想定ということになる。

さきに古代日本人にとって、神界と人間界とは同一平面上に東と西の横の関係で併存するものであり、この両者を距《へだ》てるものは距離だけだと考えたが、両者を分つものは距離だけという考えから、この距離をつづめて神界をあっさり人間界に持ち込み、それによってこの人間界の中に小型世界像をつくり上げ、そこに日々安住する、といった現象が生じるのである。それは換言すれば、基本世界像から求心的に、より小さな世界像が類推されてゆくということになる。

古代日本人によって想定された世界像の一つは、もちろん基本的な世界像である。それは東の常世に対する西の人間界と、その両者の間にある島、この三者によって構成されていると思われる。その島がもっとも問題なので、これが世界の中心擬似母胎である。神話の中のオノコロ島がおそらくこの島に該当し、ここに伊邪那岐《いざなぎ》・伊邪那美《いざなみ》の二神が天の御柱《みはしら》と八尋殿《やひろどの》を見たて、交合の結果、国土と多くの神々を生むことになる。

この島はおそらく女陰を象《かた》どる円錐形で、その形はその後、模倣されて呪物となり、大嘗祭に曳《ひ》かれる標《ひょう》の山、座敷内に飾られる蓬莱《ほうらい》や島台《しまだい》にもなったのではなかろうか。島を中心とする基本的な世界像は、日本人の深層心理の中に今も生きているイメージと考えられる（本書所収『日本古代呪術』序章二五頁図上参照）。

日本という国の基本像

基本的世界像の次に来るものはより小さい世界像、つまり日本国土の中に想定された世界像のミニ版である。つまり、

東は人間界の中における神界、同時に男の境域、
西は人間界の中における人間界、同時に女の境域、

なのである（次頁の図上）。この場合、東と西は、観念的にとらえられた二元ではなく、地理的に精確に測定された現実の地点―東と西の対比なのである。その様相は次頁の図（中）でうかがえよう。この図について説明を加えると、次のようなことがいえる。

⑴　日本国土の中に求められる東西の最長線は、東の鹿島と西の出雲を結ぶ線であるが、彼らはすでにそれを発見していた。

⑵　そうしてこの線上のほぼ中央に熱田神宮がある。

この状況をもう少し詳しくいうと、経度は鹿島神宮が東経約一四一度、熱田神宮一三七度、出雲大社約一三三度で四度ずつの等間隔をたもっている。緯度は鹿島・出雲がそれぞれ北緯三六度線上、熱田は約三五度線上でだいたい同じである。

国土の東西を結ぶ最長の線上に、日本最古の由緒を誇る神宮、大社がほぼ同緯度の上に等間隔をおいて鎮座されている。

基本的な世界像における中央の島、または穴を人間界にもとめれば、それは国のほぼ中央を占める熱田神宮である。この国の中央の社の「土用殿」に、至高の呪物、草薙《くさなぎ》の剣《つるぎ》が奉斎されたのである。この土用殿の前の神木は蒲葵と推測されるが、草薙の剣、神木蒲葵共に蛇・男根の象徴物と考えられ、それはオノコロ島の天のみ柱に相当するものであろう。

なお土用は春夏秋冬の各季の末の約十八日間で、季と季の間の中央であり、「土」は陰陽五行の中で中宮を占めるのである。熱田神宮の土用殿は国土の中央の社《やしろ》の、そのまた中央を象徴していると私は推測する。

鹿島神宮の主祭神は武甕槌命《たけみかづちのみこと》であるが、この神は神界を代表して出雲に赴き、国譲りの交渉に当っている。鹿島神

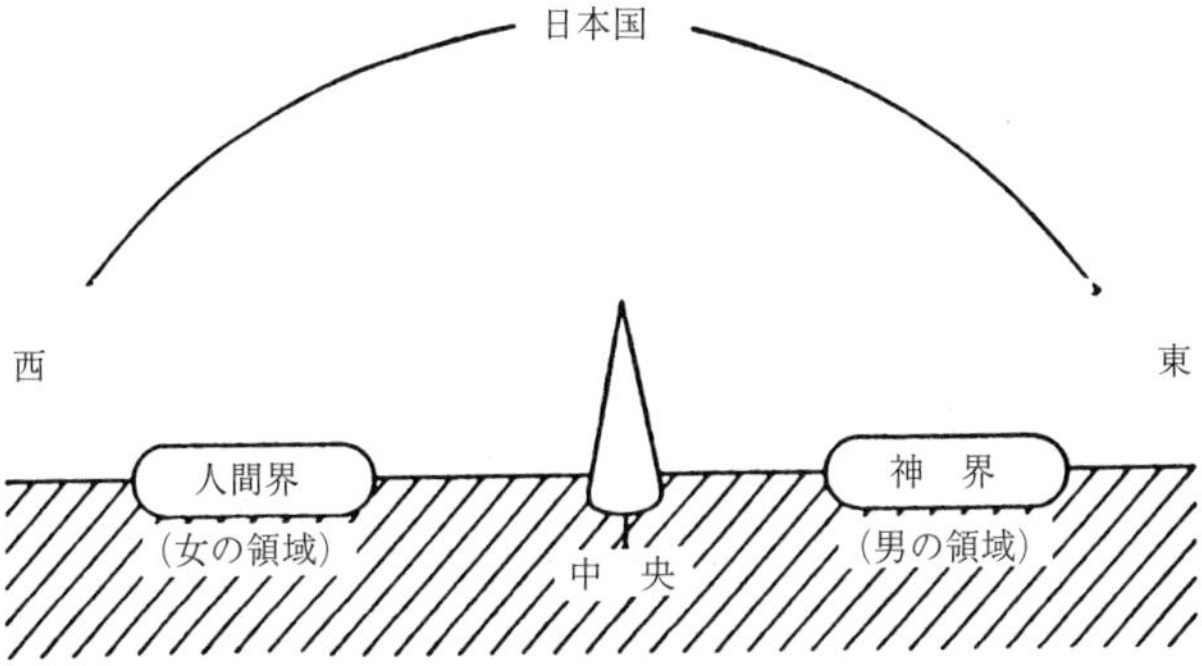

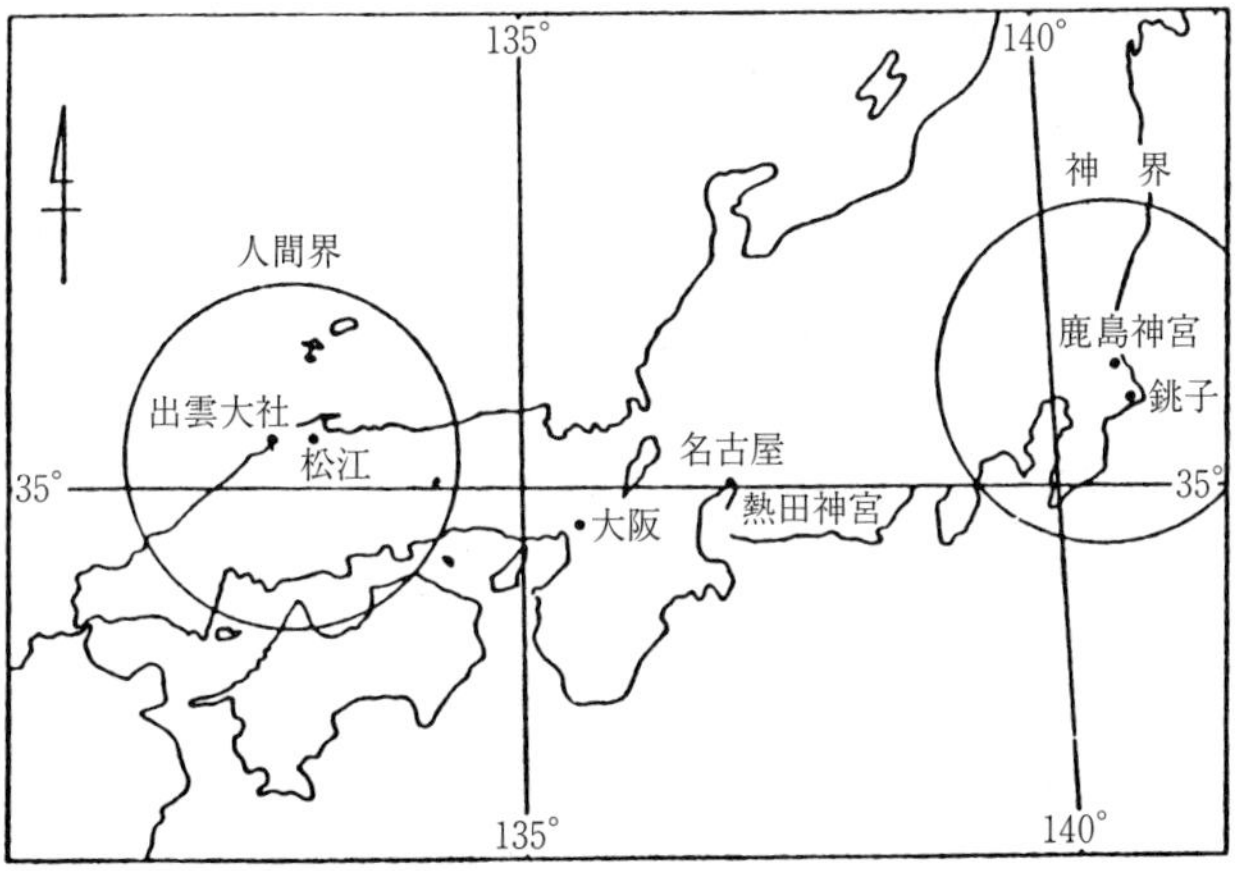

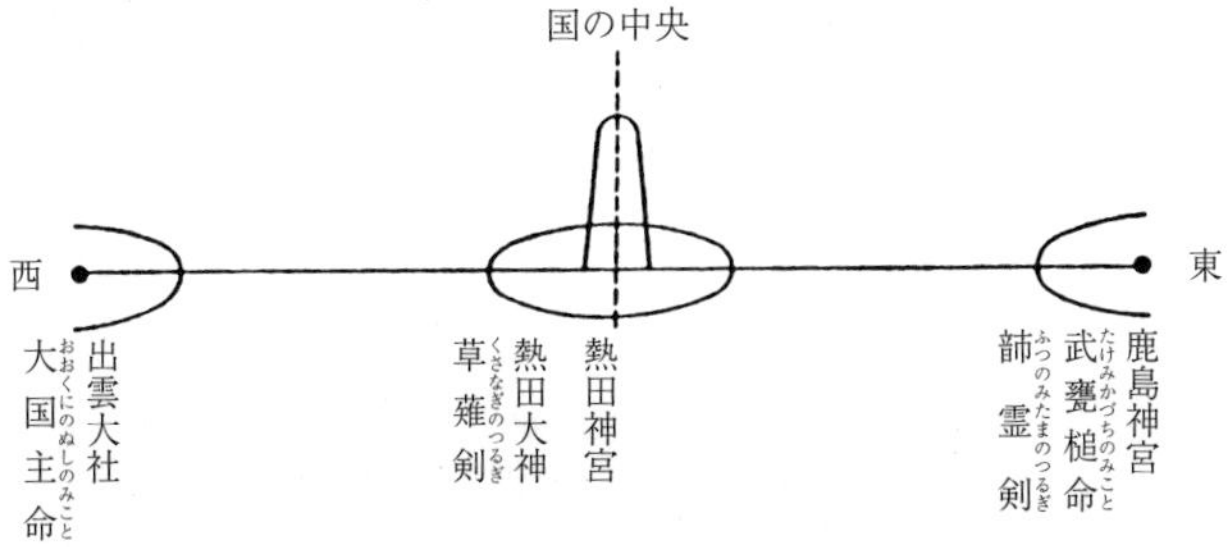

図（上）　人間界における基本イメージ
図（中）　日本における地理上の場所
図（下）　それぞれの神社の役割

宮のあるこの常陸地方は「葦原の中国《なかつくに》」でありながら、それと同時に神界でもあったということは同時に、この高天原の使者を受ける出雲は、同じく「葦原の中国」でありながら、現世の人間界であったことを示す（前頁の図下）。
こうして鹿島と出雲は、東の神界と西の人間界の関係にあるが、相対するものゆえに、それだけ関連しあう度合も高い。たとえば社殿の構造においても、この両者はその特異な内陣の配置に共通性をもっている。

現世と幽世を分つ出雲

出雲はこの国に求められる西の果《はて》の地域ということから、そこは人間界におけるそのまた人間界であるという意識があった。同時に東の男に対して西は女という意識から、出雲には古代日本人によって西・人間・女という属性が附与されていた。神話や伝承上の出雲にみる不可解な事象は、古代人が出雲に対していだいた、この三つの意識に多く負っているので、そこに問題解決の鍵を求めれば謎はとけるのではなかろうか。
それでは出雲は西の果という意識から、導き出されるものは何か。それは結局、出雲から西は他界という観念であろう。出雲は生と死の中間、中央の穴、他界への入口として意識される（本書所収『日本古代呪術』序章二七頁図右参照）。
生死を主とした世界像において、出雲は死者および送り出される神を胎児として、一時的にこもらせる擬似母胎――中央の穴である
神話における出雲が、つねに妣《はは》の国（女の国）・死の国として取扱われ、また古代から今に至るまで、神送りの総元締となっているのは、古代日本人の抱いた出雲を西の果とする世界像によっているのであろう（同前序章二七頁図左参照）。

政治的な中央――都

それでは地理的な国の中央は熱田であったとして、政治的な中央はどこに求められるか。

大和は　国の真秀《まほ》ろば　畳《たた》なづく　青垣山籠《こも》れる　大和しうるはし　（古事記歌謡）

これは倭建命《やまとたけるのみこと》の国偲《くにしぬ》び歌として伝えられている名高い歌であるが作者の真偽はとにかくとして大切なのはこの歌の意味である。それは日本の国土、この現世の中心の穴、母の胎としての首都、大和をその内容からも景観からもほめたたえているものと思われる。

その意味は「なだらかな垣をなす青い山脈にかこまれて、ひっそりとこもっている大和、大和は国の中心、国の中心の美しい洞《ほら》だ」と解釈される。

「ほら」の仲間には、先述のように「はら」・「くら」がある。後述するが天武天皇の首都、明日香浄御原宮《きよみはらのみや》の「はら」もこの「はら」であって、ほら、はら、くら、および「かま」はいずれもほり窪《くぼ》んだところ、山でかこまれた盆地状の地形、すっぽりとつつまれた形のものとかところをさす言葉だったと思われる。沖縄の「太陽の洞窟《テダガガマ》」も、この「かま」である。

釜もカマドも母の胎に形が似るために、神聖な呪物として信仰の対象となり、家そのものを代表するものにまでなっている。くら、かま、ほら、あな、はそれぞれ相似た形に対してつけられた名称で、そこに示されるほり凹《くぼ》んだところに、すっぽりつつまれている時に感じる一種の安心感は生命をつつみ育む母の胎《はら》の連想へとつながった。

そこでこの歌の「国のまほろば」のほろは、自然の大いなる母の胎、国の中心をなす美しい胎を意味した（同前序章二九頁図右参照）。

大和を青垣山につつまれた母の胎―小世界像とすれば、その西の果、二上山の向うは他界なのであった。この場合、二上山は国土における出雲とまったく同じ性質をもつ。出雲が現世と幽世《かくれよ》を分つ中央であったと同様に、二上山も現世と他界を分つ中央の母の胎なのである（同前序章二九頁図左参照）。

その山は円錐形でしかも雄岳・雌岳があって、性交が擬《もど》かれ得る山、つまり死者を胎児として葬り、他界に新生させ得る絶好の山であった。この山の西側の台地には孝徳・推古・用明・敏達の諸帝陵聖徳太子陵、伝馬子墓など天皇・皇族・豪族の陵墓が櫛比《しっぴ》する。そのものいわぬ陵墓群の様相の中から、古代の呪術がかえって生々《なま》しく迫ってくるのである。

村と家の構造

さらに村は都よりも小さな母の胎であった。そこで村の入口は女陰に見立てられる。祭りの時期に村の入口に注連《しめ》縄《なわ》が張り渡され、そこに男根状のものが、時に女陰を表わすものと共に吊り下げられる例は多いのである。村の入口に道祖神‐サエノ神が祀られるのもこのためである。サエノ神は性神とされているが、それはこの神の形状が男根状であったり、また男女両性が互いにむつみあう姿が刻まれた石だからである。

村は母の胎としてそれ自身一つの完結した、小世界の中心でその外円に東西が意識されていた。村の外は他界であって、疫病・害虫などすべて禍いの元になるものは村の外に送り出されるし、使用ずみの祭具、祓いの料なども村はずれに捨てられたり、埋められたりするのである。

家はもっとも小さい世界像である。沖縄の家の構造から推測される日本古代の家は、東が神および男の座、西がカマド・火の神のある場所であって、中央の柱は男根に見立てられ、その柱をうける床または床下は女陰をあらわす所であった。何事も目にみえる形にして認識することを、その特質とした日本人にとって、男女の交合は棒と円、または三角との結合とみなされたと思われる。その棒と円の結合のもっとも身近な造型として意識されたのが家であった。そうして家というその限られた空間は、母の胎を象徴するものでもあった。家は男女交合の造型であり、同時に母の胎の造型でもあった。

したがって、家は単に雨風をしのぐ便《よすが》であるばかりでなく、一つの重要な呪物であった。それだから「屋造り」ということが結婚の前提条件となり、また家は祭りの場とさえなったのである。要するに私は、日本の古代信仰の特色は「穴の重視」にあったと思う。

穴をあらわす言葉はたくさんある。「洞《ほら》」は東から朝ごとに昇る太陽を潜ませ、「胎《はら》」はあらゆる生物の胎児を懐《いだ》き、「倉《くら》」は植物の種実を収蔵する。それらの穴の中でもっとも神聖視されるものは神のみあれが約束される凹所の「座《くら》」である。

これらの穴にひととき、こもることなしにいっさいのものの新生はあり得ない。したがって、古代日本人の思考は「存在」の根底に空間としては「穴」を中心とした内と外、時間としてはその穴にこもっては出、出てはこもるという「幽」と「顕」の二元を考えていたと思う。

神の去来が太陽の運行から類推されたとすれば、古代信仰軸は「穴」を中央におく水平の東西軸であり、神のみあれが人の生誕に擬《もど》かれていたとすれば、祭りの中枢にあるものは同じく擬似女陰の穴、座《くら》である。

こうして東・中・西の三極をつなぐ東西の横軸が、古代日本人によって神聖視された軸で、その痕跡は今もなお日本の村祭りの中に数多く残されている。

しかし中国大陸の陰陽五行思想が導入されてからは、信仰軸は天と地の「立体軸」、あるいはそれを地上に移したとき北方が神聖方位となるために、そこから生じる北南軸（子午軸）の「縦軸《たてじく》」、あるいは陰陽五行思想を借りての、日本古代信仰の理論附けの結果と思われる北東（子卯《ねう》）軸が、日本人の信仰軸の中に大きな比重を占めてくる。

三　陰陽五行を受け入れたとき

天武朝に盛んとなる

陰陽五行思想は大陸からはやく日本に渡来し、その時期はおそらく文字移入の原初にまでさかのぼるかと思われるが、もちろんはっきりしたことはわからない。しかし次のようなことはおよそ想像がつく。

正史に記載の暦本の初めての渡来は、欽明天皇十四年の紀元五五三年。降って推古天皇十年の六〇二年には、百済《くだら》僧観勒《かんろく》による暦本・天文地理・遁甲方術書の移入があった。

そこで日本に入った陰陽五行説の歩みは、七世紀初頭まではきわめて緩慢であったが、六四〇年頃、南淵請安、高向玄理らの学僧や留学生の帰朝後は急速に浸透し、ことに六六三年、百済滅亡の結果、多数の百済亡命者を迎えた天智朝に至ってその様相は一変し、さらに次の天武朝に及んで陰陽五行思想の盛行は、その頂点に達したと思われるのである。

我国にはじめて占星台がおかれたのは、天武四年（六七五年）のことであるが、そのことに一致するかのように「天文観測記事記録はその治世十四年間に十二に及び、その数は前朝はもちろん、その後につづく持統・文武・元明の三代二十九年間におけるわずか二つの記録と、全く比較にならないほど多い」（佐藤政次編著『日本暦学史』）のである。

陰陽五行思想は、中国古代天文学に密着している。天武朝における天文学の興隆と、同じく天武時代における陰陽五行説に基づく呪術の盛行を考え合せるとき、天武天皇によって実践された陰陽五行思想こそ、中国古代天文学に準拠している原初の純粋な陰陽五行説の姿に、もっとも忠実だったのではないかと思われる。それは後代の陰陽道《おんみょうどう》が紙の上の暦や、机上の論の上に発展して行ったのとまったく、対蹠的だといえよう。

伊勢神宮における皇祖神奉斎、および即位大礼の変革、遷都、葬礼、造陵など、白鳳期における、または白鳳期と推測されるその一連の国家的大事業の蔭には、中国の陰陽五行思想の応用の跡が明白にうかがわれる。

しかも注目すべきことはいずれの場合にも、日本の古代信仰の理念はけっしておろそかにされず、その強引とも見える陰陽五行思想の導入によって、むしろその哲理を借りて曖昧模糊としている日本の古代信仰の理論化を、はかっているとさえみられるのである。

陰陽五行の概念と構成

ところで中国の陰陽五行思想は、諸種の要素の複雑な混合の上に成り立っているので、いろいろ違った角度からの理解、接近が可能である。陰陽五行思想は一名、「太一陰陽五行思想」ともよばれているように、

「太一《たいいつ》」……一元思想
「陰陽」……二元対立思想
「五行」……循環の原理

の三つに分ち、次にこれを綜合し、一つの哲学思想として捉え直すことができる。

古代中国の天文学では、天の北極星を中心とする部分が天の中心と考えられ、ここを中宮とよんだ。その状況が高松塚天井壁画に整然と描かれていることは、よく知られているが、『史記』天官書にはその詳しい記述がみられる。原文の引用は第三章にゆずるが、その大略は次の通りである。

中宮は北極星およびその周囲にある星座から成立する。北極星の神霊化が最高の天神、「太一」であって、その「太一」の居所は北極中枢附近のもっとも明るい星である（現在その星は小熊座のベータ星と推測されている）。その近くに太子・后の星があり、この天帝一家の一団を紫微《しび》宮と名づけている。

太子に接して北斗七星（大熊座の主要部分）があり、北極星および北斗七星を総称して北辰《ほくしん》（北の星の意）といっている（北辰は北極星だけを指すこともある）。

北極星は動かない星である。この動かぬ星の北極星、つまり「太一」に対し、その周《まわ》りを一年の周期で廻る北斗七星は、当然動く星として意識され、この動かぬ星と動く星の関係は、天帝とその乗車として捉えられることになる。

さらに天帝「太一」に対する北斗の役柄は、車だけではなく、その強力な輔弼《ほひつ》として、援護者として「太一」ともっとも緊密な間柄となっている。「太一」は前述のように北極星の神霊化であるが、同時に「太一」は、中国哲学

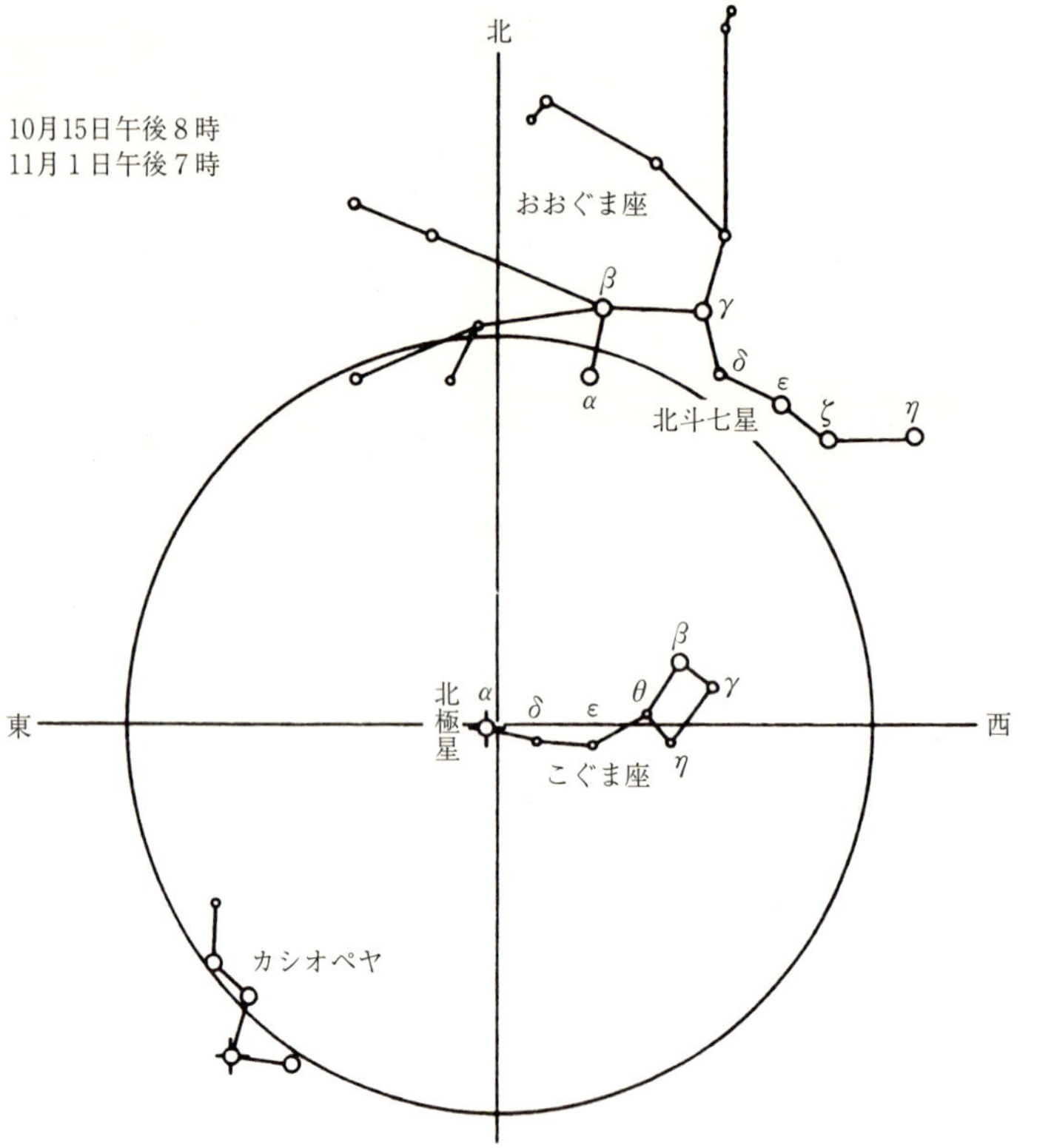

北極星と北斗七星との関係（天空図のため，東と西が逆になる）

における「太極《たいきょく》」の神格化でもある。

それでは太極とは何か。それは中国の宇宙創成説話に関《かか》わってくる。『淮《え》南子《なんじ》』によると、原初、宇宙は天地未分化の混沌《こんとん》たる状態であったという。この混沌の中から光明に満ちた、軽い澄んだ陽気がまず天となり、重く濁った暗黒の陰気が次に地になったと説く。

この陽の気の集積が「火」となり、火の精が「太陽」となった。一方、陰の気の集積は「水」となり、水の精は「月」となったと説かれている。天上では日と月の陰陽が組み合されて、五《ご》惑星《わくせい》をはじめ諸々の星となり、地上では火と水の陰陽の組合せが、木火土金水の五原素となり、この五つのものの輪廻《りんね》・作用が五行《ごぎょう》であるという。

陰と陽の二元対立

以上が中国宇宙創成説話であるが、

先述の原初唯一絶対の存在である混沌を、『易』においては「太極」といい、これから派生した天地をそれぞれ「乾《けん》」「坤《こん》」としたのである。「易に太極あり、両儀を生ず」とはこのことであって、両儀とは天地、乾坤、陰陽をさす。天の気はつねに下降を、地の気は上昇をはかるから、この二気は交感して人類及び万物を発生する。

陰陽五行説の理解には、この陰陽の二元を派生する最初の存在、一の数によって象徴される「太極」の把握がもっとも重要である。この「太極」の神格化が「太一」であって、「太極」とはすなわち「太一」なのである。

「太一」から派生した天地、陰陽はまた太一の中に包摂《ほうせつ》されるから、陰陽五行説は先にいったように、一名「太一陰陽五行説」ともよばれるのである。

「一」「太一」「太極」はすべて宇宙本元の普遍的絶対的一物を意味するから、二元思想とされる陰陽思想は「太一」の「一」に還元される一元思想としても同時に把握される。中国哲学は天文思想と密接に結びついている。

冒頭に述べたように北天の北極星を宇宙の大元とみて、それを神格化して「太一」としているが、この「太一」が同じく原初、宇宙の唯一絶対の存在である「混沌」、または「太極」の神格化なのである。

北極星＝「太一」、太極＝「太一」ということは、この間の事情をよく物語っているものであろう。

『日本書紀』崇神紀に、「陰陽、謬《あやま》り錯《たがひ》て、寒暑、序《ついで》を失へり」とある。冬夏は季節つまり時間に関わるから、この場合の陰陽は一年を二期に分ち、「時間の対立」を表わすことになる。

しかし同じ陰陽が、山陰《さんいん》・山陽《さんよう》というときは、方位・場所を示し「空間の対立」を表わす。いうまでもなく山陰は山の北、日蔭《ひかげ》を、山陽は日の当る山の南を意味しているからである。冬といえば気温は低く寒く、光は暗い。それは夏の高温・熱気・明るさに対立する。その類推からゆけば冷い水は当然、陰であり、熱い火は陽となる。地上の事象の中で、最重要な二元対立は女と男で、陰陽といえば女と男の同義語でさえある。

こうして森羅万象を、二元対立の相においてとらえる中国陰陽思想とは、換言すれば陰陽二元が、時間・空間・性をはじめとするあらゆる事象に、それぞれ配当されている考え方といえよう。

この対立の原理の中には、たえず細分化の傾向が潜在し、それを時間にみれば冬夏のほかにその中間の春秋があり、方位にみれば南と北のほかに、日の昇る東と日の落ちる西がある。

方位はさらに、東北、東南、西南、西北の四偶《ぐう》に分割され、これに東、西、南、北の四正《しせい》を加えると八方位、それに中央を合せると九方位となる。

このように細分化した方位の九区画には、それぞれ色をつけた名称があてられたが、それがいわゆる「九気図」または「九星図」であって、その名称とは一白、二黒、三碧、四緑、五黄、六白、七赤、八白、九紫の九つである。

陰陽思想はすべての物象を、陰陽二元の対立において把握するが万象の把握はもちろんそれだけでは不完全である。万物は対立すると同時に循環するものでもある。例を一年にとっていえば、冬と夏、春と秋はそれぞれ相対立するものではあるが、この四者の間には次のような循環がある。陰の冬はやがて陽気発動の春となり、盛陽の夏を経《へ》て、陰の萌《きざ》す秋と変じ、万物の枯死する極陰の冬となる。

その上、冬は唐突に春になるのでなく、春もまた直ちに夏に移るのではない。各季節の間にはそのいずれにも属さない中間の季《とき》がある。それが各季節の季《すえ》（末）におかれた、十八日—十九日間の土用である。そこで季節はこの土用を中央にして、春→夏→秋→冬という順に循環する。この土用を中心とする春・夏・秋・冬の四季の循環から類推されたものが、おそらく「五行」の思想である。

万物を輪廻、転生させる「五行」

しかし現実には五行は次のように説かれている。原初、唯一絶対の存在である混沌《こんとん》（太極）から派生した、陰と陽の二気が交感交合した結果、地上には木火土金水《もくかどごんすい》の五原素が生じた（天上には日月をはじめ五惑星が生じたという）。

五行の「五」はこの五原素を示し、「行」は作用とか動くことを意味する。つまりこの木火土金水は輪廻・循環するが、その動きが五行なのである。

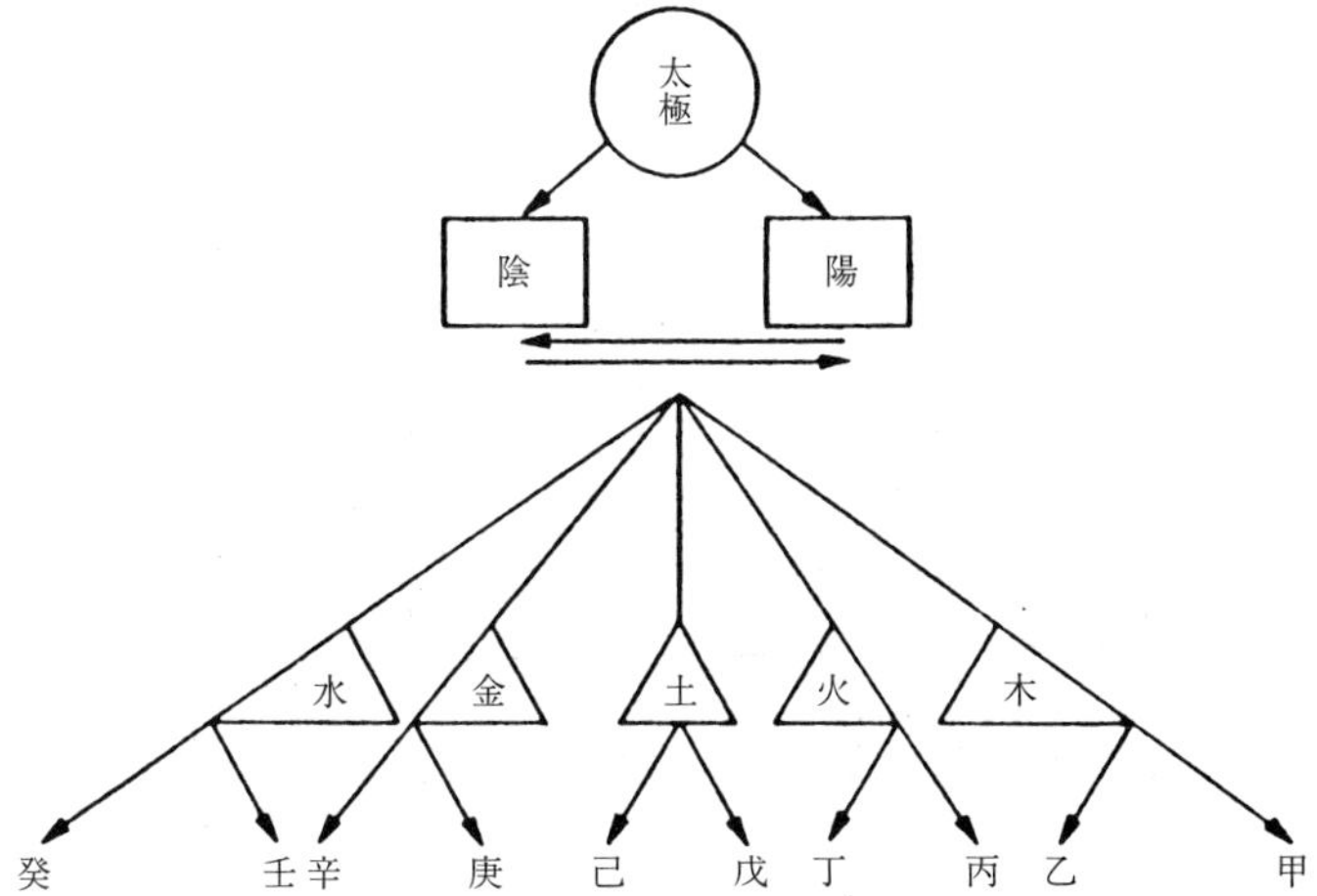

「太一陰陽五行」の構成

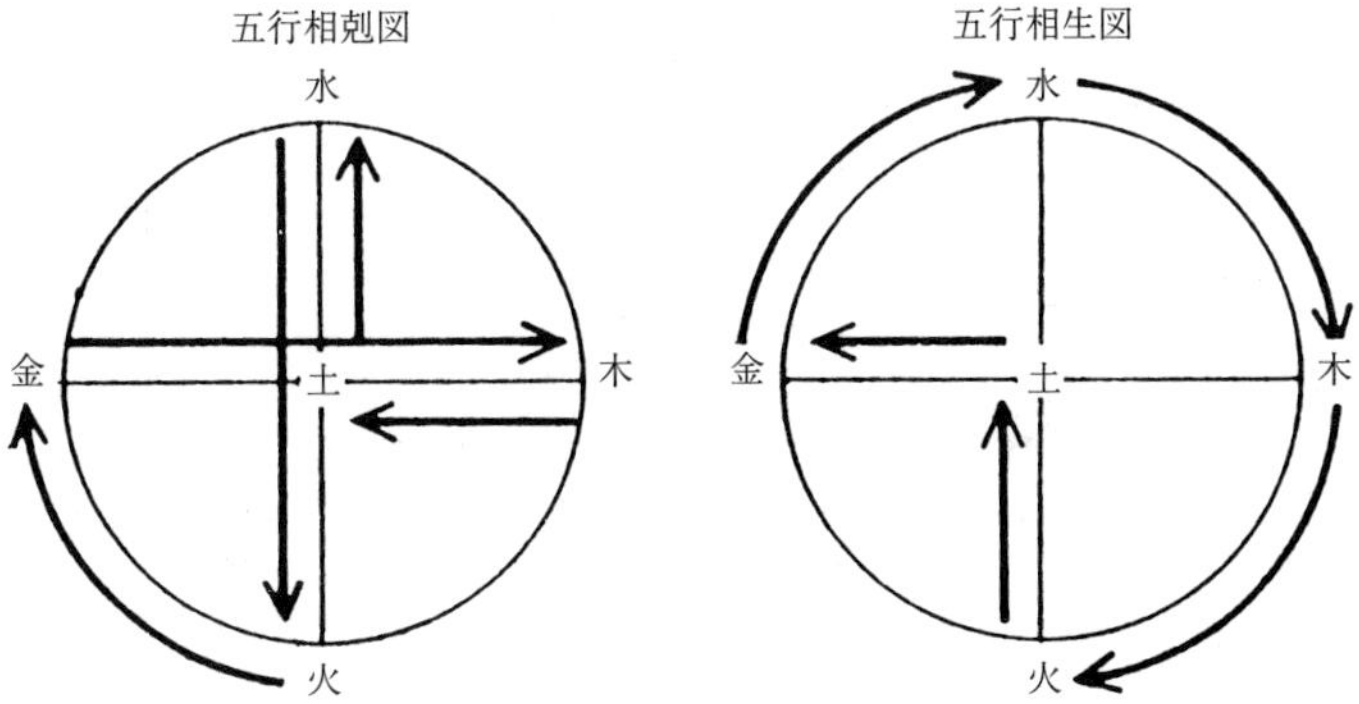

木《もく》剋《こく》土《ど》　土《ど》剋《こく》水《すい》　水《すい》剋《こく》火《か》　火《か》剋《こく》金《きん》　金《きん》剋《こく》木《もく》

木は土を剋し　土は水を剋し　水は火を剋し　火は金を剋し　金は木を剋す

木《もく》生《しょう》火《か》　火《か》生《しょう》土《ど》　土《ど》生《しょう》金《きん》　金《きん》生《しょう》水《すい》　水《すい》生《しょう》木《もく》

木は火を生じ　火は土を生じ　土は金を生じ　金は水を生じ　水は木を生ず

輪廻・循環を示す五行相生，五行相剋の図

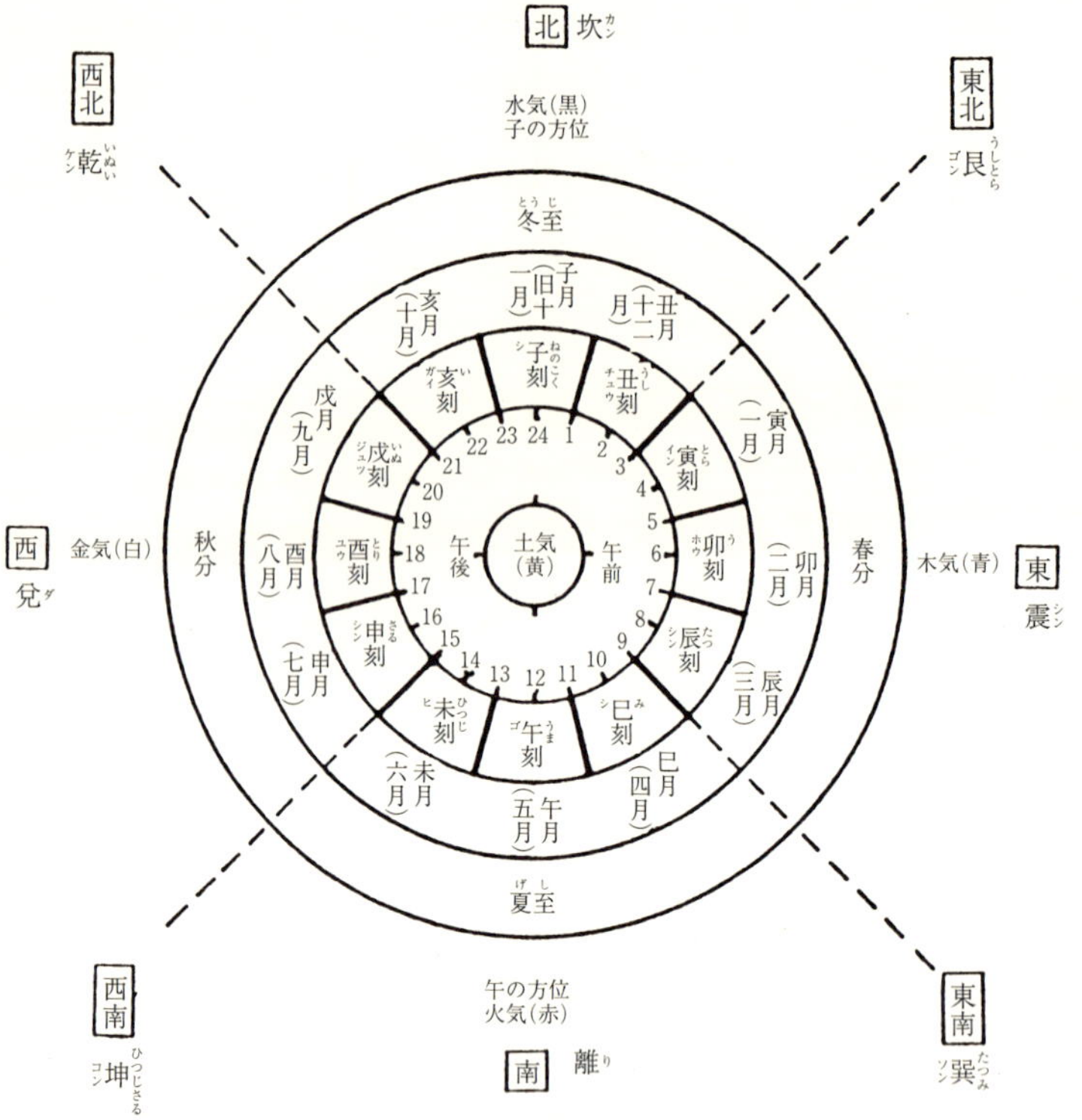

五行・易・十二支と方位・時刻との関連図表

360度を12分割すると，1日の12刻（24時），1年の12カ月が得られ，8分割すると8方位が得られる。4分割してこれに中央を加えたものには，五行の木（青），火（赤），土（黄），金（白），水（黒）が配当されている。陰陽五行思想においては，時間・空間は，このように密接に関わり合う。冬至と夏至を結ぶ子午線は，もっとも重要である。子午軸は1日では午前と午後を分ち，1年では冬（陰）と夏（陽）を，方位では暗い北と明るい南を分つ。子午線は万象における陰陽を分ける線で，一陽の萌す子→午は陽の道，一陰の萌す午→子は陰の道であって，この陰陽の対立とその交替，つまり輪廻を宇宙の実相とみるのが，陰陽五行思想である。

この五行循環には「相生《そうじょう》」と「相剋《そうこく》」、つまり正と負の二つの相が考えられている。この相生と相剋があって、万物ははじめてその輪廻・転生、栄枯盛衰をくり返し、生成化育が達成されるのである。

こうして一元の「太一」、つまり太極からは陰陽二極が派生し、対立する陰陽は対立するゆえにまた互いに交感し、それによって五原素、あるいは五星、五気を生み、この五気は循環して万物を輪廻・転生させるが、この輪廻が万物に永遠の生命を保証するのである。そうして循環には軸が求められるが、それが子午《しご》軸としてとらえられる。

以上が「太一陰陽五行思想」の概観であるが、前々頁の図はその状況を図示したものである。ところで日本の古代信仰と大陸渡来の陰陽五行思想とは、その発想においても、本質においても、本来、異質のものであった。

それにもかかわらず古代日本人は、この外来思想をたくみに自分らの信仰に習合させた。それは異国趣味の民族性にもよるが、古代信仰の中にその習合を可能にさせるものがあったからである。その共通点は、万象の二元的把握、輪廻の思想、穴の重視、があげられよう。

くり返しいうように中国哲学は天文学に拠《よ》っているから、神界対人間界の関係は上下の縦軸であり、日本の横軸と対照的である。

しかし習合に都合のよかったことはこの立体的な軸は、平面の方位図に移しかえられることで、この信仰軸の平面化は習合を容易にしたのである。そしてこの習合が白鳳期の天武朝に入って、もっとも盛んとなり、さまざまな呪術的な様相を帯びて展開されるのである。

第二章　大君は神にしませば――白鳳期の呪術――

一　近江遷都の謎（略）

二　改葬された天武天皇陵（略）

（「一　近江遷都の謎」、「二　改葬された天武天皇陵」は、本書所収『日本古代呪術』第三章　白鳳期における呪術（一〇五頁以降）と論旨が大略同様につき割愛した――著者）

三　高松塚の被葬者はだれか

草壁皇子の急死

持統三年（六八九年）四月、皇太子草壁が急逝した。草壁は天武天皇と持統天皇の間に儲けられた唯一の皇子で、したがって天武帝の数多い皇子の中でも、皇位継承者の筆頭であり、事実、天武朝の皇太子であった。この草壁皇子の皇位の安泰をはかるため、持統天皇はその最大の競争者、大津皇子を謀反《むほん》の罪に問い、これを亡きものにさえしたのである。それはまったく草壁皇子に対する持統女帝の執念の、一通りでなかったことを実証するものであろう。

夫帝崩御後、三年もたたぬうちに持統天皇をおそった不幸が、女帝を悲痛のどん底におとし入れたことは想像に難くない。この女帝の執念と挫折感の深さは、来世における我子の完璧な帝王像を思い描くことによって、はじめて癒《いや》されるものではなかったろうか。

そのためには呪術の限りをつくした、陵墓をつくる以外には方法はない。おそらく持統天皇はこの草壁皇子に対して、最上の陵墓を用意することを決意したに違いない。その最上の陵墓が高松塚古墳ではなかったろうか。

持統天皇は夫帝天武天皇を、方位の関係から最初現在の文武陵とされている地に埋葬した、と先に私は推測した。もしこの推測が当っているならば、高松塚は文武陵からほど近く、角度にして西北四五度の地点という格好の場所にある陵墓である（西北四五度のもつ意味については後述する）。またその内部が見事に装飾されている点も、またその装飾の意味するところも持統天皇の執念と呪術によっていると思われるので、この陵墓の主を私は草壁皇子と推測したい。

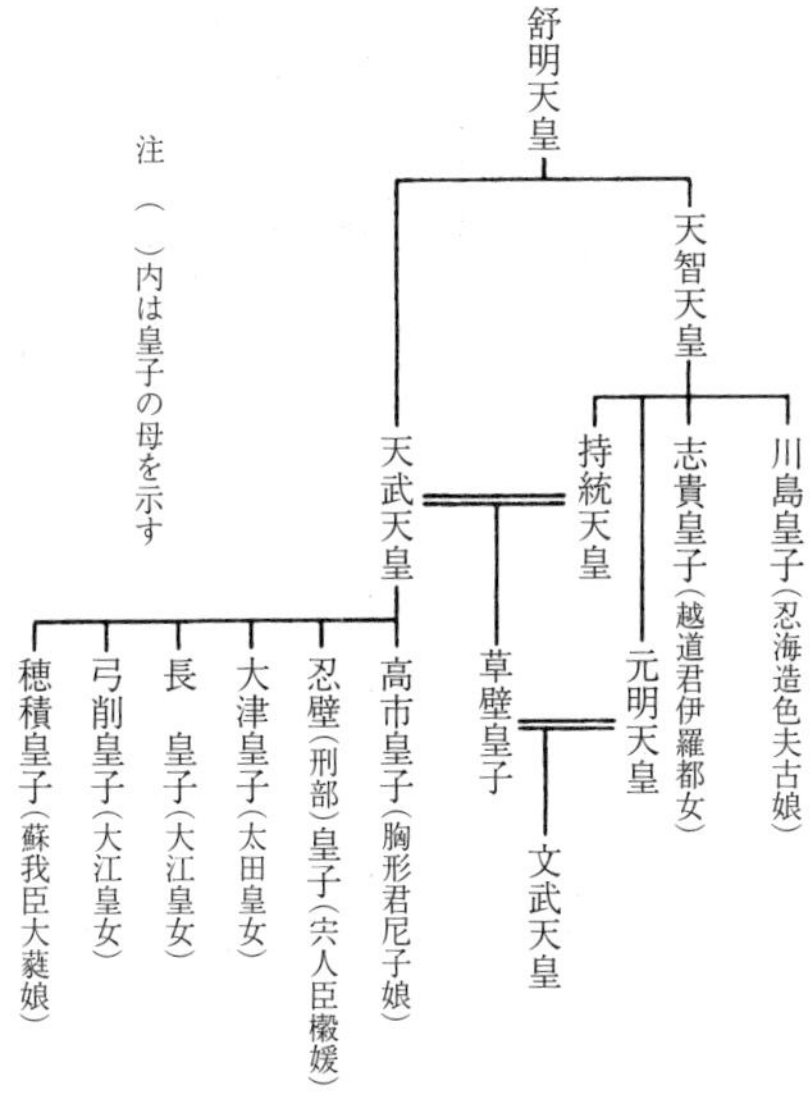

舒明天皇関係の系図

『延喜式』に、草壁皇子の墓は高市郡真弓丘にありと記されているから、高松塚は草壁皇子の陵墓ではないと、よくいわれる。しはたしてそうだろうか。現在の真弓は藤原京の西南である。真弓の地をひろくとれば、高松塚のある檜隈《ひのくま》の地も入りうるのである。草壁皇子の死を悼《いた》む舎人《とねり》の歌に、

夢にだに見ざりしものをおぼほしく宮出もするか佐日《さひ》・

の隈廻《くまみ》を　（万葉集巻二　一七五）

というのがある（傍点筆者）。ここに檜隈がよみこまれていて、檜隈の高松塚を草壁陵と考えることも不可能ではなかろう。

それをもっと具体的に証明しているのが、高松塚内部に描かれた壁画であって、その構成や隠された意図を解明するにつれて、草壁皇子がこの陵墓の被葬者であるとの確信は強まってくるのである。

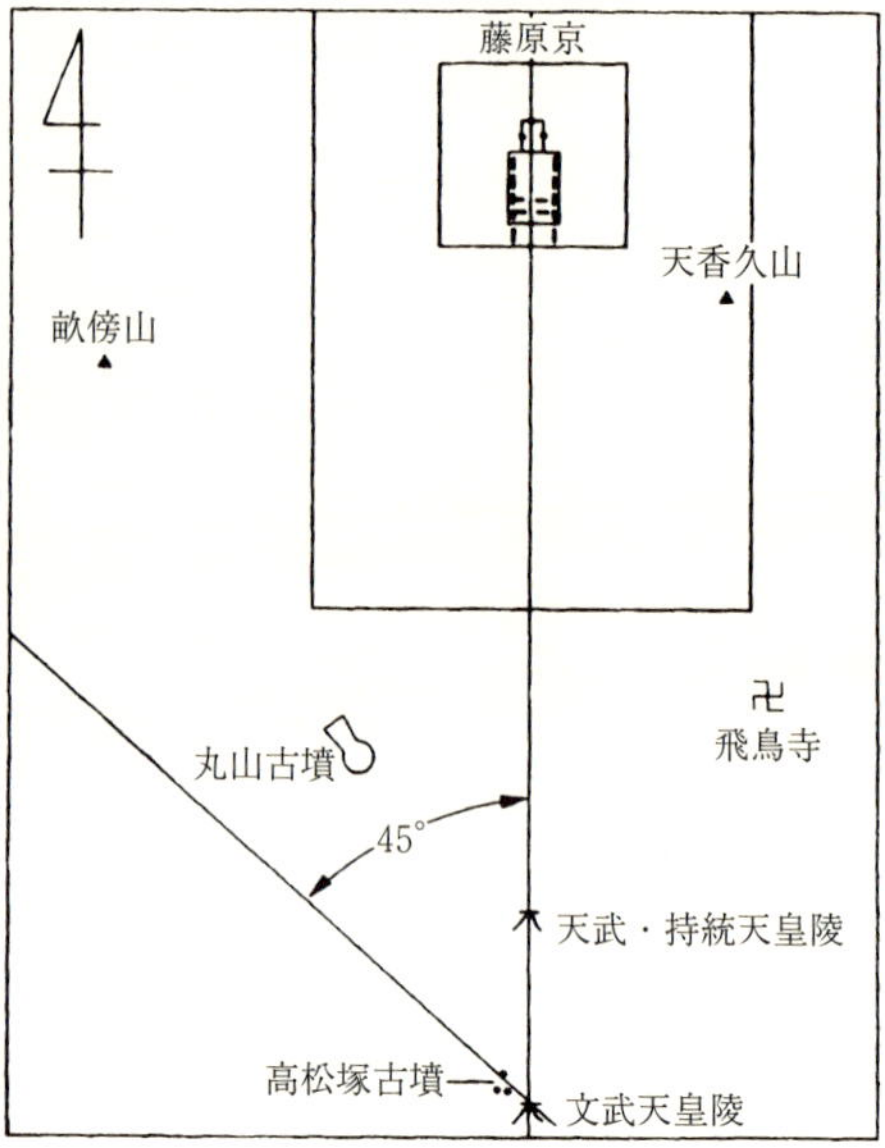

高松塚と文武天皇陵との位置

壁画にある女性群像

高松塚壁画をみると、石槨《せっかく》の天井の中央には北極の五星と、それを囲む四輔《しほ》が描かれ、その周囲には東方、西方、南方、北方各七宿の二十八宿が整然と描かれている。しかし天井の中央に北辰が描かれながら、その中に北斗七星が見当らないことは謎とされている。

石槨の四囲の壁には東壁に太陽、西壁に月が描かれているが、同時に東壁には東方七宿を象徴する青竜、西壁には西方七宿を象徴する白虎、北壁には北方七宿を象徴する玄武（蛇と亀）が描かれている。南方の朱雀は壁の損傷のため見当らないという。

同じくこの東壁と西壁には四人ずつの男女群像、総計十六人が、手前と奥に画かれている。この中でも女性群像、とりわけ西壁奥側の女性群像が保存もよく、とくに秀れていることは周知の通りである。

高松塚壁画の構成については、すでに多くの識者によって指摘されている。そして天井に描かれている二十八宿は赤道に沿った星座で、本来方位に関係ないが、ただ陰陽五行説に基づいて、東西南北の方位に割当てられたものだといわれている。したがってその各七宿を象徴する四神もまた、陰陽五行説の所産なのである。

それならば男女の群像も、死者生存中の侍臣、侍女たちであるとか、葬送儀礼を表現するものとかいう解釈のほかに、何か陰陽五行に基づく哲理象徴の呪術像としてとらえることも、また可能なのではなかろうか。

とりわけ女性群像の色彩、およびその色彩の配置から、そこに日本古代信仰と陰陽五行思想の習合がうかがわれるのではなかろうか。

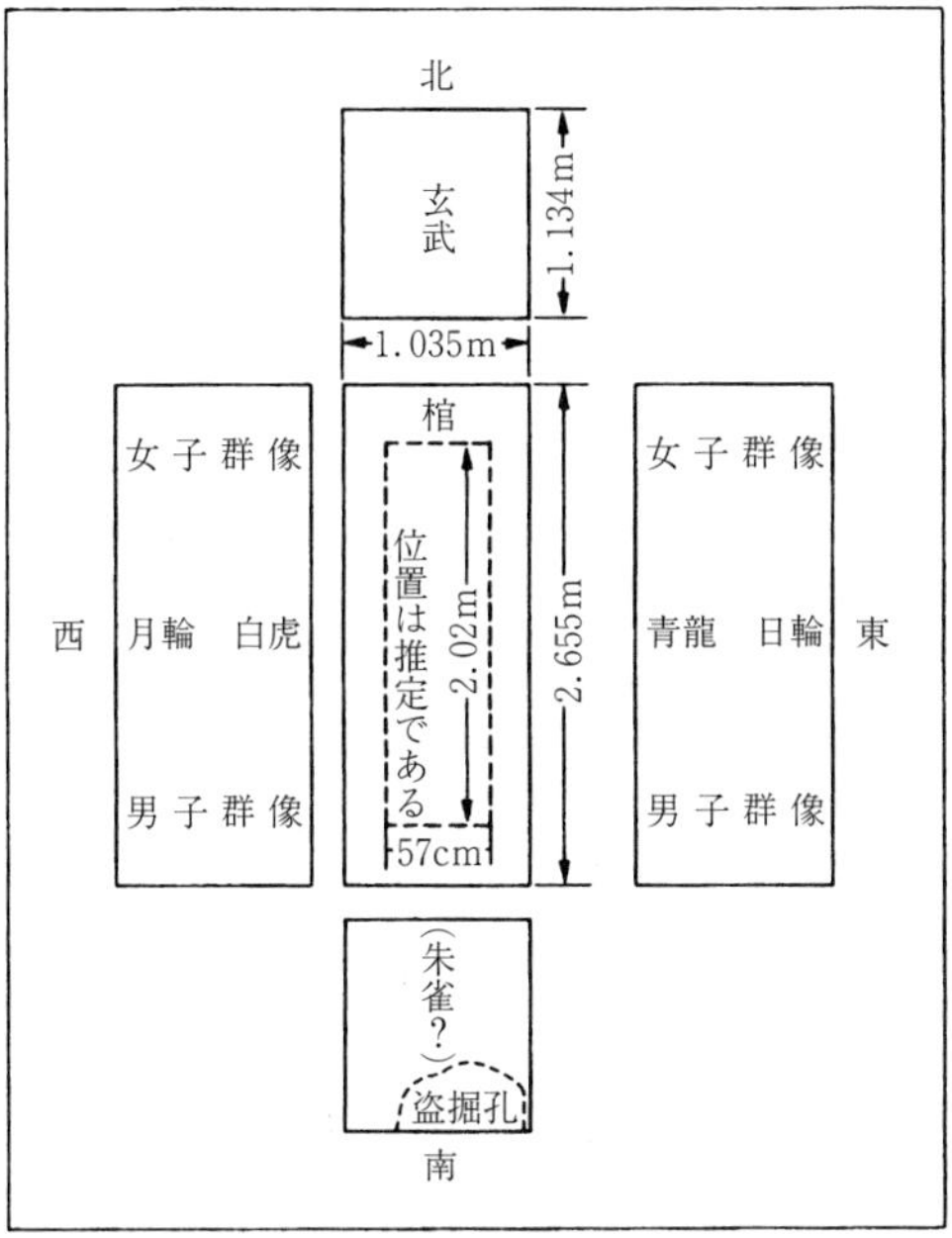

高松塚の石槨内部見取図

配置に隠された謎

高松塚古墳はいうまでもなく墓である。墓のもつ原理を探るためには、古代日本人の死生観をみなければならないが、それは単純明快で、私は次のように考えている。

人の生命は陰陽交合の結果、母の胎に萌《きざ》す。この生命がこの世において燃えつきた状態が死であるが、輪廻の法からすれば生命は復活すべきものであって、死者は再びその来た所、つまり常世の国に生まれ出ようとする接点にあり、いわば次の世に新しく生まれ出るべきものの萌芽である。新生という言葉は簡単に使われるが、新生できるものは胎児だけである。死者はこの意味において胎児であり、墓は（洞も穴も岩屋も土中もすべてふくめて）死者という胎児を納める擬似母胎である。

この胎児ができるためには、その前提条件として性交が必要であるが、北壁の蛇と亀のからみあった玄武像に、陰陽交合の相がみられるのである。

この北壁を取り囲む形をなしているのが、東壁と西壁の女性群像であって、この墓の北の奥を占める女性群像に対し、反対の南の墓の入口を取り囲むものが、同じく東西両壁の男性群像である。

南は午《うま》の方、本来、陽の方位、男性を象徴する方位であって、ここに男性群像を配しているのは、北の子《ね》の方、陰の方位に女性群像を置いているのと同様に、五行の理にかなっている。しかし南は本来、陽の方位でありながら、天武朝時代に、北の胎に対して女陰と見なされるようになったと私は考える。

それゆえ南の墓の入口は、男根の出入りを暗示するところであって、そこに男性群像を配しているのは、これもまた意味深重な配置といえよう。

次に胎児の原理は入った口から必ず出てくるべきものということである。その意味で遺体の頭は南枕であったはずである。女性群の一人一人が様々の向きをとりながら、全体的にみると入口の南方を目指し、スカートも、その手にしている「さしは」の向きもすべて南を指しているのは、やはり胎児としての死者が、その葬られた墓の南の口から、再び新生すべきものであることを示唆しているように思われる。

以上が墓および女性群像の意味していると推測されるものであるが、五行の色彩を考え合せると、推測はこれだけではとうてい終えられない。呪術はいく重にもたたみ込まれているからである。

相生と相剋の姿が描き出されて（本書所収『日本古代呪術』第三章一四三頁の図参照）

五行における相生・相剋の二つの哲理を、東壁と西壁の女性群像にあてはめてみると、西壁が相生、東壁が相剋を示しているように思われる。西壁にある四人の女性は右から順に青・赤・黄と並び、それから背後に白となっている。

この色を五行に還元すれば木・火・土・金となるが、これは「木生火《もくしょうか》」（木は火を生じ）、「火生土《かしょうど》」（火は土を生じ）、「土生金《どしょうきん》」（土は金を生じ）の相生を示す順位である。そこで「赤」の背後に虚位、◌を置き、これを「水」とすれば、ここに「金生水《きんしょうすい》」（金は水を生じ）、ついで「水生木《すいしょうもく》」（水は木を生じ）となり、ここに五行相生の象《すがた》が、三角形を画いて顕現してくるのである。

東壁の女性群像では一番手前の青の女性に、黄の女性が背中合せに密着している。まったく奇怪な図柄というほかないが、これは互いに相剋し合っている姿ではなかろうか。

そうすればこの二者の関係は「木剋土《もくこくど》」（木は土を剋し）と解読される。そうして西壁の女性群像におけると同様、赤色女性の背後に虚位、◌を想定し、この虚位を占めるものを同じく「水」とすれば、「土剋水《どこくすい》」（土は水を剋し）の関係が得られ、ついで色の順に従って「水剋火《すいこくか》」（水は火を剋し）、「火剋金《かこくきん》」（火は金を剋し）と進み、はじめの「木」に戻って「金剋木《きんこくもく》」（金は木を剋し）となり、ここに五行相剋の象《すがた》が三角形を画いて現出する。

こうして西壁と東壁の女性群像の中に、相生と相剋の理が、象徴的に画かれていると私は思うのである。

宇宙間の現象は相生・相剋があって輪廻・転生が可能であり、人間もまたこの法則から逃《のが》れられず、生者は死し、死者は甦《よみが》えるのである。

隠される死者

それではなぜ、赤色火気の女性の蔭《かげ》に、水気をもった何者かを隠してしまったのか。陰陽五行で北方水気が象徴するものは、暗黒・胎《はら》・坎《あな》（穴）・妊《みごも》り・孳《ふえ》る、などである。一方、古代日本人の考え方は、死は陰の極致であるが、陰がきわまれば必ず陽が萌《きざ》す、という理法によって、死者は間髪を入れず他界への新生の萌芽そのものとなる。つまり墓という擬似母胎の胎児が死者ということになる。

胎児は母の胎内にふかく隠されていて目にみえる存在ではない。陰陽交合の所産で、生命の萌芽であり、草木の種子の中の生命同様、暗黒の胎内に潜んでいる。この胎児の本質は、五行における「水」気の象徴するところとまったく一致している。とすれば女性群像の中に隠されている「水気《すいき》」の何者かは、胎児としての死者、つまり高松塚古墳の被葬者に他《ほか》ならないのではないか。

そうしてこの被葬者は壁画の表面からは、隠されているが、実は新しく再生すべき命運の保持者、次の世に生まれるべき胎児として祝福されているのである。

高松塚壁画の星座が暗示するもの

高松塚の天井壁画は中国古代天文思想の正確な描写とされているが、中宮には、天の中心の北極五星と、北極をかこむ四輔（輔佐の大臣）が描かれている（以下有坂隆道氏説明を引用。末永雅雄編『高松塚壁画古墳』一四三―一四四頁、創元社）。

「この北極五星の中で、一番右の端にあるのが北極星、二番目が後宮、三番目が庶子、四番目の一番明るい星が、天帝を示す『帝』という星である。五番目、つまり左の端が皇太子の『太子』の星である。これが天における天帝一家の常居であって、それを囲んで『四輔』がいるわけである。……したがって、この古墳の壁画は、天帝が大宇宙を支配しているという統一した絵画である。この壁画は一見、ただ単に中国古来の絵画的な表現を寄せ集めたようにみえるかもしれないが、むしろそういう中国古来の思想表現をもっとも端的にこの狭いところにまとめて表現したと思われる」

このように高松塚の天井壁画は構成されている。そこでこの天宮図の「帝」から「太子」への星の角度をよくみてみると、西北に約四五度になっていることがわかる。これは現在の文武陵と高松塚のなす角度とほぼひとしい。これは何を意味しているだろうか。

最初の天武陵は、現在の文武陵であったと推測していることは既述の通りである。そこでこの陵から「太子」の星の位置に当る高松塚は、天武朝の皇太子であった草壁皇子の陵として、もっともふさわしいと思う。そうして黒色水気の何者かを隠している高松塚は、皇太子草壁の来世における理想のありようを擬《もど》いた墓であって、持統女帝の悲願をこめた呪術陵墓と思われる。それではこの来世における理想とはなんなのだろうか。

「『史記』封禅書に、秦始皇帝の時代、大祝と称する祭官が奉事した諸神の名がのせてあるが、その天に属するものは上帝であって、それは黄・白・青・赤の四帝である。それは五行の五色に配当するが、しかしその中に黒色・水気の皇帝がないのは、始皇帝自らそれに当ったのである」(飯島忠夫『日本上古史論』)。

この故事に則《のっ》とり、持統天皇は秦の始皇帝と同様、我子を呪術像のかげに隠したのではなかろうか。それによって草壁皇子の来世における理想像を、始皇帝に重ね合せたと私は見たい。

高松塚天井壁画には、中宮とそれを取り巻く四方の星座が精密に描かれている。しかしその中に北辰中の重要な星、北斗七星が画かれていないことは大きな謎とされている。

北斗七星は北極星をめぐって一年にもまた一昼夜にも一巡するので、北極星の動かぬ星に対して動く星とされ、その動くところから「車」とされている。しかもそれはただの車ではない。天帝、つまり最高の太一神がこれに御《ぎょ》して宇宙に臨む車なのである。

その重要な北斗が壁画の中にみえないのは、この高松塚そのものがこの北斗を象徴しているからではなかろうか。高松塚の位置は、天帝の星にも比すべき文武陵(先述のように草壁皇子の死の時点では、現在の文武陵の墓の主は、皇子の父、天武天皇と私は推測する)の西北にある。西北は「車」を象徴する方位である。高松塚は太子の星を意味すると同様、また「北斗七星」そのものでもある。それならば天井の壁画に北斗は描かれる必要はない。

いずれにしてもこの墓の主は、北斗七星の車に乗り得るほどの高位の人、天皇、もしくはそれに準ずる人でなければならない。草壁皇子はこの世ですでに皇太子といっても、並の太子ではなく、天皇の称号を追贈されている。しかも母の持統天皇はこの皇子の来世のために、呪術の限りをつくした。北斗七星の車は天井の壁画からは隠されている

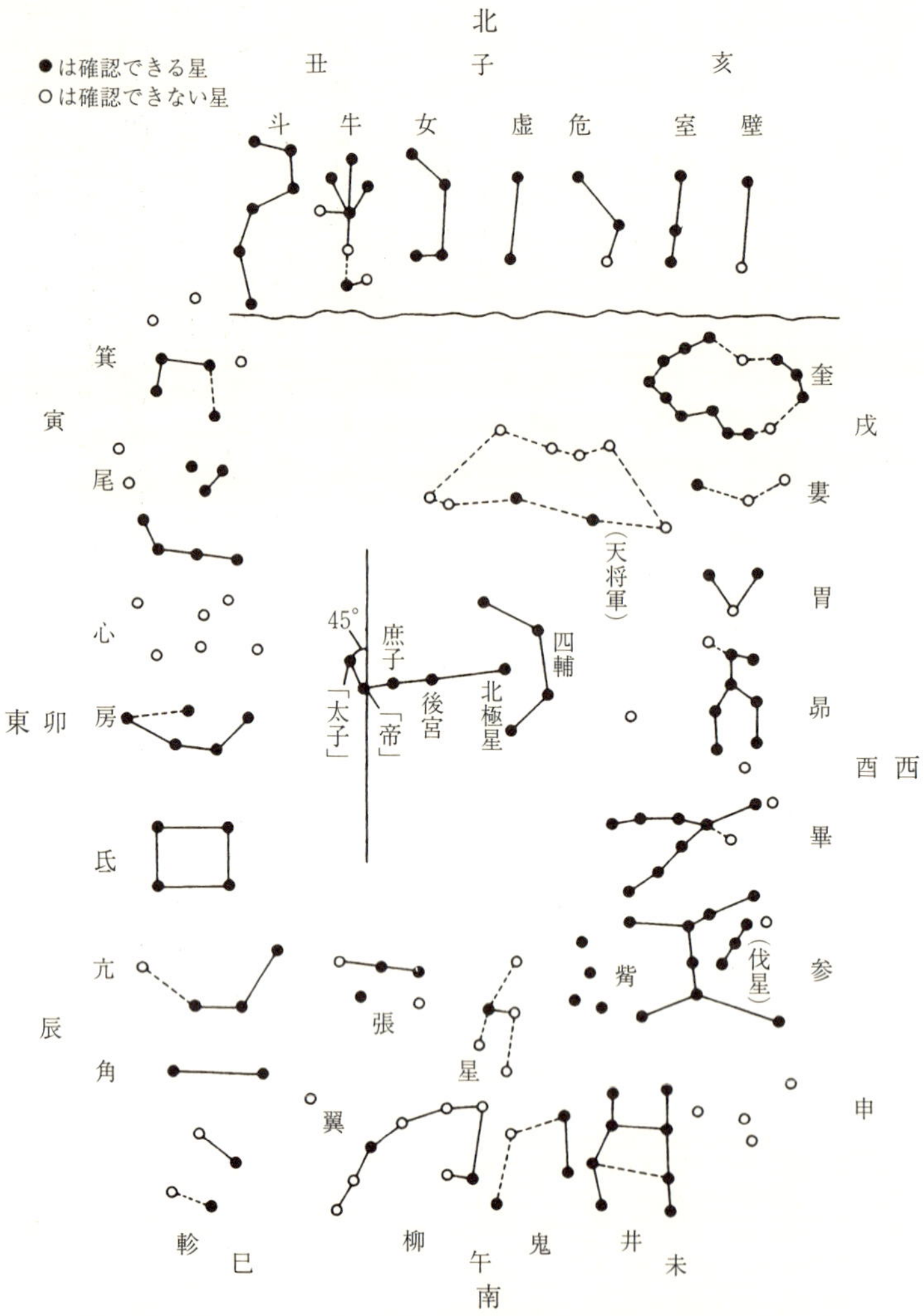

高松塚天井壁画の下からみた星座図。したがってこれを地上に移せば東西は逆になる。
（網干善教氏作図，『高松塚壁画古墳』より）

が、実は墓そのものが北斗七星なのであろう。

八天女が北斗の精

この墓を死後の草壁皇子が乗るべき北斗の車とする推理に、附け加えておきたいことがある。それは墓奥の東西両壁に画かれた婦人像が、合せて八人ということである。北斗七星はその第六星に附随する「輔星《ほせい》」も加えると八星となる。伊勢神宮外宮の豊受大神《とよけおおかみ》の出自は、天降りした八天女の一人とされている。第四章で述べるように、私はこの八天女を北斗の精と推理している。

この墓壁に画かれた八人の婦人達の手にする、執《と》り物はいかにも日常生活からかけ離れている。それは手前に描かれている男子群像が、いずれも日常供奉《ぐぶ》の調度類をもち、人間生活をなまなましく反映しているのと、まことに対照的である。

そういう目でみれば、彼女達の風情はこの世ならぬ明るさに満ち、いかにもおおどかである。この八人の婦人がもし北斗の精であるならば、この墓はまさに北斗の車そのものである。墓の主は、母帝の願いのままに中国思想の宇宙観を体現し、天帝としてこの北斗の車を駆って四方に臨むのか、古代信仰のままに、東方の常世に新生するのか、そのいずれかに考えられるであろう。

墓の入口附近にいる男子群像は、何か忙しげである。それは墓の主の旅につき従うものの忙しさではなかろうか。

以上の理由によって、高松塚は草壁皇子に対する、持統天皇の悲願を背景にした呪術陵墓と推測したい。その構築年代はおそらく持統三年（六八九年）から二年以内と思われる。

第三章　伊勢に隠された神々――伊勢神宮の謎――

一　天照大神のかげにひそむ「太一」神

天武朝に変化した伊勢神宮

天武天皇と伊勢神宮の関係は深く、正史の簡潔な記事の中からも天皇が皇祖として格別に手厚く、伊勢神宮を奉斎されていたことは、十分にうかがえるのである。

伊勢神宮に対するこの意識は、新興の気にあふれた白鳳時代の、国家意識昂揚の結果であろうが、その強力な皇権伸長推進と皇祖神崇拝は、天武天皇の個性によるものでもあろう。

一方、この国家意識に一見矛盾するかのように、中国天文思想に拠《よ》る陰陽五行思想盛行の諸相も、この時代に集中してみられるのである。陰陽五行思想が記紀の中に顕著であることは、諸家によって指摘されているが、とりわけ飯島忠夫博士は『日本上古史論』において、

「日本書記には陰陽思想が含まれている。特に神代の巻において最も著しい。陰陽思想は中国の天文学の理論であって、天地の成立も皆之によって説明される。易の哲学もまたこの適用に外ならない。そして五行思想はまたこの陰陽思想の展開したものである。日本の神話説話の初めにある天地開闢《かいびゃく》、国土生成の段にこの思想が加わっているこ

とは、神代説話に中国文化の影響があることを、談《ものがた》っているものといわねばならぬ。……淮南子には『北斗の神に雌雄あり。雄は左より行《めぐ》り雌は右より行《めぐ》る』と記してあるが、北斗には七星があるから雌雄の神も七組ある。この雌雄はまた陰陽である。帝（太一神）はこの七組の陰陽神を使って万物を創造させるというのであろう」

として、『古事記』の神世七代の神を、北斗七星の雌雄の神に対応させておられる。

五行思想はこのように日本神話の中によくうかがわれるが、九星原理の基をなす『河図《かと》』『洛書《らくしょ》』についても、万葉集巻一の「藤原京役民の作歌」（柿本人麿作と推定されている）の中にすでにうたわれている。

『古事記』、『日本書紀』の撰進は、天武天皇の崩御ののち、二十八年～三十五年ぐらいに、なったものであるが、それは結局天武天皇の遺業の完成である。それゆえ記紀の中に天文思想にもとづく陰陽五行思想がさかんにあらわれるのは、天武・持統朝におけるその盛行の反映に外ならない、とみるべきであろう。また現に『河図』『洛書』がよみ込まれた万葉集の歌は、持統朝のものである。

以上の諸事相を考え合せると、天文思想を根拠とする難解な太一陰陽思想の渡来以後（それは推古朝からほぼ六十五年、それ以前を加えれば百年に近い時間の経過がそこにあったと思われるが）、天武朝に至ってはじめて、それは見事な開花を示したのではなかったかと思われるのである。

しかし天武期における国家意識昂揚、皇権伸張意識と、この中国思想は矛盾するようでいて矛盾しないのである。中国思想体得者としての天武天皇は、五行思想と結びつき、国粋主義者としての天武天皇は伊勢神宮とむすびつく。しかも天武天皇を媒《なかだち》として伊勢神宮と五行思想が結びつく。こうして五行と結びついた伊勢神宮は、当然それ以前の神宮とはその性格の一部を変えるようになった。伊勢神宮はいかに変化したろうか。

明治に至るまで天皇親拝がまったくないのはなぜか

伊勢神宮は大和朝廷の存在する大和から真東に当り、共に北緯三四度五分線上にあって、東の果の国、傍国《かたくに》である。

さらに擬きと連想を好む日本民族は、東の海と空が一つになった所に理想郷＝常世《とこよ》があると想定し、それをこの世に持ち込んだ。したがって大和からみて東のさいはて伊勢は、この世ながらの東の神界＝常世として、西の人間界である大和に相対させせられていたと思われる（この伊勢と大和の関係は、それが国土の規模におきなおされると、東の鹿島と西の出雲の関係に対応すると私は考える）。伊勢は東西という横の関係においては、この現世における東常世であった。

神界といい常世といい、名称は美しいがつまるところは彼《あ》の世、後世《ごしょう》である。したがって現世の帝王である大和朝廷の天皇にとっては、伊勢の地を踏むことは禁忌《タブー》であった（明治に至るまで天皇の伊勢神宮への行幸がなかったことは謎とされているが、それはこのように解釈されると思う。伊勢神宮は要するに大和朝廷にとって、皇室専用の神界であり常世だったのである）。

こうして天武朝に至るまで、皇祖神の天照大神だけを奉斎していた伊勢神宮は、陰陽五行が入り、それと習合することによってその性格を微妙に変える。

古代日本の天皇は、国家主義者であればあるほど、中国の皇帝像に自らを近づけ、自身の姿をそこに重ね合せようとする。この一見矛盾した現象は、王《おおきみ》の名称に天皇を撰んだ推古朝においてすでに明白であった。しかし、その思想や傾向がその当事者によってはっきりと意識され、その機が真に熟したのは、強力な皇権伸張推進者であり、かつ自身、中国思想の体得者として、当時最高レベルにあった天武天皇においてであった。

すでに推古天皇十五年（六〇七年）以来、天武朝（六七二年）に至るまでには、六十五年の時が過ぎている。その間、白村江《はくすきのえ》の敗戦、壬申の乱のような内外の戦はあったとしても、国家諸制度の整備、経済の発展は皇権の格段の伸張を促し、天皇像をたかめる周囲の客観状勢は、それ以前のいかなる時代にもまさっていたと思われる。

天皇を神とする、しかも辺土日本のそれではなく、宇宙的規模における現人神《あらひとがみ》としての認識を自他共にいだき、いだかせたのは天武・持統朝であった。

しかし事はそれだけではすまなかったはずである。国土、つまり現世を代表する天皇の昇格は、同時にそれに対する神界、伊勢神宮の昇格をまってはじめて完成されるのである。中国哲学に説かれる天の北極を中心とした天宮にまで、伊勢をたかめてこそ、この日本の現世・幽界ともに宇宙的規模にまで発展させられるのである。

こうしてそれまで東西の横の関係にあった神界と人間界は、中国風に天と地、上と下の縦の関係におきかえられることになる。この立体的な上下の関係を地上に持込んで平面化すれば、神聖視される方位は、日本古代信仰における東方重視ではなく、北、または西北の方位となる。北は「太一」の居所であり、西北は「易」における「乾」で、天を象徴するとされているからである。そこでもしそれまでに、この地にすでにあったとすれば、東向きであったに相違ない伊勢神宮内宮の社殿は、神が北天を負うことになったため、必然的に南面することになったと私は推測する。

内宮・外宮と呼ばれる謎

変化はまだある。伊勢を中国哲理による「天」とするためには、天照大神を「太一」に習合させなければならない。そうしてその次の段階としては当然「太一」と不可分の関係にある、北斗の神も新しく祀《まつ》らねばならぬことになる。しかも中国思想において「天」を象徴する方位は西北《いぬい》であるから、新しく大神を勧請《かんじょう》する場合、当然それは西北の方位から迎えなければならなくなる。

そこで西北の丹波から、「止由気《とゆけ》」という北斗の神が勧請され、「太一」をまつる内宮に対して、その西北に当る度会《わたらい》の地に、鎮座されることになった。「太一」は内、北斗は外であるから、ここにおいて「内宮」「外宮」の呼称が成立した。

伊勢神宮における第二の変化とは、つまり天照大神と「太一」の習合の結果、必然的におこった新事態、まったく新しく北斗という外国の神の勧請ということであり、同時に内宮と外宮の成立である。北極星を象徴する天皇の呼称に、十分価する大王《おおきみ》であった天武天皇は、こうして伊勢の皇祖神を自身と同じく宇宙神「太一」にまで崇《たか》め、そこに北斗をも配して伊勢の宮居を、中国哲学における「天宮」「紫微宮《しびきゅう》」としたと思われる。

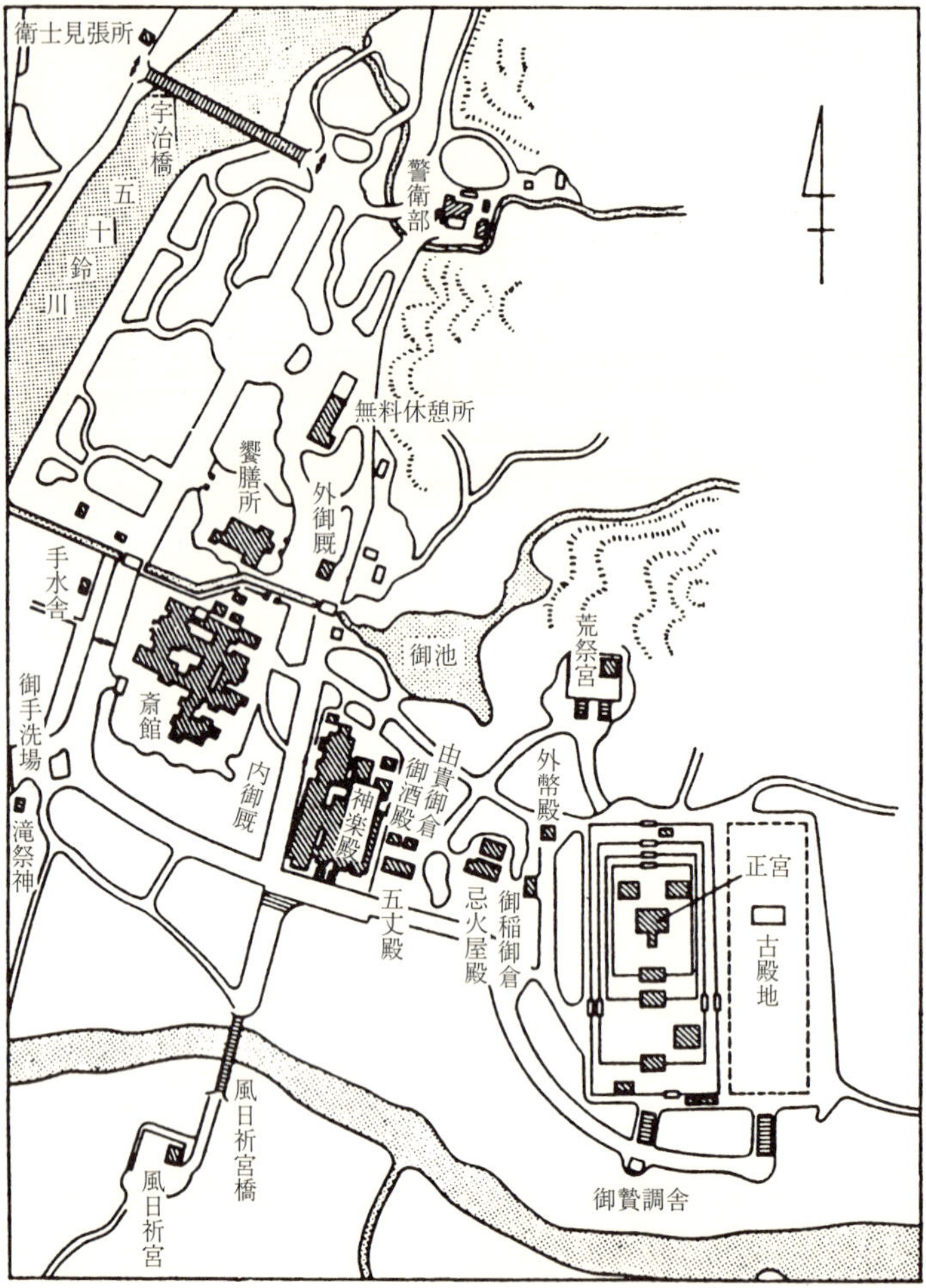

上は内宮の宮域図。
北斗を祀る社は外宮，「太一」を祀る社は内宮と呼ばれるようになり，それらは西北線上に位置している（次頁上)。次頁下は外宮の宮域図。

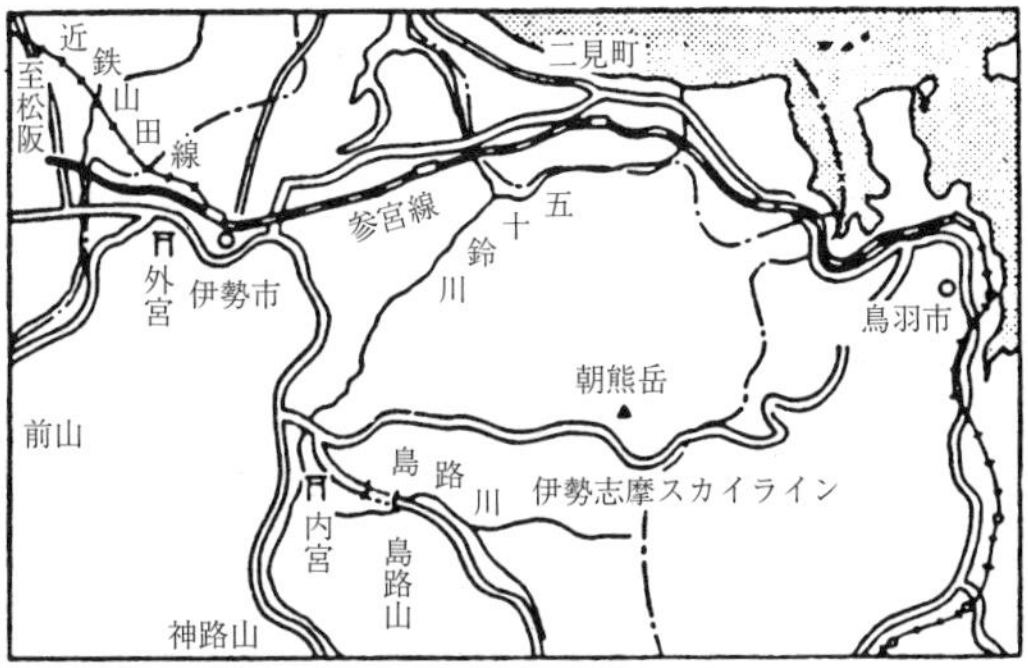
至松阪
近鉄山田線
二見町
参宮線
五十鈴川
外宮
伊勢市
鳥羽市
朝熊岳
前山
島路川
伊勢志摩スカイライン
内宮
島路山
神路山

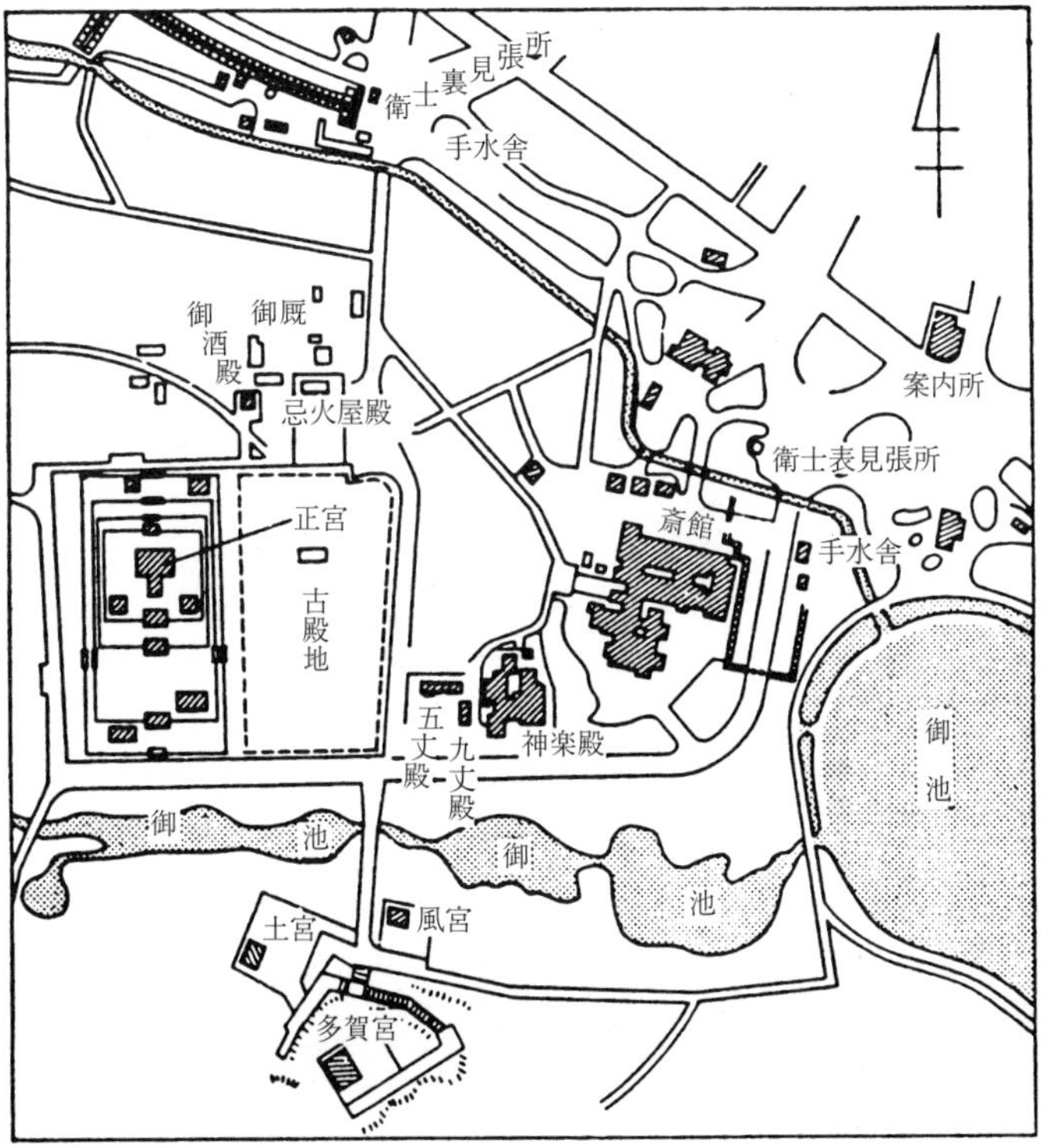
衛士裏見張所
手水舎
御厩
御酒殿
忌火屋殿
案内所
衛士表見張所
正宮
古殿地
斎館
手水舎
五丈殿
九丈殿
神楽殿
御池
御池
御池
風宮
土宮
多賀宮

こうして、天武天皇はその在世中は朝政を「太極殿」において摂《と》り、その死後は持統天皇と共に、八方位の宇宙を象る八角形の陵墓の中央に位して、普遍かつ永遠の王者を意図したのではなかろうか。

皇大神宮の外部にのみ表われる「太一」

例年六月二十四日は、皇大神宮別宮《べつくう》伊雑宮《いざわのみや》御田植神事《おたうえしんじ》の行われる日である。

この神事には注目される点が多いが、とりわけ目につくのは、神田《しんでん》西側の畦《あぜ》にさし立てられる大翳《おおさしは》である。これは長さ九メートルほどの青竹の先端に、巨大な団扇と扇型を取り付けたものである。その上方の団扇には日月が画かれ、下方の扇には舟の絵と共に「太一《たいいつ》」の二字が大きく墨書されている。

この大翳は、この神事の役人《やくびと》、つまり早乙女と立人《たちど》の男女が互いに手をとって、苗代を三周して早苗をとった後、引きつづいて行われる「竹取神事」において、神田の中心に向ってひき倒される。神田に倒されたこの大翳の団扇と扇は、二つながら近郷の青年達によって争って奪いとられ、ズタズタにされるが、その破られた団扇や扇の紙の断片は、御神符《おふだ》として持ち帰られ、漁民はそれを舟霊様《ふなだまさま》に供えて航海安全と豊漁を、農民は神棚に供えて五穀豊穣を祈るという。

つまり翳の扇に墨書された「太一」は、皇大神宮の祭神、天照大神を表わすから、この大翳はそのままで神体として受けとられ、その団扇や扇の断片に至るまで、それを祀《まつ》ればご利益《りやく》があると信じられているのである。

皇大神宮の神事に「太一」がみえるのは、この伊雑宮の神事に限らない。ご遷宮に先立つ杣始祭《そまはじめまつ》りに際しても「太一」の幟《のぼ》りが祭場に立てられ、また遷宮ご用材には「太一」の字が彫り込まれ、奉仕の作所員《さくしょいん》の帽子の徽章にも「太一」の文字がみられる。

また明治の頃まで贄海神事《にえのうみしんじ》といって九月の大祭に先立つ十五日に、神宮の神主達は伊勢志摩両国の堺の海に舟を出して、自《みずか》ら蠣《かき》や海松《みる》を採《と》って由貴《ゆき》の御贄《みにえ》とする習いであったが、その際の旗印も「太一」であった。

このように内宮の宮域外における皇大神宮の祭りその他には、天照大神の象徴として「太一」または「大一」の文字がしきりに用いられるのに対し、宮の内側における神事には、「太一」の語はいっさい表われない。これはいったいどういうことだろうか。

「太一」とは先述の通り、中国天文思想から生み出された最高の天神であり、天照大神はいうまでもなく皇室の祖先神、日本神道における至上の神である。

先にあげた諸例はこの日本の最高神に、同じく中国の至高神「太一」が習合されていることを示している。しかもそれが別宮《べつくう》その他の外部の祭りにのみ、みられることを示している。

また御贄《みにえ》といい、遷宮用材といい、いずれも皇大神宮の外部から内部に向かってくるものであるが、それらに「太一」の旗が立てられ、「大一」の文字が刻まれることは、天照大神とはすなわち「太一」であるとの意識がもたれていることを示すといえる。

伊雑宮の御田植神事にあらわれる「太一」

皇大神宮の内側においては見えない「太一」が、外部で顔をみせていることは、それなりの理由があるはずであって、それをただ何となくそうなっているものとして見逃すことはできないのである。

天照大神に「太一」を隠す

ところで飯島忠夫博士は、その『日本上古史論』の中で、

「天皇の文字の使用は推古天皇に始まると推定する。それは法隆寺の金堂薬師仏光背銘に『池辺大宮治㆓天下㆒天皇』（推古十五年）とあり、また推古天皇十六年隋に贈られた国書には『東天皇敬白㆓西皇帝㆒』とあるからである。『春秋合誠図』に、天皇大帝は北辰の星なりとあり、北極星は古くから君主にたとえられていた。スメラミコトに天皇の文字をあてたのは、中国で価値を失った皇帝をとらず、別の文字をえらんだためであろう。しかし『天皇』は北極星以外の意味もあり、扶桑《ふそう》大帝東王公でもあって、それが日神信仰の我が国情によくあったということも考えられる」（上記書四章六〇―六一頁要旨、傍点筆者）

といっておられる。北極星の名称である天皇大帝が、日本の王《おおきみ》の呼称として用いられるようになったとき、あるいは時を同じくして皇祖神である天照大神も、この宇宙の大元の神に習合されたかもしれない。

しかし現身《うつしみ》である天皇はともかく、皇祖神であり、しかも日神《ひのかみ》とされる天照大神に、このような習合が同時にやすやすと行われたとはとうてい思われない。たとえ行われたとしても当然時代は降るであろう。しかしながら天照大神をも北極星、つまり「太一」に習合することは、あり得ないことではないのである。

天照大神を「太一」とすること、つまりこの両者の習合はいつの世にか隠密《おんみつ》の裡《うち》に行われたのであろうが、それはおそらく伊勢の内宮において秘事中の秘事であったに相違ない。そうして古来日本の祭りは、その秘事に関するところはことごとく口伝《くでん》であるから、皇大神宮の祀官《しかん》達も太一神の祭祀についていっさい筆をとらなかったと思われる。

内宮の祭りに今日、影も形もみせない「太一」は、隠された神として現実には慎重に天照大神に習合されながら、表面には習合のその当初から顕われていなかった。しかしそのような内密の口伝は、その秘密を知る祀官《しかん》の急死とか、不測の事態の際に消滅し、秘儀の意味はいつか不明となってしまう。

一方、厳重な秘事とはいえ、その習合の事実はいつか外部にもれその口外の禁忌は内部よりゆるやかだったため、自然に祭祀の表面に出てきたり、口から口へ伝えられるということもあったかもしれない。それが今日、内宮の宮域以外の祭り、その他に姿をみせる「太一」ではなかろうか。

さて伊勢神宮は皇室の祖先神、天照大神を祀《まつ》る宮として、今日もなお、その尊貴な神聖性、組織の強大さにおいて他に冠絶する社《やしろ》である。

そのような社であるから、何事も研究されつくして、問題は何もないように思われがちであるが、これまでにふれた二つの謎、つまり明治に至るまで天皇親拝のなかったこと、および内宮外宮の呼称の謎以外にも、未解決の謎がたくさんあることに気づく。ここではその多くの謎の中から、問題を次の項目にしぼり、考察をこころみよう。1　内宮伝承の屋形文錦《やかたもんのにしき》と外宮伝承の刺車文錦《さしくるまもんのにしき》、2　外宮鎮座伝承、3　外宮先祀、4　由貴大御饌《ゆきおおみけ》におけるユキの名称、5　荒祭宮《あらまつりのみや》の名称、6　九月十六・十七日の神嘗祭の日時、7　斎宮の謎、である。

謎解きには常に鍵が必要である。私の場合は、一言でいえばそれは中国の最高神「太一」が天照大神に習合し、隠されているということである。

二　伊勢神宮をつらぬく陰陽五行

秘紋・屋形文錦の謎

中国古代天文学では天を五つの部分に分け、北極星を中心とする部分を天の中央という意味で中宮とよんだ。この北極星を神格化したものが「太一」であった。そこで次のことが考えられる。天照大神が「太一」に習合され、伊勢が天帝・太一の支配する天であるとするならば、内宮は当然、その「太一」の居所でもある。

さて皇大神宮には二十年に一度の御遷宮があるが、それには種々の神秘的なご装束がととのえられる。その中でも特別の扱いをされるのが、「屋形文錦の御被《みふすま》」である。この御被は衾《ふすま》ともかき、御遷宮の際、み正体を被《おお》ういわば夜着のようなものであるが、それは文字通り屋形つまり家屋が図案化されている錦である。

「荒木田氏経神主が『屋形文錦の御事は肝心の御被なり』と特別の注意をうながしたように、この文様《もんよう》は他のとこ

内宮の秘紋・屋形文錦

外宮の秘紋・刺車文錦

ろには決して用いてはならないとされている」（桜井勝之進『伊勢の大神の宮』二一三頁）という門外不出、複製を禁じ使用を許さない図柄である。家屋を描いたにすぎない図柄のこの錦が、なぜあらゆる重要なご装束に先行して、神秘的な扱いをうけなければならないのか。

おそらくそれは、その屋形文が「太一」の居所としての内宮を、象徴するからではなかろうか。この図柄の屋形の屋根は瓦らしく、両端は反《そ》っていていかにも中国風であり、「太一」の居所にこそふさわしく、どうみても檜皮葺素木《ひわだぶきしらき》造《づくり》の正宮の造りようではない。

天照大神と「太一」との習合は、秘事として内宮におけるいっさいの祭祀の表面から隠され、その事実の筆録もさし止められていたが、ただ一つ、この図柄にだけこの習合の事実がうたわれていたのではなかろうか。

この内宮の屋形文錦に対して、外宮にはそれと同等の重要さと、同様の用途をもった秘紋《ひもん》・刺車文錦《さしくるまもんのにしき》の伝承がある。そうして注目されるのは、

「本宮、屋形文錦を専ら重んじ奉るに対《むか》へて、外宮には刺車文錦を重んず」（『大神宮儀式解』巻九）

とあるように、外宮の秘紋・刺車文錦は、内宮の屋形文錦

に対応するものとして扱われ、この両者の間には密接不可分の関係がみられることである。

秘紋・刺車文の錦をめぐって——北斗七星

「太一」の居所としての内宮を象徴するものが、内宮に伝承される屋形文錦であるならば、外宮に伝承される刺車文錦は何の象徴であろうか。

北斗は北極星を中心にしてまわる星であるが、これは北極星の精・天帝「太一」が乗る車とされている。それならば刺車文は北斗としての外宮の象徴なのではなかろうか。

刺車文を北斗の象徴と推理する以上、まず中国および日本における北斗への意識と、それにまつわる伝承について概観する必要がある。七つの星からなる柄杓《ひしゃく》の形は、いかにもなじみやすく、またよく目につく。そこで日本でも動かぬ星として知られる北極星に対して北斗七星は動く星として意識され、時計のなかった昔は農事の目安、航海者のためには方角の目印とされたのである。

北斗七星の和名は普通ナナツボシ、ナナヨノホシなどであるが、その桝《ます》の四星と柄の三星とから成るので、四三《しそう》の星ともよばれた。野尻抱影氏は那智大社の田楽舞の田植の歌詞に

「青い雲がさし出たよ、しその星かな、アヨカアリヤ、ソヤソヤソヤ、アリヤソヤ」

と、この四三の星が詠まれていることを指摘されている。また同氏によれば、春から初夏にかけて北の中空に横たわる時の、頭の二星を除いた五星が舟の形にみえるとき、フナボシとよばれるという。

沖縄八重山の豊年踊の歌詞の中に、

〽フナー星ば目当《めあて》し
ばか島ど島が本

物作り見りばどう
ばか島ど島ぬ本
すぼ麦（大麦）粉ふかし
ばか島ど島ぬ本

(訳）フナー星を目当として農作しなさい。
我が島が本の島である。
農作すれば
わが島が島の本である。
私の島には麦が隙のないように実る。

（喜捨場永珣翁ノートより、同氏の訳も共に筆者筆録）

といってフナー星がうたわれている。しかしこれは組み星の意でスバルともいわれる。

八重山の豊年踊のこのフナー星は、正確なことはわからないが、もしこれを北斗とすれば那智田楽のシソウの星と共に、北斗が農事の目安になっていたことがわかる。

北斗七星の第六星の外側には小さい星がついている。これが輔星《ほせい》であるが、

「この星は後陽成天皇の御宸翰星図《ごしんかんせいず》に、ソヘボシと仮名で記入してあるのが、この星の和名の文献として有名である」（野尻抱影『日本の星』）。

と記されている。なお同書によれば、この星は寿命星ともいって正月にこの星の見えないものは、その年のうちに死ぬという倉橋島の伝承を載せている。

『史記』天官書はこの星について、

「輔星明らかにして近き時は、輔臣親彊《ほしんしんきょう》に、小を斥《しりぞ》け、弱を疏《うと》んず」

とあり、この星が明るくみえるときは、輔佐の臣が強固で小人を排斥し、弱臣を疏遠にして用いずといっている。北斗七星はこの星を入れると八個で、陰陽道ではこの星を重視し、金輪星といって信仰の対象としている。

「太一」が乗る車＝北斗星

また『史記』天官書第五には、

「斗《と》を帝車となし、中央に運《めぐ》り、四郷を臨制《りんせい》す」

と述べられている。つまり北斗七星は天帝「太一」の乗車であって天帝はこれに御《ぎょ》して宇宙に乗り出し、四方上下を治める、というのである。

事実、北斗七星は北極星を中心に、一時間に一五度ずつ動き、一昼夜でそのまわりを一回転し、一年でその柄杓《ひしゃく》の柄は十二方位を指す。したがって北斗は絶対に止まらない天の大時計として『天官書』には陰陽、つまり夏冬を分け、四季の推移と二十四節気の調整を司り、五行の円滑な輪廻《りんね》を促すものとしている。そうしてこの北斗が人類になす最大の貢献は、農耕の基準を示し、民生の安本を保証することであって、天上天下にわたっていっさいの運行を整正するのは、ひとえにこの北斗である、とまでいいきっている。

以上が日本と中国における北斗七星に対する意識であるが、もっとも重要なことは北極星を中心として、北斗が規則正しく運行することであり、それによって農事を基本とする、生活暦がつくられていたことである。

中国哲学はこの北極星と北斗との関連という、天文の知識に基づいて次のように展開する。

原初唯一の存在であった「太極」の本質は静である。しかし太極は同時に陰陽を発する源として、動をもその中に含んでいる。太極の神格化である「太一」も、したがってこの両面を有し、「太一」は「北極星」として動かぬ神であると同時に、「北斗」の車を駆《か》って動く神でもある。静なる神、「太一」を動かすのが「北斗」であった。この「太一」と北斗との相即不離の関連性、および北斗の人間社会への貢献度を考え合せれば、次のことが自然に導き出されよう。

天照大神に「太一」が習合されて、その「太一」の宮居が伊勢神宮の「内宮」とされるならば、その「太一」と相即不離の関係にある北斗は、当然「外宮」の豊受大神に習合されるはずである。

その習合を裏書するように、外宮遷宮の際、そのみ正体《しょうたい》を蔽う錦の紋様が、この刺車の図柄なのである。そのことは外宮のみ正体の本質が「車」つまり「北斗」であることを十分に物語っている。そうしてそれは同じく内宮のみ正体を蔽う錦の屋形の紋様が、内宮の本質すなわち「太一」の宮を示しているのに対応する。また豊受大神は五穀を司る神であるが、この穀神としての性格も北斗の本質に一致するのである。

この隠された事実を、さらに追求するためには、次の段階として外宮鎮座伝承にふれなければならない。

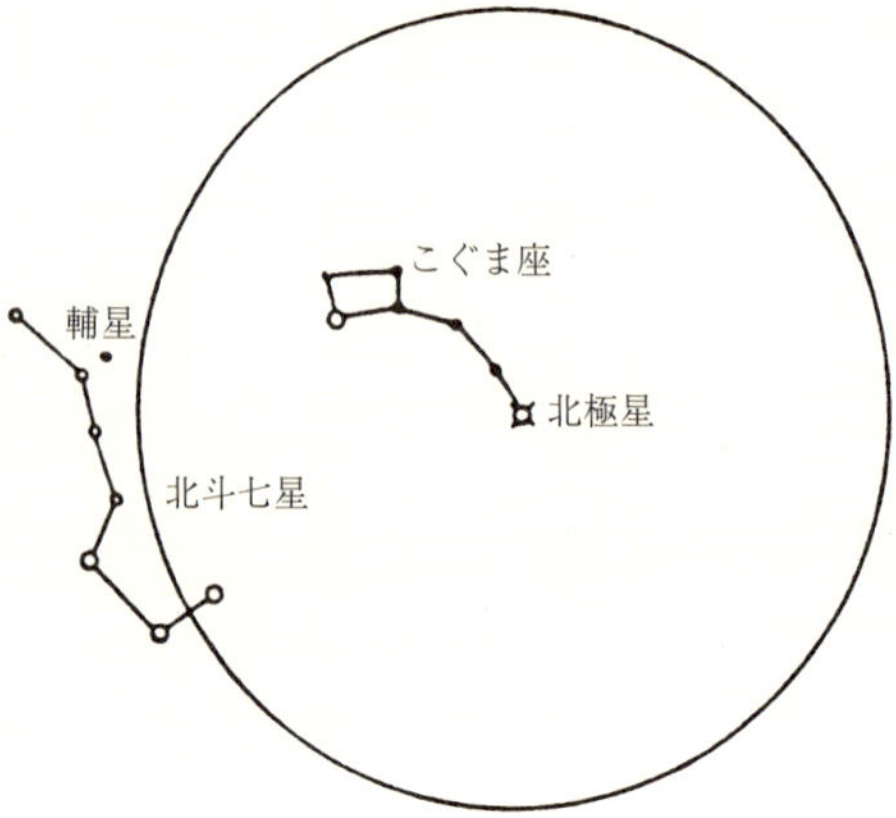

輔星と北斗七星と北極星

豊受大神をめぐる伝承

外宮の豊受大神のご鎮座については、『止由気大神宮儀式帳』（八〇四年）の記事がもっとも古い。それには大要次のように記されている。

「天照大神が雄略天皇の夢枕に立って誨《おし》えられた。それは自分は高天原に在ったときに求めていた宮処に鎮《しず》まることができた。『然吾一所耳坐波甚苦《しかれどもわれひとところのみませばいとくるし》その上に大御食《おおみけ》も安らかに食べられないから丹波の国比治《ひじ》の真奈井《まない》に鎮座の穀神、豊受大神を迎えてほしい』というお告げであった。そこで天皇は夢からさめ、さっそく豊受大神を丹波の国から迎え、度会《わたらい》の山田原に立派な宮をつくって祭らせられた。

原文九字をそのまま記したのは、その解釈が先学によって二通りになっていて、
(1) しかし一所《ひとところ》にいるのはまことに苦しい。
(2) しかし一人《ひとり》でいるのはまことに難儀である。
とわかれているからである。これについては後に述べる。また丹波比治の真奈井に鎮座する豊受大神の出自を、『丹後国風土記』は次のように述べている。

「丹波国丹波郡の西北、比治の里の比治山の頂に、真奈井という井戸があった。この井戸に天女八人が降りて水浴している中に、里の老夫婦がその中の一人の衣裳をかくした。他の七人は天に帰ったが衣裳をかくされた天女は帰ることが出来ず、地上に留まって老夫婦と共に住んだ。天女は万病を癒す霊酒をつくり、そのために老夫婦は富裕になったが、それと同時に天女を邪魔者扱いして追出した。追われた天女は竹野郡奈具《なぐ》の村に至り、奈具の社に留まることになったが、この天女が豊受大神である」

この豊受大神伝承の中で、注意される点は次の四つである。
①出自―天　（豊受大神は天降りして天に帰れなくなった天人である）
②仲間―八人　（その仲間は大神もふくめて八人、天に帰ったのは七人）
③特技―造酒　（万病をいやす霊酒は不老長寿につながり、酒は穀物につながる）
④方位―西北　（丹波は伊勢の西北（乾《いぬい》）であり、比治は郡の乾に当る）
ところで、先に内宮における屋形文、外宮における刺車文の関係を、
内宮…太一　（屋形文）
外宮…北斗　（刺車文）
の対応と解釈し、内宮の神を「太一」、外宮の神を北斗と推定し、仮説を提起した。この推定を豊受大神伝承にもあ

てはめてみると、どうなるであろうか。

輔星に比定される天女

北斗七星は天の星であり、その輔星を加えると八星である。輔星は帝の輔弼《ほひつ》の任を有する宰相の星ともいわれ、この星の明らかな時は、小人は斥《しりぞ》けられるという。輔星はまた寿命星ともいわれ、正月星見の行事にこの星の見えないものは、その年の内に死ぬという言伝えがある。

豊受大神は天降りした八天女の一人であるが、豊受大神の伝承を北斗七星に因《ちな》むものとすれば、この場合、天に帰れなかった豊受大神はさし当り、この輔星に比定される天女ではなかろうか（輔星は影がうすくみえたり、みえなかったりするので、その時としての行方不明が地上に下りてさまよう、という想像を生み出したのではなかろうか）。

北斗七星の第六星に附随する輔星の本質は、帝を輔《たす》ける援護者である。しかし輔星のみでなく、北斗七星そのものも宇宙における大業を行う、天帝「太一」の協力者であって、援護者としての本質は同じである。したがって豊受大神を北斗七星そのものの象徴であるとしても、その片割れの輔星の象徴としても、いずれにしてもその本質は同じく帝の援護者である。豊受大神が不老長寿の霊酒を造ることに巧みであったということは、輔星が一名寿命星といわれることによく対応する。

最後に方位の西北（乾《いぬい》）であるが、この西北ということがしばしば登場してくるのは、豊受大神の出自の場面だけではない。すでに内宮と外宮の関係においてもそれは見られ、外宮は内宮の西北に鎮座している。内宮対外宮、伊勢対丹波、丹波郡対比治山と三度にも及んで、豊受大神は西北にある神なのである。

西北が象徴するもの

西北（乾）とはどういう方位か、陰陽五行の中の九星気学の説くところを参考にして、考察をすすめよう。

・西北（乾）の方の天地の気を六白金気となす。
・六白金気は、日に執《と》っては戌《いぬ》の刻（午後七時—午後九時）、年に執っては戌月《いぬのつき》・亥月《いのつき》（旧九月・旧十月）とす。
・六白金気とは太陽をいい、古来人類の天と讃《たた》え、神と称《たた》うる所以の本体たり。
・六白金気の軌《みち》（象徴物）を概述すれば、次の如し。

動、施与後援、剛、軍隊、健
種子果実（米、麦、粟、豆類、林檎、柿、梨など果実類）
円、石材
大始、上長、主人、守護監督
機械、交通機関、車、　　以下略（田中胎東『九気密意』）

なお同書によれば、

「受くるを期待せずして与うるものを施《ほどこ》しという。施はこれを後援・引立・援助ともいう」といっている。豊受大神は霊酒を老夫婦のために造って両人を富裕にしながら、自身は何一つ報いられず逐い出された神である。それはまったく西北・六白金気の象徴する作用であり、象意である。同じく西北の象徴するものの中に、円・動・交通機関・車があり、これは刺車の神紋によって象徴されるものに等しい。

また先にふれたように、天照大神は「一人でいるのは難儀である。食事についても何彼と不自由だから、丹波国の豊受大神を御饌津神《みけつかみ》として勧請してほしい」と、雄略天皇の夢枕に立って促された。独居が難儀だというのは、援護者を必要とすることであり、食事が不自由ということは、その裏に米・麦・粟などの穀類食料の不足があったことを意味する。援護者も米麦などの種子果実も、すべて西北六白の象徴するところのものである。

外宮から先にまつること

さらにこの西北の象徴する事象のうち、注目すべきものに大始《たいし》がある。大始とはすべてもの事の始めを意味するが、伊勢神宮には「外宮先祀」の不文律がある。この不文律は絶対であって、しかもその理由は先学の何人によっても解明されてはいない。

いま外宮先祀の状況をみると次の通りである。伊勢神宮第一の大祭、旧九月十六・十七日の神嘗祭《かんなめさい》をはじめとし、旧六月・十二月の月次祭《つきなみさい》、旧二月の祈年祭《としこいまつり》、といずれも外宮の祭祀が内宮のそれよりも先である。参宮の順において、斎内親王《いつきのみこ》も奉幣使も共に外宮が先であった。一般人の参拝もまず外宮からということになっている。

「外宮先祀《げくうせんし》」は昔からそういうことになっているからそうする、という以外には何の説明も解釈も行われていないのであるが、外宮が西北（乾《いぬい》）の宮である以上、この宮に物事のはじまり、開始、大始がさだめられていることはむしろ当然なのである。

『古事記』上巻には「皇大神宮」の後に続けて、

「登由宇気神《とゆうけのかみ》、此は外宮《とつみや》の度相《わたらい》に坐す神なり」

とある。外宮の度相というこの表現によれば、外宮がまず先にあって、そこに豊受大神が後から鎮座された形になる。なぜただ「度相に坐す神」とかかれず、外宮の語が大きな比重を占めているのか、それは学者の間で問題になっている。

しかし『古事記』成立以前に、すでに北斗宮としての外宮が先にあり、そこに後から日本固有の穀神、豊受大神が習合されたとすれば、この表現はきわめて自然である。

北極星の外をまわる北斗七星は、動く円い車をもった機械で、旋璣玉衡《せんきぎょくこう》という美しい名称でよばれた星である。北極星が「太一」であり、内宮がこの「太一」の宮である以上、外宮は当然この北斗七星を象徴する宮でなければならない。

動く円い車の交通機械を象徴する方位は、陰陽五行では西北（乾）である。そうなれば当然車の神、北斗は西北に祀られなければならない。また西北は穀物を象徴する方位でもある。しかも北斗は「十二月五日、晦日、北斗明らかなれば五穀種多し」とか、「開陽《かいよう》（北斗の第六星）明らかなれば、米、大豆、五穀多し」といわれるように、穀物神になっているのである。

したがって外宮に鎮坐する神は、内宮の西北になければならない。しかも伊勢からも大和からも西北に当る丹波国、さらにそのまた西北の比治の山から、新しく神が勧請《かんじょう》されて来たのである。こうして二重にも三重にも西北を負って勧請された神、それが豊受大神（止由気大神）であった。

三つの本質をもりこんだ託宣

こうした背景を考えた上で、「外宮鎮座伝承」に再びかえってみると、先に問題になった、

吾一所耳坐波甚苦《われひとところのみませばいとくるし》。加之大御饌毛安不聞食《しかのみならずにおうみけもやすくきこしめさず》

の「吾一所」の解釈は、二つにわかれなくても、きちんと説明できるのである。

すなわちこの託宣には豊受大神の負う三つの本質（それは要するに北斗の神であることを前提として、はじめて成立する本質であるが）、つまり車、援護者、穀神の三つの性格をもり込むことが意図されたのである。それがために「吾一所耳坐波」の一所は場所でもあり、同時に一人を指す言葉ともなっている。

場所の意味でいえば、車のない「太一」神は宇宙に乗出すことができないので、一所にじっとしていなければならない。それはまことに苦痛であって、太極としての「太一」の本質に悖《もと》るのである。太極は動いて陰陽を生み出すものだからである。一所を場所の意にするとき、この託宣の背後にかくされているものは、車としての豊受大神である。

また一人の意味でいえば「太一」神には輔弼の宰相が必要とされている。「吾一所耳」を「自分一人でいては難儀である」と解すれば、天照大神が豊受大神に求めているものは援護者である。北斗は「太一」の援護者でもある。さらに「食事も安からず」は、豊受大神に天照大神の御饌津神《みけつかみ》であることが、要求されていることを示すものである。この託宣はわずか十七字の中に、北斗としての豊受大神の本質を、残りなく表現している。それは同時に「太一」としての天照大神をも、また巧みに暗示していると考えられるのである。

なぜ九月十七日に大祭が行われるか

古く諸大社の例祭が、旧二月と旧十一月の組合せで行われたことを突きとめたのは、柳田国男である。柳田はその理由を二月は農事始の物忌《ものいみ》の開始、極寒十一月の祭りの理由は、九月の収穫から二カ月にわたる長い物忌《ものいみ》を必要としたからだと説いた。しかし伊勢神宮の大祭が九月十七日という例外なのは、伊勢には常勤の物忌役があったから、すぐ神祭が可能であったからであるとし、祭りの時期の理由をすべて「物忌《ものいみ》」に帰して解釈している。たしかに旧九月は収穫月であるが、私は柳田説には同意しがたい。

旧九月には北斗は西北の空にもっとも低くかかり、人の世に触れるばかりに近づく(次頁図参照)。そこで西北を負う豊受大神、つまり穀神北斗に人はまず新穀を捧げ、捧げられた御贄《みにえ》は豊受大神からさらに「太一」である天照大神に捧げられる。北斗をへて捧げられた御贄がはじめて「太一」に届くのであって、それが伊勢神宮の九月十六日・十七日の大祭ではなかろうか。また後述するが、旧九月中頃の星座もこの伊勢神宮の祭りにはふかい関連をもっている。

外宮は西北の神であり、西北の象意は大始である。そこで外宮先祀はこれによって解釈できるとし、私はその意味で説明してきたのであるが、今考察したようにまず新穀は穀神の豊受大神に捧げられ、この豊受大神を媒《なかだち》として天照大神に捧げられたとすれば、外宮先祀《げくうせんし》はこの意味によっても説明できるのである。

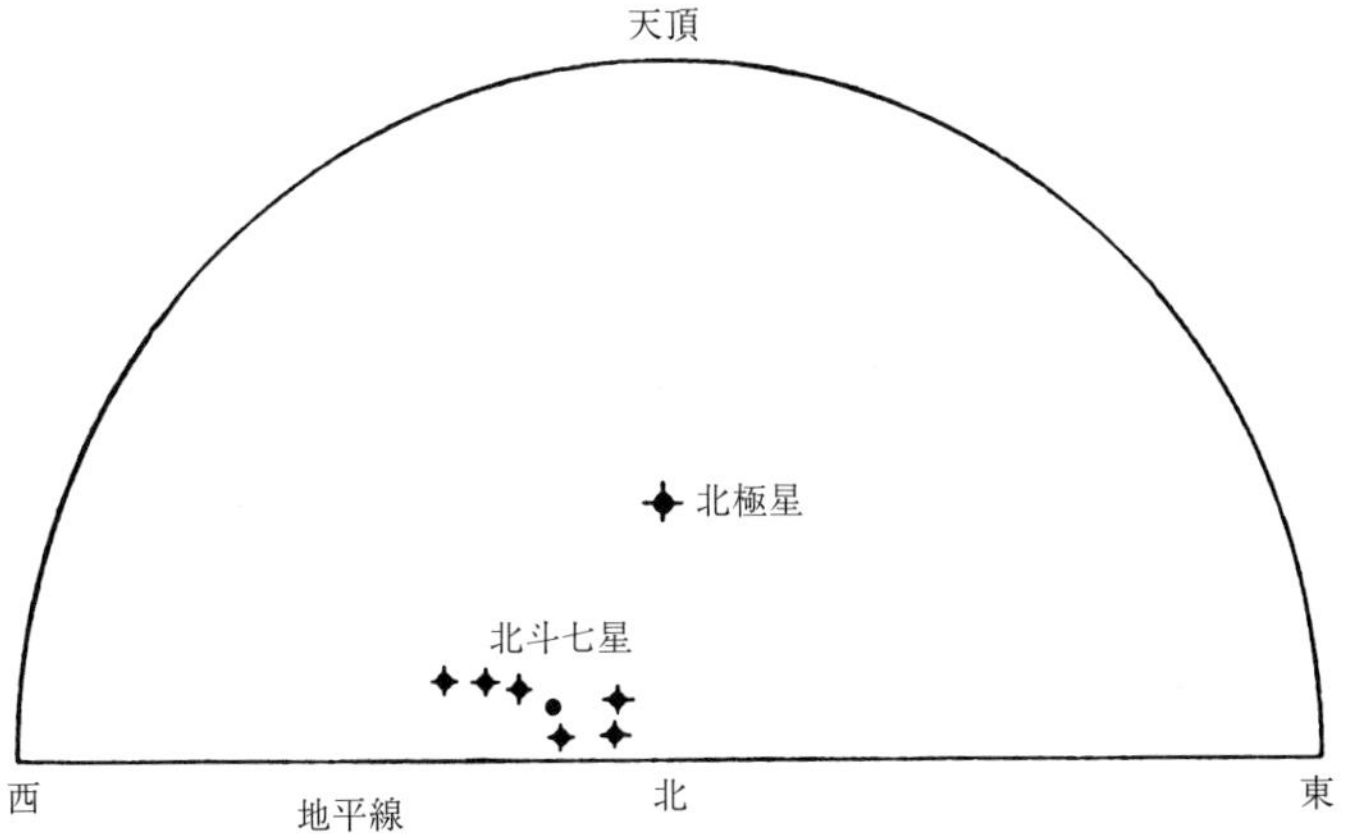

10月20日（旧９月中旬）午後８時の空における星の位置

上図のように旧９月中旬午後８時頃，北斗七星は西北の地平線上スレスレの人の手の届くほどのところにある。しかもその北斗の斗（マス）は，北極星に向って開いており，もしこのマスの中に捧げものをすれば，それはそのまま北極星に届きそうな恰好である。こうしてみると「太一」に習合された伊勢の皇祖神に新穀を捧げる時日として旧９月16・17日にまさる時はない。

由貴大御饌の内容

伊勢神宮の諸祭のうち、旧九月十五日から十七日にかけて行われる神嘗祭《かんなめさい》、旧六月と十二月に行われる二季月次祭《にきつきなみさい》をあわせて三節祭《みふしのまつり》といって、それがもっとも重視された。斎内親王の参入されるのも、この三つの祭りに限られていた。そのなかでもっとも重要な祭りが、旧九月の神嘗祭である。それは十五日から十六日が外宮、十六日から十七日が内宮の祭りである。そのどちらの祭りの大要もほぼ同じであるから、本書における伊勢神宮の祭りは、すべて内宮の祭りによって記すことにする。

神宮の神饌の中で「心《しん》のみ柱」に供えられる大御饌《おおみけ》は、とくに由貴大御饌《ゆきのおおみけ》とよばれる。由貴大御饌は三節祭に供進され、その概要はほぼ同じであるが、いまこれを神嘗祭によってみることにする。由貴大御饌は「宵暁《よいあかつき》の大御饌」といって夜半子刻《ねのこく》を中心とする亥刻《いのこく》（午後十時）と丑刻《うしのこく》（午前二時）の両度にわたって供進される。

由貴大御饌に供される神田《しんでん》の御稲《みしね》は、穂の部分だけ抜きとる抜穂《ぬいぼ》として御稲御倉《みしねみくら》に納められ、九月十六日、参籠潔斎した神職によって御稲奉下《ごとうほうげ》、つまり倉出しされる。奉下された稲は搗《つ》きしらげ、飯《いい》に蒸され、笥《け》にもって大御饌とされる。またこの抜穂で白酒黒酒《しろきくろき》も醸《かも》され、神酒として奉奠《ほうてん》される。

国崎神戸《くざきかんべ》からはアワビ・サザエが、度会《わたらい》、多気《たき》二神郡からは海山の幸が貢進された。また御贄神事《みにえのしんじ》といって内宮禰宜が鳥羽の海に舟を出し、カキや海松《みる》を採集する神事がある。この御贄《みにえ》を納めた唐櫃《からひつ》に「太一」の旗を立てることは既述の通りである。ついでながら前述の諸所の神戸から、御贄を搬入する舟の旗印もまた「太一」であったという。

由貴大御饌はこうして誠心誠意、海・山・野の幸を貢進することであった。

現在、由貴大御饌の儀の奉仕は、祭主・大宮司以下、全神職伶人によって行われる。九月十六日夜九時、奉仕の全員は装束を整えて忌火屋殿《いびやでん》に向って参進、ここで由貴大御饌を納めた唐櫃《からひつ》の前後に整列して修祓《しゅうふつ》する。その後御《み》贄調舎《にえちょうしゃ》に進み、「豊受大神の入ります神座《しんざ》」のみ前で、権禰宜以下、奉仕の調理儀《ちょうりのぎ》を行う。

それが終わると内院に参入、土器にもられた数々の由貴大御饌が奉奠される。大宮司の祝詞、全員の八度拝の作法による拝礼、奏楽がくり返されて撤饌《てっせん》、これが「夕の大御饌」であるが、午前二時には同様に「朝の大御饌」の儀が行われる。これが神嘗《かんなめ》祭である。

「ユキ」という言葉の意味

由貴大御饌の儀で注意されることは、前述のようにその調理が豊受大神の神座の前で行われることである。御贄の一部にもせよ、その調理が豊受大神親臨の下に行われることは、それらが天照大神に供えられるまでは、豊受大神の管理下にあることを示している。豊受大神は、天照大神の御食津《みけつ》神として勧請されている。もし天照大神に直接神饌が供進されたなら、豊受大神存在の意義はなくなる。その意味で豊受大神が御贄《みにえ》を管理するのは当然であろう。由貴大御饌はまず豊受大神に貢進された御饌《みけ》と推測されるのである。

それではこの御饌が、なぜ特別に由貴大御饌とよばれたのだろうか。そこで「ユキ」の語の意味を考える必要が当然おこってくる。結論から先にいえば、豊受大神を北斗の精とすれば、このユキは「輪璣」ではなかろうか。

忌火屋殿の前庭での由貴大御饌（内宮）の儀

北斗七星は、「旋璣玉衡《せんきぎょくこう》」とよばれるが、その頭の部分が「旋璣」で、それは回転する機械の意であり、「玉衡」はその柄の部分に対する美称である。またその頭の枡《ます》の部分をなす第三星が、とりわけ「璣」とよばれている。「璣」はいずれにしても、北斗七星の代名詞として使われる資格をもつ言葉である。

一方、「輸《ゆ》」を辞書でみると、「物をもって人におくる、又は贈るところのものをさす」（諸橋轍次『大漢和辞典』）とある。したがって輸璣は「璣」つまり「北斗」に物を送ること、または贈るものをさす。

由貴を輸璣とするこの推理に、一つの手がかりがある。それは『日本書紀』天武紀の大嘗祭に関するものであるが、大嘗祭の「悠紀《ゆき》」は、この「由貴《ゆき》」と同義と推測されているから、それをここに援用することはほぼ妥当であろう。

天武天皇が行った大嘗祭（第四章参照）について明確な記載はないが、その前後の記事から推して、践祚《せんそ》翌年の天武二年十一月と推定されている。その際の悠《ゆ》紀《き》は丹波、主基《すき》は播磨であったらしく、この二郡とも大和から西北に当っている。

天皇大帝とは北極星を神格化した名称であることは既述した。そこで天皇の居所・大和を太極（「太一」）とすれば、その「太一」を輔《たす》けるものとして、北斗がこの即位の祭りに顔を出さないはずはなく、その北斗は西北の方位に求められるはずである。西北は車・援護者・穀物など北斗の本質を象徴するばかりでなく、「天」を象《かたど》るからである。そこでこの方位にある国郡が斎郡としてまず撰用される。しかも丹波国は北斗の精・止由気大神出自の国でもある。

豊受大神を通して天照大神へ捧げる

そこでユキとは北斗七星のうち、天璣星を含む頭部四星に対して供えられるもの、つまり「輪璣」を意味し、スキとは「次」でその次の位置にある、尾部の三星に供えられる「次位の輪璣」の意味ではなかろうか。
天武紀五年の記事には、「斎忌《ゆき》は此を踰既《ゆき》という」と註され、「輪」ときわめて近い字が宛《あ》てられている。また「璣」は乙類で悠紀・由貴の紀・貴と同類である。ユキを「輪璣」とすることは、字音の上からも不合理ではなかろう。

このように考えるとユキは輪璣で、璣に輸《いた》すこと、または輸《いた》すものと解せられ、それは北斗七星に贈ること、または贈るものを指すのである。したがって輪璣大御饌《ゆきおおみけ》とは、まず人間から北斗に捧げられる御贄《みにえ》であることは、大嘗祭の場合も、伊勢神宮神嘗祭の大祭における場合も同様と思われる。
北斗の精・豊受大神に輸《ゆ》し送《おく》られた御贄《みにえ》が、はじめて天照大神、すなわち「太一」への神饌たりうるのであって、もし人間から直接天照大神（つまり「太一」）に神饌が供されれば、それは「太一」に届かず、また一方、北斗として穀神としての豊受大神の任務もなくなり、勧請の意味も同時になくなる。

外宮鎮座記録のもっとも古いものは『止由気大神宮儀式帳』（八〇四年）であるが、これによる限り、豊受大神は、止由気《とゆけ》、または等由気とされている。

「止由」は「豊」に通じ、気は「璣」に通じる。この「豊」を美称とすれば残るのは璣であって、それはまさしく北斗の名称である。この推測が当っているとすれば、外宮の神はその名称からしてすでに北斗をあらわしている。

外宮と五節舞

外宮と北斗との関連をあとづける資料として、最後に五節舞を挙げよう。かつて伊勢神宮外宮では、九月の神嘗祭に、五節舞《ごせちのまい》が舞われたらしい。外宮と五節舞との関連は何を意味するか。『続日本紀』の聖武天皇、天平十五年五月癸卯《みずのとう》のくだりに、

「雨乞のために皇太子（後の孝謙女帝）親《みずから》五節を舞う」

とみえ、その詔に、

「飛鳥浄御原《あすかきよみはら》に大八州《おおやしま》知ろしめしし聖の天皇命（天武天皇）此の舞をはじめ給い造り賜いき」とある。五節の舞の作法は「袖を挙《あ》ぐること五度、それゆえに五節という」と解されている。

しかし「五節」とは春夏秋冬に季《すえ》の土用を加えた、一年の五節気を意味すると思われる。したがって五節舞とは、季節の順調な移り変り、五行の調和（聖武天皇の場合は雨乞い）を願い、年穀の豊穣を祈る舞いであるが、そのような季節の順調な移り変り、五行の調和、年穀の実りは、いずれも北斗の神の司《つかさど》るものである。『天官書』第五の北斗の条《くだり》には明らかに、

「……四時を建て、五行を均しくし、節度を移し、諸紀を定むる、皆斗に繋《かか》る……」

といって、北斗の徳を称《たた》えている。五節舞の名称は、この『天官書』から直接採《と》られているものかもしれない。いずれにしても五節舞とは北斗の徳を讃え、その加護を祈る舞いである。五節舞が新嘗祭及び大嘗祭、伊勢神宮の場合は、九月の神嘗祭に舞われるのはこのためであろう。

五節舞の創始者は天武天皇であるといわれるが、それならば、この舞いは伊勢神宮にこそ、真先に供進されていたはずである。それを裏書きするようにこの伊勢神宮と五節舞については、注目すべき一つの事実がある。『止由気宮

儀式帳』の「神嘗祭供奉時行事」の条に、
「次に斎宮の釆女《うねめ》ら五節を舞う」

とみえていることである。『皇大神宮儀式帳』にはこの伝承はみえない。ということは内宮には五節舞の伝承はなかったのである。北斗を称《たた》える舞いが外宮にのみ伝承され、内宮にはなかったということは、やはり外宮が北斗の宮であることの、傍証の一つとなるものであろう。

荒祭宮のある地勢

荒祭宮《あらまつりのみや》は早くから皇大神宮第一の別宮《べつくう》であり『儀式帳』にも『大神宮式』にも、天照大神荒御魂《あらみたま》奉斎の宮とされている。それならば「荒御魂の宮」でよいはずであるのに、ことさらアラマツリノミヤとよぶについては、何か理由があるはずである。

「とにかく平安の初めには、大神の荒御魂がまつられていたのである。そうして文献にはじめてみられる時代から、今日に至るまでご本宮につづいて必ず直ちにこのお宮の祭儀が行われること、なおまた、外宮でさえ行われない旧四月と旧九月の神御衣祭《かんみそまつり》も、このアラマツリノミヤではご本宮につづいて奉仕されていることは特筆されるべきことである」（桜井勝之進『伊勢の大神の宮』五六―五八頁要旨）

そこで荒祭宮における謎を、要約すると次のようになろう。荒祭宮は平安初期にはすでに、天照大神の荒御魂奉斎の宮とされていたにもかかわらず、それがなぜか荒御魂の宮とよばれない。同じく別宮とはいいながら、荒祭宮と他の別宮との間には、格段の差がみられ、外宮にさえ行われない神御衣祭が、本宮につづいてこの宮では奉仕される。

荒祭宮の奉斎地は、皇大神宮ご正宮の北、谷を距《へだ》てた丘の上である。この状況をもう少し詳しくいえば、正宮の背後の石段を五十六段下りて、また十五段上った所つまり正宮の背後から差引《さしひ》き四十段下った所である（次頁の図）。

別宮中の筆頭であり、格段に尊貴の宮として奉斎されているこの宮が、なぜ正宮の北の谷底ともいうべき低湿の地に、奉祀されていなければならないのか。そこはまったくの窪地なのである。荒祭宮の奉斎地が、方位でいえば皇大神宮正宮の北ということと、形状では窪地であるということを、陰陽五行思想に照らして考えてみよう。

「太一」を象徴する宮

北は十二支では子《ね》、十干では壬《みずのえ》・癸《みずのと》、九星では一白水気の坎宮《かんきゅう》である。子《ね》・壬癸《じんき》・一白坎宮の象徴するものは、陰・暗・坎（穴）・水・妊《みごもり》などであるが、陰・穴・水などはいずれも荒祭宮奉斎地の状況によく対応する。今日、荒祭宮の前の谷は暗渠《あんきょ》になっているが、かつてはここは谷で水が流れていたのである。

荒祭宮は、北の一白坎宮を象徴する宮であるがゆえに、正宮の背後の低湿地に奉斎されているとみるべきである。

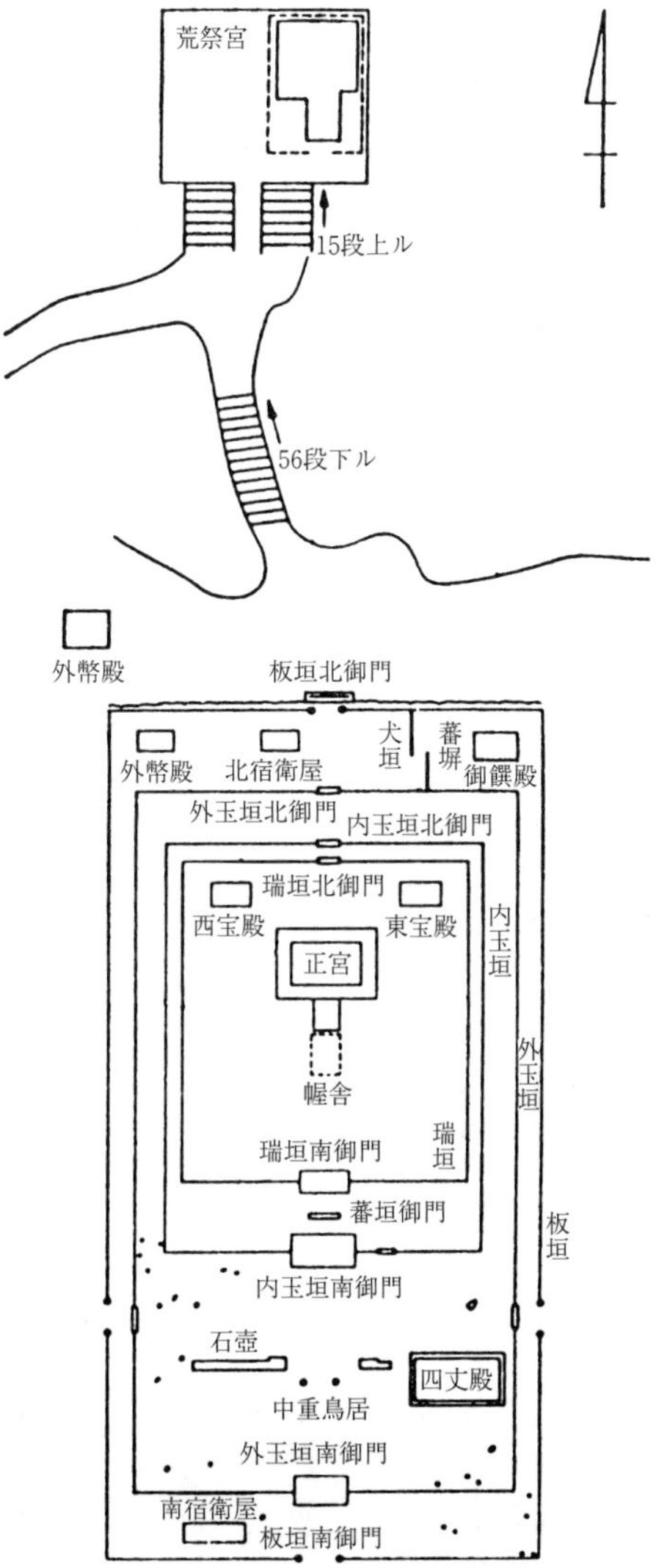

荒祭宮と内宮正殿との位置関係

北の一白坎宮とは天帝「太一」の居所でもある。つまり荒祭宮は天照大神に習合された「太一」を、象徴する宮なのである。天照大神を「表」とすればこの大神に習合された「太一」はその「裏」に密着している隠された神であって、この両者の関係は、南の正面の正宮と、北の裏側にあるこの荒祭宮の在り様からもうかがわれるのである。

しかし荒祭宮の本質は「太一」を象徴する宮であるだけではない。それは同時にもう一つの意味、あるいは本質をもつ。日本の古代信仰においては、神の在り様も、太陽や人と同じく、こもっては出、出てはこもる輪廻の相においてとらえられていたと私は思う。神の生れるべき凹地《くら》、神座《かみくら》がこの窪地における荒祭宮の原初の意味ではなかったか。そのように考えれば、荒祭宮のアラマツリは生《ア》レマツリ、顕《ア》レマツリの意である。

すべて物でも人でも神でも、それが顕《あらわ》れてくるためには、その前提として、そのものが幽《かく》れていた場所が必要である。荒祭宮はその所在地が正宮の北、子《ね》の方、穴、幽所であるゆえに、顕現《みあれ》の宮になりうるのである。幽《かく》れの宮であるゆえに、そこに顕現《みあれ》の祭りが行われる。本来、静の宮であるから、そこに生《ア》レル、顕《アラ》ワレルという動の祭りが行われる。神御衣祭はミアレの神に神衣を奉る祭りである。別宮の中でも荒祭宮に限って、この祭りが行われることは、荒祭宮が、幽所から神が顕現される祭りの、行われる宮であることを裏書きするものであろう。

幽と顕の交代は、日本の古代信仰の原理と考えられるが、それは天照大神の再生において、その前提として岩戸がくれがあったこと、朝日の昇る前提には太陽の洞窟の存在が想定されていたことからも証明されよう。アラマツリノ宮の名称は、日本の祭りの原理にもとづいていると思われるのである。

陰陽五行説における北の坎宮も、日本の古代信仰において神の顕現に必要な大元として意識された神座も、共に穴である。穴をものの発生の根源とすることにおいて両者は等しく、その両者の思想の見事な結合が、アラマツリノ宮であると私は解釈する。

二十年式年遷宮の謎

周知のように皇大神宮のみ敷地は、東と西の二つに分れている。一九七三年秋のご遷宮以来、正宮は西のみ敷地に鎮座されるが、この西のみ敷地の真北に荒祭宮がご鎮座になっている（二八九頁の図参照）。東のみ敷地からは荒祭宮はやや西北に当る。中国思想において西北は幽、北は玄の語で表現される。幽も玄もかくろえる所を示す。ものの初めは幽玄なのである。

この物の初め、原初である幽玄の北の太極、荒祭宮から東西二極を示す二つの正宮のみ敷地が岐《わか》れ出ている様相は、周廉渓の説く『太極図説』を思わせるのである。

「無極にして太極なり。太極動きて陽を生ず。動くこと極まりて静なり。静にして陰を生ず。静かなること極まりて復《また》動く。一動一静、互いにその根となる。陰に分れ、陽に分れて両儀立つ、陽変じ陰合して水、火、木、金、土を生ず、五気順布して四時行わる」

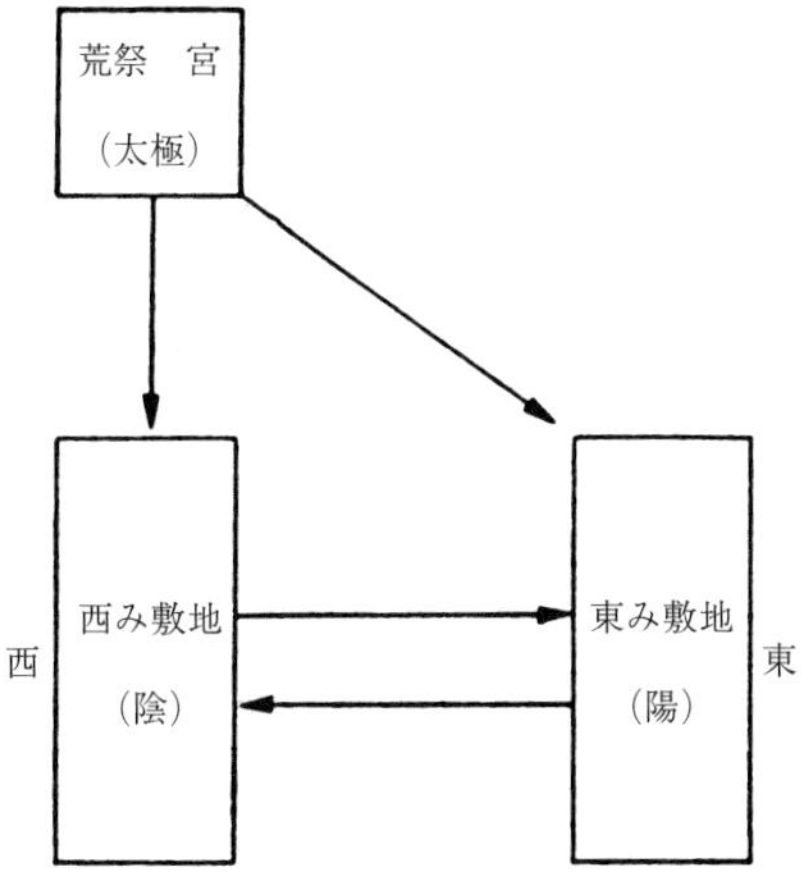

太極としての荒祭宮

伊勢神宮では式年遷宮が二十年ごとに行われる。これによって正宮のご神体は第六十回遷宮では、東から西へ、その前回には西から東へ動かれたことになる。その動きは日本古代信仰における神の在り様、輪廻を象徴すると思われる。

また正宮の北に鎮座の荒祭宮を太極とすれば、この東西のみ敷地はそこから派生した陰陽の両儀ともみられ、その意味で荒祭宮とこの東西のみ敷地は、中国哲理の造型ともみなされるのである（上図）。

さらに遷宮における二十年の周期は、何を意味するのだろうか。天武天皇の意志により、それが実施に移されたのは持統朝である。白鳳期の呪術を考えれば、この二十はただの数ではなく、必ず何かを象徴しているものと思われる。

二十の二に着目すれば、二は偶数であるが、偶数は奇数の陽に対し、陰を表わし、女性を象徴する。それと同時に二は陰陽両儀を意味するものでもある。また顕現を意味する春分を含む、旧二月を象徴するとも考えられる。そこでこの「二」を偶数の陰と解すれば、それは幽を意味し、同時にこの「二」を旧二月ととれば、それは東の顕現を意味する。ここに幽と顕は「二」の数の中に、二つながら象徴されることになる。

このように解すれば、二十年式年遷宮は中国思想を借りて、日本古代信仰を体現していることになり、二者の習合はここにもみられるのである。荒祭宮は正宮と共に伊勢神宮の中枢を占める宮なのである。

三　北斗七星と伊勢の祭り

星の動きと結びついた神嘗祭

伊勢神宮神嘗祭の旧九月十六日夜半から十七日未明にかけて行われる由貴大御饌《ゆきのおおみけ》の儀は、子《ね》の刻を中心とするから「子《ね》」の祭りともいえる。その十二時間後、つまり旧九月十七日正午（午《うま》の刻）、斎内親王《いつきのみこ》による太玉串《ふとたまぐし》奉立とそれにつづく奉幣の儀は、これに対して「午《うま》」の祭りともいえようか。いずれにしても子と午をそれぞれその中心とするこの二つの行事が、神嘗祭のハイライトである。

由貴大御饌は、まず北斗への供饌であり、それが「太一」（天照大神）への神饌となる、と推理してきたのであるが、このように由貴大御饌が北斗、つまり星に関するものであるならば、この神嘗祭のすべては、星の位置、星座と重大な関係があるのではなかろうか。

そこで旧九月十七日夜半零時の北斗の星座をみてみよう（外宮の祭りはそれに先立つ十五・十六日であるが、由貴大御饌の場合と同様、内宮に限ることにする）。旧九月十六・十七日を現行の新暦に執《と》ると、年によって多少のズレはあるが、およそ十月十日過ぎから月末までの間に当っている。左の図はその中間の十月二十二日の北斗の座である。

左の図でみられるように、由貴大御饌の儀の執り行われる中心の時間、旧九月十七日の子《ね》の刻には、北斗の剣先は、子《ね》の方（真北）を指す。当然、その十二時間後、午《うま》の刻における太玉串奉立・奉幣の祭りにおいては、北斗の剣先は午の方（真南）を指す（もちろん白昼のことで見ることはできないが、計算によってその位置はたしかめられていたのである）。

やはり、神嘗祭の行われる日時は星の位置、星座と重大な関係があったわけである。北極星（「太一」）は子の星といわれる。子の刻を中心とする由貴大御饌の儀においては、北斗の剣先もまた子の方を指す。地上における子の刻を中心とする由貴大御饌の儀は、天上の星座に相呼応するものである。天象と地上の祭りは相即不離の関係にあり、それは元は一つの太極から分れ出た天と地は、互いに交感しあうという中国哲理実践の様相を如実に示しているものといえる。

午《うま》の刻《こく》の祭りも同様に北斗の剣先が午《うま》の方《かた》を指しているときの儀で、これも天上の星座に相対している祭りであることは明白である。

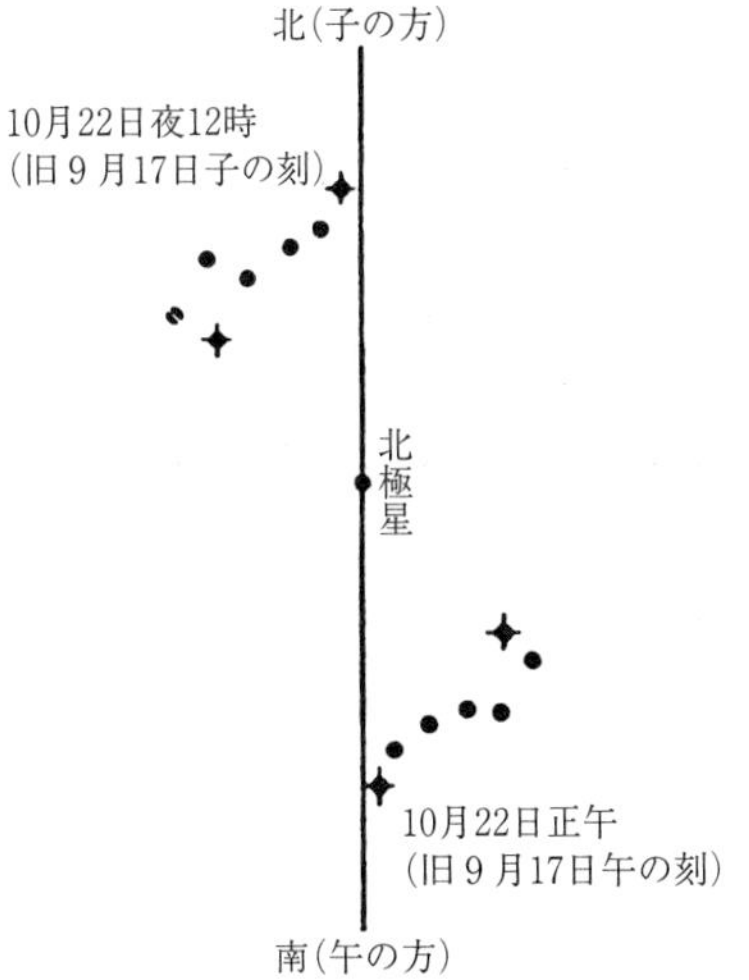

神嘗祭の子の刻の祭り（由貴大御饌供進）と午の刻の祭り（奉幣）における北斗七星の位置

東西軸が残る月次祭

ところで伊勢神宮は古来、前述の通りこの最重要な神嘗祭に夏冬二季の月次祭《つきなみさい》を合せて三節祭《みふしのまつり》とし、特別の祭りとしている。斎内親王《いつきのみこ》の親祭も、由貴大御饌の供進もすべてこの三つの祭りに限って行われる。そこでさきに神嘗祭と星座との関係をみた以上、二つの月次祭の場合にもその星

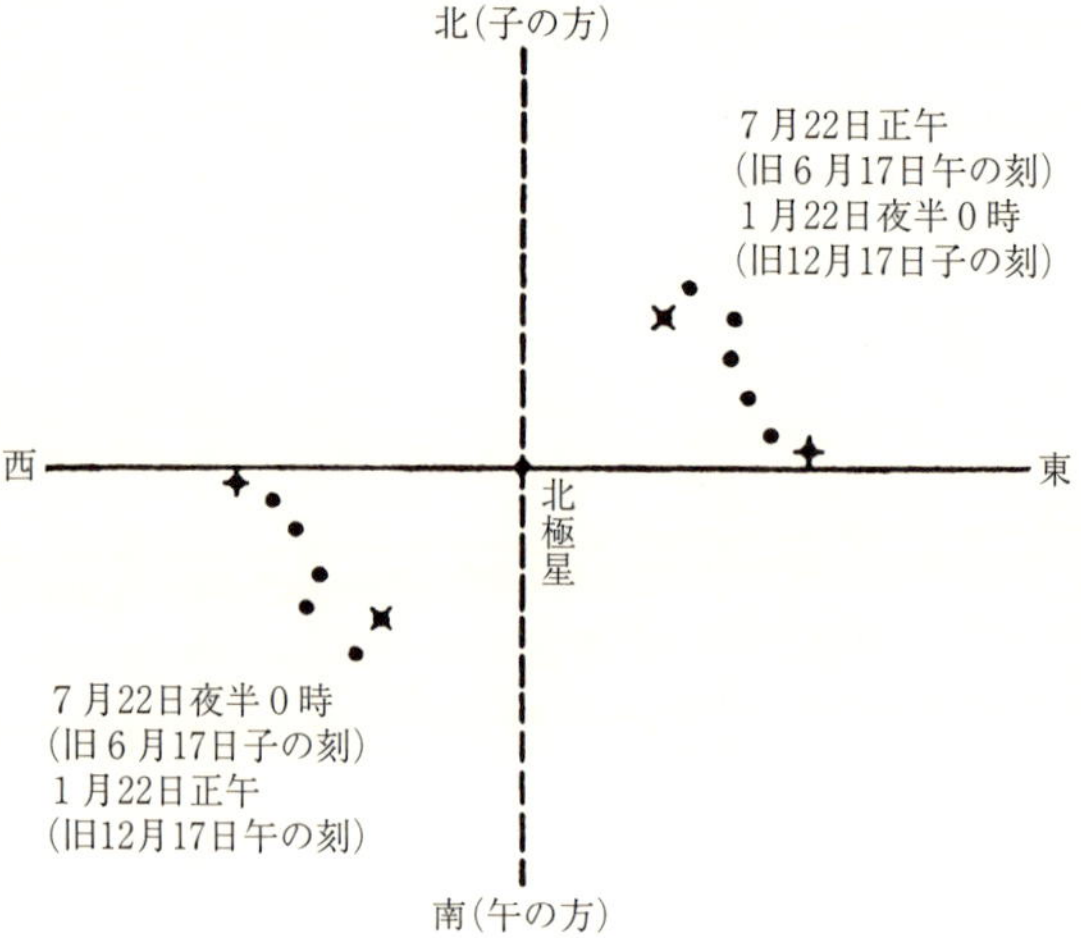

旧6月と旧12月におこなわれる月次祭のときの，子の刻の祭り（由貴大御饌供進）と，午の刻の祭り（太玉串奉立・幣物供進）に北斗七星がどの位置にあるかを示す

との関り合いをみる必要があろう。

上図で見られる通り、旧六月十七日夜半、由貴大御饌供進の中心時間、子の刻に北斗の剣先は真西（酉《とり》の方）を指し、同じく十七日の午の刻の奉幣時には、それは真東（卯《う》の方）を指している。旧十二月十七日子の刻においては、北斗の剣先は真東（卯の方）を指し、十七日午の刻には真西（酉の方）を指している。

神嘗祭における天上と地上の子・午の一致、つまり二重の子午軸形成は、月次祭にはみられない。代ってここにはっきりうかび上るものは東西軸である。

くり返し述べたように、陰陽五行思想導入前、日本における信仰軸は東西軸であり、伊勢神宮と大和朝廷の関係もこの軸上にあるものと私は推測する。しかし中国哲理が導入されてからは、東西軸は祭りの場において、第一義の軸ではあり得ず、その座を南北の子午軸にゆずるのである。

伊勢神宮第一の大祭、神嘗祭が濃厚な子午軸上にあり、第二位の月次祭が東西軸に拠《よ》っている事実は、その間の事情を裏書きするものであろう。

しかし古儀の東西軸が忘れ去られず、第二義的存在ながら伊勢神宮の祭りに、根強く顔をみせることもまた特筆されるべきであろう。

同じく三節祭《みふしのまつり》といいながら、神嘗祭と月次祭の間には格差があり、天上地上の二度に及んで子午軸を執《と》っている神

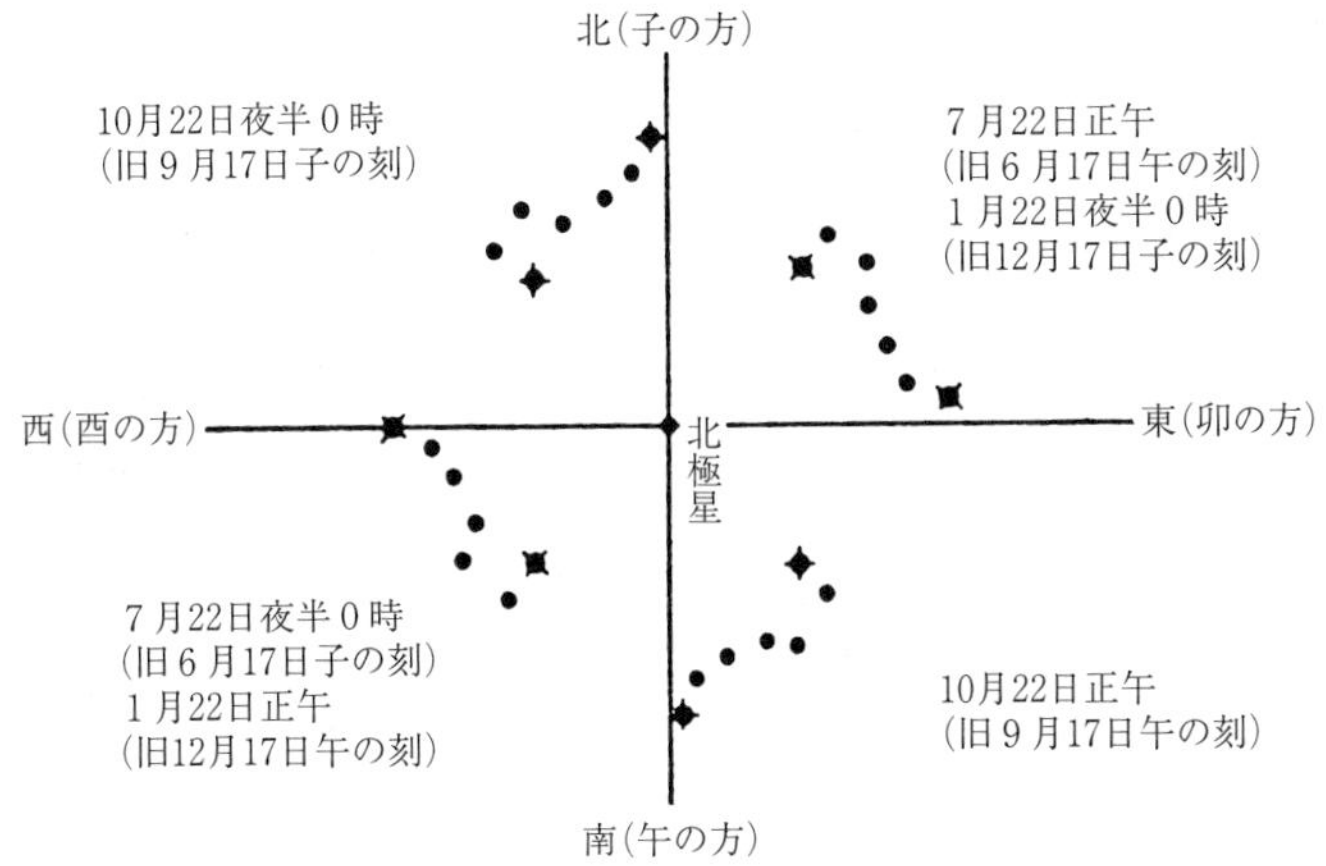

三節祭における子の刻と午の刻の祭りに際して，北斗七星が総合的にどの位置にいるかを示す

嘗祭がもっとも貴《たっと》く、東西軸に拠る月次祭が、その次の位置に甘んじている事実は見逃せない。しかしこの三節祭における星座を組み合せて全体としてみると、上図で明らかな通り、改めて三節祭が集合して何事かを表現しようとしているものであることに気づく。

その何事とは何か？　北斗は既述の通り、四季の推移と、二十四節気を司《つかさど》り、五行の円滑な輪廻を促すものとされている。寒暑温暖、風雨日照などいっさいの調和をもたらすものが北斗の徳である。三節祭がその星座によって表現しようとしているものは、恐らくこの北斗の徳に対する切なる願いであろう。上図をじっとみつめていると、北斗の回転が目《ま》の辺《あた》りに迫り、古代人の自然への畏怖、四季の調和へのひたむきな祈りが迫《せま》ってくるように思われる。

祈年祭と星座

次頁の図（上）は、祈年祭《としごいまつり》の午の刻、奉幣時における北斗の位置を示すものである。

祈年祭は三節祭に次ぐ伊勢神宮の大祭であって、その日時は『儀式帳』には旧二月十二日とあるが、後に九日と定まり、現行は新暦二月十七日である。二月十二日をその古儀としてそれを現行の暦でみると、およそ三月二十一・二十二日の彼岸中日に当る。そこで図はそれによっている。

この北斗の座を、右図（下）の十干図に重ね合せると、それがスッポリと壬《みずのえ》・癸《みずのと》の方位に入ることがわかる。この状況をさらに詳しくいえば、北斗の頭、つまり魁《かい》の部をなす四星は「壬《みずのえ》」の上にあり、尾部の三星、杓《しゃく》は「癸《みずのと》」の上にあって、その剣先は西北（乾《いぬい》）を指している。要するに祈年祭の午の刻における奉幣時には、北斗七星のすべての星は、「水」を象徴する方位に納まっているわけである。

祈年祭の「とし」は、年穀の実りを意味する。そこでこの祭りは文字通り五穀の実りを、春分の季に当って祈ると解される。五穀、その中でもことに稲の実りにとって、最大の条件は「水」であるが、その水への祈願が、「水」の方位の北の神、北斗七星に向って行われ、その神が水《み》の兄《ずえ》（壬）、水《み》の弟《ずと》（癸）の方位に入ったときを撰んで、これに海山の御贄《みにえ》を供えて祭るのが、伊勢神宮の祈年祭であろう。

以上四つの星座が語りかけてくるものは、伊勢神宮の重要な祭りが、いずれも北斗の星座と密接な関わり合いがあ

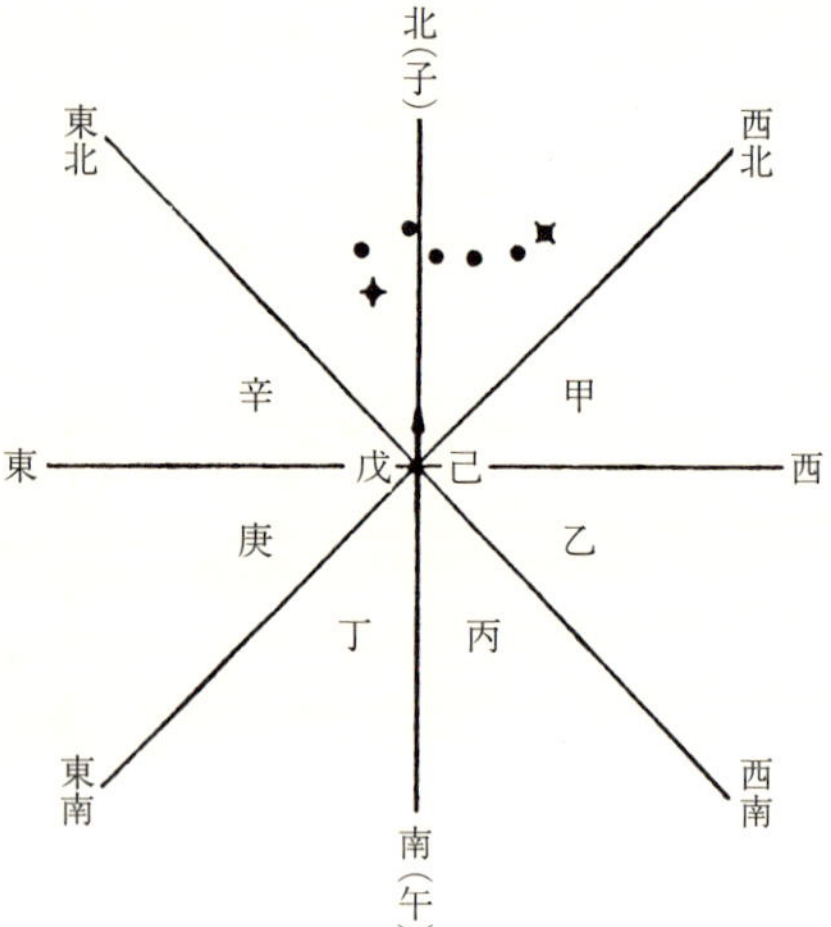

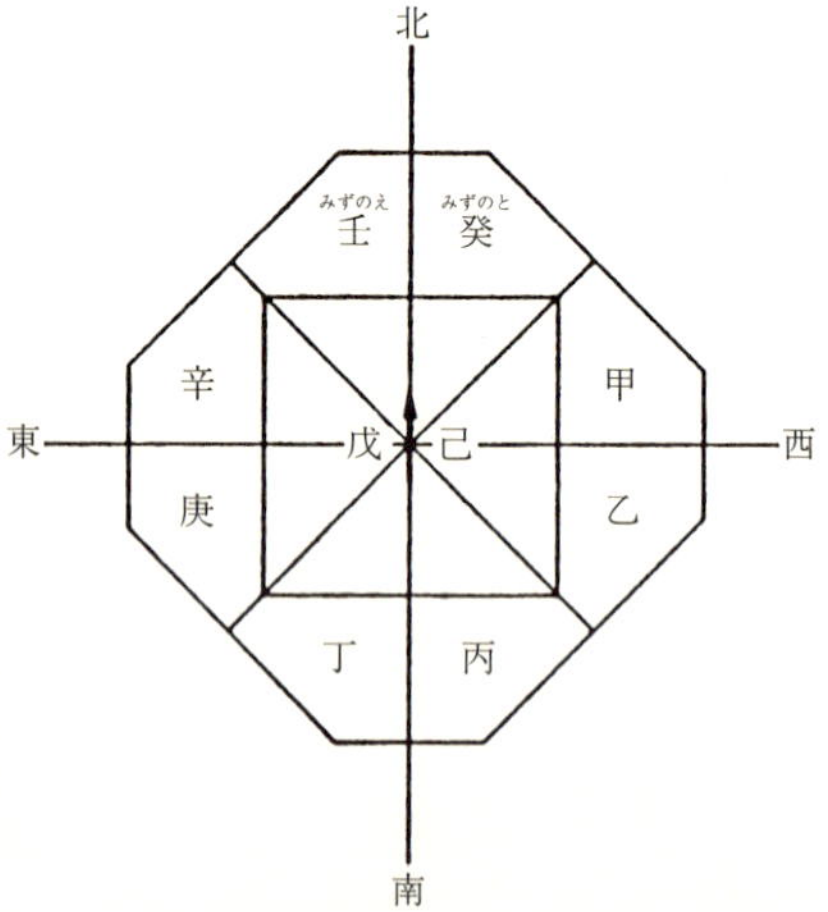

（上）　祈年祭の午の刻における北斗の位置
（下）　十干図

の祭りのテーマなのである。

るということである。それはまさに天と地の相呼応する象《かたち》であって、天の星の位置によって象徴されるものが、地上の祭りのテーマなのである。

天上の動きを地上に再現する

「子《ね》」と「午《うま》」は、「陰」と「陽」とを分つ接点であって、子《ね》は陰がきわまって一陽の萌《きざ》す所、午《うま》は陽がきわまって一陰の萌す所である。それは本質の相反するものが、互いに交替の端を発する所であり、新たな展開をおこす時点である。子から午への道は無から有への「陽」、午から子へは有から無への「陰」の道である。万物はこの軸の上に輪廻転生し、結実・枯死をくりかえす五穀の生命の永遠性も、この軸の上にこそ求められる。

「子刻《ねのこく》」という意味ふかい時刻に、北斗の剣先が「子《ね》の方」を指し、同じく「午刻《うまのこく》」に「午の方」を指すという重大な天象示現の「時」が、旧九月十七日という神嘗祭の日時である。この「時」が伊勢の大祭に撰び用いられていると私は思う。九月中頃といえばそれは常識的にすぐ満月とか収穫時に結びつけられ、柳田国男でさえ、この考えに立って説明しようとしている。しかし星座にみるこのかくされた事実が、神嘗祭のテーマをより深く物語っているのではなかろうか。

三節祭《みふし》と祈年祭《としごい》における「午刻《うまのこく》」の祭りは白昼で、実際の星座は見えてはいないのである。物ごとの理解には何につけ、まずこの目に見えるものにおきかえるという日本人の傾向を考えると、これらの祭りにおいて、昼日中で見ることができない天上の星の姿を、地上に何らかの形で画き、再現しなくては気がすまないのではなかろうか。それによってこそ彼らはその祭りを、はじめて確実に自分たちのものとし、実感することができたと思われるのである。

それをよく表わすのが、神嘗祭の午刻の儀、斎内親王の参入をまって執《と》り行われる太玉串《ふとたまぐし》と奉幣《ほうへい》の儀である。そこでこれを概観し、その考察に入りたいと思う。

四　太玉串行事の背後にあるもの

太玉串行事とは何か

神嘗祭午刻から執り行われる太玉串行事・幣物奉奠《へいもつほうてん》の儀の概要は次のとおりである（桜井勝之進『伊勢神宮』、阪本広太郎『神宮祭祀概説』）。

旧九月十六日、外宮奉仕の斎内親王は、その宮居、櫛田川畔の斎宮には帰られず、宮川西岸の離宮院で一夜を過ごされる。十七日午刻、再び行列を整えて、御裳裾川《みもすそがわ》を渡り、内宮に参入される。御垣外で下輿、外玉垣南御門内の東殿に着座。ここで大神宮司の奉る太玉串を命婦《みょうぶ》から受けられ、皇大神の大前に参進、拝礼の後、命婦を通して、この太玉串を、大物忌《おおものいみ》という聖童女に授け、これを瑞垣《みずがき》南御門の西の頭《ほとり》に奉立せしめられる。

つづいて大神宮司・禰宜・宇治大内人《うじおおうちんど》の三人が、太玉串を捧持して参進する。この大神宮司以下が太玉串を受けとる場所は、斎内親王の場合と違って、西み敷地の西南、北の荒祭宮と東の正宮への参道が二岐《ふたまた》に分れるところである。大神宮司はここで左右の手に一本ずつ合計二本、禰宜は左右の手に二本ずつ計四本、宇治大内人は四本ずつ計八本の太玉串を、各自斎内親王と同様に柏手《かしわで》を打って受けとる。この参道の分岐点で太玉串をこの三人が受けとることが、「太玉串行事」として一つの重要な儀式となっている。その装束も遷宮の際と同じく、明衣《きよきぬ》に冠、木綿襷《ゆうたすき》をつけることは、太玉串がいかに神聖視されているかを証している。

太玉串を拝受したこの三人は、

宇治大内人　（右）　次大宮司

禰宜　　（左）

の順で行列をなし、そのあとには御幣物・神馬・勅使・斎宮寮の諸役人等がつづく。行列は東に向って進み、正宮に参入する。

勅使・大宮司による祝詞《のりと》奏上の後、大宮司の太玉串は瑞垣南御門の東頭、禰宜のそれは西頭にたてられる。大内人の八本の太玉串のうち四本は、物忌父《ものいみのちち》によって瑞垣南御門東頭に立てられるが、残りの四本は大内人自身の手によって西頭に立てられる（または進め置かれる）。

その後、正宮御開扉、幣帛《へいはく》が納められ、閉扉の後、八度拝、奉幣の儀は一応終了する。しかし祭はなおつづき、勅使・神主は荒祭宮を拝礼し幣帛・御衣《みい》を奉納。直会院《なおらいいん》で直会を頂き、再び神の大前で神主・禰宜・大内人・諸役人はその妻たちと共に、倭舞《やまとまい》を奉納した。斎内親王はここでようやく退出されるのである。

以上が神嘗祭の午刻の儀、つまり太玉串奉立と奉幣の儀の概要である。

太玉串行事に隠された謎

この神嘗祭で注意されるのは次の諸点である。

(1) 参道の分岐点で行われる太玉串の授受が、「太玉串行事」として特別視されている。
(2) 太玉串はそれを受取る人の身分の如何にかかわらず、拍手の礼をもって行われる（それは太玉串が神そのものであることを表わしている）。
(3) 太玉串受取の順位では、最後の宇治大内人が正宮への行進の場合は、行列の先頭に立っている。大内人のもつ太玉串は左右の手に四本ずつである。

この三つの点を関連させて考えてみると、この太玉串はまず神であるが、その神はいったい何の神かということ。それを四本ずつ左右の手にした大内人と二本ずつ手にした禰宜が左右に分れて先頭に立ち、その後に一本ずつ手にした大宮司がつづくが、この太玉串の数は合計十四本であるのはなぜかということ。この行進は北の荒祭宮と東の正宮への道の分岐点ではじまり、東に向うが、その分岐点の行事が特別視されているのはなぜかということ。これらが問題となる。

なおこの祭りに登場する太玉串には、このほか先に斎内親王によって、御門西頭に立てられた二本の太玉串があるが、これについての考察はあとにする。

太玉串は神であり、数が十四、行進の開始が荒祭宮の南の分れ道で、それが重視されているというこの事実を考えるとき、連想されることがある。

『淮南子』天文訓に、

「北斗の神に雌雄あり。十一月に始めて子《ね》に建《けん》し、月ごとに一辰《いっしん》を徙《うつ》り、雄は左に行《めぐ》り、雌は右に行《めぐ》り、五月に午《うま》に合うて刑を謀《はか》り、十一月には子《ね》に合うて徳を謀る」

とみえている。これをわかりやすくいうと、北斗の神に雌雄があり旧十一月（十二月冬至）午後八時頃に、その剣先は真北・子《ね》を指す。以後、雌雄は別行動をとり雄は左廻り、雌は右廻りによって半年後、五月午月《うまのつき》、南に相合し、再び左右に袂《たもと》を分って半年後、十一月子月に再会するというのである。

この半ばは事実、半ばは架空の中国思想所産の北斗の運行が、この太玉串行事にまことによくあてはまるのである。

北斗の動きと一致する行進

まず太玉串が神であること、数が七×二＝十四であることは二つながら北斗雌雄神に該当する。行列が正宮に向って東進するのは北斗の動き（北斗の雌雄神によって代表される）を、地上に移し置きかえたものと思われる。

北斗はその第一星から第四星までの斗《ます》を形成する部分が「魁《かい》」、それに対して第五星から第七星までの尾部が「杓《しゃく》」とよばれる。北斗の動きは、その「魁」を魁《さきが》けとし、先頭とするから、北斗の動きを移しとる太玉串捧持《ふとたまぐしほうじ》の一行の列は、当然、宇治大内人《うじおおうちんど》を先頭とするはずである。その左右の手にもたれる四本ずつの太玉串は「魁」の象徴と見做《みな》されるからである。

宇治大内人の左には、禰宜が第五・六星を象徴する左右二本ずつの太玉串を捧持して進み、北斗の第七星・揺光星の太玉串を大宮司が同じく左右の手に一本ずつ捧げて持ち、その後につづく。それはまさに魁を先頭に進行する、北斗七星の地上に移しとられた相《すがた》であろう。

そうしてこの行列は、まもなく正宮に到着する。そこは荒祭宮から南、午方《うまのかた》に当り、雌雄の北斗が相合する午方《うまのかた》を、月こそ違え、そのまま移しとっていると思われる。この一行が正宮に到着すると、ただちに雌雄の合体を擬もどくと思われる儀式が行われる。

『淮南子』に忠実ならば、雌雄の北斗はその雄は左廻り、雌は右廻りと別々の道すじを通って合一点の正宮に同時に到着すべきである。それを雌雄同列で太玉串行事は進行していく以上、そこに本来は別の行進であることを、何らかの形で示す必要が当然おこる。

それを象徴するものの第一が、太玉串の授受が行われる道が分岐していること、第二が大内人・禰宜・大宮司ら三人の左右の手に、別々に太玉串が別け持たれていることであろう。むろん各人の左手の太玉串が雄神、右手のそれが雌神である。こうして同列ながら北斗の雌雄神は、別々にその合一点、正宮に着いたことになるのである（次頁の図参照）。

雌雄北斗の合一

それらの到着後、祝詞《のりと》の奏上があり、十四本の太玉串の奉立、あるいは進置がある（古儀では太玉串は大地に直接穴をうがってさし立てられた。しかし後には案《つくえ》の上に置かれることになる。これを進置という。以後この稿では奉立、進置両方をつかうがその意味は同じである）。その太玉串奉立の場所・順序は次の通りである。

大宮司の太玉串二本は、瑞垣南御門の東の頭《ほとり》……諸役がおく

禰宜の太玉串四本は、同じく南御門の西の頭……諸役がおく

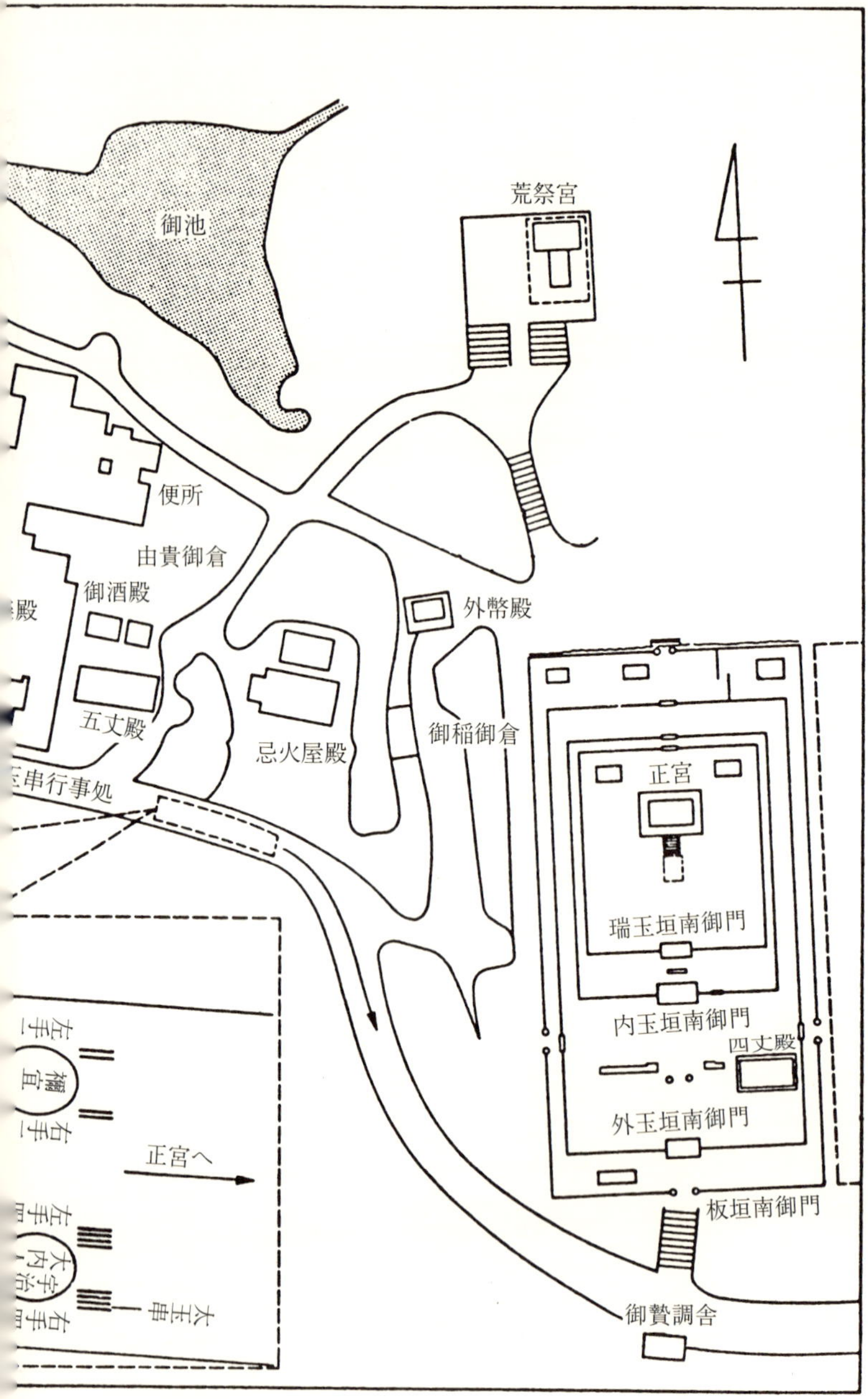
荒祭宮
御池
便所
由貴御倉
御酒殿
殿
五丈殿
忌火屋殿
外幣殿
御稲御倉
正宮
瑞玉垣南御門
内玉垣南御門
四丈殿
外玉垣南御門
板垣南御門
御贄調舎
正宮へ
左手二
禰宜
右手二
左手
大内宇治
右手
太玉串

人とその数および配列

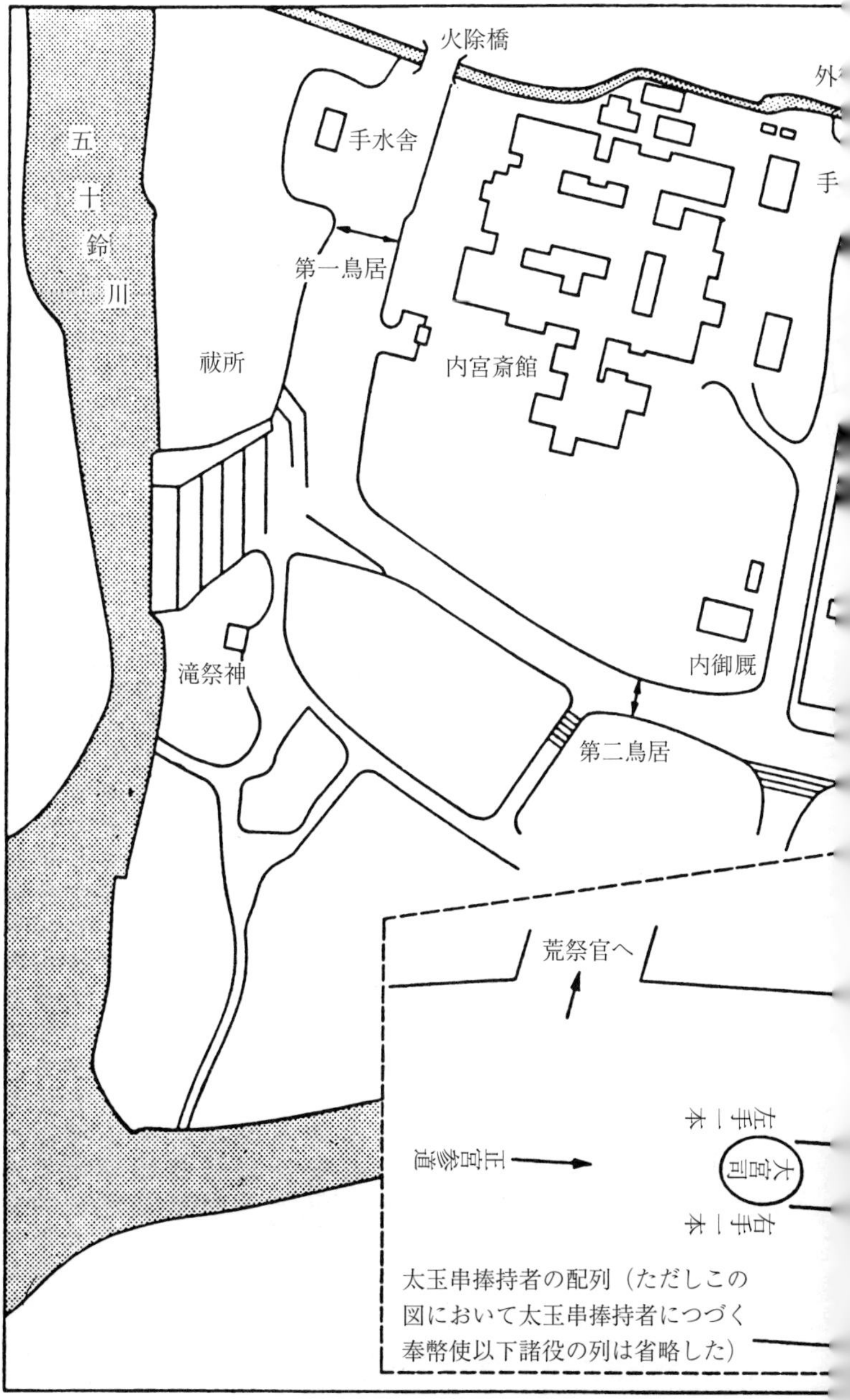
火除橋
外
手水舎
手
五十鈴川
第一鳥居
祓所
内宮斎館
滝祭神
内御厩
第二鳥居
荒祭宮へ
左手一本
大宮司
右手一本
正宮参道
太玉串捧持者の配列（ただしこの
図において太玉串捧持者につづく
奉幣使以下諸役の列は省略した）

太玉串を奉持する

大内人の ⎰太玉串四本は、同じく南御門の東の頭……諸役がおく
　　　　 ⎱太玉串四本は、同じく南御門の西の頭……大内人自身がおく

太玉串は以上の順で、左記の場所に大宮司・禰宜以外の諸役の手によって進め置かれる。大宮司・禰宜の太玉串はいずれも一まとめで、それぞれの位置におかれ、これで北斗の第五・六・七星の雌雄は合一したことになる。

問題は大内人の「魁」の八本である。その中の四本は諸役の手で東に置かれ、残る四本は大内人自身の手で西に置かれる。東は「陽」を意味するから、陽の位置に進め置かれる四本は多分その反対の「陰」の雌の四本であろう。それに対し大内人自身の手で「西」に置かれる四本は、雄の四本、つまり正真正銘の「魁《かい》」であろう。

太玉串奉立の儀は雌雄北斗の「合一」の儀と推測されるが、その中で大内人が捧持してきた「魁」だけが雌雄別々に進置され「離」の形をとるのはなぜか。

中国の祖先神は伏羲《ふくき》・女媧《じょか》の夫婦蛇神とされている。その図をみると頭部は離れているが、その尾は互いにからませあっている。雌雄の結合の場合、必要なのはその下半分の結合であって頭部は関係ない。中国の祖先神の図はそれをよく表わしている。そこでこの大内人の八本の太玉串を雌雄の「魁」とすれば、それは四本ずつ離れているのがむしろ当然で、尾部の六本さえ合体すれば雌雄合一の儀は達成されることになる。

太玉串の儀はすべてが謎であり、ことに大内人の太玉串の別々の進置は不可解とされているが、中国神話の再演としてみれば、この謎はとけるのではなかろうか。またこの別々の進置は、そのほか次のような意味もふくめられているのかもしれない。

綿密に構成された呪術儀式

中国哲学における南・午は、「離宮」と名附けられている。それは雌雄の北斗の分れるところ、陰気陽気交替の時点である。正宮到着をもって一応の合一と見、合一の次の瞬間にくるものは別離であること、逢うは別れのはじめで

あることを、大内人の太玉串の在様は示しているものといえる。

合一した北斗の雌雄は、ここからまた左右に別れて半歳後再び合一する。その離の端緒を示すのが、この「魁」の太玉串であろうか。

もちろん神嘗祭は旧九月（戌月《いぬのつき》）の祭りで、『淮南子』にいう午月《うまのつき》ではない。しかしその旧九月十七日午刻の祭りのときには、その北斗の星座は『淮南子』の旧五月（午月）中旬の黄昏（午後八時頃）に、北斗の剣先が南・午方を指すのとまったく同じである（二九三頁の図参照）。『淮南子』の星空の神話とその哲学を、伊勢神宮の神嘗祭は、その星座のかげで忠実に追っているのである。

さらに祭りが星座に忠実であることの例証には次の事実があげられる。三節祭《みふしのまつり》における十四本の太玉串は、すべて正宮御門の東西に進置されるのであるが、旧二月祈年祭《としこいまつり》の太玉串進置の儀に限って、先述の宇治大内人の手に残る四本の太玉串、それを私は正真正銘の北斗の「魁」＝雄神を象徴するものと推測するが、その四本は大内人の手によって荒祭宮に進置される。つまり三節祭の場合のように、それは正宮の御門の西の頭ほとりには立てられず、正宮からみて北、壬《みずのえ》・癸《みずのと》の方位にある荒祭宮に進められる。それは何を意味するのであろうか。

祈年祭午刻の星座（二九六頁上図参照）をみると、北斗の「魁」は壬・癸の方位に収《おさ》まっている。つまり大内人の手にのこる北斗の「魁」を象徴する太玉串は、正真正銘の北斗の「魁」を追って、その方位の宮に移動するのである。

おそらく祈年祭における、太玉串のこの動きの中に秘められた真の意図は、「水」を祈ることにあり、子方《ねのかた》、つまり壬・癸の水の方位にある天上の北斗の星座を、地上に移し、その地上再現をはかっているものと思われる。呪術は周到であり、星座に対する意識はきわめて強烈である。

それではここで、祭りの主役となる斎内親王によって捧持された二本の太玉串の本質について考えなくてはならない。太玉串捧持の斎内親王は、拝礼のために神前に進まれる以外には動かない。それは先述の十四本の太玉串が、行進の末に正宮に到着したのとまったく対蹠的である。それは動く北斗と、静止の「太一」の関係を暗示するようである。

それでは斎内親王の二本の太玉串のうち、一つは「太一」であるとして、残る一本は何の象徴であろうか。おそらくそれは皇祖神、日の神象徴の太玉串であろう。この二本の太玉串は二つながら、御門の西の頭《ほとり》に立てられる。そのことは二つの太玉串の合一を意味するが、それは天照大神を祀る正宮の真北に、「太一」の宮と推測される荒祭宮が、密着している意義と相通ずるものであろう。つまり「皇祖神」と「太一」は、表裏の関係で一体の神なのである。

宇宙の姿を地上に移す

以上こみ入った話になったが、斎内親王の太玉串二本、大宮司以下の太玉串十四本、合せて十六本の太玉串が神嘗祭をふくむ三節祭《みふしのまつり》、および祈年祭《としこいまつり》において、その祭りの最高潮時に、神域の奥深く林立するのである。それは北極星と、それをめぐる北斗、つまり北天の星座のいわば地上再現であろう。キラ星の如くの形容さながら、列星が白昼の祭りの場に天降り、そこに臨む相《すがた》である。この諸星の天降《あも》りをまって、正宮のみ扉《とびら》はほじめて開かれ、幣帛《へいはく》と御衣《みそ》など、朝廷からの幣物が納められる。

太玉串が主役ではあるが、内宮の神嘗祭には、この他、八重榊《やえさかき》といって八本ずつ八列、六十四本の榊も内玉垣御門の左右にさし立てられた。

奉幣に先立つ大宮司の祝詞に、「大中臣《おおなかとみ》太玉串にかくれ侍《さもら》いて今年九月十七日の朝日の豊栄登るとき称《たたえごと》申《もう》す」とあるのは、その蔭《かげ》にかくれることができるほど、太玉串、八重榊がさかんにさし立てられている様子を思わせる。これらの榊のたけは四尺もあった(『儀式帳』)という。太玉串が北辰の星座を象《かたど》るならば、八重榊は無数の満天の星の象徴でもあろうか。

祭りの場はこうして演出された地上の天であった。北辰を中心とする天象の地上への移植は、ものごとを具象化して理解する国民性のあらわれであると同時に、天と地はつねに反映しあうものであるという、中国思想の我が国への移植を意味するものでもあったろう。

　以上、太玉串十四本の数を北斗の雌雄神の象徴と見、祭りと北斗の星座との関連がいかに深いか、その論証につとめてきたのであるが、この十四の解釈は同じく中国哲学の「易」によっても可能である。『繫辞上伝《けいじじょうでん》』には、「易に太極あり、これ両儀《りょうぎ》を生ず、両儀は四象《ししょう》を生じ、四象は八卦《はっか》を生ず」とみえている。

　これを数にとれば、太極は一、両儀は二、四象は四、八卦は八となり、太極を除いた総和は十四となる。もしこの推測が妥当とすればこの場合、「太玉串行事処」の道の分岐点が太極として捉《とら》えられていると推測される。八重榊の八本八列の六十四本は「易」の六十四卦、つまり宇宙諸相の無限を象徴すると思われる。

　この観点にたてば、太玉串奉立の儀は、易の原理の造型としてみた方が、より妥当であろう。しかし当初、天武朝における天文知識に基づく新祭祀法創始の時代には、この儀は北斗の動きを基にして考え出されたのであって、後代、そこに易の原理が附加され、六十四本の八重榊が加えられることになったものと私は思う。

太玉串の原型

太玉串は伊勢神宮の諸大祭において、神として遇されている。その在り様から、これを中国哲学の中で神格化されている北極星と北斗七星を象徴するもの、あるいは易の原理の造型として推理してきた。

　しかし伊勢神宮における太玉串が、天照大神ご鎮座の当初からこうした異国の神、またはその哲理の象徴であったとは到底考えられない。太玉串とは榊の大枝に木綿《ゆう》をつけたもので、『皇大神宮儀式帳』によれば、この榊は高天原の天岩屋の場における天香山《あめのかぐやま》の真榊であり、木綿《ゆう》はその下枝にかけられた天真麻木綿《あめのまそゆう》であるとされている。この榊を採《と》るのは山向物忌《やまげのものいみ》という聖童男、木綿の調製には木綿作内人《ゆうつくりのうちんど》が当ったのである（外宮では菅裁内人《すがたちうちんど》）。

　この太玉串の源は、おそらく神迎えが神木の下で行われた頃に求められ、その祖型は沖縄の御嶽《うたき》の神木蒲癸《びろう》と、その下の聖地との関係に照応するものであろう。

太玉串は榊の大枝に木綿をつけたもの

神木はまず立っていることと、または立てられることをその第一義とするが、太玉串もまたそのことを第一義とし、異国の神を象徴するとしても、その本質は失われず、祭場に穴をうがってさし立てられたのである。神木の本質はおそらく神の陽物であり、太玉串につけられる木綿《ゆう》は、そこから溢れる水の象徴と私は思う。

斎内親王が太玉串を立てさせられるところは瑞垣《みずがき》御門の西側であって東側ではない。その場所が「陰」であることは、斎内親王奉立の太玉串が「陽物」であることの証拠であろう。伊雑宮お田植神事における大翳《おおさしは》も、神田の西側の畦《あぜ》に立てられるのである。沖縄石垣では神木蒲癸を民家に植えるときは、必ず西側にする。西は東の「陽」に対し、「陰」、「女」の方位だから、そこに立てられる棒状のものの本質は「陽」であろう。

宇治大内人と太玉串の密接な関係は、桜井勝之進前神宮禰宜の御論考「神宮奉斎と磯部氏」（『社会と伝承』七巻三号所収）によって、鋭く問題提起が行われ、伊勢神宮の諸大祭において宇治大内人が、絶対に手離さない四本の太玉串のあることが指摘されているが私はこの宇治大内人が手離さない四本の太玉串は、「陽」を本質とするものではないかと思う。宇治大内人の祖は猿田彦大神である。この神は先導する神で、その宇売女命《うずめのみこと》との応酬とか、貝にはさまれたという伝承から察せられるその本質は、陽神そのものである。この猿田彦の子孫として、神聖な陽物、神木を擬《もど》く祭具を調製調達する神役が、宇治大内人ではなかったろうか。

その古代祭祀において存在した太玉串と宇治大内人との、切っても切れない関係は、中国哲理の導入によって祭祀が複雑化した天武朝以後にもひきつがれ、同時に太玉串の陽物としての本質も失われずにきたのである。太玉串は古儀による神聖な陽物であると共に、神霊化した星を象徴する祭具ともなって、その本質は非常に複雑化した。

そして大内人の務めも複雑になったが、陽物調製者としての本領は失われず、太玉串が雌雄の北斗を象徴するようになったときでもあらゆる祭りを通して、雌神を象徴する右手の四本は他人に委《ゆだ》ねられても、雄神を象徴する左手の四本の太玉串は、その手から離されず、常に宇治大内人の手によって奉立、または進置されたのである。

太玉串捧持の行進において、宇治大内人が禰宜《ねぎ》の右側に立って進んだのは、右が「陰」つまり女を意味するから、そこに「陽」の本質を有する大内人が配されたのではなかろうか。

五 「西北」という聖なる方位

斎宮はなぜ移転しなかったか

天照大神のみ杖代《つえしろ》として、伊勢神宮の奉斎に当った斎内親王の住居を「斎宮《さいぐう》」という。斎内親王が通常「斎宮」といわれるのは、この住居の名称のためである。本書では混同を避けるため斎内親王を斎宮とは書かない。

さて斎内親王は天照大神を奉斎されるから、当然その宮は内宮ご鎮座の五十鈴川の畔にあると思われがちである。しかしその斎宮は二十キロも離れた祓川《はらいがわ》（古くは櫛田川）の畔であった。したがって斎内親王は日ごと天照大神に直接奉仕されるわけではなかった。斎内親王の伊勢神宮への参入は、既述のように三節祭《みふしのまつり》に限られていたのである。

天照大神を奉じそのみ杖代《つえしろ》として、大神の鎮座地を探し求められた倭姫《やまとひめ》を思えば、この倭姫の務めをうけつがれているはずの斎内親王のこのあり方は、まことに不自然である。斎内親王こそ天照大神と一体の日々を送るべき人なのである。

鳥越憲三郎教授はこの点について、鋭く問題提起をされ、①櫛田川畔（現在は祓川）の斎宮址こそ原初の伊勢神宮所在地である。②現在地（五十鈴川畔）への移転の時は、天照大神崇敬の天武理念により、その奉斎のために広大な宮地が求められ、式年遷宮の天武遺詔によって持統朝に内宮・外宮造営が完成したその時である（『伊勢神宮の原像』講談社）ということを正確に論証された。

陰陽五行思想の造型と思われるほど、精緻な内容・外宮の構成と構造、とりわけ先にも述べた内宮と荒祭宮との位置関係・地勢その他からみて、最初からそのままの位置でつくられていたとは思われず私もまた心ひそかに伊勢神宮の原初所在地は別にあって、後に移転されたと推測していた。教授のこの論証は私にとって大きな学恩である。

しかしここに一つの問題点がある。それは祭神が五十鈴川畔に移られたにもかかわらず、斎内親王の居館、斎宮は移されず、故地に留まった理由を、持統帝と大来皇女（当時の斎内親王）との確執に求めておられる点である。

ことは神事にかかわる。大来皇女が大津皇子の変の後、仮りになお斎内親王《いつきのみこ》であったにしても、そのような人間的な不和が神への奉仕の形式の中にまで、持ち込み得られるものだろうか。また持統帝は生殺与奪の権をもつ人である。そのような我ままを大来皇女にゆるしたろうか。斎宮が五十鈴川畔に移らなかった理由は、何か他《ほか》にも考えられるのではなかろうか。

たとえば斎内親王は、この地に留まる「必要」があったということも、理由の一つに考えられる。その「必要」とは何か。

地上の星座——斎宮

斎宮の旧址は、多少のズレはあるが、ほぼ内宮と外宮を結ぶ線の延長線上にあり、内宮から西北四五度の地点にある（次頁図）。西北は「易」における「乾《けん》」であって、その象徴するものは、天・太陽・円・車である。

斎内親王はその任期中、斎宮に在《あ》って動かず、三節祭《みふしのまつり》に限って内宮・外宮に参入することも既述した。斎内親王の本性は動かないことを、その特徴とするようである。また西北は太陽の象徴であるから、この西北の宮に常時居住する斎内親王の在り様は、日神、天照大神の依《よ》り代《しろ》としての、その本義にまことによく適《かな》っているといえよう。

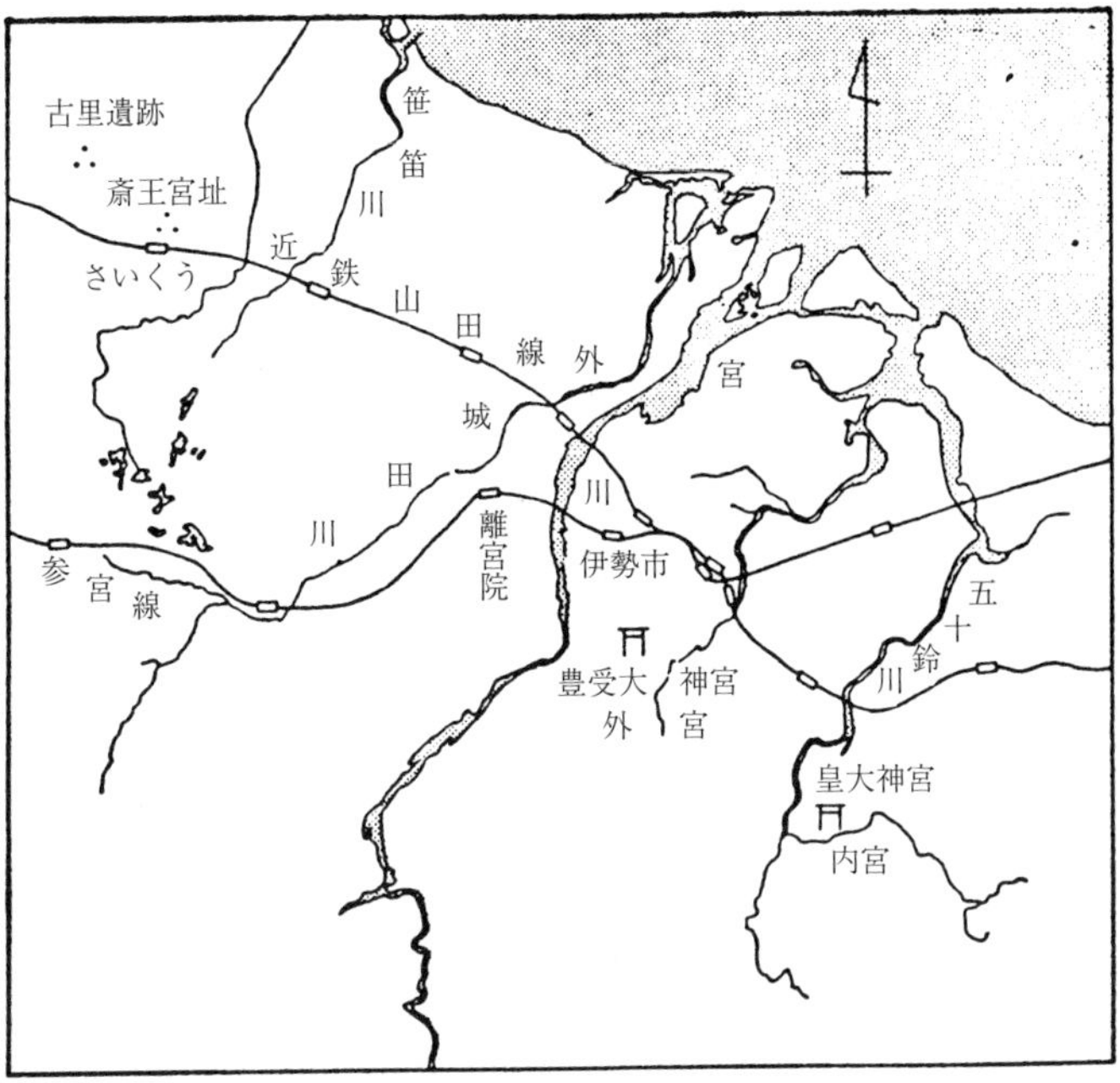

斎王宮址と伊勢の内宮と外宮

次に西北の意味するものは、太陽ばかりでなく「天」でもある。天は天帝「太一」によって象徴され、この西北の宮に留まって動かない斎内親王は、動かぬ神—「太一」の象徴とも受取られる。

先に推測したように、天武朝に「太一」神が天照大神に習合されたとすれば、斎内親王はこの二神の依《よ》り代《しろ》として、それぞれの本質を兼ねる存在であることが要求されたはずである。「天」と「太陽」を象徴する西北、「乾《いぬい》の宮」に、じっと留《とど》まっていること、斎内親王は西北に留まっているだけで、その存在の意義があったのである。

さらにつけ加えれば、西北を時間に執《と》った旧九月亥《いの》刻に、北斗はもっとも人の世に近づき西北の空低くかかる。西北の宮に居住する斎内親王は、外宮の神・北斗の依《よ》り代《しろ》を兼ねる存在でもあろう。斎内親王の居館、西北の斎宮《いつきのみや》はその意味では地上の星座の一つともいえよう。

天照大神への「太一」の習合によって、すなわち新しい神の追加によって、伊勢神宮の祭祀法は従来と一変した。新酒が新しい皮袋に盛られなければならないと同様に、新しい神のためには、新しい祭りが必要とされた。新しく北辰の神々の象徴ともなった斎内親王を、西北に固定させるために、むしろ斎宮を基準にして、斎宮を西北とするような方位に、新祭祀地が求められ、それが五十鈴川畔に定められたのではなかろうか。

この推理がもし当っているとすれば、斎王は移転されるどころの話ではなかったのである。この推論の補足として、さらに次の文献があげられる。

「斎王将《マサ》ニ太神宮ニ入ラントスル時、九月一日ヨリ三十日マデ、京畿内、伊勢、近江ナドノ国ハ、北辰ニ灯ヲ奉ルコト、及ビ哀ヲ挙ゲ葬ヲ改ムルコトヲ禁ズ」(『延喜式』巻五　斎宮式)。

新任の斎内親王が三年の潔斎を終えて九月、伊勢に向われるとき京都・伊勢などにおいて北辰に御灯《みあかし》を奉ること、つまり祭ることが禁止されていた。

斎内親王を地上における北辰、つまり天降りした北辰とすれば、祭りの対象は天上にないはずである。天上の北辰を祀《まつ》ることはその天降りを妨げることに通じる。この文献を裏返しにしてよめば、斎宮はやはり地上の星座ということにならないだろうか。

また『淮南子』天文訓には、

「昔共工《きょうこう》は顓頊《せんぎょく》と帝たらんことを争い、怒りて不周の山に触る。天の柱折れて、地の維《しめなわ》絶え、天は西北に傾く。故に日月星辰、(西北に)移る」(傍点筆者)

とみえていて、西北に日月星辰の集ったことを述べている。

白と黒の円い石のつまった穴

私は一九七五年三月、三重県多気郡明和町の斎王宮跡を訪れた。この目で斎王宮の遺跡を見ておきたかったからであるが、幸いなことに、一九七五年県教育委員会発行の『古里遺跡斎王宮跡』を谷本鋭次氏のご好意により、入手することができた。同誌の中に注目すべき白黒小石の写真と、それに関する記事が収められている。

「DTの中央部の径四〇センチの柱穴内から多数のきれいな小石が出土した。径一センチ程度の丸くすりへった小石で、他の箇処からは全く出土していない。白石は一三八〇個、黒石は三〇七個ある祭祀用か、それとも何か遊戯用に使ったものであろうか」

このDTの真中部分とは現在、斎王宮址の碑の立つ森から二百メートル東寄りの地点である。

現実にこの小石を発見、掘出された三重県教育委員青木進氏のお話によると、

「その穴は柱穴ではなく、どこまでも柱穴類似穴である。黒石白石は径二十五センチ、深さ三十センチのその穴の中に土と一しょにぎっしりつまった状態で出土した。黒白以外の色の石は一つもない。それは丸い海石で、多分和歌山県七里《しちり》御浜《みはま》の石であろう。なおこの発掘場所はすでに埋め戻されている」

ということだった。

この穴と白黒の美しい小石の意味するものは何か。伊勢神宮の祭祀に中国哲学が根強く入っている様相は、すでに述べてきた通りである。それをまたくり返すことになるが、白色の象徴するものは北一白坎宮（「太一」の居所）水気、および西北六白乾宮金気であり、黒色の象徴するものは五行における北の子《ね》で北辰を意味する。

西北六白の象徴するものの主要なものは、乾坤《けんこん》の乾、つまり天であり、太陽である。そうして円いものであり、乾は堅に通じるところから固い石である。

そこで以上を綜合するとこの遺跡の中で、白と黒の円い石のつまった穴（坎）の上は、おそらく斎王宮内でもっとも神聖な神座であったに相違なく、そこは「太一」の居所であると同時に、日月星辰の集中する天であったと思われる。そこは帝京における太極殿の位置に相当し、斎王宮の太極であろう。

この場所こそ天武・持統朝の宗教改革の結果、日神・天照大神のみでなく、北辰の象徴ともなった斎内親王の居館の中心であって、呪術的にとらえられるべき聖所と、私は考えたい。

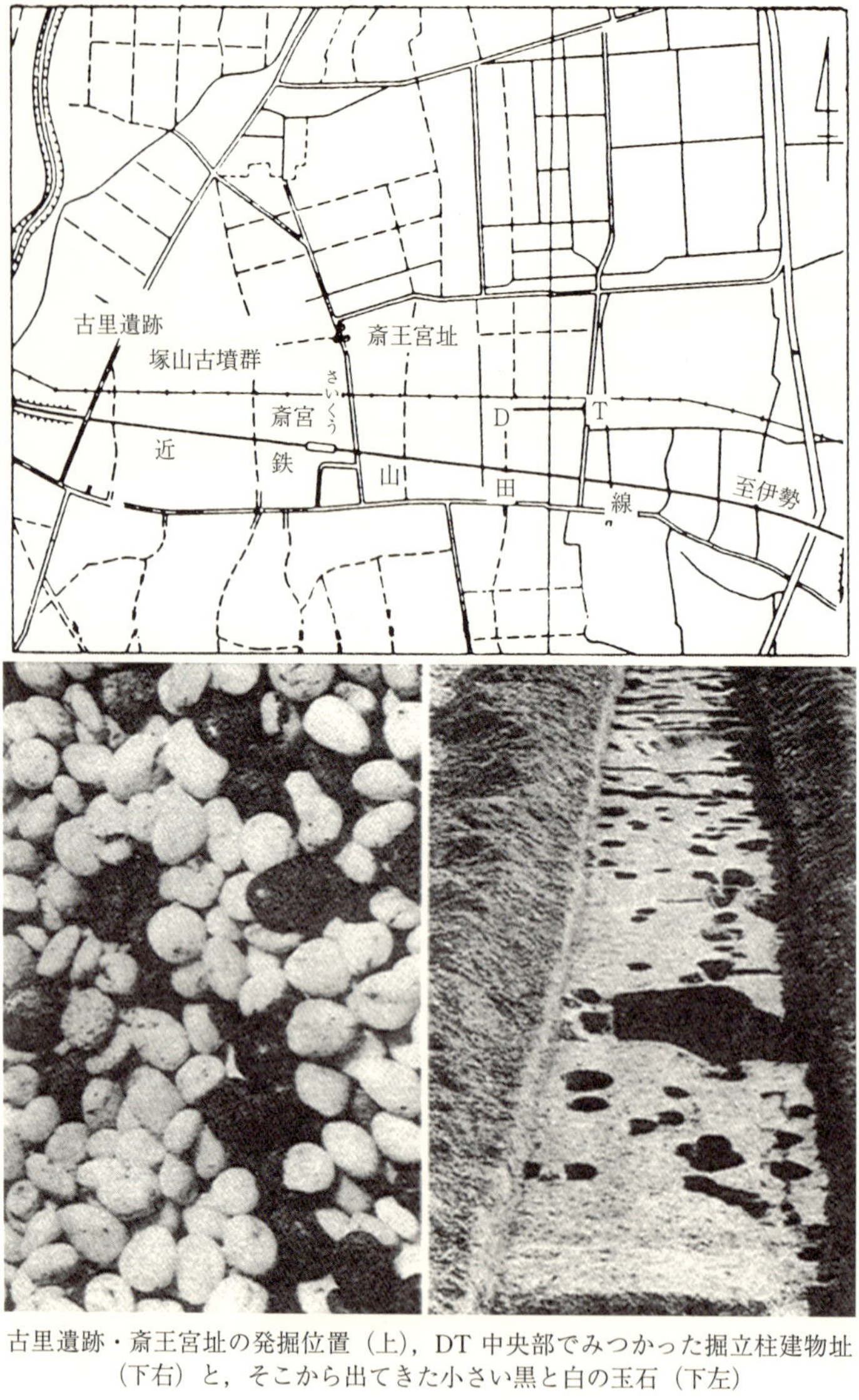

古里遺跡・斎王宮址の発掘位置（上），DT 中央部でみつかった掘立柱建物址（下右）と，そこから出てきた小さい黒と白の玉石（下左）

広大な斎王宮址の、ここをその中心として、皇大神宮正宮とこの場所を一線で結ぶと、まさに西北四五度の地点に当る。この事実は斎王宮が地上における天として造型され、運営されていたことの証しではなかろうか。なお斎内親王が三節祭の際、斎宮に帰られずに宿泊される離宮院も（三一一頁の図参照）、この内宮と斎宮を結ぶ西北四五度線上にあることは注意される。

北天をまつる由岐神社

こうして考えていくと、北天を天の中心とする中国の哲理が日本に導入されて以来、北極星の精「天皇大帝」あるいは「太一」神という中国の天神が、現身《うつしみ》の天皇およびその皇祖神にまで習合されたのである。日本の古代信仰における神聖な方位は、東方であったがここにおよんでその神聖性は当然、北の方位に移譲されることになる。

京都は千年にわたる首都であるが、以上のことを念頭におくと、その都の北方、あるいは西北の地には、必ずそこに神聖方位としての意識がうかがえる神社が存在するのに気づく。

たとえば鞍馬寺とその火祭りでよく知られる鞍馬山は都の真北に当るが、その中腹にある由岐《ゆき》神社である。伝説によると白鳳元年（六七二年）壬申の乱のとき、大友皇子に追われた大海人皇子（天武天皇）が、この山の奥にたてこもり、鞍をおいたままで馬をつないだので鞍馬山といわれている。

その鞍馬山の中腹の由岐神社の社名は、昔から天皇が天災や騒乱のときに靫《ゆぎ》（矢を盛る器）を社前にかけて祈られたことにもとづいているという。祭神は大己貴《おおなむち》命で、八所《はっしょ》明神を合祀している。

由岐神社はもと御所内に安置されていたが、天慶《てんぎょう》三年（九四〇年）九月九日夜、現在地に勧請されたと伝えられる。火祭りはこの勧請の際、八所大明神が葦の松明をもって供奉《ぐぶ》されたことをかたどるという。現在は太陽暦の十月二十二日に執行されている。八所明神の各神輿《みこし》は青年によって担《かつ》がれるが、神輿の背後には綱がつけられ町の乙女達によって曳《ひ》かれる。女性参加ということもこの祭りの特色の一つである。

由岐神社の主祭神からは北天を祀る様相はうかがうことができないが、問題は八所大明神である。この八所大明神が何《いず》れの神かははっきりしていない。しかしこの祭りに町の乙女が参加すること、また火祭りの松明をかつぐ若者達が、はじめは友禅の長襦袢をきることなどから、この祭神は女性ではないかと思われる。

とすればこの八所明神は『丹波国風土記』にみえる、天から降った八乙女ではなかろうか。その八乙女とは輔星をふくむ北斗七星の八人であろう。もしこの推測をここにあてはめれば、由岐神社の社名も「輪璣」として受取ることができる。

この神社はいつの世にか、宮中からこの地に移し祀られるに至った社といわれる。それは北辰に神饌《みけ》を供する社として、もっともふさわしい地、都の北の山中に移されたとみるべきである。

由岐―悠紀―輪璣のつながり

由岐神社の神宮寺とみられる鞍馬寺の本尊は、北方守護の天王、毘沙門天である。この点からも鞍馬に北天の神を祀る意識がもたれていたことがわかる。なおこの鞍馬寺には、毎年六月二十日竹伐《たけきり》神事が行われるが、同寺の『御開帳日記』によれば、

「廿日竹伐《たけきり》神事出仕、二王門ヨリ行列、左近江座右丹波座ニ行ニ分ル」

とあり、近江・丹波の名がみえる。

近江と丹波は醍醐天皇以来、大嘗祭における悠紀・主基二斎郡として、平安朝を通じ、ほぼ定着していた斎郡である(その間、多少の異動はあるとしても)。ことに丹波は悠紀・主基が初めて出てくる『日本書紀』天武紀に、すでに斎郡としてみえている。そうして伝説にもせよ、この鞍馬山の名称起源譚には天武帝の名がみえている。

これら一連の事象は、由岐神社の社名が、悠紀―輪璣につながりこの社が北辰を祀《まつ》る社であることを、暗々裡にものがたっているように思われるのである。

鞍馬は北にあって、北の象意は「水」。ところが由岐神社の火祭りは旧九月九日に行われる。これは「九」という陽の数の重なった日、いわゆる、重陽《ちょうよう》の節であり、南を表わす日である。火祭りの「火」もまた南、午《うま》を象徴する。

鞍馬の火祭りとは結局子午軸《しごじく》の撰用とみられ、この子午軸は万象の輪廻永生を保証するものである。万象の輪廻循環の調整者、北斗を祀る社として由岐神社を考えることは、この祭りからも可能であろう。

車折神社の沿革

京都から西北の、嵯峨野にご鎮座の、車折《くるまさき》神社の祭神は、天武天皇の皇子舎人《とねり》親王の後裔、清原頼業《よりなり》と伝えられる。頼業は明経《みょうぎょう》、明法の博士を兼ね、高倉天皇の侍読を勤め、穀倉院別当の要職にあって、当時の大学者として令名を馳せた人であった（以下は車折神社高田亘権宮司提供による諸資料からまとめた）。

頼業は一一八九年薨じたが、領地であった車折神社の社域に葬られ、その法名、宝寿院に因《ちな》んで同名の寺院がここに営まれた。この寺が車折神社の前身といわれる。

しかしこれには別伝があって、それによればこの地が清原頼業の葬地であることには変りはないが、その名称の由来については次のように記している。

「……此所ハ清原真人頼業ヲ葬リシ地トカヤ、往昔亀山帝嵐山ニ行幸アリケル時、関白兼平公ノ車ハ此ノ塚ジルシノ石ノ前ニテ、牛俄ニ地ニフシテススミ行カズ、供奉ノ人アヤシミソノアタリヲ馳廻リミルニ、丸キ石ヲ草ムラニテ見ツケタリ、コノ石ノ下ウヅ高ク築上《キズキア》ゲタル形アルヲ不審ガリテ取除ケントスルニ、サノミ大キナル石ナラネドモ更ニ揚グルモノナシ、…且ハ古墳ノ名ヲモシラセ給ヒテ神ト崇メ車前《クルマサキ》ノ宮トイヒシ」（『花径樵話』）。

この伝承によれば車前《くるまさき》であって、車折ではない。またこの社において注意されることは、石にまつわる伝承が多いことである。

「……参詣ノ輩、社地ノ小石ヲトリ帰リ、家ニ蔵シ、祈ルトコロ成レバ則チ、件《クダン》ノ石ニ倍石シテ社ニ返ス。コノ故

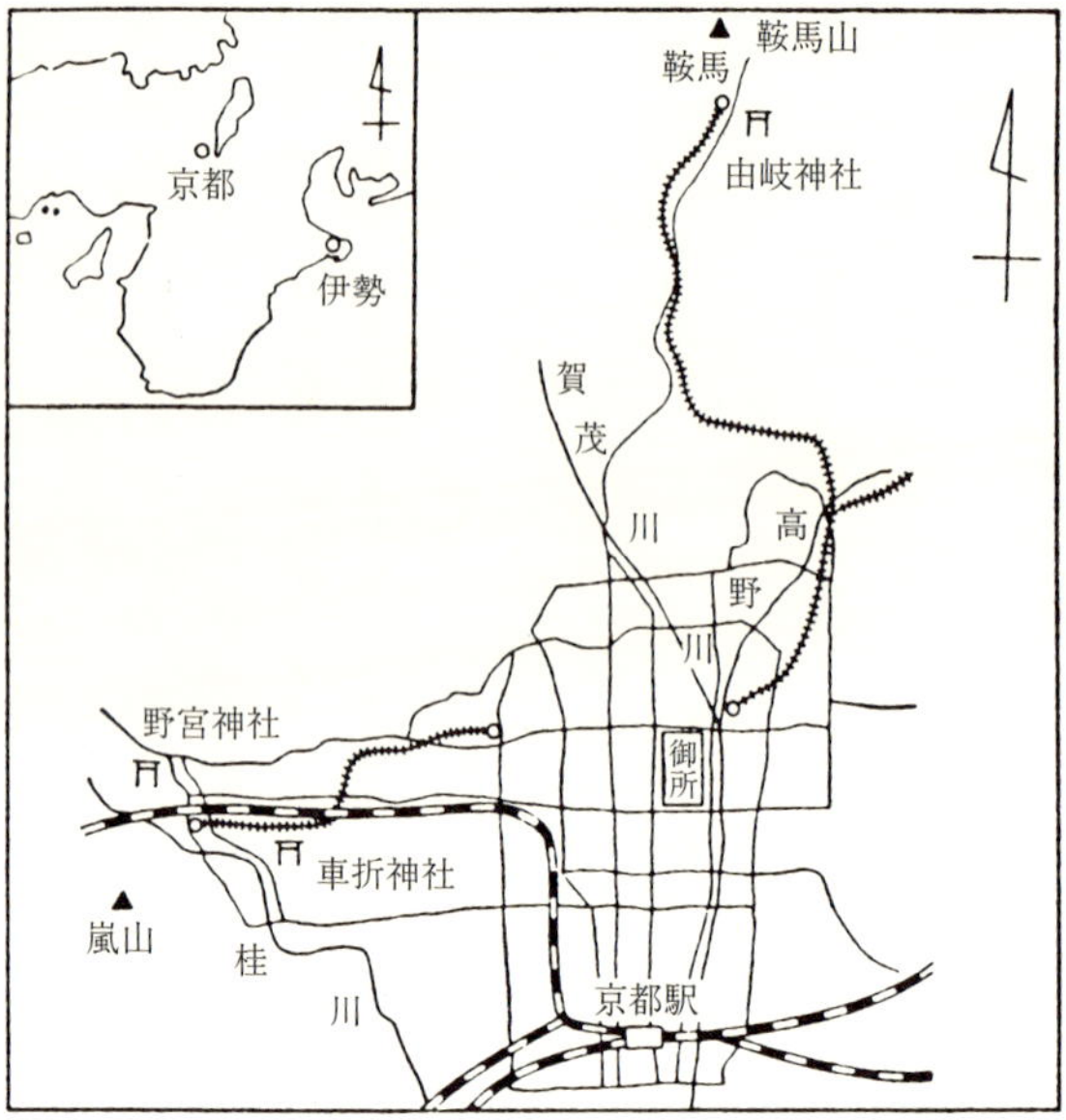

伊勢から西北にある由岐，車折，野宮の三神社

ニ社ノ傍ニ返石積ンデ山ノ如シ。コレ則チ古ヨリノ風儀ニシテ義詳カナラズ」(『山城名跡志』九)。

今日でも社頭にはうず高く、この神石が盛られ、願いごとのある人に授けられている。願事のかなった場合、お札の石を一個添えて神前に奉納することも昔の通りである。

さらには車折《くるまさき》は車裂《くるまさき》とも書かれ、車の轅《ながえ》の折れ裂けた伝承が多く流布している。しかし車前《くるまさき》、つまり「車の前」という伝承も同時にあるので、「車折」が正しいと一方的に片づけることはできないのである。それではこの「車の前」であるが、伝説では古墳の塚の石が、貴人の車の行先をさえぎったので、「車前」という名号になったという。つまりこの伝承には石・車・前の三点がからみあっている。

「車の前の宮」という名称

そこで推理をこの石と車からはじめることにすれば、まず車折神社の所在地は都の西北である。西北、乾《いぬい》の方位は九気において六白金気。その象意は、動、大始、上長、守護、首、円、石、車、種子(穀類)等である。

一方、西北は北斗七星に縁のふかい方位で、北斗は西北の空に旧九月(戊《いぬ》の月)の黄昏(午後八時頃)、地上に近く低くかかる。北斗は天帝「太一」の乗車であり、その北斗の精と推測される外宮の神は、西北の丹波をその出自としていた。

これらの事象を総合すれば、この社は元来、都の西北の地における北斗を祀る社であって、そのために「車《くるま》の前《さき》の宮《みや》」の名称でよばれていた。しかし時がたつにしたがって、その由来は不明となり、車は単に人間の使う車と解され、人間ではあるが天皇とか関白とか貴人の車にあてはめて、解釈されることになったのではなかろうか。

さらに推理すれば祭神、清原頼業は天武帝の後裔、明経博士であって陰陽五行思想にもっとも造詣がふかく、その領地に北斗を祀る祭場を設けていたとしてもふしぎではない。ことに彼が穀倉院別当を兼ねていたことを考え合せれば、よけい北斗を信仰していたと考えられるのである。しかし異国の神を表立って祀ることは、伊勢神宮の場合と同様、憚《はばか》りがあって、その縁起も早くから伏せられていたので、今日のような附会が行われるに至ったのではなかろうか。

この社にまつわる顕著な車と石の係わり合い、また今もさかんな石の信仰の理由はいずれも不明とされている。その不明の部分は、この社を石と車をその象徴物とする「西北」の社として捉え、この西北の方位によって暗示される北斗の社とみることによって、はっきりしてくるのではなかろうか。

北斗は寿命を司る星である。この社の前身が「宝寿院」という名の寺であったということも、この社と北斗の関連を推測させるのである。

潔斎の地——野宮神社

最後に野宮《ののみや》神社について考えてみよう。謡曲「野宮」の一節に、

「……これなる森を人に尋ねて候へば、野宮の旧跡とかや申し候ふほどに、逆縁ながら一見せばやと思ひ候。われこの森に来て見れば、黒木の鳥居小柴垣、昔に変らぬ有様なり……」

とうたわれている野宮神社は、車折神社と同じく、京都嵯峨野、渡月橋にほど近い竹林の中にひっそりと佇《たたず》む古社である。

天皇のご即位ごとに新しく選び立てられる斎内親王が、伊勢に参向されるに先立つ三カ年、潔斎されるところがこの野宮であった。社伝によれば、

「野宮は垂仁天皇の御宇、始めて伊勢神宮がたてられたとき、当所を斎宮の潔斎所と定められた。斎宮の制度は成務天皇から天智天皇迄の間は中絶した。その後は連綿としてつづいたが、後醍醐天皇皇女祥子内親王以後廃絶された。しかし廃絶後も社領数百石あり、勅祭が執行されてきたが、応仁の乱以降はそれも廃絶されて社領は数石、ただ私祭が継続されてきた……」

とある。社伝の垂仁天皇の御代云々は、とうてい信じられないが、この地に斎宮の潔斎の宮が設けられたことは、ここが伊勢、京都から西北に当り、十干の壬《みずのえ》の線上にあって北辰を祀るのにふさわしいからであろう。

この宮の鳥居が黒木《くろき》（櫟《くぬぎ》の樹皮をはがさず皮付のまま使用するもの）であること、小柴垣の木が、「くろもじ」であることはおそらく北天の象徴である玄《くろ》（黒）を示していると思われる。

また西北から北にかけては、十干の「壬《みずのえ》」であり、五行において北は水を意味する。斎内親王の「祓《みそぎ》」の地としても、ここは理にかなっている。西北は「幽天」、北は「玄天」であって、斎内親王は「幽玄《かくれ》」を象徴するこの宮に、三年間こもられてからここを出、つまり顕現して東南「陽」の方位の伊勢に向われるのである。それは陰陽五行を借りた、古代信仰による祭りの原理の実践でもあろう。

また斎内親王の野宮の三年間は、次のような意義をもつものとしても推測される。野宮の祭神は寿命の神ともいわれる。北斗は寿命を司るから、野宮は北斗の宮とも考えられる。そうすればこの宮に三年間こもられる斎内親王は北斗の精として受取られる。野宮における三年間は修祓《みそぎ》と共に、北斗としての本質を体得する期間ではなかったろうか。

さらに『延喜式』に述べられている一般の北辰奉燈禁止は、北辰の精としての斎内親王の神威を憚ってのことであると同時に、斎内親王を天降りした北辰とすれば、天上の北辰への奉燈は天降りを妨害することにつながるからではなかったろうか。

第四章　大嘗祭でまつられる神

一　「御禊《みそぎ》」は何を象徴するか

子の月、卯の日にはじまる大嘗祭

践祚大嘗祭は、天皇が即位の後、皇居に大嘗宮を設けてその年の新穀をもって、天照大神および天神地祇を奉斎する一生一度の大祭、と定義されている。天皇の行う諸祭祀中、大祀といわれるのはこの祭りに限るのであって、その準備の周到さ、儀式の盛大さは他に比類がない。

しかし祭りの内容そのものは、毎年行われる新嘗祭とまったく同じなので、古くは大嘗のことを新嘗といい、また新嘗のことも大嘗と書かれて、その間の区別ははっきりしなかった。

この両者の区分けが明確になったのは、天武天皇（六七二―六八六年）の御代と推定される。天武天皇二年十一月に即位の大嘗があり、五年、六年に新嘗の祭りが行われたということで、はじめてその区別が判然《はっきり》したとされている。

その後、大嘗祭はさらに整備され、貞観儀式の制によると受禅の天皇の場合は、その即位が七月以前ならばその年に大嘗を行い、八月以後ならば翌年に行われることになって、むろん例外もあったが、これが原則として守られていったのである。先帝の崩御によって登極する天皇の場合は、必ずその諒闇《りょうあん》（喪に服すること）の期があけて後に行われた。大嘗祭は十一月（子月《ねのつき》）中卯の日にはじまって午《うま》の日に終わる。つまり卯《う》・辰《たつ》・巳《み》・午《うま》の四日間にわたって、とり行われる祭りである。

この大嘗祭そのものについては、後述することにして、大嘗祭への導入となる「御禊《みそぎ》」についてまず先に触れたい。というのはもし大嘗祭を前段後段に分つことができるとすれば、大嘗祭に先行すること一カ月、十月下旬に河原の頓《かり》宮《みや》で行われるこの御禊は、大嘗祭の前段をなす最重要な祭儀と思われるからである。

それに対し、後段をなすものが、十一月卯日から四日間にわたって行われる「大嘗祭」ではなかろうか。御禊が大嘗祭の前段をなし、後段のいわゆる大嘗祭と同じ比重をこの大祭の中において占めている様相は、これについて述べてゆく間におのずから明らかになろう。

「御禊」の内容

「御禊」は今述べたように、大嘗祭に先行すること約一カ月、十月下旬に天皇みずから河原に幸して、禊《みそ》ぎ祓《はら》いをされることであった。その御禊所地は前もって卜定《ぼくじょう》され、その卜《うら》にかなった地でなければならず、河原でさえあればどこでもいいというわけではなかった。

御禊の地は、平城天皇（八〇六―八〇九年）は葛野《かどの》川、嵯峨天皇（八一〇―八二三年）は松崎川、淳和天皇（八二四―八三三年）は佐比《さい》川で行われたが、その間には近江、大津でも行われた。

仁明天皇（八三四―八五〇年）以後は鴨河で行われたが、東山天皇（一六八七―一七〇九年）の貞享以後は、河上の行幸を廃して、清涼殿の東庭において行われることになった。

御禊の当日は節旗を先頭に、文武百官が鳳輦《ほうれん》（黄金の鳳凰をつけた輿《こし》）にしたがい、行装は他の行幸にまさって威儀をつくろい、はなやかにさかんなものだったという。その沿道には桟敷《さじき》が設けられ、観衆は道にあふれて、たいへんな観物だったようである。『代始和抄』御禊行幸事は、御禊について委細を記しているが、御禊の行幸の次第も、河原の鋪設の様相もことごとく世の常でないことを強調している。

　仁安三年（一一六八年）の『兵範記』によれば、河原の御禊頓宮《みそぎかりみや》の規模は、東西約百二十メートル、南北およそ百三十五メートルの地所の南西北の三方に、大幔幕をはりめぐらしたものだという。東側は幕をひかず、ただちに鴨河に面している。この河に臨んで蔀屋《しとみや》が二棟、東西に建てられた。この蔀屋が御禊《おんみそぎ》

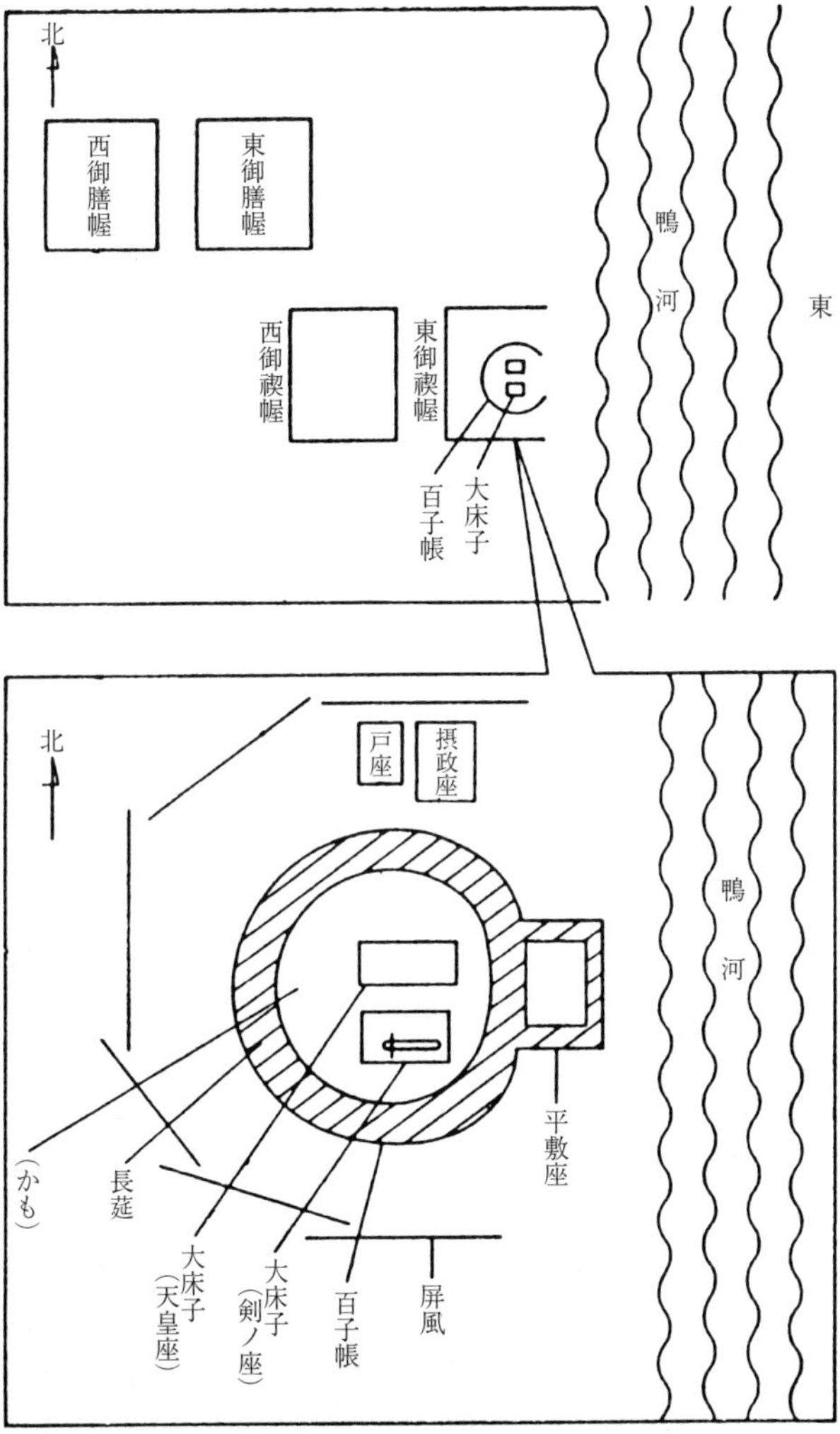

（上）　鴨河のほとりにつくられた頓宮の内部
（下）　東御禊幄の中にある百子帳の構成

幄《のあく》で、この東の御禊幄の中央に「百子帳《ひゃくしちょう》」がしつらえられた。百子帳は天皇専用の禊《みそ》ぎのための仮屋で、その屋根を葺《ふ》くのに蒲葵《びろう》が使用されたのである。

御禊幄のほかにこの頓宮の敷地の中には、御禊幄より九メートル西寄りに、御膳幄《おんもののあく》といわれるものが二棟できていた（前頁の図上参照）。

百子帳の上は蒲葵《びろう》で葺《ふ》かれ、麹塵立涌雲綾《きくじんたてわくうんりょう》模様の帷《とばり》を垂れ、その中には長筵《ながむしろ》を敷きつめ、その上には紫のじゅうたんのような敷物をしく。

百子帳の内部には背当のない椅子、大床子《だいしょうじ》二脚をすえ、その上に錦の茵《しとね》をしく。大床子の前方には赤地錦の敷物をしく。大床子が二つおかれているわけは一つは天皇の御料、一つは御剣のためのものである。

百子帳の周囲、南西北には屏風をひき廻ぐらせ、その屏風の内側、北寄りには縁畳一枚を敷いて摂政の座とする（前頁の図下参照）。百子帳そのものの形は、絵図がないのではっきりしたことはわからないが『延喜式』の注などから察すると、丸栗の片腹をくり抜いたような形をしていて、高さ二メートル余り、直径二メートル位で、上から錦や絹の帷《とばり》を垂れたものと思われる。

そして天皇といえども、東面してたてられている百子帳の東方からは、帳内に入られない。西の方から入る。そのために百子帳の西の帷はわざと縫合されていないのである。東方を使えるものは天皇に撫物《なでもの》をすすめる御巫《みかんこ》だけである。御巫は童女であるが、これと並んで御禊に侍するものに神聖な童男、戸座《へざ》があった。御禊における戸座は別に所役があるわけではなく、そこにじっとして在ることに意味があるという。

戸座——朝廷のカマドに奉仕する童男

そこで問題が二つ提起される。その一つは戸座とは何か、二つは御禊における戸座が存在する意義は何か、の二点である。後者については後の考察にゆずることとして、まず前者について考えよう。戸座の「戸」はカマドを意味する。大戸比売神《おおべひめのかみ》はカマドの神であると、『古事記』にも述べられている。そうしてカマドの神は火の神と同義であろう。

家屋は一戸二戸というように、カマドによって代表される。ということはおそらく家とカマドは呪術的にみた場合、等質なのではなかろうか。カマドは女陰の象徴物であるから、この意味からも家屋は女陰、母の胎としても古代日本人にとって重要な呪物であったと思う。

戸座はその名の通り朝廷のカマドに奉仕する童男であった。朝廷のカマドとは内裏の内膳司に奉斎される平野神《ひらののかみ》・庭火神《にわびのかみ》・忌火神《いみびのかみ》の三所のカマドを指す。天皇が退位されて院の御所にお移りになると、内膳司からその天皇在位中のカマド神は（つまりカマドは）、同様に院の方へ渡御され、新しい天皇のために新しいカマド神が祀《まつ》られることになる。このことは『葉黄記』寛元四年四月の記事、『日本紀略』巻十三長和五年六月の記事などからうかがえるのである。

戸座《へざ》とは何か、おそらくその本質は「生きたカマド」であり、「火の神」であったと私は思う。沖縄では一般にカマドは、火の神のご神体とされ、カマドか三つ石が火の神として祀られる。火の神は家をまもる神とされるが、その家とは親から子へ、子から孫へと伝世される抽象的な「家」ではなく、現在そこにある「家屋」の家である。火の神は家をまもり、その家の主婦によって斎《いつ》かれる。したがって主婦が亡くなると、カマドは更新されたのであって、これが古い風習であった。現在はほとんど失われているというが。

日本の朝廷におけるカマドのあり方は、時とところをはるかに距てながら、つい最近まで沖縄にあったのである。ただ本土と沖縄との違いは、カマドに密接に関係するものが、天皇にしても戸座にしてもいずれも男性であったのに対し、沖縄では徹底的にそれが女性であった点である。

それでは本土と沖縄と、そのいずれが古い信仰の原型を保ち、祭りの古儀を持っていたかといえば、むろん女によって手厚く祀られる沖縄のカマドのありようが、古い姿を伝えているといえよう。

家屋は擬似母胎・女陰であり、その中に住む家族を家の子、胎児として柔かに包み育む呪物と私は考える。その上さらに家屋を象徴するカマドは、真正の胎《はら》・女陰の所有者である主婦によって管理され、祀られることによってはじめて、その霊力を発揮することができると思われる。したがってその主婦の霊力によって擬似母胎たり得ていたカマドは、その主婦の死に際しては当然破棄されなければならない。

主婦とカマドの関係は、真正の母の胎の所持者とその擬似物の関係であって、女はカマドに呪力を与える存在である。しかし本土ではそのカマドに対する女の力が忘れられたか、または故意に退《しりぞ》けられて、それが男性にとってかわられたのである。

本来、女によって奉仕されるべきカマドである以上、それを奉斎する戸座の本質は、女性である。しかし現実には卜定によって聖別され、任用された童男であった。この戸座の本質をみるとき、御禊《みそぎ》における戸座存在の意義は自明である。

大嘗祭は天皇という大生命の更新の儀であるが、それは新天皇が擬似母胎から新生するということによって、はじめて達成される。その擬似母胎とは御禊幄《おんみそぎのあく》の中に設けられた百子帳であろう。戸座は関白と並んでその百子帳にもっとも近く座を占めているが、その戸座の位置の高さはかりそめのものではない。おそらく戸座は生きたカマド、火の神として火継《ひつ》ぎの場に臨み、百子帳が天皇新生のための擬似母胎であることの、証《あか》しとしての大任を負っているのであろう。生きたカマド、または火としてあればこそ、戸座はそこにあることだけで意義があるといえる。

東方がすべて開放されている理由

天皇は本土における最高司祭者であるから、その天皇の即位が神のみあれに擬《なぞ》らえられることは当然であろう。神のみあれに必要不可欠のことは、

(1) 東の神界から神霊の渡来、

(2) 巫女による神霊との交歓、

(3) 神霊の受胎・こもり・巫女自らの神としてのみあれ、であると考察した（第一章参照）。

この神のみあれの前提条件の第一である、東方からの神霊の渡来を、御禊の神事の中に探ってみると、次のことに気がつく。

御禊の神事につよく感じられることは、東方の重視であり、東方の開放である。河原の頓宮《かりみや》については前述したが、まず頓宮《かりみや》そのものが東方に向って開かれている。その頓宮のなかの東西に、「御膳幄《おんもののあく》」と「御禊幄《おんみそぎのあく》」がたてられるが、その各々にも東西の別があった。

御禊幄《おんみそぎのあく》は御膳幄《おんもののあく》より東寄りであるが、その御禊幄の中でもまた東の御禊幄の中央に、天皇専用の百子帳というものが設けられている。

百子帳は四周に帷《とばり》を垂れたものであるが、東方に限ってそれは捲き上げられている。百子帳のまわりには、六曲の屏風がたてならべられるが、それも東方は開けてある。東方はすべて開放されているから、天皇は東の河に直面されるわけである。

こうした頓宮のありようは、すべて御禊の神事が、東方からの神霊を迎え、それを天皇の身内に受入れることを、第一義としていることを示すと思われる。こうして東方が格段に意識されるのである。

神のみあれは、神霊の渡来につぐ次の段階として、御嶽で神霊と地母霊とが交歓することが必要であった。この場合神の種としての神霊は蒲葵、地母霊はその木の下のイビである。したがってどうしても御嶽と同じ性質を持つ場所が必要となる。

百子帳が示唆するものは何か

御嶽と同じもの、それが百子帳である。百子帳は丸栗の片腹を穿《うが》ったようなものという。その形をしたものを地上に伏せれば、帳の下は円形をなすはずである。御嶽のイビは石で丸くかこんだところであったから、それと同じものができるわけである。そこに筵《むしろ》を敷きつめる。筵は御嶽の白砂の代りであり、御嶽の神木である蒲葵の代用として、蒲葵の葉が百子帳の屋根に葺かれたが、『古事記』、『日本書紀』、『延喜式』、『万葉集』にはこの蒲葵のことは檳榔《あじまさ》として記されている。これで御嶽の小型な象徴物ができ上ったわけである。

百子帳の中には大床子が二つ用意され、その一つは天皇の御料、他の一つには御剣が置かれる。この剣はあるいは天皇の御守りとも解されるが、剣はその置所にも秘説があって大床子の東南方におかれるという。東南は辰巳で蛇の座である。それから考えるとこの剣は蛇・男根・神霊の象徴と思われる。

百子帳にはその屋根に蒲葵、その内部に剣が登場する。それらを祖神の蛇を象徴する陽物とし、百子帳そのものを擬似母胎という陰物とすれば、この中にこもられる天皇は、これらの陰陽物交合を媒介する巫女の性格を有し、媒介のみでなく神霊を受胎し、最終的には親《みずか》ら神として生れ出るべき役目をもつ。百子帳の中における天皇の本質は巫女であり、その「性」は女性であろう。

ところで百子帳は蒲葵で葺《ふ》かれるから蒲葵の仮屋といえる。

『聞得《きこえ》大君《おおきみ》加那志《かなし》様《さま》御新下《おあらおり》日記《にっき》』は、琉球最高の女神官が斎場御嶽でおこなう即位式の記録である。それによると女神官は斎場御嶽に一泊するがその時、臨時につくられる仮屋の壁はことごとく蒲葵の葉で張られ、鴨居その他には蒲葵の幹が使われたという。また大君は神と同床し床は二つ用意されるとも伝えられている。

斎場御嶽は本土の伊勢神宮に相当するといわれる、琉球王室の聖所であるが、その遙拝所は神聖な島、久高島《くだか》を真東にしている。東方の重視はここにも濃厚にうかがえるのである。

東方、水の重視

御禊《みそぎ》の神事における最重要な儀は、暮れ六つといわれる酉刻《とりのこく》（午後五時—七時）に行われる、百子帳平敷座《ひらしきざ》における御禊である。その酉刻という時刻は、明け六つといわれる卯刻《うのこく》（午前五時—七時）に相対し、方位に直せば東の卯《う》に対し、西の酉《とり》ということになる。

冬の午後五時から七時といえば四辺はすでに暗く、吹きつける川風は膚《はだえ》を刺すばかりであったろう。なぜこのような時刻がことさら撰用されたのか。それはやはり信仰というか、呪術というか、この時刻でなければならないという止《や》むに止まれぬ心情がそうさせているのであって、つまるところは東の神霊をうけいれる方位としての西方重視を意味している。酉の刻は東の神に対し、西の人間界の代表としての天皇が、東の神霊をうけいれられることを象徴する時間なのである。

御禊の儀については『代始和抄』の抜書にみられたように、

「天皇は百子帳において手水のあと、その前の平敷座に移り、中臣女からすすめられる御麻《おんぬさ》に一撫一吻《いちぶいっぷん》される。その後で御巫《みかんこ》が御贖物《おんあがもの》を献じ、終了後一切の祓《はら》いの具は河に流される」

のである。

この御贖物は三個の土器に解縄《ときなわ》二筋、散米、人形《ひとかた》をそれぞれ盛ったものである。解縄とは祭式のときによみあげられる大祓詞の一節《ひとふし》ごとに解いてゆくために、解縄といわれるものだという。御禊にみられる現象や祭具のうち、その重要なものを拾うと、およそ次の四点になると思う。

(1) 東西二極の撰用—東方の重視
(2) 百子帳————蒲葵の仮屋
(3) 戸座————生きたカマド・火の神
(4) 御禊《みそぎ》————水の重視

東西二極は沖縄の豊年祭《ブウリ》にも、その他の祭事にも濃厚にみられ、また蒲葵の仮屋は前述の聞得大君の即位式にも、久高島のイザイホウその他の祭屋にもあり、とりわけカマドの奉斎の風習は沖縄に著しい。水の重視も沖縄の神事には色濃くあり、聞得大君即位式にもお水撫《ウビナディ》は重要な儀式である。

御禊の神事は、日本古代信仰の跡を本土より深くとどめていると思われる、沖縄の神事とよく重なりあう。このようにみてくると「御禊」は、大嘗祭附属の単なる修祓の儀ではなく、古代信仰にもとづく最高司祭者の即位式、そのものではないかとさえ思われてくるのである。

二　陰陽五行を隠した天皇の即位式

宵《よい》と明《あけ》の神饌《みけ》

さて大嘗祭であるが、これは十一月卯日《うのひ》にはじまり、辰巳《たつみ》両日の節会《せちえ》、午日豊明節会《うまのひとよのあかりのせちえ》に至る四日間の祭りである。

しかし『宮主秘事口伝《みやじひじくでん》』に、

「大嘗祭《だいじょうえ》者《は》、神膳之供進第一之大事也。秘事也」

とあるように、その最重要の祭りは卯日の夜半から翌辰日の暁にかけて、悠紀《ゆき》・主基《すき》の両殿で行われる宵・暁の神饌《みけ》の供進である。

その模様を古記録によって追ってみると、天皇はまず十一月卯日の戌刻《いぬのこく》（午後八時）、大嘗宮の北に設けられた廻立殿《かいりゅうでん》に渡御《とぎょ》になる。ここで天の羽衣という湯カタビラを召して沐浴《もくよく》後、明衣《きよぎぬ》という生絹《すずし》の衣服に改められて、悠紀殿に渡られる。

その悠紀殿渡御に際しては、天皇ご一人の道として薦《むしろ》が前方に展《の》べられてゆく。その歩みにつれて後方ではこの薦は端から巻き収められる。要するに聖なる道はその用済みと同時に、消滅させられてゆくのである。その際の天皇は沓《くつ》を召されず徒跣《はだし》である。悠紀殿には神座として、衾《ふすま》・坂枕・沓《くつ》が用意されている（本書所収『日本古代呪術』第四章一五八頁図参照）。

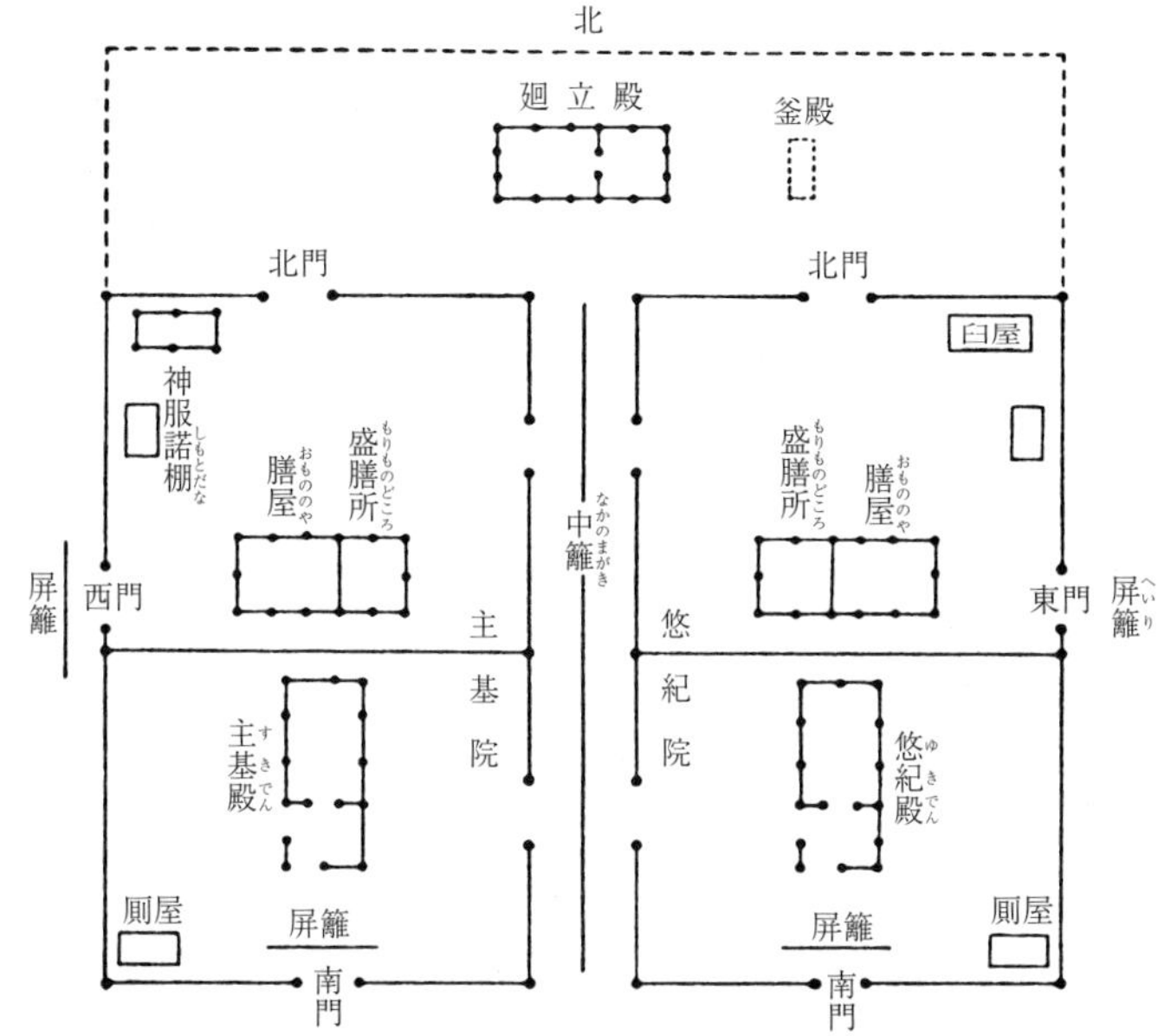

廻立殿と大嘗宮殿の位置を示す（『貞観儀式』『古事類苑』による）

亥一刻《いのいっこく》（午後九時）、この悠紀殿において天皇親《みずか》ら「宵《よい》の御饌《みけ》」といわれる神饌神酒を供えられる。記録にみる限りでは、この悠紀殿（後の主基殿も同様）における親祭は、采女《うねめ》二人の介添によってとり行われる。神膳には箸が六膳用意されるが、その中の一膳は天皇の御料であって、天皇は神と共食されるのである。この「宵の御饌」の撤饌《てっせん》（下げること）は、亥二刻（午後九時半から十時の間）である。

子一刻《ねのいっこく》（午後十一時から十一時半の間）、天皇は再び廻立殿に還《かえ》られ、丑刻《うしのこく》（午前二時）、すでに辰の日であるが、悠紀殿渡御の時と同じく、沐浴され、祭服を改められて主基殿に渡御になる。

寅刻《とらのこく》（午前三時）、主基殿において「暁《あけ》の御饌《みけ》」が供饌されるが、それは悠紀殿におけるのとまったく同じとされている。寅四刻、撤饌、廻立殿に還御になる。ここで采女の「還申《かえりもう》し」の事があって、天皇は御服を替え、本殿に還幸になる。

以上がその概略であるが、大嘗祭のハイライトは、子刻《ねのこく》を中心とする卯・辰両日にわたる宵・暁両度の神饌供進にあり、辰日の撤饌を以て、大嘗祭は実質的には終了するのである。

大嘗祭を支配する原理

大嘗祭にはいろいろの視点が求められるが、まず大切なのは、この祭りにどのような月日と時間が撰用され、どのような方位において何が行われているかを見ることである。それによって祭りの意図、意義が明らかになってくるからである。

冒頭に述べたように大嘗祭は子《ね》の月（十一月）中卯《うの》日にはじまり、辰巳《たつみ》両日の節会《せちえ》、午日豊明節会《うまのひとよのあかりのせちえ》に終る四日間の祭りである。こうしてみると、大嘗祭は子《ね》から卯《う》をへて、午《うま》にいたる半円を描くプロセスの祭りであり（次頁の図右参照）、それは子午軸を中心にして展開される祭りを意味する。これは陰陽五行からみると、たいへん重要な意味をもっている。

陰陽五行思想においてもっとも重要なのは、時間と方位（空間）の構成である。時間と方位によって織りなされている呪術、場合によってはそれが陰陽五行思想といっても過言ではない。

子から午への子午軸は陽遁《ようとん》を示す。陽遁とは陰から陽へ、無から有への軌《みち》、懐妊から出生までの軌《みち》である。それは午《うま》から子《ね》への陰遁《いんとん》、すなわち出生から死亡にいたる軌《みち》と対照をなす。この子午軸の出現は、大嘗祭の本質が天皇命を更新する、新天皇の誕生を意味する、「陽」の祭りであることを明らかにしている。悠紀・主基大御饌《おおみけ》の時間構成も、悠紀・主基両殿の配置、つまり空間構成も共に子《ね》を中心としている。

卯日戌刻（午後八時）天皇廻立殿に渡御

　亥刻（午後九—十一時）悠紀殿にて宵《よい》の悠紀大御饌《ゆきおおみけ》

　子刻（午後十一—十一時半）廻立殿還御

辰日丑刻（午前二—三時）主基殿渡御

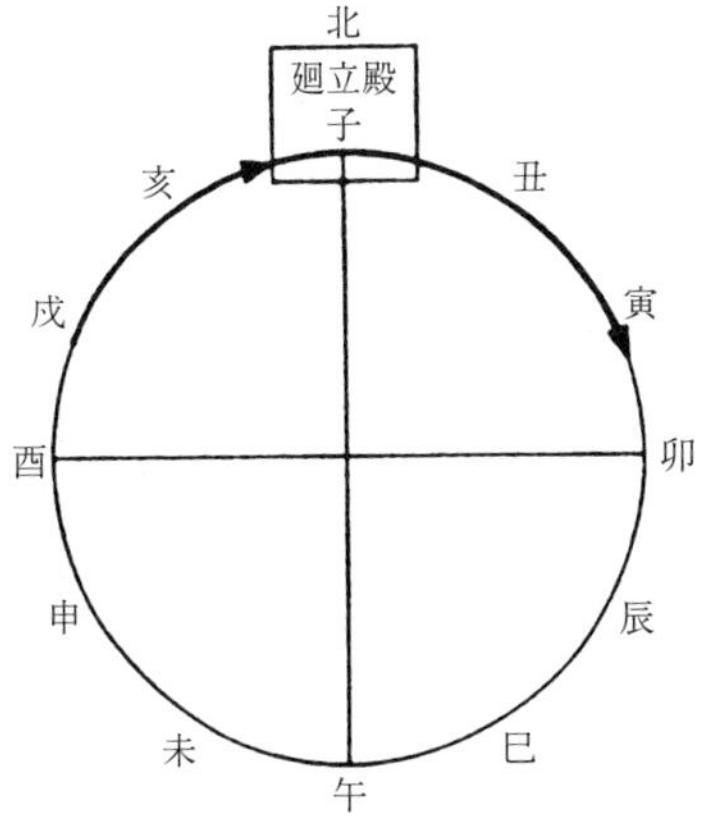

大御饌の行われる時間の動き

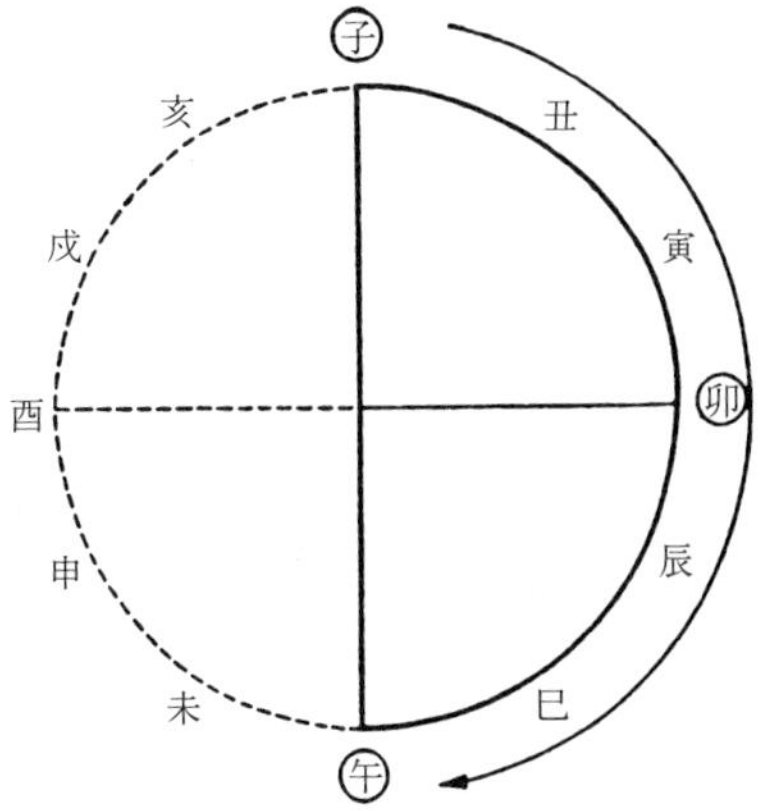

大嘗祭の行われる月と日の動き

、寅刻（午前三—四時）主基殿にて暁《あけ》の主基《すき》大御饌《おおみけ》

この時間構成を図示（上図左）すれば、この供饌が子《ね》の刻、及び子《ね》の北方の廻立殿を中心に行われていることが明白となる。時間においても方位においても「子」が中心となっていることがわかる。

「子《ね》」は午前零時を中心とする前後二時間であるから「日」の境をなす時間である。天皇は子刻《ねのこく》に子《ね》の方位の廻立殿にこもられ、子刻を中心にして宵・暁の供饌が行われる。したがって大嘗祭は子が時間・方位の中心となっている祭りといえる。

天皇という大生命の更新を図る呪術

「子」は陰陽五行思想における「太極」「太一」の象徴であり、北の坎宮、穴の象でもある。

大嘗祭において太極に比定されるものは、この子《ね》の方に据《す》えられている中央の廻立殿である。廻立殿が太極を象徴するものであるならば、廻立殿から東西に分れて位置する悠紀・主基の両殿は、当然、太極から派生するという陰陽の両儀の象徴であろう。大嘗祭の祭屋《さいおく》の配置、つまり空間構成は中国の宇宙生成原理をそのまま示している（次頁の図）。

中国においては帝王の徳の有無が、王朝の交替・廃絶をもたらすと説かれている。日本の「天皇の原理」はそれと異って、一貫して流れる「現人神として天皇命《てんのうのいのち》」の存在を、その基底においているから、個々の

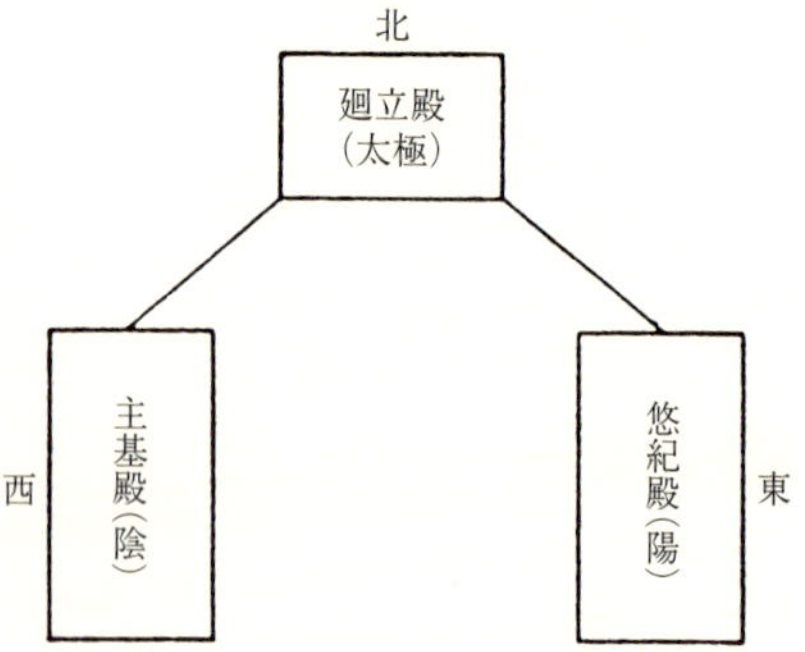

太極としての廻立殿と大嘗宮殿の関係

天皇の存在意義は、徳の有無ではなく「天皇命」の更新ということにある。したがって新帝の即位式を兼ねる大嘗祭は、その新帝による天皇命の更新、換言すれば現人神としての新天皇の誕生を、その第一義とする祭りである。

生命の更新は穴にこもっては出、こもっては出る幽と顕の輪廻によって達成される。それが古代日本人によってとらえられた生命の実相であり、天皇という大生命の実相もまさにその例外ではない。

大嘗祭は子《ね》を中心とする祭りであるが、この子《ね》の意味する場所における穴、時間における境目は「母の胎」が意味するところと同一である。

子《ね》を中心とする大嘗祭は、形の上では中国の哲理を表現しているだけのもののように見えるが、実はその裏に（母の胎を原点としてとらえる日本の古代信仰に拠《よ》る）、擬似母胎としての祭屋をたてて、そこにこもっては出、こもっては出る祭儀が隠されているのではないか。新天皇による天皇命の更新の呪術を、潜ませているのではないかと私は解釈する。

大嘗祭と伊勢の大祭とのつながり

ところでユキ・スキの大御饌も、輪璣《ゆき》・次《すき》（の輪璣）と関連し、北斗の斗と柄の部分、要するに北斗の神に捧げられる神饌の意味であろうと推測した。北斗七星の精の豊受大神は天照大神の御饌津《みけつ》神であるから、北斗への神饌は、次の段階では天照大神に供進されるべきものである。

そこで悠紀・主基両殿における天皇親祭は、天皇が北斗の精・豊受大神の代理として、天照大神に供饌する祭りとも解される。この仮説を実証するものの一つには、大嘗祭に西北（乾《いぬい》）の方位が必ず出てくることがあげられ、二つにはまた丹波の国が多くでてくることである。西北は、北斗七星を象徴する方位であり、丹波は豊受大神出自の地である。

次には大嘗祭と豊受大神神話との類似性があげられる。ユキ・スキの両斎郡は、天武帝の大嘗祭において初めて出現するのであるが、それは播磨と丹波にある。いずれも大和および伊勢から西北の地である。また大嘗祭は戌刻《いぬのこく》における天皇の廻立殿渡御にはじまり、ついで亥刻《いのこく》には、悠紀殿で悠紀大御饌供進がある。まさに大嘗祭は戌亥の時にはじまるのであるが、これを方位に直せば乾《いぬい》(西北)である。

廻立殿において天皇は「天の羽衣」という湯カタビラを召して沐浴される。「天の羽衣」は『古事類苑』によると、廻立殿内の西北におかれている。この天皇の「天の羽衣」の沐浴は、外宮の豊受大神の出自神話、つまり天降りした天女の水浴を思わせる。大嘗祭のこの儀式は、豊受大神の天降りにまつわる神話の再演とも受けとられる。

大嘗祭が確立したのは天武朝と推測されるが、天武帝の大嘗祭に初めてユキ・スキの語や丹波国の名称が登場してくるのは、この大嘗祭と伊勢神宮の豊受大神ご鎮座伝承との、濃密な関連を暗示している。

悠紀・主基両殿における御座は東南向きである。東南は蛇の座であって、ここに祖神としての蛇が、意識されているとも考えられる。

しかし御座が東南にあるということは、西北を背にして東南に向って天皇が親祭されることを意味する。それは天皇が北斗の神・豊受大神に代って代理として、「太一」である天照大神に、神饌を供進される様相を示すものとしても受取られる。丹波・西北が大嘗祭にたびたび出てくること、豊受大神の出自に似る天の羽衣の沐浴は、この推測を可能にするものではなかろうか。

古代信仰と陰陽五行の併立共存

大嘗祭は前段の河原の御禊《みそぎ》と、後段の皇居における大嘗祭の二つに分けられる。河原の御禊《みそぎ》は平安時代、非常に重要な儀式と見做《みな》されながらも、すでにそれは単に大嘗祭に先行する修祓の儀、大嘗祭の附属の祭りと意識された。そうして時代が下るにつれて、その軽視はさらにはなはだしく、十八世紀に至ってついに河原の御幸は取り止められ、御禊《みそぎ》は皇居の東庭において行われるにすぎなくなる。

しかし河原の御禊は、大嘗祭附属の単なる修祓の儀ではなく、そのような形式の下に残された古代日本の最高司祭者（おそらく女性）の即位式であったと私は見たい。それに対して大嘗祭は、中国陰陽五行思想導入後、その哲理が日本古代信仰に習合された結果の、いわば新解釈に立っての新帝の即位式である。

くりかえしていえば御禊が古儀を伝える最高司祭者の即位式であるのに対し、大嘗祭は陰陽五行思想導入による新形式の即位式であろうと私は推測する。このような大嘗祭はいったいいつの時代の何人による考案なのか。

時代はおそらく白鳳期、人は天武天皇であろう。ここで伊勢神宮ご鎮座の推理を思い出していただきたい。外宮ご鎮座の推理は、中国の天文思想、つまり「太一」と北斗との関連を参照することによって、はじめて可能と思われるが、星空の壮大な物語《ロマン》をこの地上に移し得た人は、日本における最初の占星台を置き、占術遁甲の術に秀れていたという、この時代の劃期的な覇者、天武天皇を措《お》いては考えられない。

天武天皇は日本固有の祭りと、新しい中国哲学の応用による祭式との、両者の合理的な併立共存にもっとも心を労したと思われる。その苦心の跡がよく窺《うかが》われるのが、伊勢神宮の祭りおよび大嘗祭なのではなかろうか。

伊勢皇大神宮の場合、その奉斎の対象は表面皇祖神天照大神であるが、その蔭に中国の宇宙神・「太一」を隠している。そうしてその「太一」と不可分の北斗を、豊受大神として外宮に祀って、この国の最高の社における至高の祭式を確立させたのである。

他方大嘗祭の場合は、古代信仰による祭りを河原の御禊として一方に残し、一方には新しく中国哲理応用による大嘗祭の様式を創始し、日本における最大の祭りの形式としてこれを定着させたのであった。

天武朝は日本の古代信仰と中国陰陽五行思想と仏教が、それぞれ同じ比重を占めて渦を巻いた時代と思われる。つまり祭祀・遷都・宮陵・皇居の構築などの分野では古代信仰の裏に、中国思想の哲理およびそれによる神々が、隠微に密着して幅をきかせ、葬礼においては仏教が同様にその裏に絶対の力を振っていたのである。

日本の古代信仰は、その中に中国の陰陽五行説、仏教を交《まじ》え、そうして松本清張氏の推理によれば、天智・天武両帝の母斉明女帝は、拝火教に凝っていたと思われる女傑であるが、その拝火教をも加えて、それらを互いにからみ合せつつ発展した。その結果、日本の祭りは異常に複雑な様相を呈することになって、その解明には常に困難がつきまとうのである。

おわりに

気学の教えの中に、「太極への接近」ということがある。太極とは宇宙の大元であるから、この世の事々物々をすべて小宇宙とみれば、そのいずれにも太極があるわけである。国家にも会社にも学校にも家にも、それぞれ元首・校長・社長・家長といった太極がある。それを場所にとった場合には国の首都、家屋の中央がそれぞれの太極となる。

気学に説かれる太極への接近は、処世術として、出世の早道としても受取られるが、それは本来、そうした次元の低い解釈にとどめておいてはならないものである。

接近とは身体で近づくことだけではない。近づくことの意味には、それをよく観察することもふくまれる。そこで太極を、原点という現代の言葉におきかえれば、太極への接近ということは、さしずめ原点の認識ということになろうか。

日本人が日本のことを知ろうとするときに、その原点をどこに求めるか、現代は価値の多様化ということで、それを決めることはなかなか困難であるが、古代日本においてはそれは疑いもなく天皇であろう。

天皇の本質は祭祀者であるが、その天皇の祭祀の原点にあるものは、皇祖神・伊勢神宮の祭りと、天皇の即位式の大祭、つまり大嘗祭である。この二つの祭祀をみることが、日本を知ることの原点ではなかろうか。

そうして伊勢神宮の祭祀と、大嘗祭の二大祭祀に大きな変革があったのは白鳳期、天武・持統期と推測されるのは、本書に述べた通りである。そうして白鳳の呪術は以後、千数百年にわたって日本人を支配することになる。

白鳳の呪術といえば名は優しいが、実は宗教改革であって、伊勢神宮はおそらくその改革のもっとも早く行われた社と思われる。その改革とは日本の皇祖神への中国の神の習合、およびその哲理の応用である。

中国の神は、その天文思想に基づく哲学と結びついているから、新しい祭祀はその哲理を踏まえたものになる。しかしその哲理を、日本の祭祀の中に構成し、また造型することはその当事者達にとって何らの摩擦も抵抗も感じられなかったはずである。その点は仏教の受けいれとは非常に違っていたと思われる。

日本の古代信仰は神の去来を東西軸上におき、現世人のためにはその現世における中今の時を、いつまでも出来るだけ長く積重ねさせてゆきたいための擬似母胎とも考えられる、あるいは蛇・蟹《かに》のカラにも比せられる脱皮新生のための呪物、産屋《うぶや》を設けた。その産屋あるいは現在居住している家屋にこもっては出、出てはこもることが、日本人のくらしのリズムであった。たとえば、

「汝しかせば、吾一日に千五百《ちいほ》の産屋を立てむ」（『古事記』上巻）

という伊邪那岐命《いざなぎのみこと》の言葉は、そこに多少の言葉のアヤはあろうが、一人の新生児につき一つの産屋が設けられたことを物語る。産屋についてその他《ほか》に日本神話から察せられることは、それが出産直前に建てられ、やがて必ず焼却破砕されることである。産屋がこのように多く顔をのぞかせるのは、それが古代日本人の生き方を律する考え方に、密接に関わるものだからではなかろうか。

産屋の習俗は近代まで場所によっては残り、この産屋から出る時に仮親が撰ばれ名附けられ、産着《うぶぎ》もここではじめて着せられた。それは産屋を出るときが真正の誕生にまさる誕生であったことを示す。これら一連の事象は「産の穢《けが》れに対する忌み」として、だいたい解釈処理されてきたが、そこにはなお他の解釈の入る余地が残されていると私は思う。

本文中に述べてきたように、古代日本人の信仰軸は、太陽の運行から類推された東西軸であって、理想郷、常世は

太陽の上る東の果に想定され、現世と常世は同一平面上に東西の関係で捉えられていた。常世は祖霊をはじめ、いっさいの生命の種のあるところとされた。東に上った太陽は現世を照らして西に落ち、洞窟をくぐって東に新生する。この東・中・西の三極を結ぶ軸の上に、神の去来も想定され、東西軸は神聖軸であった。

人の一生もこの軸上にあるとされた。人の種は東から来て東を象徴する男に貯えられ、西の女の胎に宿り誕生する。その胎児の動きは東から西であり、放《ほ》っておけば新生児はその勢を駆って、太陽と同じくただちに死を意味する西に向うであろう。

古代日本人は現世を「中今《なかいま》」として讃《たた》えたが、それは常世からみれば西ではあるが、実は東でも西でもなく中央として捉えられたこの現世を、時間で表現した言葉である。

東から西への新生児の勢いを押し止め、それを永遠の「中今」の方向、つまり中央から中央への方向にその路線をねじむけるための有効手段は、擬似母胎ともいうべき仮屋を設け、そこに新生児をすくい取り、再び擬似胎児としてそこにこもり直らせ、呪術の誕生を中央に向ってさせることであって、この方向転換が産屋に課せられた機能ではなかったか。

古代日本人は蛇・蟹《かに》を縁起物としたが、それはそれらの脱皮による生命更新が「中今」の積重ねと受取られたためで、蟹は産育儀礼に密接に結びついている。産屋は擬似母胎でもあり、また蛇・蟹の脱皮における「殻《カラ》」に擬《もど》かれたものでもあった。

新生児ばかりでなく少年少女の通過儀礼、成年の途上にみられる種々の仮屋群も、脱皮新生のための呪物と思われる。新生児・少年ばかりでなく、成人のためにも脱皮新生ははかられたのであって、一年の中の折目節目には「ハレ」の日が設けられたのである。ハレはアレ、アラワレと思われるが、それは脱皮新生の日であって、日常、家にこもる「ケ」に対して、その日は平常居住する家屋が脱皮のための呪物となり、人は家を出て野山水辺に遊んだのである。ハレとケ、荒魂《あらみたま》・和魂《にぎみたま》もこの中央から中央への生命更新の路線の上に、私は捉えたい。

以上要約すると、古代日本人における東西軸は神聖軸であると共に、畏怖と忌避の対象でもあった。不断に人を死に誘い導く東西軸からの逸脱を願い、生命を中央から中央へ、中今の路線にねじむけるための呪物が、日本の行事の中に膨大な量を占める仮屋群ではなかろうか。遷都につながる古代の御代《みよ》の交替ごとの皇居の移転も、この原理によっていると思われる。

しかし神聖視にせよ、畏怖忌避の対象であるにせよ、古代日本人の生活原理の基礎をなしていた東西軸は、ある時点から南北軸にとって代られる。

白鳳期におけるその現象はとくに著しく、天智天皇の大津京遷都をはじめとする、一連の藤原京・平城京（後の平安遷都も含めて）への北方遷都、天武天皇（大海人皇子）の午日《うまのひ》における午方《うまのかた》への出奔（大津から吉野へ）、持統天皇の三十数度に及ぶ南方出遊、藤原京南方の営陵、子月中卯日《ねのつきなかうのひ》にはじまり午日《うまのひ》に終わる大嘗祭などいずれも南北軸（子午軸）上にみられる国家的行事、または事件である。それらは従来、個々に取上げられ、関連づけては考えられなかったが、それはとりもなおさず日本歴史学・民俗学その他の分野における古代展望の中に、重大な視点の欠落のあったことを示すものと私は考える。

この現象、つまり東西軸から南北軸への変化の蔭に潜むものは、日本人の生活を律する新たな原理の出現であり、その出現をもたらしたものは、異国の神の日本の神への習合と、その哲学の応用と私は思う。異国とはもちろん中国を指す。

さて日本原始信仰における神事・行事における仮屋に相当するものは、中国哲学の陰陽五行思想における北一白水気の坎宮《かんきゅう》（穴宮）であった。そこは十干の壬《みずのえ》で「妊《みごも》り」を象徴し、「太一」の居所でもあり、易の卦象《かしょう》では「䷗」の一陽来復、陰がつきて一陽の萌《きざ》す所である。十二支では「子《ね》」に当り、この「子」はその対中の「午」とその本質をまったく異にする。「子《ね》」にこもり萌《きざ》した生命は、極陽の「午」に至って一陰を萌し、衰えを見せはじめる。「子午軸」は陰から陽へ、陽から陰、無から有、有から無への輪廻の道を示す。

中国哲学においては時間空間は相即不離であって、「子刻と午刻」「子方と午方」を撰用することは、この永遠の輪廻の路線にのることであり、生者にとっては幾春秋の永世を保証し、死者にとっては不滅の輪廻転生を保証し、国家にとってはその生命の無限を保証することにつながった。

古代日本人にとって重要な呪物であった仮屋を一々設けなくとも、この哲理を子と午の方位・時間において撰用し実践すれば、生者には永生が、死者あるいは神には転生が保証されるのである。

仮屋を呪物としていた素朴な日本古代信仰の上に、深遠な哲理をもった中国思想は、まさにその所をえて坐り込み、日本社会の上層から次第に下降してその神事・行事を支配するに至ったのである。白鳳期の南北子午軸にみる活発な国家的諸行事の背後にあるものは、このような事情であろう。

最後に日本には星に対する信仰がなかったという通説について私見を述べておきたい。本書にもたびたび引用させて頂いた飯島忠夫博士さえ次のようにいわれている。

「中国古代においても日神は大いに尊重せられたが、天文学の理論が発生してからは、北極にある星が最大の崇敬をうけた。日本においても中国思想渡来以後に、北極にある星の崇拝がはじまったが、それは日神の崇拝に代るほどの力がなかった。日本神話に天之御中主《あめのみなかぬし》（博士によって天之御中主は北極星の象徴とされている　著者註）はありながら、この神を祀る神社が殆どないのは明らかなる証拠である」（『日本上古史論』五八頁）。

として、日本神話の中には濃厚に入りながら、ついに北辰に対する信仰は、この日本ではその絶対的な日神《ひのかみ》信仰にとって代わるほどの力はなかったとされている。ひとり飯島博士だけではなく、星への信仰は日本において展開をみなかったというのは諸家による定説である。

仏教における宇宙神、大日如来が半ば公然と天照大神に習合されたのは、その名称の故でもあろうが、その習合はむしろ仏教が日本社会に入った、当初の事情に起因するものであろう。日本固有の神と新来の仏との間には、長年にわたる軋轢があり、それを克服し神仏融和のためには非常な努力が払《はら》われて本地垂迹説《ほんじすいじゃくせつ》が生れ、両者は緊密にしかも公然と習合したのである。それに反し陰陽五行思想は、おそらく文字の移入と共にきわめて自然に日本社会に入ったため、かえって表面に立つ機会が失われてしまったのではなかろうか。

しかも陰陽五行思想の裏附けとなっているものは星の信仰なので、それは日本の日神信仰とは抵触矛盾する。そうした事情によって北辰の神々は、日本の在来神に真底においては強く習合されながら、その事実に反比例して秘神として、かくされた神々として表面からは伏せられてしまったものと私は推理する。

しかし『公事根源』には、延暦十五年（七九六年）三月北辰奉燈の記事がみえ、朝廷においては三月と九月の両度北辰を祀られ、それは室町時代まで続くのである。北辰は仏教では妙見菩薩となり、修験道では尊星王となる。このように北辰信仰は陰に陽に姿を変えて、脈々と生きつづけるのであるが、その源が伊勢神宮、大嘗会《だいじょうえ》の祭りに潜《ひそ》められている事実は、従来何人によっても気附かれなかったのではなかろうか。

なお『易』には太古、伏犧《ふくき》氏がつくったという先天易、周の文王によって大成された後天易がある。先天易においては乾《けん》は南、坤《こん》は北とされる。明るい南を天（陽）、暗い北を地（陰）とするこの先天易の考えは、むろん古代日本に入っているが、西北を乾（天）、西南を坤（地）とする後天易の影響が、わが国にはより強いと思われるため、また一つには先天易を入れれば記述がさらに複雑になるので、本稿には先天易についてはほとんどふれなかった。

本書上梓の直接の動機をつくられたのは、昭和四十九年一月来訪された講談社の守屋龍一氏である。以来今日に至るまで両者間の話合いで削るべきは削り、加えるべきは加えてようやくこのたびの成稿をみた。寒暑の中のご足労とその誠意をここに深謝し、また文中においてその都度謝意を表したが、先学の方々にたいし、改めてここに厚く御礼申上げる。

昭和五十年五月二十日

吉野裕子

索　引

（頻出する項目については，頁の選択は主要箇所にとどめた）

ア　行

アカマタ・クロマタ　16,197,232
熱田神宮　25,238
穴　15,54,77,112,215,228,234,243,257,289,334
天照大神　27,262,286,311
天鈿女　67,80
荒祭宮　271,288
飯島忠夫　259,262
家　30,75,242
伊邪那岐命　24,30,237
伊邪那美命　24,30,227,237
伊雑宮　268,308
『伊勢の大神の宮』　272
斎内親王　234,292,309
伊波普猷　69
入れ子　22,190,237
入れて，出す呪力　72,82,103
犬井（いんがー）　214
陰陽五行思想（陰陽五行説）　22,42,77,202,243,255,262,271
陰陽二元論　42,247
陰陽の調和　22
卯　18,65
禹王（夏の）　47
宇治大内人　298
御嶽（うたき）　17
鬼餅（うにむち）　68
大主御嶽（うばるずうたき）　213
産屋　36
鵜祭り　181
うまの按司　205
『永和大嘗会記』　162
砂川（うるか）の津波よけ神事　203
『易経』　47,247
エケリ神　79
『淮南子』　209,246,301,305
近江遷都　105,223
大殿祭　155,174
大戸比売神　32,325
沖縄石垣島の豊年祭　192
オナリ神　79
帯解　39
オマエサン（オマエさん）　97
祖神（おやがみ）　231
御禊　162,169,321
御禊幄（おんみそぎのあく）　160,169,326
御膳幄（おんもののあく）　160,324

カ　行

魁　300
廻立殿　169,330
鹿島神宮　25,238
河図　48,263
カマ　32,227
髪置　39
神今食（かむいまけ）　174
神御衣（かんみそ）　232
神御衣祭　288
坎宮　58,112,215,289
聞得大君即位式　164,329
箕子（殷の）　47
擬似母胎　20,54,76,112,162,236,325
北野斎場　154,167,172
九星　48,248
『金烏玉兎集』　208
クイチヤー　205
草壁皇子　134,252
奇稲田姫　17,232

クッラァー　93
蒲葵（くば，びろう）　17,232,307,328
クラ　85,227
車折神社　317
繋辞上伝　307
外宮　265
外宮先祀　271,280
外宮鎮座伝承　276,281
気多大社　181
乾　247
現世世界像　13
交合　233
洪範　47
五行　42,171,245
五行説図表　43
穀倉院　319
五節舞　287
御稲奉下　168,283
小松　179
こもり　18,233
坤　247
婚礼　31

サ　行

斎宮　309
『祭日考』　146
鷺帳　101
刺車文錦　271
猿田彦　67
子午軸　59,223
四神相応の地　109
四三の星（しそうのほし）　273
十干　49
紫微宮　245,265
杓　300
十二支　44,49,77
朱鳥改元　115,131
女陰　54,67,242,325
女陰石　95,234
正月子日　178
招婿婚　33
『書経』　47
新嘗祭　153
主基　153,330
素戔嗚尊（須佐之男命）　27,33
静　235
世界像　13,235
旋璣玉衡　280
祖先神　16

タ　行

太一　56,112,223,245,262,268,281,289,
311,336
太極　55,77,112,246,281
『太極図説』　55,291
太歳　44
『大嘗会便蒙』　155,163
大嘗祭　150,223,321,332
大神宮司　298
太陽の洞窟→テダガガマ
高松塚　252
高松塚壁画　140
武甕槌命　26,238
脱皮　23,40
玉箒　178
テダガガマ（太陽の洞窟）　15,229,236
天皇大帝　223
東西軸　55,223
道祖神小屋　38
『時双紙』　208
常世　231,264
『止由気大神宮儀式帳』　276,286
土用殿　26
鳥追い小屋　38
トンド　72,100

ナ　行

内宮　265
中今（なかいま）　34
中村文聡　50
ナーバイ　204
ナビンドウ　199
奈良東大寺のお水取　185
南北軸　223
ニイルピト　198
二上山　29

『日本紀略』　325
日本原始信仰　51,77,118,151
『日本上古史論』　259,262
『女官御双紙』　69
ニライカナイ　15,230
子（ね）　18,64,77
子・卯軸　18,64,111,151,167,184
禰宜　298
根引き　31
野宮神社　319

ハ　行

袴着　39
白鳥伝説　83,102
箸墓　67
八角形の陵墓　268
八天女　261
八方位の宇宙　268
『花園院御記』　170
波々木神　161
妣の国　27,240
胎（はら）　77,226,241
菱型　95
百子帳　160,170,324,327
武王（周の）　47
藤田六朗　57
補陀洛渡海　187
伏羲　47
太玉串行事　298
文王（周の）　47
戸（へ）　31
『兵範記』　323
戸座　324
蛇　15,102
火開（ほうはい）　68
北極星　223,245,270
北方遷都　223
ぼんがま　38

マ　行

まほろば　28,54
顕現（みあれ）　17,233,290
御饌（みけ）　232
御饌津神　282
妊り（みごもり）　233
見立て　225
ミテグラ　88
三節祭（みふしのまつり）　283,293
『宮古島庶民史』　213
京都之鼠（みやこのねずみ）　108
『宮主秘事口伝』　155,163,330
三輪山　62,232
村　30,75,242
擬き　225

ヤ　行

屋形文錦　271
屋造り　30
柳田國男　146,228
ヤマタノオロチ　17,232
倭建命　78,241
倭迹々日百襲姫　67
幽　235
幽玄　291
悠紀　153,330
輪璣　284
由貴大御饌（輪璣大御饌）　271,283
由岐神社　315
宵・暁の大御饌（神饌）　155,330
『葉黄記』　325

ラ　行

洛書　48,263
『琉球における倭寇史跡の研究』　208

著者略歴

吉野裕子（よしの・ひろこ）

1916年東京に生まれる。

1934年女子学習院，1954年津田塾大学，各卒。

1975～87年学習院女子短期大学非常勤講師。

1977年３月『陰陽五行思想からみた日本の祭』によって東京教育大学から文学博士の学位を授与される。

現在，山岳修験学会，日本生活文化史学会，各理事。

著書　『扇』（初刊1970年，再刊1984年，人文書院）
　　『祭の原理』（慶友社，1972年）
　　『日本古代呪術』（大和書房，1974年）
　　『隠された神々』（初刊1975年，再刊1992年，人文書院）
　　『陰陽五行思想からみた日本の祭』（弘文堂，1978年）
　　『蛇』（法政大学出版局，1979年，講談社学術文庫，1999年）
　　『狐』（法政大学出版局，1980年）
　　『日本人の死生観』（初刊1982年，再刊1995年，人文書院）
　　『陰陽五行と日本の民俗』（人文書院，1983年）
　　『易と日本の祭祀』（人文書院，1984年）
　　『陰陽五行と童児祭祀』（人文書院，1986年）
　　『大嘗祭』（弘文堂，1987年，講談社学術文庫〔『天皇の祭り』と改題〕，2000年）
　　『持統天皇』（人文書院，1987年）
　　『山の神』（人文書院，1989年）
　　『神々の誕生』（岩波書店，1990年）
　　『五行循環』（人文書院，1992年）
　　『十二支』（人文書院，1994年）
　　『ダルマの民俗学』（岩波新書，1995年）
　　『陰陽五行と日本の天皇』（人文書院，1998年）
　　『易・五行と源氏の世界』（人文書院，1999年）
　　『カミナリさまはなぜヘソをねらうのか』（サンマーク出版，2000年）
　　『陰陽五行と日本の文化』（大和書房，2003年）
　　『古代日本の女性天皇』（人文書院，2005年）
　　『吉野裕子全集』第１巻（人文書院，2007年）

ISBN978-4-409-54989-6 C1039

吉《よし》野《の》裕《ひろ》子《こ》全集《ぜんしゅう》 2

二〇〇七年二月二五日 初版第一刷印刷
二〇〇七年二月二八日 初版第一刷発行

著者 吉野裕子
発行者 渡辺博史
発行所 人文書院
京都市伏見区竹田西内畑町九
電話 〇七五(六〇三)一三四四
振替 〇一〇〇〇-八-一一〇三
印刷 ㈱冨山房インターナショナル
製本 坂井製本所

http://www.jimbunshoin.co.jp/